中关村海数网络空间安全治理研究中心 课题

中美网络安全比较研究

程 琳 主编

中国人民公安大学出版社
群众出版社
·北京·

图书在版编目（CIP）数据

中美网络安全比较研究/程琳主编.—北京：中国人民公安大学出版社，2017.5
ISBN 978-7-5653-2904-3

Ⅰ.①中… Ⅱ.①程… Ⅲ.①互联网络—网络安全—对比研究—中国、美国 Ⅳ.①TP393.08

中国版本图书馆 CIP 数据核字（2017）第 081633 号

中美网络安全比较研究
程 琳 主编

出版发行：中国人民公安大学出版社
地　　址：北京市西城区木樨地南里
邮政编码：100038
经　　销：新华书店
印　　刷：北京泰锐印刷有限责任公司
版　　次：2017 年 6 月第 1 版
印　　次：2017 年 6 月第 1 次
印　　张：14
开　　本：880 毫米×1230 毫米　1/32
字　　数：341 千字
书　　号：ISBN 978-7-5653-2904-3
定　　价：46.00 元

网　　址：www.cppsup.com.cn　　www.porclub.com.cn
电子邮箱：cpep@public.bta.net.cn　　zbs@cppsu.edu.cn

营销中心电话：010-83903254
读者服务部电话（门市）：010-83903257
警官读者俱乐部电话（网购、邮购）：010-83903253
教材分社电话：010-83903259

本社图书出现印装质量问题，由本社负责退换
版权所有　　侵权必究

主编：程　琳

参编：余凌云　李小武　樊志杰

前　言

　　从美国发明互联网到 1994 年中国与世界互联网接通，互联网经过几十年特别是进入中国后的二十几年得到了爆炸式的快速发展。互联网不仅成为大部分人生活的一部分，而且正在改变着人们的学习、工作、生活等方式和环境，尤其是无线网络的发展，使互联网的无界、自由、随时、随地、随意、方便快捷等特点充分显示出来，人们已经离不开互联网，互联网已经不是虚拟社会，它已是现实社会和生活的重要组成部分。网络空间已是继陆、海、空之后国家主权的重要组成部分。互联网的发展已成为一把"双刃剑"，它既给人们带来了学习、工作、生活等的新方式及进行快速的搜索、浏览、交互海量数据信息的技术工具和平台，同时恐怖主义和犯罪分子也利用网络进行恐怖活动与贩毒、贩枪、诈骗、传播淫秽视频信息和网络病毒、植入木马、进行网络攻击等。一些国家把网络空间作为攻击他国的"第五战场"，网络安全关系和影响着国家安全。习近平总书记强调指出，没有网络安全就没有国家安全，将网络安全问题上升到国家安全的战略高度。因此，我们必须深入研究如何加强国家网络安全问题。

　　中关村海数网络空间安全治理研究中心为维护国家网络安

全而生，其作为2015年成立的民间智库，成立的目的、出发点和落脚点就是要组织有志于从事网络安全研究的网络技术专家、法律法学工作者和管理专家学者从战略的角度、网络安全技术和安全管理方面研究如何加强网络安全问题，从一开始就要站位高、顾全局，根据互联网的特点，坚持问题导向，从国家面临的重大的、急迫的网络安全问题研究入手，选好课题，找准切入点，发挥专家、学者的聪明才智和作用，以事实为根据，运用各种科学的研究方法，经过深入、细致的调查研究和分析思考，提出有理有据的意见建议，充分发挥民间智库的作用。

本人作为海数研究中心特邀的首席专家，经与有关人员的讨论分析，提出几个研究课题，作为研究中心成立后第一批研究项目。其中，"中美网络安全比较研究"作为首批研究的重要课题之一，主要考虑到美国是互联网的创始国，应用管理互联网最早，且掌握着网络的核心关键技术，如何加强网络安全管理有很多立法和管理方面的经验，美国应该是互联网技术强国；我国虽然引进互联网只有22年的时间，但互联网在我国发展迅速，互联网已应用在许多领域、层面，面广、点多、线长。我国现有7亿多名网民，可以说是一个互联网应用大国。该课题就是从一个是互联网技术强国、一个是互联网应用大国的特点和角度，从两国如何在技术安全和管理安全两大方面来进行分析比较研究，找出特点、优势和不足，从而为加强和维护我国的网络安全服务。

对本课题的策划、选题、内容、结构、要达到的目标等，本人都进行了反复认真的思考并提出了具体的框架意见，在与有关专家学者进行研究的过程中，多次交流探讨。经过有关专家学者一年多的精心研究和辛勤努力，《中美网络安全比较研究》终于完稿了。本书在研究编写的过程中，考虑到网络安全主要涉及网络安全技术与安全管理两大方面，全书分为管理篇和技术篇。管理篇从课题的研究背景和内容、美国的网络安全管理现状、中国的网络安全管理现状、中美网络安全管理比较、初步结论五个方面进行了研究，技术篇从概述、网络安全技术比较、网络安全标准比较、网络安全产品比较四个方面进行了研究，希望通过对中美两国在网络安全方面的比较研究，能够找出中美两国在网络安全管理和安全技术方面各自的优势和不足，从而取长补短，更好地为我国加强网络安全，维护国家网络主权，加强网络安全管理和安全技术研究、决策等提供一些参考资料，发挥智库的一份力量。由于网络安全的技术发展很快，中美两国关于网络安全管理的法规也不断更新和修改完善，再加上研究水平和了解掌握的有关资料及时间有限，书中的一些数据信息、内容和建议难免有不当和错误之处，真诚欢迎从事网络安全技术和安全管理方面的专家、学者、技术人员和读者多提出宝贵意见，在此表示诚挚的谢意！

　　同时非常感谢中国人民公安出版社闫继忠社长、周佩荣副总编辑等领导和编辑对本书出版给予的大力支持和帮助，对他们的关心和辛勤付出表示衷心感谢！

程　琳

2016年12月29日

管 理 篇

一、引言 ………………………………………………（ 3 ）

（一）研究背景 ………………………………………（ 3 ）

（二）研究内容 ………………………………………（ 5 ）

二、美国的网络安全管理现状 ………………………（ 7 ）

（一）美国的网络安全立法框架 ……………………（ 7 ）

（二）美国的网络安全管理机构 ……………………（ 43 ）

（三）美国企业界的网络安全维护义务 ……………（ 66 ）

（四）美国的网络内容管制 …………………………（ 74 ）

三、中国的网络安全管理现状 ………………………（ 90 ）

（一）中国的网络安全立法框架 ……………………（ 90 ）

（二）中国的网络安全管理机构 ……………………（103）

（三）中国企业界的网络安全维护义务 ……………（119）

（四）中国的网络内容管制 ……………………………（132）
　　（五）《中华人民共和国网络安全法》解读 ……………（148）

四、中美网络安全管理比较 ……………………………………（153）
　　（一）中美网络安全立法的差异 …………………………（153）
　　（二）中美网络安全管理机构的差异 ……………………（159）
　　（三）中美企业在网络安全维护义务方面的差异 ………（163）
　　（四）中美网络内容管制的差异 …………………………（168）

五、初步结论 ……………………………………………………（172）

技 术 篇

六、概述 …………………………………………………………（187）
　　（一）项目研究概述 ………………………………………（187）
　　（二）中美信息安全技术发展简述 ………………………（189）

七、安全技术比较 ………………………………………………（209）
　　（一）密码技术自主可控发展之路 ………………………（209）
　　（二）积极应对新一代信息技术的安全挑战 ……………（235）
　　（三）网络态势感知技术的创新发展 ……………………（273）

八、安全标准比较 ………………………………………………（286）
　　（一）信息安全基础标准由跟跑到同步 …………………（286）
　　（二）新一代信息技术领域安全标准竞争激烈 …………（334）

九、安全产品比较 ··(364)

  （一）安全产品综述 ··(364)

  （二）主要安全产品对比分析 ····························(411)

管理篇

一、引 言

（一）研究背景

自 2013 年斯诺登（Edward Snowden）揭秘美国的全球电子监听计划以来，互联网安全问题被许多国家提升至战略高度，中国也不例外。2014 年年初，习近平在中央网络安全和信息化领导小组第一次会议上明确提出，"没有网络安全就没有国家安全，没有信息化就没有现代化"。2014 年 10 月，党的十八届四中全会决定完善网络安全保护方面的法律法规，依法加强网络空间治理，规范网络信息传播秩序，惩治网络违法犯罪。2015 年 6 月，第十二届全国人大常委会第十五次会议初次审议了《中华人民共和国网络安全法（草案）》，向社会公开征求意见的程序现已结束。2016 年 11 月 7 日，《中华人民共和国网络安全法》经第十二届全国人民代表大会常务委员会第二十四次会议顺利通过，于 2017 年 6 月 1 日起正式实施。

但是，囿于信息与通信技术（ICT）产业的迅速更新和发展及其逐渐与其他产业的信息化融为一体，网络空间的范围越来越广，其管理也日益复杂。而在有限的法律、法规中，网络安全和网络治理的内涵也不够清晰化和体系化。就法学界而言，在网络技术普及和发展的过程中，学者们更关注的是在网络空间出现的对于人身权和财产权可能的侵犯和保护，换句话说，主要着眼在既有的法律框架下对既存纠纷的解决。而对于整个网络信息产业繁荣存在的基础和前提，即网络安全问题并没有仔细审视并进行前瞻性的思考。

所幸他山之石，可以攻玉。美国是全球信息产业的发源地，其网络技术也领先全球多年。以美国作为样本，可以对网络安全及治理有一个宏观、系统的了解。尽管美国关于网络治理方面的立法粗看同样显得零散化，但美国实用主义的传统决定了美国的立法面向本土问题，可操作性较强。对美国的网络安全战略、治理政策、立法以及相关案例进行梳理和分析，可对中国现在和未来的立法以及司法提供某些启示。

当然，中美国情不同，即使有同样的问题，解决问题的方式也可能不一致。例如，2015年10月底，美国国会参议院通过了《网络安全信息共享法案》，12月18日，众议院通过了内容基本相同的法案，这是美国2002年以来多次立法动议之下唯一成功通过的一部网络安全立法。其主要的立法目的在于推动美国政府与私人信息巨头公司之间的合作，使美国政府的信息搜集和分析行为合法化。但是在中国，企业有义务对一些事关网络安全的信息进行备案待查，大体并不需要有这样一部法律来保证合作的进行，但这种解决问题的方式不一致并不妨碍我们对两国的网络安全立法以及网络空间治理的行政和司法经验进行对比研究，以期对网络安全管理的大框架、大问题、大方向有所了解，同时对于美国已经发生而在中国尚未发生的网络治理中的问题做前瞻性思考。

（二）研究内容

基于网络安全问题的重要性以及美国经验可能的借鉴作用，本研究将重点放在中美网络安全管理的比较研究上。由于"网络安全管理"的概念并不清楚，既可以是比较狭窄的"硬件安全管理"，即对于网络设施、网络硬件的技术标准选取等的管理，也可以是广义的涵盖运行于网络设施之上的网络信息的内容和各种网络应用的"软件安全管理"；既可以仅指技术管理的内容，也可以包括法律管理的内容。"网络安全管理"的界定在研究之初就非常重要。本研究拟将"网络安全管理"界定为国家战略层面，尤其是体现于一国法律体系中的网络安全管理，侧重于以法律管理的内容为主，兼及技术管理的内容。

本研究主要探讨如下问题：

第一，美国的网络安全立法整体框架如何？包括战略、政策、宪法、法律法规、决定以及可能的司法裁判等。重点梳理其立法以及历史脉络。

第二，哪些机构在"背后"维护网络安全？这些机构的分工和职能如何？包括国家立法机关、行政机构及非政府民间组织（NGO），尤其是美国如何启动网络安全预警或应急机制？在此状态下如何进行分工合作？

第三，企业或者服务商有无网络安全维护方面的法律义务？这里涉及的内容比较广泛，包括信息技术管理标准、信息产品安全标准、产品认证登记等。

除第一部分引言外，接下来的研究内容主要分为四大部分。第二部分重点介绍美国的情况，第三部分重点介绍中国的情况，

第四部分是对第二、三部分的基础现状进行比较分析,适当扩大到中外普遍关注的一些问题点。第五部分,着眼于中国未来的网络安全建设与管理,提出一些意见和建议。目录中已经勾勒出主要框架。

二、美国的网络安全管理现状

（一）美国的网络安全立法框架

美国的网络安全立法初看之下既无章法也无脉络，因而其整体框架让人茫然。

不过，如果考虑美国的法律体系的演变是一系列允许试错的实验性的结果，是应对现实问题的共识和调整，而非追求理论体系的完善，那么对于美国的网络安全立法框架的认识可以从以下的实际问题切入：

首先，美国的网络安全立法要解决什么问题？

从美国纷繁复杂的网络安全立法中看，美国的网络安全立法强调网络信息技术对于美国的经济繁荣、政治稳定的重要性，而网络的安全漏洞以及网络黑客的攻击或是网络犯罪行为给美国经济及社会秩序带来了极大的损害，也触及政府的底线，因而美国有必要在网络空间维持其国家治理，尤其是对网络犯罪行为进行坚决的打击，同时为网络空间的安全提供必要的保障。当然，与其他各国不同，美国把信息基础设施的安全提到了一个前所未有的高度，认为其事关美国国家安全，可能成为下一代"战争"（即网络战争或者信息战争）的首选目标。因而网络安全是国家安全策略的重要组成部分，网络安全立法是国家安全立法在信息时代的重要内容。换言之，美国首先是从军事战略高度，即未来战争中如何进行网络进攻和网络防御的高度来认识网络安全立法。因而，网络安全立法首先要解决的问题是，如何界定法律意义上的"网络战争"中的"防御"和"进攻"，如何应急防御他国的网络进攻，如何合法化美国的网络进攻和网络报复等。从这个角度看，美国的网络安全立法首先是国家安全立法以及国际战争立法。

其次，美国的网络安全立法希望达到什么样的目标？

与所有国家的立法相同，美国的网络安全立法首先要保障市民正常的生活秩序，因而传统的对于信息传输管道的计算机网络及其系统的保护自然是其立法要达到的基本目标。在大陆法系国家，这一目标依赖既有的民法或者刑法则能达成目标。而美国是普通法系国家，并不存在一般意义上的联邦层面的民法或者刑法，因而在联邦层面寻求相关立法应该以跨州或者跨国的商务管理为基础。[①] 也就是说，这方面的立法在各州可能存在比较大的差异，在联邦层面上，只有应对一般性的、各州普遍存在的问题时才有机会进行国会立法。此外，信息产业使传统商务更加高效和便捷，而且带来了诸多创新的可能性，因而确保网络安全也是美国经济安全和经济繁荣的基础。网络安全法同时也是美国的经济繁荣促进法和信息产业法的重要组成部分。

如此，至少可以从三条主线，即国家安全立法、社会安全保障的民事刑事立法、经济产业立法来探讨美国的网络安全立法。当然，美国的国会立法并非层次分明、条理清晰，三条主线的立法本

---

① 参见美国《宪法》第 8 条。此条规定美国联邦立法权限。美国各州保留着诸多立法权。

身也存在内容重叠之处，一个立法可能既属于国家安全的范畴，也不排斥其属于经济产业政策立法，在此状况下，为避免论述重复，相关内容可能只在一条主线里进行详细介绍，在另一条主线里一带而过。

此外，由于美国的独特视角，将网络安全与未来的网络战争紧密相连，也会产生一些独特的立法，可能在归属上与三条主线都有一定的距离。譬如，由于网络战争与传统的战争状态截然不同，在网络战争状态下或者网络危机发生时，军方或政府并非信息的最佳搜集者，获得的信息也很难说是全面的。因而各方如何分享信息以便应对危机就成为一个问题。和许多国家不同，尽管美国是网络信息产业的始作俑者，最初也是主要由军方在试验性地进行开发利用，但网络之所以普及，与美国后期将网络转为民用和商用有密切关联。由此，美国的网络关键设施的所有者并不局限于军方和政府等官方机构，还有诸多私营企业和个人。在紧急状态下，各方如何分配权利、义务，以便迅速应对危机，是网络安全立法关注的目标。因而，网络安全立法是美国紧急状态法下的重要内容。根据美国1976年颁布的《全国紧急状态法》（National Emergencies Act），总统有权根据合理理由宣布进入紧急状态，并告知国会其在紧急状态下行使权力的方式。国会虽然有权对总统宣布紧急状态的方式进行限制，但无权否决总统宣布紧急状态。而根据美国1977年颁布的《国际紧急经济权力法案》（The International Emergency Economic Powers Act），上述这一立法中需要总统向国会进行解释其采取紧急状态措施以及相关立法的必要性。在紧急状态下，美国总统可否实施大面积或者局部的"断网"，或者可否征用网络设施进行公用,是部分美国学者感兴趣的研究课题。① 这些立法固然与国家安全立法关联,但非常独特。再如,美国对于境外直接投资一般都会根据 Exon-Florio Amendment 条款进行安全审查,如果境外投资人是独资收购美国境内资产,则很可能会因为"影响国家安全"而被审查甚至被终止交易。② 这同样适用于对电信企业以及网络设施的收购。而这一切的法律依据是美国 1950 年应对朝鲜战争时期的《国防生产法》(Defense Production Act)。该法案授权总统在战时可以对相应的民间企业进行关停并转,最大限度地生产国防所需产品,该法第 721 条的修正被称为 Exon-Florio Amendment。③ 这类法律将其归到与网络安全相关的法律中不大容易让人理解,但在实践中发挥着巨大作用。

以下,我们尝试从三条主线来探讨美国的网络安全立法。

1 作为国家安全立法的网络安全法

在美国,网络安全伴随着网络的普及和应用而被逐渐重视。最初,网络安全并不是国家安全的重要组成部分。1947 年《美国国家安全法》出台④,杜鲁门总统创造性地设立了美国的国家安全委员会(National Security Council)和中情局(CIA)。当时的美国还沉浸在珍珠港事件之后的阴影中,国家安全主要被定义为军队防御能力以及情报搜集能力。

---

① 参阅 Karson K. Thompson. Note, Not Like an Egyptian: Cybersecurity and the Internet Kill Switch Debate, 90 TEXAS L. REV. 465 (2011)。

② 参阅《三一重工"尊严诉讼"解围中企赴美收购难题》,http://guba.hexun.com/600031,guba,20164629.html。

③ 参阅维基百科词条 Exon-Florio Amendment,https://en.wikipedia.org/wiki/Exon%E2%80%93Florio_Amendment。

④ National Security Act, Pub. L. No. 80-253, 61 Stat. 496 (1947).

二、美国的网络安全管理现状

在肯尼迪总统遇刺后不久，美国国会在 1968 年通过了《综合犯罪控制与街道安全法》(Omnibus Crime Control and Safe Streets Act)①，其中的第三部分规定了进行监听的步骤和程序，也被称为《监听法案》(Wiretap Act)。最初的监听对象为电话通讯，1986 年该法案为《电子通讯隐私法案》(Electronic Communications Privacy Act, ECPA)② 所修正，ECPA 扩大了对于政府监听的限制范围，从传统的电话通讯到囊括电子通讯。ECPA 的第二章即为 the Stored Communications Act（SCA），增加了相应的对于电子储存信息不得轻易接触的条款，并允许对于打入电话记录进行跟踪。ECPA 后来又为 1994 年的《通信协助执法法案》(Communications Assistance for Law Enforcement Act, CALEA)③、2001 年的《美国爱国者法案》(USA PATRIOT Act)、2006 年的《爱国者法额外再授权修改法》(USA PATRIOT Act Additional Reauthorizing Amendments Act)④ 以及 2008 年的《外国情报监听法案》修正案 (FISA Amendments)⑤ 所修订。⑥

1978 年，美国通过了《外国情报监听法案》(Foreign Intelligence Surveillance Act, FISA)⑦。该法案规定了对存在于国外势力的特工人员之间的情报信息进行物理监听和电子监听的程序。有必要指出，在立法之初，网络监听并非其关注的主要内容。但随着网络的

---

① Pub. L. No. 90-351, 82Stat.197, enacted June 19, 1968, codified at 42 U.S.C.3711.
② Pub. L. No. 99-508.
③ Pub. L. No. 103-414.
④ Pub. L. No. 109-178.
⑤ Pub. L. No. 110-261.
⑥ 参阅 http://www.it.ojp.gov/PrivacyLiberty/authorities/statutes/1285，访问时间 2015 年 12 月 25 日。
⑦ Pub.L. No. 95-511, 92 Stat.1783, 50 U.S.C. ch.36.

普及，网络监听逐渐成为该法的一部分。2007年，小布什政府认为，该法案不符合时代发展潮流，对于监听的程序限制导致情报搜集和反恐工作困难，因而应该鼓励更多的无须经过法院许可状（Warrant）下的监听活动。在政府的提议下，美国国会于当年通过了《保护美国法案》（Protect America Act，PAA）[1]，其将监听行为改为美国国家安全部（NSA）内部控制，只要72小时内通知FISA法院即可。而且在事实上允许基于对恐怖活动的调查而对任何对外的电子通讯进行监视，只要不是针对特定的个人。此外，与外国相关的通讯都无须获得法院许可证，即便该通讯中美国为通讯的一端。对外国人的监听获得FISA法院许可的前提是监听对象必须为外国特工，而在2007年的《保护美国法案》中，这一要求被取消。《保护美国法案》在美国引发巨大争议，好在根据该法的"日落条款"，《保护美国法案》实施180天后即被废止。之后，该法案被2008年的《外国情报监听法案》修正案（FISA Amendments）所取代。相关条款虽然不是完全相同，但有一致性。该修正案在既有的1978年法案中增加第7章，新的条款按照预定是在2012年12月31日失效，但是在失效前两天国会将该条款效力延长5年，至2017年年底失效。该章的第702条授权司法部长（Attorney General）和国家情报局局长（Director of National Intelligence，DNI）可以展开对于非美国人的定向监听，为期可达一年。不过该监听有一定的限制，如不能故意监听已经在美国的外国人；不能故意监听在外国的个人，如果监听的目的指向特定的身在美国的个人；不能故意监听在外国的美国人；不能故意监听在外的美国人的通讯，当该通讯的另一方已经确知是在美国；必须与美国宪法的第

---

[1] Pub. L. No. 110-55.

二、美国的网络安全管理现状

四修正案一致。①

该法条引发广泛争议。美国人权组织"大赦国际"(Amnesty International)在南纽约州地方法院提起诉讼,认为该条违反美国宪法,而且怀疑该组织与要营救的诸多世界友人之间的通讯被监听。地方法院以简易程序认定被告国家情报委员会主任 Clapper 先生胜诉,原告不服,提起上诉,联邦上诉法庭支持原告。Clapper 上诉至美国最高法院。最高法院实际上回避了对该问题的直接论断,而是指出原告并没有提出具体、可见的威胁,不存在诉讼理由,因而不应受理。"大赦国际"认为如果他们的诉讼都属于"没有理由"的话,那就没有什么诉讼有"理由"了。最高法院驳斥了这一说法,认为理由应该"具体、现实",而且最高法院的论断并没有否认对于该法条具有司法审查权。②

1984 年,美国总统里根签署颇有争议的国家安全决议令 145 号文件(National Security Decision Directive,NSDD-145)③,将所有政府计算机加密文档以及"非加密但是敏感文件"的监管权限交给国家安全局(NSA)。但是国会对于军方监管民用计算机系统的安全似觉不妥。1987 年,国会通过《计算机安全法案》(Computer Security Act)④,旨在将监管权交由商务部下的国家标准局(National Bureau of Standards,NBS),也就是后来的国家标准与技术局(National Institute of Standards and Technology,NIST)。国家安全局起助手和技术支持的作用。⑤

---

① 参见《外国情报监听法案》第 702(b)条。
② 133 S.Ct. 1138.
③ 该文件已经解密,参阅 http://fas.org/irp/offdocs/nsdd/index.html。
④ Pub.L. No. 100-235,法律文本可参阅 https://epic.org/crypto/csa/csa.html。
⑤ 参阅 https://epic.org/crypto/csa/。

NSA因为历史传统的原因不愿成为配角，其基于国家安全监管的理由多次寻求获得原来的监管权力。2002年，在美国"9·11事件"之后，美国国会通过了《联邦信息安全管理法案》(Federal Information Security Management Act，FISMA)，该法案授权美国商务部下的国家标准与技术研究所(National Institute of Standards and Technology，NIST)和总统执行办公室(Executive Office of the President)下的管理和预算办公室(Office of Management and Budget，OMB)作为主要联邦机构，全面负责提升美国的网络信息系统安全。由于OMB直接面向总统，一般认为这在一定程度上架空了NIST的监管权。不过在实践中，NIST与NSA合作，对信息技术是否符合在国家信息保证合作计划(National Information Assurance Partnership，NIAP)下的国际标准进行评估。这一合作的成果是"NIAP关于IT安全的一般原则评估与有效实施计划"(NIAP Common Criteria Evaluation and Validation Scheme for IT Security，CCEVS)，这一计划属于官方与企业的合作，为客户提供成品的信息技术产品用以满足他们的网络安全需求并且帮助那些安全产品的制造商在全球竞争中获得市场认可。①

2001年的"9·11事件"以后，美国的"国家安全"概念迅速扩大。2001年10月，美国在"9·11事件"的恐慌和余哀中迅速通过了《美国爱国者法案》(USA PATRIOT Act)②，该法案中的"美国爱国者"(USA PATRIOT)这个词，实际上是一串词语(Uniting and Strengthening America by Providing Appropriate Tools Re-

---

① CCEVS Objectives，参阅 https://www.niap-ccevs.org/Big_Picture/objectives.cfm，访问时间2016年3月25日。

② Patriot Act, Pub. L. No. 107-56, 115 Stat. 272 (2001). 该法案修改了《美国法典》中的许多条文。

quired to Intercept and Obstruct Terrorism）的缩写，原称谓是"通过利用合适的工具截住并阻止恐怖活动来联合和加强美国"。这是一部地道的反恐怖法案。该法案长达300多页，对反恐机关以及行动权限进行了法律规定。此法案极大地扩充了政府对公民进行监听的权力，① 以反恐为名，国家安全机构可以命令网络服务提供商提供相关嫌疑对象的邮件信息内容。该法案中争议比较大的条款包括：第213条，把原来在特殊情况下未获得法庭的许可就进行搜查的政府行为变成了一种惯例，只要回头增补法院的许可就好；第215条，事实上FBI获得了调取公民的任何相关消费记录的权力，包括银行卡、图书馆阅读书目等；第412条，对于外国人，如果有合理的理由怀疑其可能参与恐怖活动，可能被拘留一周，不需要正式指控，被拘留者唯一可能依赖的是在联邦地区法院提起"人权保护令"。②

尽管该法案留有一"日落条款"（Sunset Clause），即可能不合理的条款在4年后经检验可以被废除，但在2006年2月，美国国会通过了《延长爱国者法案中部分日落条款的决定》（To amend the USA PATRIOT Act to extend the sunset of certain provisions of such Act）③，将"日落条款"截止日从2月初延长到3月初。2006年3月，美国总统布什重新签署《美国爱国者法修改与再授权法案2005》（USA PATRIOT Improvement and Reauthorization Act of 2005）④。

---

① 参阅 http://www.encyclopedia.com/topic/USA_PATRIOT_Act.aspx，访问时间 2015年12月16日。

② Stuart Gilgannon, Bridging the Gap: Why the Stevens-Leahy Amendment to the Western Hemisphere Travel Initiative May Reveal a Renewed Focus on Civil Liberties in National Security Legislation, 7 Conn. Pub. Int. L.J. 51, 59 (2007).

③ Pub. L. No. 109-170.

④ Pub. L. No. 109-177.

2011年，国会再次在截止日前通过了表决，奥巴马总统再次签署通过了延长相关监听条款。① 到 2015 年 6 月，由于之前突发的斯诺登事件，国会对于再次延续通过"日落条款"力有不逮。但是国会于 2015 年 6 月成功通过了《美国自由法案》（USA Freedom Act），② 将爱国者法案中有关监听的条款变换了一些形式复活。例如，该法尽管结束了 NSA 进行直接大规模监听的权力，但是将此权力赋予了电信和网络公司，而只要是针对国家安全的执法行动 NSA 就可以要求相关公司提供相关记录。

爱国者法案中的监听条款的来龙去脉表明，在恐怖活动的袭击随时可能再次爆发的氛围下，以国家反恐的名义确有可能不合理地扩张政府的权力，即使在美国这样的民主国度也是如此。2013 年的斯诺登事件实际上就是该法案所允许的政府大规模监听的后遗症，直到现在这一矛盾也没有解决。

2002 年 11 月，美国第 107 届国会通过了《美国国土安全法》（Homeland Security Act）。③ 该法建立了美国国家安全的新机构——国土安全部（Department of Homeland Security, DHS），对国土安全部的使命、人员组成及任命进行了详细规定。④ 该法第二部分的主要内容为信息安全以及信息关键设施的保护，强调政府工作人员在接触关键设施分享信息的过程中应该严格遵循保密义务，未经同意不得擅自泄露给第三方。⑤ 第 224 条规定了网络技术防卫（Net

---

① Obama Signs Last-Minute Patriot Act Extension. Fox News. May 27, 2011. Retrieved May 27, 2011. 参阅 http://www.foxnews.com/politics/2011/05/27/senate-clearing-way-extend-patriot-act.html，访问时间 2015 年 12 月 29 日。

② Pub. L. No. 114-23.

③ Pu. L. No. 107-296.

④ 《美国国土安全法》第一部分。

⑤ Section 214.

Guard）制度，旨在发动民间志愿者和官方技术专家力量，在信息系统遭遇攻击的情形下能很快恢复通讯。第225条为增强网络安全专门条款（Cyber Security Enhancement Act），对计算机犯罪的量刑因素进行了指导。

同年，美国通过了《电子政务法》（E-Government Act)[①]，全力打造政府办公信息化，为美国市民提供安全的网络信息服务。信息安全问题被再次关注。这个法案之所以提信息安全而不提网络安全，是因为其更重视在政府提供信息服务的过程中能否确保信息内容不被歪曲和篡改。该法案的第三部分即为《联邦信息安全管理法案》，对信息安全进行了界定。认为信息安全是确保信息的完整性、保密性和可用性，防止信息和信息系统未经授权而被接触、使用、泄露、破坏、修改。

该法案授权美国商务部下的国家标准与技术研究所与美国总统执行办公室下的管理和预算办公室作为主要的联邦机构，全面负责提升美国的网络信息系统安全，通过适当的政策和程序，将美国的信息安全风险降低到可控程度。

对于该法案，各方面的反映不一。例如，前联邦首席信息安全官、网络安全专家Bruce Brody认为，该法案的初衷很好，但却是一个根本不好用的工具。他认为这是一个考察安全计划而不是考察信息安全的方法。[②]

原政府问责办公室首席技术官Keith Rhodes说，该法案能够帮助提升政府系统安全，但法案的执行更为重要，如果安全人员仅将

[①] Pub. L. No. 107-347, 116 Stat. 2899.
[②] Government Computer News, FISMA efficiency questioned, 参阅 https://gcn.com/Articles/2007/03/18/FISMAs-effectiveness-questioned.aspx? Page=2, 网上发布日期2007年3月18日，访问时间2015年12月17日。

该法案视为一个注意清单表，那么任何事情都办不成。①

2004年，布什政府通过了《情报改革和反恐法》(Intelligence Reform and Terrorism Prevention Act，IRTPA)②。该法案设立了国家情报主任（Director of National Intelligence，DNI）一职③，事实上是在情报机构之外设立了一个协调和领导所有情报机关的位置。国家情报主任取代了原中情局局长的许多职责，是仍然保留的美国中情局局长的上司。该法同时设立了国家反恐中心（National Counterterrorism Center，NCTC）④和隐私暨人权自由观察委员会（Privacy and Civil Liberties Oversight Board）⑤。该法主要是在组织机构方面便利了美国国内各情报组织之间的信息集中和共享，并将国土安全部的职责延伸到移民、交通等多个部门。对于网络安全，该法案并没有特别述及。但是因为该法针对反恐而要求对于反恐信息的分享和综合分析，在事实上扩大了政府监听以及挖掘公民个人信息的权力。比如针对海外可能的恐怖分子的监听⑥；在美国本土登机者的黑名单检测⑦；全美乃至全球的唯一身份确认，即进出美国要进行生物特征数据比对等，⑧ 这一系列规定引起向来以保护公民民权为己任的美国民间组织电子前线基金（Electronic Frontier

---

① Government Computer News, Keith Rhodes/Effective IT security starts with risk analysis, former GAO CTO says, 参阅 https://gcn.com/Articles/2009/06/15/Interview-Keith-Rhodes-IT-security.aspx? sc_lang=en&Page=2，访问时间 2015 年 12 月 17 日。
② Pub. L. No. 108-548.
③ Title I, subtitle A.
④ Title I, subtitle B.
⑤ Title I, subtitle F, Section 1061.
⑥ Section 6001.
⑦ Section 4012 and Sections 7201-7220.
⑧ Section 7208-7220.

Foundation，EFF）的抗议。[①]

或许是因为 2001 年 "9·11 事件"之后的密集立法，2004 年以后，美国关于网络安全的立法实际上进入了停顿期，零星通过的立法也大都是 2002 年立法的补充或者修正。2013 年斯诺登事件之后，网络立法似乎重新回到了正轨。2014 年年底，美国国会出台了与网络安全相关的多部法律，其中包括 2014 年《联邦信息安全现代化法案》（Federal Information Security Modernization Act）、2014 年《国家网络安全保护法》（National Cybersecurity Protection Act）、2014 年《网络安全加强法案》（The Cybersecurity Enhancement Act）以及 2013 年的《边境巡逻员薪资改革法案》（Border Patrol Agent Pay Reform Act）四部法律，不过仔细看其内容，对于网络安全方面的管理思路基本因循原来的思路。

2014 年《联邦信息安全现代化法案》[②]是对 2002 年《联邦信息安全管理法案》的修正，该法案对于美国的网络安全实践进行了更新：

1）进一步规范了国土安全部对于非国家安全联邦行政分支机构系统的信息安全政策执行进行管理的权威性（即只要不涉及国家安全机构的信息系统，原则上由国土安全部进行管理）；

2）修改并澄清管理和预算办公室（Office of Management and Budget，OMB）对于联邦信息安全实践的监管权威；

3）要求管理和预算办公室改善或者修正 OMB A-130 条以"除去无效的以及无用的汇报"。

《联邦信息安全现代化法案》确认了国土安全部对于民用行政

[①] 参阅 https://www.eff.org/deeplinks/2004/12/9-11-legislation-launches-misguided-data-mining-and-domestic-surveillance-schemes，访问时间 2015 年 12 月 18 日。
[②] Pub. L. No. 113-283.

机构的信息安全政策执行的管理权威，国土安全部有权监管这些机构执行政策的合规性，并辅助 OMB 发展这些政策。该立法：

1）给予国土安全部对其他部门是否执行有关信息政策的行动指令进行监管的权力；

2）授权国土安全部在其他行政分支的民事机构提出请求时给予行动以及技术上的支持；

3）通过法律将联邦信息安全应急中心（Federal Information Security Incident Center）置于国土安全部内；

4）指导管理和预算办公室修改有关政府机构违反数据保护规定时通知受影响个人的政策；

5）要求政府机构向国会即时以及每年都对信息安全事故和违反个人数据保护规定的情形进行汇报；

6）简化存在于《联邦信息安全管理法案》中的汇报制度，清除无效的以及无用的汇报，但增加了新要求，即对于重大的信息事故要求汇报。[①]

2014 年《国家网络安全保护法》（National Cybersecurity Protection Act）[②] 实际上是对 2002 年的《美国国土安全法》的一些澄清，该法进一步明确了国家网络安全和通信集成中心（NCCIC）的作用，并根据新的协议将其定位为联邦机构与私营部门在信息共享方面的枢纽。关于 NCCIC，在后文的网络机构中还会做进一步介绍。

2014 年《网络安全加强法案》（The Cybersecurity Enhancement

---

① 参阅国土安全部官方网站 http://www.dhs.gov/fisma。
② Pub. L. No. 113-282.

Act)① 对于国家标准与技术局（National Institute of Standards and Technology, NIST）的定位进一步明确，强调了其在技术标准制定以及指引方面的作用。② 同时对于网络安全的研究和发展做了进一步的澄清，③ 强调了网络安全教育以及人力训练的意义。④ 对于未来的信息安全技术发展，比如云计算以及身份识别的管理和研究进行了一些预测。⑤

至于2013年的《边境巡逻员薪资改革法案》（Border Patrol Agent Pay Reform Act）⑥，其关注的是边境管理人员的待遇，本来与网络安全并无太多关系，但是其中的第四节抬头为"国土安全网络安全劳动力评估"（Homeland Security Cybersecurity Workforce Assessment），授权美国国土安全部对其网络安全工作劳动力进行评估，将国土安全部中网络安全方面的人员需求进行汇总，不过这主要是基于劳资关系的评估。与之相对应的还有一个单独的关于网络安全劳动力的法案——《网络安全劳动力评估法》（Cybersecurity Workforce Assessment Act）⑦，着重于网络安全人员的缺口和培训，其中特别提及应该考虑网络安全人员的奖学金项目，鼓励更多的本科生和博士生学成之后在国土安全部工作。⑧

美国国会在2014-2015年度还讨论了诸多有关网络安全的法案，但基本毫无进展。到2015年年底，国会终于通过了《网络安

---

① Pub. L. No. 113-274, 128 Stat. 2971.
② Section 201.
③ Title II.
④ Title III.
⑤ Section 503, 504.
⑥ Pub.L. No.113-277, 128 Stat. 2995.
⑦ Pub.L. No.113-246, 128 Stat. 2880.
⑧ Section 4 Cybersecurity Fellowship Program.

全信息共享法案》（Cybersecurity Information Sharing Act，CISA）。不过是附随在当年美国的"一揽子"财务计划中"搭顺风车"一起通过的。①

该法旨在"通过加强关于网络安全威胁以及其他目的的信息分享，提高美国的网络安全"。该法允许将网络追踪信息在政府部门及网络技术和制造公司中分享。该法案于 2014 年 7 月 10 日引入美国参议院，于 2015 年 10 月 27 日在上议院通过。2015 年 12 月 15 日，众议院通过了该法案。12 月 18 日，奥巴马签署生效。② 如果回顾美国有关监听法案的争议，就会发现关于信息分享其实也是一个老话题，只不过改头换面，现在是国土安全部领导下的各私营机构与政府部门之间进行信息共享。

美国国会推动的大量与国家安全相关的网络安全立法表明，美国的网络安全政策与法律法规是与美国的国家安全战略紧密结合在一起的，尤其是在美国引领的全球信息化过程之后，信息安全已经成为经济安全、军事安全的基础。因而美国高度注重网络安全并不奇怪，而且美国已经紧锣密鼓地进行军方网络安全与技术人员的培训，并着手进行网络进攻与网络防御的试验。美国动辄在网络入侵、网络黑客进攻等问题上指责他国，包括俄罗斯、中国等，是典型的贼喊捉贼，这一切在斯诺登事件之后更是昭然若揭。

---

① 此法案跟随当年的"一揽子"财务计划 3000 多页的文档一并通过，参见 Consolidated Appropriations Act, 2016 Pub. L. No. 114-113，媒体的意见是提交过程中总states 不可能否决，参阅 http://www.engadget.com/2015/12/18/house-senate-pass-budget-with-cisa/，访问时间 2016 年 1 月。

② 关于该法的一般性的评述，可参阅吴沈括、陈琴：《美国参议院〈网络安全信息共享法案〉初论——空前的风险，激进的应对》，腾讯研究院犯罪研究中心。

2 作为社会安全保障的民事刑事立法

在美国,谈起网络安全法,一般人都会想到《计算机诈骗与滥用法案》(Computer Fraud and Abuse Act, CFAA)。一些研究人员认为这是美国计算机系统安全,也就是私人领域(包括企业和个人的民用计算机)的网络安全立法的基石。①

美国 1984 年制定了现代意义上的联邦刑法(Comprehensive Crime Control Act)②,此前,各州对于通讯欺诈,包括使用电话和邮件等工具进行的欺诈行为都有相应的刑事处罚,但这显然不能涵盖计算机时代新的诈骗方式。为此,1984 年的联邦刑法中首次制定了关于计算机诈骗犯罪的规定。③ 但是这一法条的适用范围非常狭窄,仅仅适用于三种情形:滥用计算机获取与国家安全相关的秘密;滥用计算机获取个人金融数据;对于政府计算机的黑客进攻。④ 该法在 1986 年得以修正,并正式命名为 CFAA。⑤ CFAA 旨在更大程度地打击计算机滥用行为,因而在修订中更清楚地阐述犯罪所指向的计算机拥有者以及非授权的接触或者入侵计算机的行为。尽管 CFAA 的立法初衷是针对联邦政府的计算机犯罪以及黑客入侵,⑥ 但是随后就被扩大应用到允许民事赔偿以及在某些指控下允

---

① 参阅 Steven Robinson, U.S. Information Security Law, Part 1, http://www.symantec.com/connect/articles/us-information-security-law-part-1,访问时间 2015 年 12 月 25 日。

② Pub.L.No. 98-473.

③ Orrin S. Kerr, Vagueness Challenges to the Computer Fraud and Abuse Act, 94 Minn L. Rev. 1561, 1563-64 (2010).

④ Orrin S. Kerr, Vagueness Challenges to the Computer Fraud and Abuse Act, 94 Minn L. Rev. 1561 (2010).

⑤ Pub.L. No.99-474, 1986 HR 4718.

⑥ Greg Pollaro, Note, Disloyal Computer Use and the Computer Fraud and Abuse Act: Narrowing the Scope, 2010 Duke L. & Tech. Rev. No. 12, at 11 (2010).

许获得法院颁布的民事禁令。① 这既有国会在立法语言上不够精确的因素，也有法院在司法过程中扩大适用范围的因素。②

CFAA 之后被多次修改，一定程度上是在追随科技发展的变化。这些修改包括 1989 年、1994 年、1996 年的修改，2001 年的爱国者法案的修改，以及 CFAA 2002 年的修正。③ "9·11 事件"之前的三次修正极大地扩张了 CFAA 的适用范围，④ 其中 1994 年的修改对于美国律师们来说尤其重要，因为在这次修正中，本来属于刑事犯罪条款的该法案附加了民事诉因。⑤

仔细阅读 CFAA 文本，其实就是一句话，对于任何人的未经授权有意进入计算机系统，尤其是联邦计算机系统的行为，目的如果是获取相关保护信息，就要给予刑事惩罚。当然，条目中罗列了多种情形，以满足打击犯罪的需要。条目中亦罗列了针对不同犯罪行为的量刑。

1998 年美国《千禧年数字化版权法》（Digital Millenium Copyright Act，DMCA）⑥，实际上是禁止任何人"规避"著作权技术保护措施。该立法的起因在于网络时代盗版行为的猖獗，破解技术保

---

① Catherine M. Sharkey, Trespass Torts and Self-Help for an Electronic Age, 44 Tulsa L. Rev. 677, 693 (2009).

② Christine D. Galbraith, Access Denied: Improper Use of the Computer Fraud and Abuse Act to Control Information on Publicly Accessible Internet Websites, 63 Md. L. R. 320, 323-24 (2004).

③ 参阅 https://en.wikipedia.org/wiki/Computer_Fraud_and_Abuse_Act#cite_ref-2, 访问时间 2016 年 1 月 2 日。

④ Deborah F. Buckman, Annotation, Validity, Construction, and Application of Computer Fraud and Abuse Act, 174 A. L. R. Fed. 101 (2001).

⑤ Deborah F. Buckman, Annotation, Validity, Construction, and Application of Computer Fraud and Abuse Act, 174 A. L. R. Fed. 113 (2001).

⑥ Pub.L.No.05-304.

护措施本身成为国际社会关注的对象。1996年WCT首先规定各国应加大力度反对网络盗版,美国成为这方面进行国内立法的先行者。与其他国家不同,美国的DMCA立法将技术保护措施分成两类,一类是"保护版权专有权利的技术措施",如对于复制传播的限制,对于此类措施可以以"合理使用"的方式进行规避;另一类是对于"接触作品的技术保护措施",对这类技术就没有规避方式,"规避"本身就构成侵权。[1]

当然,整个知识产权法体系包括版权法、商法、专利法等,是将有特殊特征的信息作为财产来保护,这对这类特殊信息的质量,包括完整性和可利用性会产生重大影响。不过,知识产权体系中的商业秘密涵盖范围极广,对信息以及信息系统的安全保护作用更为明显。

在美国联邦层面上,并没有统一的商业秘密保护法,各州尽管在进行商业秘密法统一的尝试,而且在美国法协会的帮助下绝大多数州内确实达成了对于商业秘密进行保护的共识,但只局限在民事救济范畴。在刑事犯罪领域,对于盗窃商业秘密一直无能为力,尽管司法实践中各州利用有限的联邦法条,比照盗窃实物对盗窃诸如软件、技术一类的不可接触物进行刑事处分,[2]但各州在这一问题上的分歧明显。直到1996年的《反经济间谍法》(Economic Espionage Act,EEA)出台。[3]

《反经济间谍法》内容庞杂,第一章是关于商业秘密犯罪的规定。大抵而言,这里面关于商业秘密的定义和美国法协会倡导的示

---

[1] 王迁. 知识产权法教程 [M]. 中国人民大学出版社,2007:302-303.

[2] James H.A. Pooley, Mark A. Lemley & Peter J. Toren, Understanding the Economic Espionage Act of 1996, 5 Tex. Intell. Prop. L.J. 177, 178-181 (1997).

[3] Pub. L. No.104-294.

范法《统一商业秘密法》（The Uniform Trade Secrets Act，UTSA）里的规定是一致的，只是《反经济间谍法》里规定的是刑事处罚。值得注意的是，该法最初是针对外国人盗窃商业秘密的行为，后来才扩大到本土的美国人。① 这在最后的法律文本中也留有痕迹，如第1837条特别提及外国人在国外进行的盗窃商业秘密的行为同样可以适用该法。②

EEA第二章的抬头是"国家信息设施保护法案"（National Information Infrastructure Protection Act），是对计算机犯罪CFAA的修正。至于后面几章，其实和反经济间谍的关系都不大。EEA生效后，第一个依该法被指控的人员是台湾移民华裔美国工程师钟东藩，他被指控在波音工作期间将重要技术情报输送给中国，2010年被判入狱15年。③ 2012年9月，工程师Sixing Liu在美国新泽西州法庭被指控盗窃上千份电子文档并将军方技术出口给中国。④ 在实践中，这一法案似乎更多地适用在外国人身上。

除了联邦层面上美国国会通过立法来加强对于计算机信息系统的侵入进行防护外，各州同样有各自的立法应对，如各州刑法以及各州最初的各自发展而后统一的商业秘密保护法。此外，美国的司法机关又通过普通法判例丰富着这些权益保护的实践。

---

① James H.A. Pooley, Mark A. Lemley & Peter J. Toren, Understanding the Economic Espionage Act of 1996, 5 Tex. Intell. Prop. L.J. 177, 178 (1997).
② 2015年天津大学张浩教授在美国开学术会议时遭捕与此法有关。基本案情可参阅天津大学教授张浩窃取美国商业机密：到底有多少证据，http://www.glofang.com/news/show/10205/，访问时间2016年3月25日。
③ 参阅http://news.81law.com/news/sa_news_aid_954/，访问时间2016年1月9日。
④ 参阅http：//ido.3mt.com.cn/Article/201209/show2769407c30p1.html，访问时间2016年1月9日。

二、美国的网络安全管理现状

在 eBay 案中,[①] 原告 eBay 的数据库为对手 Bidder's Edge 公司的网络机器人进行数据采集,eBay 认为对方侵犯了其民事权益。法院认为,"尽管在这些请求中有多少来自被告 Bidder's Edge 公司还存在一些争议,BE 认为大约每天向原告的计算机系统发出了 8 万到 10 万的问询请求。尽管 eBay 没有诉称这样的流量导致了其计算机系统的任何损害,也没有提供证据来证明这样的使用导致了资金或者客户的流失,eBay 的诉称是 BE 利用有价值的带宽以及容量在使用 eBay 的个人财产,这样就导致 eBay 自身的使用方式受到损害。法律不应认可这样使用他人的个人财产。如果诉前禁令不能获得,其他的搜集者也开始在 eBay 网站上爬行,eBay 计算机系统的负担将导致其质量和价值的极大损害,加州的法律并不需要这样的灾难确切发生时 eBay 才能获得本法庭的救济"。[②]

但是在随后的 2003 年的 Hamidi 案[③]中,加州最高法院并没有赞同地方法院与上诉法院将邮件系统作为一种财产的观点。在该案中,前职工 Hamidi 利用原雇主 Intel 的邮件系统向现职工群发邮件,Intel 认为这构成了普通法意义上的 Trespass,其逻辑推断的前提是将公司内部的邮件系统视为一种准财产,Hamidi 的使用干扰了其他人的正常使用。地方法院与上诉法院都赞同对 Hamidi 实施禁令,但加州最高法院以 4∶3 的结果推翻了这一论断。

法院认为:"Intel 的主张不成立。不是因为通过互联网传输的邮件系统可以享受独特的豁免,而是对于财物的侵入(Tresspass),不像其他提及的诉因一样,在加州,如果没有证据表明原告的财产

[①] eBay Inc. v. Bidder's Edge, Inc., 100 F. Supp. 2d 1058 (ND Cal., May 24, 2000).
[②] eBay Inc. v. Bidder's Edge, Inc., 100 F. Supp. 2d 1071-1072 (ND Cal., May 24, 2000).
[③] Intel Corp. v. Hamidi, 30 Cal. 4th 1342, (Cal. 2003).

或者法律保护的利益受到伤害,是无法被法律保护的。本案中,所述的伤害存在是因为电子邮件信息对收件人的干扰或者分心,这种伤害不直接影响个人财产的所有以及价值……"①

此外,出于隐私保护的角度,美国对于可能接触个人敏感信息的某些行业可能滥用用户数据的行为进行了规制,如下面的医疗保险行业和金融业。

1)《健康保险流通及责任法案》(The Health Insurance Portability and Accountability Act,HIPAA)②。

HIPAA第二章规定了对个人可识别的健康信息的隐私进行安全保护的政策、程序和指南,并对触犯该规定的行为列举了民事和刑事多种处罚方式,而且也创设了在医疗系统内的若干项目,以应对对于健康信息的欺诈和滥用。③ 当然,在第二章最引人注目的是简化管理的条款,其要求美国卫生部(Department of Health and Human Services,HHS)起草规则以及标准,以利于健康信息有效利用和在不同的健康医疗机构之间的传播,以及在执法部门需要时可以按照程序向其提供。根据该法规的要求,美国卫生部已经制定颁布了五个关于简化管理的规定,其中包括隐私规定、安全规定、唯一可识别规定等。④

2)《格雷姆-里奇-比利雷法》(Gramm-Leach-Bliley Act)⑤。

该法案又被称为《金融服务现代化法案》(Financial Services Modernization Act)。该法的立法背景是,美国在经济大萧条期间,

---

① Intel Corp. v. Hamidi, 30 Cal. 4th 1347-1348, (Cal. 2003).
② Pub. L. No.104-191.
③ Sec. 201, 202, 203.
④ 参阅 https://en.wikipedia.org/wiki/Health_Insurance_Portability_and_Accountability_Act#cite_note-10,访问时间2016年1月10日。
⑤ Pub. L. No.106-102.

为使银行业更为安全，国会在 1933 年通过了《格拉斯-斯蒂格尔法案》（Glass-Steagall Act），禁止银行进入证券领域。1956 年，美国出台了《银行控股公司法案》（Bank Holding Company Act），禁止银行对于非银行公司的控制。1982 年美国对《银行控股公司法案》进行了进一步的修正，银行业也不能提供保险服务。1999 年的 Gramm-Leach-Bliley Act 实际上是取消了上述规定，美国的银行可以开始提供混同服务而不再拘泥于传统银行业务。这种混同带来的是银行业对于证券公司以及保险公司的合并潮，以及潜在的对于客户信息的整合和挖掘，这对于客户的隐私是一个威胁。① 此外，国际方面对于消费者个人数据保护的要求也迫使美国在隐私保护方面采取行动，尤其是欧盟对于消费者个人信息保护要求较高，在他国不提供类似标准的保护时，欧盟成员国的公司不能将消费者数据提供给他国。在此背景下，该法第五章详细规定了美国银行业关于隐私保护的具体条款。

第五章 A 副标为"披露非公开的个人信息"，其中第 1 条要求金融机构确保客户个人信息的安全，包括其数据完整性以及不被他人轻易获取；第 2 条要求金融机构明确告知客户其可能与第三方进行的信息分享；第 3 条要求金融机构的隐私政策必须公开；第 4 条要求金融管理机构，包括证监会、财政部、信用卡管理机构必须与保监会一起出台相应的法规；第 5 条规定了本法的执法部门为联邦贸易委员会（FTC）。B 副标为"欺诈性获取金融信息"，主要是规定了冒充银行人员获取个人金融信息的行为归罪以及相应的刑罚。

与欧盟相比，美国整体上仍然强调市场的有效与便利，对于客户的隐私保护程度相对较低。但这部法律算是一个良好的开端，金

---

① 参阅 https://epic.org/privacy/glba/，访问时间 2016 年 1 月 10 日。

融机构对客户信息进行保护的义务有了法律依据。

3)《儿童在线隐私权保护法案》(The Children's Online Privacy Protection Act, COPPA)①。

COPPA是关于限制网络服务提供商和网站搜集儿童个人信息的一部联邦法案,1998年被国会通过,2000年生效。由FTC进行管理和实施。这是为13岁以下的儿童所写的一部网络法,针对的是那些面向儿童经营的网站同时搜集儿童个人信息的行为。

FTC在1998年进行一项针对212个网站的调查,发现其中高达89%的网站搜集儿童的信息。而这些搜集儿童信息的网站中,近一半(46%)的网站都没有向儿童公布这个事实。该法是针对这一潜在的问题希望面向儿童的网站以及一般的网站在搜集儿童个人信息前能明确征得其父母的同意。"它的目的是保护小孩免于定向广告并且防止小孩受到危险人物通过电子邮件、聊天室、BBS论坛等进行的单独接触,它希望小孩的父母参与孩子的网上活动。"②

COPPA的做法是要求所有网站上有公开声明,如果其搜集上网儿童的个人信息,还要说明其搜集儿童信息的目的以及可能的使用方式,在征得儿童父母同意的情况下才能搜集和利用儿童的信息。COPPA也提供一些灵活的方式,在何种情形下不必征得父母同意也不违法,如仅仅是临时搜集姓名作为一次性使用等。此外,还给予某些网络服务提供商"自制"(Self Regulation)的权利,由其自身监管是否合规。COPPA把这一法案的监管权交给了FTC。

---

① Pub.L.No.105-277. 全文可参阅 https://www.gpo.gov/fdsys/pkg/PLAW-105publ277/html/PLAW-105publ277.htm,访问时间2016年1月6日。

② 参阅 http://www.inc.com/encyclopedia/childrens-online-privacy-protection-act-COPPA.html,访问时间2016年1月6日。

二、美国的网络安全管理现状

3 作为国家信息产业促进法的网络安全立法

将信息产业作为一个国家的经济增长点,是现代政府的普遍做法。美国早在1934年就有一部通讯法案。这部法律主要是规制美国的通讯和传播,而且创设了美国电讯的管理机构——联邦通讯委员会(Federal Communication Commission,FCC),主要是负责州际之间电话业务的经济规制以及电视频谱波段的许可。但是在互联网技术出现之后,通讯已经不再局限于传统的电话电报,互联网企业同样能提供更迅速、功能更强大的通讯服务,而且电话网、电视网以及互联网之间的业务开始混同,竞争加剧。1996年《电信法》[①]首次将互联网作为一种通讯业的组成部分列入法律之中。由克林顿总统签署实施。

这部法律其实是一部放松管制法,如其前言所称,该法的目的是"确保为电信消费者降低价格和提供服务质量,从而促进竞争、减少管理范围和鼓励尽快采用新型电信技术",要求各种网络之间实现互联互通,而且提供基础服务的商家必须给所有的中小企业平等准入的机会。

有关信息产业促进的法律,表面上看与网络安全问题无关,甚至可以认为其与安全立法的立法目的存在一定冲突,网络信息产业立法追求的是高效与经济,比如互联互通,其致力于网络系统的公开与透明,这就使安全问题更为暴露。

1) 2002年《电子政务法》(E-Government Act)[②]。

该法是鼓励政府办公信息化,让美国市民更多地从网上获得政

[①] Pub. L.No. 104-104.
[②] Pub. L.No.107-347.

府服务的一部法律。当然,这一措施成功的前提是政府网络信息安全有保障。

该法案通过立法在美国政府管理与预算办公室(OMB)下设定了美国电子政府办公室,其负责人全面负责电子政务法的落实,同时,国家电子政府办公室的主任即为首席信息执行官(Chief Information Officer, CIO),由美国总统直接提名而不需要国会通过。

该法第三部分为2002年《联邦信息安全管理法案》,第五部分为《保护保密信息及统计效率法案》(Confidential Information Protection and Statistical Efficiency Act, CIPSEA)。主要是政府实行电子政务后,对外信息公开是一方面,政府部门之间的信息共享以提高数据效率也是一方面,但同时要对政府行政过程中接触到的应该保密的公民或者组织的信息以及国家秘密等信息进行保护,不能让第三方在接触过程中与特定个人联系。

2)2003年《反垃圾邮件法》(CAN-SPAM Act)。

该法是 Controlling the Assault of Non-Solicited Pornography And Marketing Act 的缩写。[①] 该法于2004年1月1日生效。

该法第2条指出,未经索取的商业电子邮件极大地增加了收件人的负担,又多属于虚假或者欺诈性邮件,因此应该加以控制,而由于各州的标准不一,有必要在联邦层面提供一个全国的控制标准。

该法第4条对于以垃圾邮件方式进行诈骗的严重行为进行归罪,包括:

①利用控制的计算机进行商业垃圾邮件发送;

---

① 该法的中文译文可参阅国家互联网信息办公室政策法规局编. 外国网络法选编 第一辑 [M]. 中国法制出版社,2015:247-271.

二、美国的网络安全管理现状

②为达到欺诈收件人的目的而刻意在受到保护的计算机上传输商业邮件;

③在电子邮件信息中伪造信头并故意发送虚假信息;

④使用伪造注册人信息注册的5个以上电子邮件或者两个以上的域名,故意使用上述账户或者域名发送商业性电子邮件的;

⑤假冒5个或者5个以上IP地址进行商业邮件发送的。

上述行为将判以规定的罚金或者5年以下的监禁,或者并处以上两种处罚。

与之相应,任何伪造来源或者没有确切回邮地址的邮件均为违法,而任何未经邀请的商业广告邮件都应该有可以拒收的选择,在明确提出拒收后10天内,如果商业邮件仍然不请自来,则属于违法,除非后来收件人又转而同意;① 如果收件人的地址是自动搜集而来或者通过字母与数字组合自动产生而来,也属于违法之列。②

不过,该法并没有授权给一般的收件人起诉违法发件人的权利,而是将其赋予了各州州政府或者接入服务提供商。③ 这引发了一些人的批评。

该法在第9条规定了比较独特的执法方式,规定联邦贸易委员会(FTC)可以向国会提交"别再电邮我登记"(Do Not E-mail Me Registry),即针对一般公众的要求对不需电邮的邮件地址实施封闭。这一法案似乎来源于电话时代的立法,即1991年的《电话消费者保护法案》(Telephone Consumer Protection Act,TCPA),该法案中"别打电话进来注册清单"是为了防止电话推销而采取的一

---

① 《反垃圾邮件法案》(CAN-SPAM Act)第5条(a)。
② 《反垃圾邮件法案》(CAN-SPAM Act)第5条(b)。
③ 《反垃圾邮件法案》(CAN-SPAM Act)第7条。

种手段,消费者可以将不受欢迎的电话记录在案。一般美国公众在美国可以打电话 1-888-382-1222,或者在"别打电话进来注册清单"的官方网站 https：//www. donotcall. gov/上进行注册登记。31 天之后,此推销电话将不能再打进消费者本人电话,如果还持续发生这类电话,消费者可以投诉美国的管理部门 FTC。

4 小结

以上梳理的主要是美国联邦层面上的国会立法,已经显得庞杂。以国家安全为主线的内容谈得较多,因为我国国内搜集整理这方面的资料较少。当然,现实中关于网络安全的法律更为复杂。除了国会立法,美国各州有各州的立法,如商业秘密的保护以及刑法就是其中的典型。而美国 1999 年的《统一电子交易法》是由美国统一州法委员（National Conference of Commissioners on Uniform State Laws, NCCUSL）制定的示范法,一般只具有示范效果。根据美国宪法,美国国会仅仅是在跨州以及跨国的商务问题上具有立法权,因而各州的法律在很大程度上具有各州特色。此外,美国的网络安全立法并不局限于美国国会立法,还包括总统上台之后必须向美国国会陈述的《美国国家安全战略》、美国总统安全指令、美国行政命令等。① 例如,2015 年 2 月 6 日,白宫发表了其最新的国家战略②。在长达 30 页的基础原则中,奥巴马总统宣布：

1) 美国将与战略合作伙伴一起,依靠其领先的外交、军事、情报、科技力量,通过强调美国的价值观而领导全球。

---

① 潘培伟. 美国国家安全指令的理论与实践研究 [J]. 人大法律评论,2015 (1).
② Fact Sheet：The 2015 National Security Strategy, WHITE HOUSE (Feb. 6, 2015), http：//www.whitehouse.gov/the-press-office/2015/02/06/fact-sheet-2015-national-security-strategy.

2）美国将采取长远的战略措施。

3）建立强大的军队防御力量，加强国土安全，尽力消灭全球的核武器，发现并制止生化威胁，减少碳排放。

4）通过发展能源安全，整顿和开放国际市场，发展项目以消除美国和全球的贫困，建立强大的美国经济。

5）促进对于全球价值、民主和人权、政府的透明度以及责任的尊重。

6）通过全球强有力的合作促进和平与安全的全球秩序。

这背后不难发现网络空间战略的身影。

而总统安全指令更为特殊，其不可以对公众公开，通常要等到一定时期后解密。行政令虽然公开，但是在没有受到异议前被假定为合法有效，因此行政权力可能膨胀进而危及美国民主根基的危险始终存在。

据统计，与网络安全相关的总统安全指令至少有：

1）里根政府1983年的国家安全决议指令（National Security Decision Directive）NSDD-84号令"保障国家安全信息"（源于EO 12356）。

2）克林顿政府1998年5月的总统决策指令（Presidential Decision Directive）PDD-63"关键设施保护"。

3）小布什政府2008年1月的国家安全总统政令（National Security Presidential Directive）NSPD-54"网络安全政策"；国土安全总统指令（Homeland Security Presidential Directive）HSPD-23"网络安全政策"。

4）奥巴马政府2012年10月的总统政策指令（Presidential Policy Directive）PPD-19"保护揭秘者"，PPD-20"美国网络行动政策"；2013年2月的总统政策指令PPD-21"关键设施安全以及抗打击能力";2014年1月的总统政策指令PPD-28"信号情报活动"①。其中PPD-20据传为斯诺登泄密文档之一,此文档的密级是最高秘密,其内容主要是赋予总统或者国防部长特定情形下发动网络进攻或者进行网络防御行动的权力。②

与美国总统安全指令并行的,还有总统行政命令(Executive Order,EO)。从1940年开始,总统就通过执行令的方式进行信息分类的管理,如EO13526③,由奥巴马总统于2009年12月29日签订。这一指令主要是关于密级分类以及执行部门的规定。

再如,1981年12月4日颁布的总统行政命令12333号,抬头为"美国情报行动";2001年10月颁布的总统行政命令13231号,抬头为"信息时代的关键设施保护";2009年12月29日颁布的总统行政命令13526号,抬头为"加密的国家安全信息";2013年2月颁布的总统行政命令13636号,抬头为"提升关键设施的网络安全",等等。行政命令通过公开渠道公布,所以不存在解密问题。美国总统行政命令与我国国务院颁布的"法规"性质相似,其主要作用是在立法不能及时解决现存的问题时,利用总统颁布的行政命令快速地执行行政决策。④ 理论上讲,总统令与行政命令都应该在获得美国国会授权,即遵守国会既定联邦立法的框架下展开。但是存在一些微妙的时刻,国会会考虑给予行政分支更大的自由度,

---

① 关于总统安全指令的清单,可参阅网址 http://fas.org/irp/offdocs/direct.htm,访问时间2015年12月29日。

② 该件可在网上下载,参阅 http://fas.org/irp/offdocs/direct.htm,访问时间2015年12月29日。

③ Executive Order 13526 - Classified National Security Information,WHITE HOUSE (Dec. 29, 2009),http://www.whitehouse.gov/the-press-office/executive-order-classified-national-security-information,访问时间2015年12月29日。

④ 关于美国的国家安全指令的一般性介绍可参阅:潘培伟. 美国国家安全指令的理论与实践研究[J]. 人大法律评论,2015 (1).

如"9·11事件"之后相当长的一段时间。不过美国上层结构的权力制衡格局决定了总统的决策需要经常向国会汇报,美国国会对于总统令可能的越权高度敏感。这些不同层次的立法形成了美国网络安全法律上下交错、互相补充的图景。

其中,美国国会方面就网络安全的三条主线方面的立法清单见表1。

表1 美国网络安全立法现状一览①

主线	编号	法律名称	序号	时间（年）	主要内容	产生机构
1	1	《美国国家安全法》	Pub. L. No. 80-253	1947		国家安全委员会（National Security Council）和中情局CIA
1	2	《综合犯罪控制与街道安全法》	Pub. L. No. 90-351	1968	1968年《监听法案》（Wiretap Act）	
1	3	《外国情报监听法案》（FISA）	Pub. L. No. 95-511	1978	为搜集情报目的的对外监听程序	
1	4	《电子通讯隐私法案》（ECPA）	Pub. L. No. 99-508	1986	第二章为Stored Communications Act（SCA）	
1	5	《计算机安全法案》（Computer Security Act）	Pub. L. No. 100-235	1987	对计算机系统的技术安全标准给予指导	

① 主线1为国家安全立法,主线2为社会安全保障立法,主线3为经济产业立法。

续表

主线	编号	法律名称	序号	时间（年）	主要内容	产生机构
1	6	《通信协助执法法案》(CALEA)	Pub. L. No. 103-414	1994	监听，修正 ECPA	
1	7	《美国爱国者法案》(USA PATRIOT Act)	Pub. L. No. 107-56	2001	包括监听，修正 ECPA	
1	8	《美国国土安全法》(Homeland Security Act)	Pub. L. No. 107-296	2002	Cyber Security Enhancement Act	国土安全部 DHS 及其下设的多个新机构
1	9	《电子政务法》(E-Government Act)	Pub. L. No. 107-347	2002	Federal Information Security Management Act	OMB 内设 CIO，国家层面 CIO 由总统直接任命
1	10	《情报改革和反恐法案》(Intelligence Reform and Terrorism Prevention Act, IRTPA)	Pub. L. No. 108-548	2004		设立国家情报主任（Director of National Intelligence, DNI）、国家反恐中心（National Counterterrorism Center, NCTC）以及隐私权与公民自由监督委员会（Privacy and Civil Liberties Oversight Board）

续表

主线	编号	法律名称	序号	时间（年）	主要内容	产生机构
1	11	《延长爱国者法案中部分日落条款的决定》(To amend the USA PATRIOT ACT to extend the sunset of certain provisions of such Act)	Pub. L. No. 109-170	2006	将"日落条款"截止日从2月初延长到3月初	
1	12	《美国爱国者法修改与再授权法案2005》(USA PATRIOT Improvement and Reauthorization Act of 2005)	Pub. L. No. 109-177	2006	2006年3月，美国总统布什签署	
1	13	《爱国者法额外再授权修改法》(USA PATRIOT Act Additional Reauthorizing Amendments Act)	Pub. L. No. 109-178	2006		
1	14	《保护美国法案》(Protect America Act, PAA)	Pub. L. No. 110-55	2007	监听	
1	15	《外国情报监听法案》修正案（FISA Amendments）	Pub. L. No. 110-261	2008	修正ECPA及FISA	

续表

主线	编号	法律名称	序号	时间(年)	主要内容	产生机构
1	16	《网络安全劳动力评估法》(Cybersecurity Workforce Assessment Act)	Pub. L. No. 113-246	2014		
1	17	《网络安全加强法案》(The Cybersecurity Enhancement Act)	Pub. L. No. 113-274	2014		
1	18	《边境巡逻员薪资改革法案》(Border Patrol Agent Pay Reform Act)	Pub. L. No. 113-277	2014		
1	19	《国家网络安全保护法》(National Cybersecurity Protection Act)	Pub. L. No. 113-282	2014		法律确定NCCIC在信息分享过程中的中枢地位
1	20	《联邦信息安全现代化法案》(Federal Information Security Modernization Act)	Pub. L. No. 113-283	2014		明确国家网络安全和通信集成中心(NCCIC)的作用
1	21	《美国自由法案》(USA Freedom Act)	Pub. L. No. 114-23.	2015	监听	

二、美国的网络安全管理现状

续表

主线	编号	法律名称	序号	时间（年）	主要内容	产生机构
1	22	《综合拨款法案》（Consolidated Appropriations Act）	Pub. L. No. 114-113	2016	包含《网络安全信息共享法案》，在第二章中强调政府之间以及政府与民间的信息分享	
2	1	《刑事犯罪控制综合法案》(Comprehensive Crime Control Act)	Pub. L. No 98-473	1984	内含计算机诈骗犯罪	
2	2	计算机诈骗与滥用法案（Computer Fraud and Abuse Act, CFAA）	Pub. L. No. 99-474	1986	对计算机诈骗犯罪的修正	
2	3	《健康保险流通及责任法案》(The Health Insurance Portability and Accountability Act, HIPAA)	Public Law 104-191	1996	个人健康保险数据保护	
2	4	《反经济间谍法》（Economic Espionage Act, EEA）	Pub. L. No. 104-294	1996	内含《国家信息设施保护法案》（National Information Infrastructure Protection Act)	

续表

主线	编号	法律名称	序号	时间（年）	主要内容	产生机构
2	5	《儿童在线隐私权保护法案》（The Children's Online Privacy Protection Act，COPPA）	Public Law 105-277	1998	儿童隐私权保护	
2	6	《千禧年数字化版权法》（Digital Millenium Copyright Act，DMCA）	Pub. L. No. 105-304	1998	技术保护措施保护	
2	7	《格雷姆-里奇-比利雷法》（Gramm-Leach-Bliley Act）	Pub. L. No. 106-102	1999	客户金融数据隐私权保护	
3	1	《电信法》（Telemunication Act）	Pub. L. No. 104-104	1996	对美国1934年《电信法》的修正，网络成为传播与频谱分发对象	
3	2	《电子政务法》（E-Government Act）	Pub. L. No. 107-347	2002	政府信息化办公，但同时防止不当泄露	
3	3	《禁止奴役当代儿童的起诉救济和其他手段法》（PROTECT Act）	Pub. L. No. 108-21	2003	对制作儿童色情材料以及传播儿童色情材料者定罪	
3	4	《反垃圾邮件法案》（CAN-SPAM Act）	Pub. L. No. 108-187	2004	对商业广告性质的电子邮件内容进行规范	

（二）美国的网络安全管理机构

1 国土安全部[①]

国土安全部是美国在"9·11事件"之后应急而新成立的一个部门。在"9·11事件"之后的第11天，白宫任命宾夕法尼亚州州长Tom Ridge为首任国土安全部部长，意在全盘考虑和协调国家反恐的综合策略并防止可能再度发生的恐怖袭击。2002年11月，国会通过了《美国国土安全法》，确立了国土安全部的法律地位。2003年1月，国土安全部正式对外办公。[②]

根据其官方网站，美国国土安全部主要有5个任务：

1）防止恐怖活动，维护国家安全；

2）管理国界；

3）执行以及管理移民法律；

4）保卫网络安全；

5）确保抗灾害能力。[③]

由此可知，"9·11事件"之后，美国已经意识到确保网络安全的重要性。在非军方行动中，国土安全部全面负责应对来自网络空间的威胁。国土安全部牵头保障联邦政府的民用计算机系统的安全，并与产业、州政府、部落以及地区政府合作确保"关键设施"

[①] Department of Homeland Security，简称DHS。

[②] 参阅http://www.dhs.gov/creation-department-homeland-security，访问时间2015年12月24日。

[③] 参阅美国国土安全部官方网站，http://www.dhs.gov/our-mission，访问时间2015年12月24日。

（Critical Infrastructure）的信息系统安全。在确保网络安全方面，国土安全部的主要工作包括：

1）分析和减少网络空间的威胁以及薄弱环节；

2）在有威胁时，发布网络安全警告；

3）协调对于网络事故的各种响应以确保计算机网络和赛博空间系统的安全。①

吸取"9·11事件"之前组织机构上相对松散的教训，新的国土安全部整合了美国多个机构，整合的机构包括原财政部下的特勤局、海关总署，原司法部下的移民归化局，原能源部下的核事故反应小组，原国防部下的防生化战分析中心和国家通讯系统，原农业部下的生物检测服务，原交通部的交通安全管理署和海岸警卫队，原FBI下的国家设施保护中心等共22个。② 据其官方网站，其雇员现在已达24万人，③ 为美国第三大政府机构。④

国土安全部下整合的机构中，有一些以应对网络犯罪而著称，其中包括：

1）美国特勤处（States Secret Service）。

---

① 参阅 http://www.dhs.gov/safeguard-and-secure-cyberspace，访问时间2015年12月23日。

② 参阅 http://www.dhs.gov/history，访问时间2015年12月24日。另可参见 Perl, Raphael (2004). The Department of Homeland Security: Background and Challenges, Terrorism-Reducing Vulnerabilities and Improving Responses, Committee on Counterterrorism Challenges for Russia and the United States, Office for Central Europe and Eurasia Development, Security, and Cooperation Policy and Global Affairs, in Cooperation with the Russian Academy of Sciences, page 176. National Academies Press. ISBN 0-309-08971-9.22个机构的详细清单可参阅 http://www.dhs.gov/who-joined-dhs，访问时间2015年12月24日。

③ 参阅 http://www.dhs.gov/components-directorates-and-offices，访问时间2015年12月24日。

④ 参见 http://www.dhs.gov/strengthen-security-enterprise，访问时间2015年12月24日。

美国特勤处主要负责两类事件。第一，应对金融欺诈犯罪，其历史溯源可以追溯到美国南北战争期间应对南方制造的伪币。在网络环境下，特勤处负责应对计算机系统金融犯罪，保证金融系统安全、保证安全支付体系等。特勤处下设国家威胁评估中心（National Threat Assessment Center，NTAC）为特勤处及其合作伙伴提供评估。该组织研究"非法内幕网络活动"，因为这些活动是与金融犯罪欺诈活动紧密相关的。① 特勤处下按照2001年《美国爱国者法案》的要求设有电子犯罪打击小组（Electronic Crimes Task Forces），主要任务是指证和定位实施网络侵入、银行诈骗、数据入侵等网络犯罪行为的犯罪分子。特勤处的网络情报组（Cyber Intelligence Section）直接参与对盗窃了上亿信用卡导致金融机构近6亿元损失的跨国网络犯罪分子的逮捕。特勤处同样管理着国家计算机证据中心（National Computer Forensic Institute），为执法警官、公诉人和法官提供打击网络犯罪的相关信息以及培训。② 特勤处的第二个任务是确保美国总统和前总统及其家属的人身安全。③

2）移民和海关执法局（U.S. Immigration and Customs Enforcement，ICE）。

移民和海关执法局下设国土安全调查局（Homeland Security Investigations，HSI）中的网络犯罪中心（Cyber Crimes Center，C3），为跨国犯罪的本土和国际上的调查提供以计算机为基础的技

---

① 参阅 http://www.secretservice.gov/protection/ntac/，访问时间2016年1月10日。
② 参阅 http://www.dhs.gov/topic/combating-cyber-crime，访问时间2015年12月24日。
③ 参阅 http://www.secretservice.gov/about/history/events/，访问时间2015年12月24日。

术支持。网络犯罪中心由网络犯罪单元、剥削儿童调查单元和计算机取证单元组成。这个最先进的中心为联邦、州、地方和国际执法部门提供调查网络犯罪的支持和训练。该中心也拥有一个完备的计算机取证实验室,在数字证据恢复方面有专攻,并且在计算机调查和取证方面提供训练。

除此之外,国土安全部实行网络事故汇报和信息分享制度。网络事故汇报执法机关包括上述提及的特勤处以及网络犯罪中心等,多个机构的联系方式向公众公开,以第一时间获得任何公众和组织对于网络事故的汇报,并及时在联邦机构之间进行信息分享。①

在确保美国政府的网络系统安全方面,国土安全部也采取了多种防御系统防御潜在的有意或者无意的入侵。其中著名的防御系统有爱因斯坦(Einstein)防御系统和持续诊断与缓冲系统(Continuous Diagnostics and Mitigation,CDM)。

1)爱因斯坦防御体系。

简单地说,这是美国的政府民用计算机网络系统最基本的防御体系,而不是军方(如国防部)和情报机构(如中情局)的计算机防御体系。爱因斯坦防御级别从低到高分成三级。为了理解这一防御体系,简单的比拟是物理世界的保安系统。在第一级别(Einstein1),类似于有摄像头在入口对于进入的汽车进行摄像记录;在第二级别(Einstein2),根据记录以及清单,系统将进一步识别可疑车辆,该阶段并不阻止车辆的出入,但是在系统内发出警告。也就是说,爱因斯坦防御体系第一和第二阶段是在潜在的攻击进入系统内之前进行检测。在最高级别的第三阶段(Einstein3A 阶段),

---

① 参阅 http://www.dhs.gov/topic/combating-cyber-crime,访问时间 2015 年 12 月 25 日。

类似于在进入政府设施之前的高速公路上的安检站,这一阶段使用机密信息审查车辆并且将他们与观察清单进行比对,然后阻止车辆进入政府设施。①

爱因斯坦防御体系第一阶段(Einstein1)在2003年开发;第二阶段(Einstein2)在2008年部署;第三阶段(Einstein3),也就是现在的最高阶段,从2010年开始研发,先是在政府网络系统中利用加密签名方式进行系统保护,而后在2012年进入Einstein3的加速版,主要是利用网络服务提供商(ISP)广泛使用的商业化的安全技术进行侵入防御,这一加速版不仅可以探测入侵而且可以阻止攻击。②

Einstein3也被视为汇集政府民用计算机系统流量的服务平台。换句话说,将流量集中在某一地点,并且在该地点引入新的防御工具,国土安全部可以进行一些实验性的防御。一般国土安全部会在私人网络部分首先进行这样的技术尝试。③

爱因斯坦防御体系并非美国网络防御的"杀手锏",它只是提供了周边防御。美国计算机安全专家认为,防御工具应该多元化。对于已经入侵到系统内的威胁,还可以考虑运用持续诊断与缓冲系统。

2)持续诊断与缓冲系统。

该系统通过提升政府计算机系统的察觉力、对敏感信息的智能搜索以及完善风险警告,强化政府机构对于网络安全的持续诊断能力。

该系统提供成品商业工具以及先进的技术团队支撑,以应对变换的威胁。首先,其对整个计算机系统进行自动搜索以检测可能的

---

① 参阅 http://www.dhs.gov/einstein,访问时间2015年12月25日。
② 参阅 http://www.dhs.gov/einstein,访问时间2015年12月25日。
③ 参阅 http://www.dhs.gov/einstein,访问时间2015年12月25日。

网络缺陷，这一检测结果将被汇总到关于整个系统的网络安全报告中。根据该报告，CDM 将根据标准风险评分告知网络安全管理人员最大的和最致命的风险和威胁，并跟踪报告进展情况。风险评估简报也能为其他网络系统的安全防范提供样板。①

严格意义上讲，CDM 不单单是指计算机防御体系，它是一个庞大的政府采购网络安全服务项目，涉及政府的计算机硬件、软件以及售后管理和安全服务的统一采购。②

3) 国家网络安全防卫系统（National Cybersecurity Protection System，NCPS）。

国土安全部对美国政府部门的所有机构的计算机体系的网络安全负责。为此，其构建了所谓的"国家网络安全防卫系统"（NCPS），上面所述的爱因斯坦防御系统与 CDM 系统其实都是这个系统的分支。

这一防卫系统主要是由国土安全部下的网络安全与通讯办公室（Office of Cybersecurity and Communications）全面负责。该办公室下的网络安全部署组（Network Security Division，NSD）在运作过程中起核心作用，是 CDM 与 NCPS 的实际管理者。网络安全与通讯办公室下还设有联邦网络恢复小组（Federal Network Resilience，FNR），负责美国网络安全风险管理变化时的方案启动与后续协调工作。

此外，国土安全部下还设有国家网络安全与通讯整合中心（National Cybersecurity and Communication Integration Center，NCCIC），是国家主要的网络管理机构，包括国家政府、情报圈以及执法机构

---

① 参阅 http://www.dhs.gov/cdm。
② 参阅 http://www.gsa.gov/portal/content/177883。

之间的信息整合枢纽。该中心全天候无间歇工作,其下还设有网络危机应急小组,对于恶意进攻行为进行即时反应。

简言之,美国国土安全部属于民用网络的最直接、最权威的管理者,其对于美国民用网络安全也负主要责任。打击网络犯罪,确保网络系统安全是其确保网络安全最主要的两个手段。

2 美国国防部①

美国国防部代表军方,管理军方网络,这是其与美国国土安全部最大的不同。2010年,美国国防部大约监管着15000个军方网络。② 美国国防部在2015年4月发布的最新网络空间战略中,将国防部的使命确定为:

1)保卫国防部网络、系统和信息;

2)防止美国遭受重大网络攻击;

3)为美国网络空间的军方行动以及临时应急行动提供完整的支持。③

国防部下的国防信息系统局(Defense Information Systems Agency,DISA)负责全面维护军网系统。该局的工作人员在7000人左右,每年经费在25亿美元上下。④ 其主要职责就是确保美国

---

① Department of Defense,简称DOD。

② William J. Lynn III, Defending a New Domain: The Pentagon's Cyberstrategy, Foreign Aff., Sept./Oct. 2010, p.98.

③ 参阅 http://www.defense.gov/Portals/1/features/2015/0415_cyber-strategy/Final_2015_DoD_CYBER_STRATEGY_for_web.pdf, pp.4-5,访问时间2016年3月25日。

④ 这一数据2011年是7300人,经费25亿美元,2015年9月最新数据是6958人,经费25.4亿美元。2011年数据参阅 Defense Information Systems Agency SNAPSHOT: A Summary of Facts and Figures, Def. Info. Sys. Agency (Apr. 2011), available at http://www.disa.mil/news/pressresources/agency_snapshot.pdf,2015年最新数据参阅 www.oig.dhs.gov/assets/Mgmt/2015/OIG-15-140-Sep15.pdf。

国防部作战时的信息系统分享能力以及不同的通讯系统之间的兼容。

美国国防部很早就认识到网络在未来战争中的作用。"作为一种教义，五角大楼正式承认网络空间已经成为战争的新领域"①，美国在2011年的军方战略中提到，"网络空间的实力确保了美国军事指挥官在各个领域的有效行动。战略指挥官与网络空间指挥官将与美国政府机关、非政府组织、产业界以及国际人士一起发展新的网络规范、能力、组织与技巧。假如一个大规模的入侵或者毁灭性的网络攻击发生，我们必须提供一系列的选择确保我们能够接触和使用网络并且将入侵者绳之以法。我们必须寻求行政以及立法行动以产生新的能在网络空间采取有效行动的权威机构"。②

作为一支从属部队，美国于2009年建立了网络部队（United States Cyber Command）。其目的是组织、计划以及实施活动以操作美国国防部的特定信息系统，实施完全的网络空间军事行动以保障在全领域的军事行动，并且确保美国及其盟友在网络空间的行动自由，而对于对手则反其道而行之。③ 美国的网络部队和国家安全部（NSA）的电信信号情报搜集工作人员是同一批人员。前国防部部长盖茨曾经说，"我们不能复制已经在国家安全部中投入的上千亿美元，在另一个政府部门中去打造另一个网络部队。我们应该考虑我们已经进行的投资并且进行合作"。电信信号情报搜集工作人员

---

① William J. Lynn III. Defending a New Domain: The Pentagon's Cyberstrategy. Foreign Aff., Sept./Oct. 2010, p. 101.

② National Military Strategy of the United States of America 2011: Redefining America's Military Leadership 10（2011）, available at http://www.jcs.mil/content/files/2011-02/020811084800_2011_NMS_-_08_FEB_2011.pdf.

③ United States Cyber Command Fact Sheet, U.S. Strategic Command, http://www.stratcom.mil/factsheets/Cyber_Command, 访问时间2016年1月10日。

二、美国的网络安全管理现状

的工作在 NSA 乃至情报圈都无可替代,而网络部队的直接指挥是军方。但军方的成功当然要依赖情报圈的最新情报。美国一些军方人士认为此举不但明智而且重要。[①]

2010 年 9 月,国土安全部与国防部签署内部备忘录。[②] 两者承诺,在国家网络安全的战略部署、网络安全维护能力的支持以及网络安全使命的同步行动中将提供人员、设备以及设施的合作。[③]

根据 2011 年美国军方特快的消息,国防产业基地(Defense Industrial Base, DIB)"网络空间试验计划"的内容包括在国防合同商或者网络服务提供商中间分享保密安全威胁信息。国防部的此举并不是监管这些企业之间的通讯,而在于为美国企业,尤其是国防产业基地的公司提供情报以阻止可能的对于他们网络的恶意进攻。国土安全部是这个试验计划的合作者。[④]

尽管美国军方的科技实力强大,但美国普通市民对于军方的保护还是心存疑虑。他们并不愿意美国军方参与非军方网络系统的

[①] 参阅 Harrison Donnelly, Q&A: General Keith B. Alexander, Military Info. Tech. (2010), http://www.kmimediagroup.com/mit-home/288-mit-2010-volume-14-issue-10-november/3650-qaa-general-keith-b-alexander.html。

[②] 参阅 Memorandum of Agreement Between the Dep't of Homeland Sec. and the Dep't of Def. Regarding Cybersecurity (Sep. 27, 2010), http://www.dhs.gov/xlibrary/assets/20101013-dod-dhs-cyber-moa.pdf,访问时间 2016 年 1 月 12 日。

[③] 参阅 http://www.dhs.gov/publication/enhancing-coordination-secure-americas-cyber-networks,访问时间 2016 年 1 月 10 日。

[④] John D. Banusiewicz, Lynn Outlines New Cybersecurity Effort, American Forces Press Serv. (June 16, 2011), available at http://www.defense.gov/news/newsarticle.aspx?id=64349,访问时间 2016 年 1 月 15 日。

防御。①

3 司法部②

司法部在网络安全管理中的作用与美国是法治国家有关。在网络安全战略中，司法部的一个重要作用是为美国未来的军方行动寻求合法性。当然，美国军方律师很少，精通网络安全的军方律师更少。

美国司法部下最有名的机关之一是 FBI。FBI 的使命主要是维护美国的国家安全，对于复杂、重大或者危险的犯罪活动，当本地或州力量难以单独对抗时，FBI 会给予帮助。这里无疑包含了网络犯罪调查活动。根据美国的 FBI 官方网站，其具体任务包括：

1）防止美国遭受恐怖袭击；
2）防止美国本土的外国情报行动和间谍活动；
3）防止美国遭受网络攻击以及高科技犯罪；
4）打击任何层级的腐败；
5）保护民权；
6）打击跨国以及国内的犯罪组织和企业；
7）打击主要的白领犯罪；
8）打击暴力犯罪；
9）支持联邦、州以及当地和国际的战友；

---

① 参阅 Michael Hardy &John Zyskowski, DOD Cyber Defense Plan Draws Fire, Federal Computer Week（June 21, 2011），http://fcw.com/articles/2011/07/25/buzz-cyber-defense-plan-panned.aspx; Declan McCullagh, U. S. Military Wants to "Protect" Key Civilian Networks, cnet news（July 14, 2011），http://news.cnet.com/8301-31921_3-20079500-281/u.s-military-wants-to-protect-key-civilian-networks, 访问时间 2016 年 1 月 15 日。

② Department of Justice, 简称 DOJ。

10）升级技术以完成 FBI 的使命。①

2014年12月，司法部犯罪分组（Criminal Division）在计算机犯罪与知识产权处（Computer Crime & Intellectual Property Section，CCIPS）新设了网络安全单元，作为研究犯罪电子监听以及计算机欺诈与滥用条款对于网络安全影响的专家意见与法律指南的中心。该单元的目标之一是保证强有力的法律实施单位的有效应用，将作恶者绳之以法，同时保证美国人的日常隐私。为达到这一目的，该单元帮助塑造网络安全立法以保卫美国的计算机网络以及个人免于网络攻击。该单元也与私人单位有广泛的联系以推行合法的网络安全实践。该网络安全单元由 CCIPS 主管计算机犯罪的副主任 Michael Stawasz 负责。②

4 国安局③

国安局（NSA）是负责美国网络安全的最主要的管理机构之一，很大原因在于美国的通讯安全以及网络战防御都由国安局负责。国安局由杜鲁门总统于1952年正式建立，为美国最大的情报机构之一，为美国国防部的日常运作部门，并直接向美国国家情报局局长汇报。

国安局的使命是确保信息安全，即防止任何可能的国外竞争对手接触到美国的敏感信息。同时，捕捉国外发出的情报和反情报信

---

① https://www.fbi.gov/about-us/quick-facts/quickfacts，访问时间2015年12月18日。

② http://www.justice.gov/criminal-ccips/cybersecurity-unit，访问时间2016年3月10日。

③ National Security Agency，简称NSA。NSA 与 Central Security Service（CSS）联合办公。

号,接收、处理并且发布情报信息以辅佐军事行动。国安局也在遵守美国法律以及保护公民隐私和自由的前提下,负责网络战争行动以及美国本土和全球的反恐。

1981年12月4日,美国颁布行政命令(Executive Order)EO12333,规划了NSA/CSS的角色和义务,由国安局局长负责:

1)搜集(包括通过秘密方法)、处理、分析、制造以及传播国外情报和反情报的情报信息信号和数据,以支持国家和部门的任务;

2)在法律和政策下建立的国家安全系统中以管理者的身份行动,在此方面对中情局局长和国防部部长负责;

3)制定日常行动的安全规定,包括在国安局局长控制的各部门内部以及之间进行转发,处理、发布情报信号以及信息安全材料,并且行使必要的监控以保证这些规定得到执行。

EO12333在2008年7月31日被修正,目的在于:

1)使EO12333与国会立法Intelligence Reform and Terrorism Prevention Act吻合;

2)执行911和大规模杀伤性武器委员会的建议;

3)进一步整合情报圈,澄清并加强作为情报界头脑的国家情报局局长(DNI)的角色;

4)维持和加强关于隐私以及公民自由的保护。①

尽管国安局的大部分任务是"消极"的电子情报搜集,但是其也被授权可以秘密采取行动,包括电子窃听以及利用颠覆软件进行的破坏活动,如伊朗核计划的失败传为美国和以色列合作借助软

---

① 参阅NSA官方主页,https://www.nsa.gov/about/mission/index.shtml,访问时间2016年1月25日。

二、美国的网络安全管理现状

件病毒对其核设施进行破坏所致。①

与中情局 CIA 和国防情报局 DIA（Defense Intelligence Agency）不同，国安局不会单方面利用情报人员进行情报搜集，除非获得合法授权并与其他情报部门合作。国安局搜集情报的方式主要是利用高科技设施。国安局在全球多国设有情报搜集点，以搜集在美国本土不可能获取的信息情报。

NSA 的监听经常引发有争议性的政治话题，如对反越战领导人士的监听以及对于经济间谍的监听。2013 年，斯诺登揭发了美国政府利用 NSA 进行大规模监听的行动。据这些泄密文件显示，全球超过 10 亿以上民众的通讯被监听，上亿人的行动通过智能手机被跟踪。加拿大学者经研究显示，美国 NSA 的监控可能侵犯加拿大的网络主权。加拿大电子邮件的传递如果从加拿大始发经由美国境内的因特网交换点（IXPs）而回到加拿大这一目的地，在美国则可能已经被 NSA 截获。②

5　中情局③

前已述及，美国的中情局根据 1947 年的《美国国家安全法》由杜鲁门总统设立。该法同样创设了中情局局长一职，作为中情局

---

① 参阅 Ngak, Chenda. NSA leaker Snowden claimed U. S. and Israel co-wrote Stuxnet virus, CBS, July 9, 2013, http://www.cbsnews.com/news/nsa-leaker-snowden-claimed-us-and-israel-co-wrote-stuxnet-virus/，访问时间 2016 年 1 月 25 日。

② Obar, Jonathan A. and Clement, Andrew, Internet Surveillance and Boomerang Routing: A Call for Canadian Network Sovereignty (July 1, 2013). TEM 2013: Proceedings of the Technology & Emerging Media Track – Annual Conference of the Canadian Communication Association (Victoria, June 5-7, 2012). Available at SSRN: http://ssrn.com/abstract=2311792 or http://dx.doi.org/10.2139/ssrn.2311792.

③ Central Intelligence Agency，简称 CIA。关于中情局的介绍，可以参观其官方网站 https://www.cia.gov/about-cia。

和全美情报机构的首脑,其主要任务就是协助总统处理与国家安全有关的情报。2004年的《情报改革和反恐法》将中情局的权力予以限制,在保留这一职位的同时,增加了国家情报局局长（Director of National Intelligence）一职,直接领导中情局局长并履行前中情局局长的部分职责。

中情局局长的职责包括：

1) 通过人力资源以及其他方式搜集情报,除非没有政策、传票或者法律执行权力或者并非出于国家安全考虑。

2) 对情报进行分析和评价确定其和国家安全的关系并适当地将此评估公开。

3) 全面指导和协调获得授权的美国海外的情报人员的情报搜集工作,与美国政府其他获得授权进行情报搜集的部门、机构和成员配合,确保资源的最有效利用并应考虑情报搜集工作对于美国政府以及搜集情报机构的风险。

4) 履行其他由总统和国家情报主任指定的被认为与国家安全情报有关的功能与职责。

CIA作为一个情报机构的主要职责就是协助中情局局长完成上述职责。

CIA为挖掘情报而从事高端技术的研究、发展和部署工作。作为一个独立机构,CIA对于关心的主题进行独立分析并且与情报圈的其他机构紧密合作以保证情报的消费者（不管是华盛顿的政策决策者还是战地指挥官）获得最佳情报。

全球变化的现实改变了国家安全格局,中情局也在适应这些变化和挑战,包括：

1) 设立特种跨专业中心以应对优先级别的事务,如核扩散、反恐、反情报、国际组织犯罪、毒品跟踪、环境以及武器控制情报。

2）在搜集情报和所有情报源分析的几个行业之间构筑强有力的合作。

3）在情报圈的分析中采取积极行动并提供与国家安全相关的全部主题的情报来源分析。

4）通过对一般关注话题的镜像分析和开源情报搜集的管理服务以及参与其他情报机构的研究发展和技术搜集，为情报圈整体情报的有效性出力。

通过强调其情报搜集的适应性，CIA可以为其情报消费者（其实最大的客户就是美国总统）量身定制情报支持，以满足他们在"冷战"之后的决策需求。

6 国家标准与技术局①

NIST现隶属于商务部，属于非管理机构。1901年至1988年被称为国家标准局（National Bureau of Standards，NBS），是一个计量标准的实验室，也被称为国家计量局（National Metrological Institute，NMI）。NIST的官方使命是：通过提高计量科学、标准和技术来促进创新和产业竞争，提高经济安全和民众生活质量。

"9·11事件"之后，NIST为美国公众所熟知，很大的原因在于其领导了对于双子星大厦坍塌事件的调查。②

由于NIST负责全美的技术标准设定，包括信息技术产品以及信息安全，其在网络安全产品领域发挥着重大的引导作用。

---

① National Institute of Standards and Technology，简称NIST。

② 参阅Final Reports of the Federal Building and Fire Investigation of the World Trade Center Disaster. National Institute of Standards and Technology. October 2005, http://www.nist.gov/el/disasterstudies/wtc/，访问时间2015年12月30日。

根据美国总统于2013年12月签发的13636号行政命令"提升关键设施的网络安全"，NIST被授权与所有志愿参与网络安全保护计划的网络设施所有人协商，根据既有的标准、指南以及实践，制定关于关键设施网络安全的框架性文件。2014年的网络安全提高法案（Cybersecurity Enhancement Act）再次强调了NIST的角色。

7 其他一些机构

1）美国联邦通讯委员会（Federal Communications Commission, FCC）。

在美国，联邦通讯委员会并非实质意义上的网络安全管理机关，而主要是行使促进信息产业发展和保护网络消费者的职责。

美国联邦通讯委员会依据美国国会1934年《通讯法》（Communications Act）而创立，取代了当时的联邦广播委员会（Federal Radio Commission）。到现在，联邦通讯委员会仍管理着美国州际和国际之间的广播、电视、电话、卫星以及网络。[①]

联邦通讯委员会最初将其网络政策归结为"合理的网络管理下"的四个原则：鼓励宽带的利用，维持和促进公共网络的开放以及互通性，消费者有权自主接触合法的互联网内容；消费者有权在遵守法律的情况下，自主选择应用程序和服务；消费者有权将无害于网络的合法设施与网络连接；消费者有权竞选网络服务提供商、应用程序与服务提供商以及内容服务提供商。

2010年12月，FCC修正了最初的政策，新增了开放性原则，该原则由三部分组成：

---

① 参阅FCC主页，https://www.fcc.gov/about/overview，访问时间2016年3月1日。

二、美国的网络安全管理现状

第一，透明。固定和移动宽带提供者必须公开其管理规则、行为特点以及服务的条款。

第二，不封锁。固定宽带提供者不得封锁合法的内容、应用或无害设施；移动宽带提供者不得封锁合法网页或者与其声音和视频电话服务竞争的应用。

第三，不得无故歧视。[①]

2014年4月，FCC针对该新的开放性网络原则面向公众征求改革意见，[②] 最后2015年2月该原则在国会通过而成为美国法律。

美国联邦通讯委员会近年来有两件事令人侧目。第一件事，2006年，据传美国几大电信公司诸如AT&T、Verizon可能涉嫌违法将客户电话通讯信息泄露给美国国家安全局NSA之后，国会呼吁联邦通讯委员会针对此事进行调查，因为这确有可能侵犯电信消费者利益，但是联邦通讯委员拒绝调查。其主席Kevin Martin在回复国会的信中声称，调查此事意味着必须查阅国安方面的加密文件，但是联邦通讯委员会没有这个能力。国会对此大为失望。[③] 第二件事，2008年8月1日，联邦通讯委员会以3∶2的投票支持了对于美国最大的有线电视服务公司Comcast的惩罚，委员会裁定Comcast公司禁止高速因特网用户使用文件分享软件BitTorrent的行为已经违法。委员会没有判处罚金，但要求Comcast公司不再对类

[①] 参阅 Preserving the Open Internet, Broadband Industry Practices, Dec 23, 2010, https://apps.fcc.gov/edocs_public/attachmatch/FCC-10-201A1.pdf，访问时间2016年3月2日。

[②] 参阅 Open internet, https://www.fcc.gov/general/open-internet，访问时间2016年3月1日。

[③] FCC Refuses to Investigate NSA Collection of Phone Records, By RCR Wireless News on May 24, 2006, http://www.rcrwireless.com/20060524/carriers/fcc-refuses-to-investigate-nsa-collection-of-phone-records.

似软件使用行为进行封锁。该裁定意味着给予了网络服务提供商一个先例，即任何消费者都可以以他们觉得合适的方式自由地使用网络，网络公司不能随意禁止，除非有正当理由。联邦通讯委员会主席 Kevin J. Martin 在一次采访中说，"我们在保持网络的开放性"，"我们认为网络运营者不能阻止人们对于任何内容以及任何应用程序的接触利用"。Martin 的继任者 Julius Genachowski 声明，联邦通讯委员会并没有管控网络的计划。① Comcast 公司案的意义在于将网络中立性问题，即是否需要立法以强制网络服务提供商平等地对待所有网络用户的问题进一步凸显。2015 年 3 月，联邦通讯委员会公布了关于网络中立原则的详细规定。2015 年 4 月 13 日，联邦通讯委员会发布了其最终版本。② 根据新的规则，网络服务商如 AT＆T、Verizon、Comcast 不允许封锁合法的内容、减慢应用或者服务的速度，或为优质服务收取费用。该规则为所有的网络通讯应该平等对待提供了一个框架。为达到这一目的，联邦通讯委员会将宽带重新划分，而将服务者置于与电话网络同样的严格规制下。③

中立性原则是一个重要的概念。在美国，网络中立性和网络的开放性紧密相连。关于中立性，可以最直白地理解为："如同你的电话公司不应该决定你给谁打电话以及电话里你说什么一样，你的

---

① Peter Suderman, The FCC Doesn't Need to Be, http://reason.com/archives/2010/04/05/the-fcc-doesnt-need-to-be，访问时间 2016 年 3 月 5 日。

② 参阅 Protecting and Promoting the Open Internet, A Rule by the Federal Communications Commission on 04/13/2015, https://www.federalregister.gov/articles/2015/04/13/2015-07841/protecting-and-promoting-the-open-internet，访问时间 2016 年 3 月 6 日。

③ 参阅 Net neutrality rules get published—let the lawsuits begin, http://www.cnet.com/news/fccs-net-neutrality-rules-hit-federal-register-lawsuit-underway/，访问时间 2016 年 3 月 5 日。

网络服务提供商不应该关心你浏览的或者上传的内容。"① 但是对于 FCC 是否有权进行如此的规制，仍有不少质疑。②

除了政府机关以外，美国还有强大的非政府组织参与网络治理，共塑网络安全政策，如电子前沿基金以及民权自由联盟。

2）电子前沿基金（Electronic Frontier Foundation，EFF）。

电子前沿基金，也称"电子前沿基金会"，是总部设于美国加州三藩市的一个非营利性国际法律组织，成立于 1990 年，旨在保护网络黑客及普通网民的数字权利。电子前沿基金在过去的多年中，积极参与网民维权，针对美国的各种执法以及司法裁判活动表明自己的立场，用行动证明了其存在的必要性。③

譬如，在著名的 Bernstein 案中④，美国政府禁止加州大学的数学系博士将其关于解密的计算机程序在网上公开，原因在于美国将加密技术与炸弹和喷火枪一样置于禁止出口的军需品之列，出口该清单上的任何物品，包括加密计算机程序，都需要获得美国国务院许可。对于 Bernstein 的个人行为，美国国务院官员根本没有任何同情心，他们坚持认为即便 Bernstein 想简单地把加密程序公布在网上，也需要事先获得军火商的身份，而这身份需要政府许可。电子前沿基金认为此举限制了美国的技术出口，实际上变相鼓励了其他国家加密技术的发展，而又限制了美国国内言论自由，最终可能导致美国的科技公司无法在加密行业与其他国家进行竞争。因而其

---

① 参阅 http://www.savetheinternet.com/net-neutrality-what-you-need-know-now，访问时间 2016 年 3 月 5 日。
② 参阅 Net neutrality in the United States, https://en.wikipedia.org/wiki/Net_neutrality_in_the_United_States, 访问时间 2016 年 3 月 5 日。
③ 参阅 EFF 网页, https://www.eff.org/about/history, 访问时间 2016 年 2 月 29 日。
④ Bernstein v. U.S. Dept. of Justice, 176 F.3d 1132 (9th Cir. 1999).

组织了一支律师团队，代表 Bernstein 起诉美国国务院的管制，法院最后判定软件代码也是美国宪法第一修正案所保护的言论，对于软件的出口限制侵犯了 Bernstein 个人的言论自由。此案过后，美国政府被迫改变其管制政策。正是由于电子前沿基金的努力，现在美国公民可以自由地在网上公布软件代码。

此外，在反对美国国会对于网络内容管制的立法《儿童在线保护法案》（Child Online Protection Act，COPA）① 的过程中，电子前沿基金与美国其他非政府组织，如民权自由联盟（American Civil Liberties Union，ACLU）、电子隐私信息中心（Electronic Privacy Information Center，EPIC）并肩作战，最终否决了该法案。

3）美国民权自由联盟（American Civil Liberties Union，ACLU）。

在美国，民权自由联盟可能是最有名的无党派非政府民权组织。该组织成立于1920年，其宗旨是保护美国公民的自由，尤其是美国宪法与法律所赋予的公民个人的权利和自由。②

ACLU 成立之初主要是为保护言论自由，后来逐渐扩展到公民的其他权利，如隐私、非歧视、女权等。ACLU 与美国劳工组织关系密切，历史上也因与共产党关系密切而著称。ACLU 的发展历史就是美国公民权利逐渐扩张的历史。其参与了美国历史上众多的维权案件，其中与网络管理相关的主要是在 20 世纪 90 年代末以后。

2004 年，ACLU 在 American Civil Liberties Union v. Ashcroft 案中代表网络服务商 Nicholas Merrill 起诉了联邦政府。依据 2001 年《美国爱国者法案》的规定，政府给 Merrill 发了一封国家安全信

---

① H. Rept. 105-775.
② 参阅 https://www.aclu.org/guardians-freedom，访问时间 2016 年 3 月 7 日。

(National Security Letter，NSL)，强迫他提供公司一些客户的登录以及上网信息，此外还给 Merrill 一个禁言令（Gag Order），即不得与任何人谈及此事。① 此案之后，联邦政府加紧了修订法律的步伐。

2006 年 1 月，ACLU 在密歇根的联邦地区法庭起诉国安局，挑战政府在无搜查令情况下进行的监听。2006 年 8 月 17 日，法庭裁定无搜查令的监听项目违宪并要求该监听立即终止。但是，该裁定先为上诉法庭第六巡回法庭所中止，因为布什政府在上诉期间中止了该计划。② 但之后的 2007 年，美国联邦第六巡回法庭否决了一审裁判。ACLU 寻求到最高法院申诉，但最高法院没有受理。③

ACLU 和其他组织也在全国就电讯公司单独地提起诉讼，认为他们配合美国政府的反恐行动将客户清单和电话记录交给执法部门的行为违法。ACLU 在伊利诺伊州提起的一桩对 AT & T 的诉讼中，因涉及州秘密而没有被法庭受理，④ 在加州的另外两个案件中 ACLU 要求给予 AT & T 和 Verizon 公司以禁令。2006 年 8 月 10 日，对于通讯公司的案件以及多起案例转到了美国加州的三藩市，⑤ 但

---

① 关于本案的报道，参见 "John Doe" Who Fought FBI Spying Freed From Gag Order After 6 Year，http：//www.wired.com/2010/08/nsl-gag-order-lifted/，访问时间 2016 年 3 月 8 日。裁判文书参见 Doe v. Ashcroft, 334 F. Supp. 2d 471, 527 (S.D.N.Y. 2004) vacated sub nom. Doe v. Gonzales, 449 F.3d 415 (2d Cir. 2006).

② 参阅 Marks, Alexandra (April 3, 2007). Privacy Advocates Fight for Ground Lost After 9/11. The Christian Science Monitor. p.USA2.

③ 相关案件为：Am. Civil Liberties Union v. Nat'l Sec. Agency, 438 F. Supp. 2d 754, 782 (E.D. Mich. 2006) vacated, 493 F.3d 644 (6th Cir. 2007), Am. Civil Liberties Union v. Nat'l Sec. Agency/Cent. Sec. Serv., 467 F.3d 590, 591 (6th Cir. 2006) Am. Civil Liberties Union v. Nat'l Sec. Agency, 552 U.S. 1179, 128 S. Ct. 1334, 170 L. Ed. 2d 59 (2008).

④ 参阅 Terkel v. AT & T Corp., 441 F. Supp. 2d 899, 920 (N. D. Ill. 2006).

⑤ SAN FRANCISCO / Surveillance lawsuits transferred to judge skeptical of Bush plan, http：//www.sfgate.com/bayarea/article/SAN-FRANCISCO-Surveillance-lawsuits-transferred-2514369.php，访问时间 2016 年 3 月 8 日。

是美国立法机关通过立法否决了由法院来判定政府的监听行为是否违法。①

8 网络安全管理机构的分工与合作

美国政府责任办公室（The Government Accountability Office, GAO）从1997年开始就例常性地将联邦信息安全视为高风险区域。② 在确保网络安全的过程中，各国家管理机构之间的分工和合作非常重要。例如，美国国防部除了军方管控的全球信息网点（Global Information Grid, GIG）③ 以外并不能管理任何其他网络。但是，对于美国的进攻可能通过任何的网络路径，不管是国外的还是国内的，而且很快会让国防部处于危险境地。而国安局（NSA）可以监视美国本土之外的通讯，但本身并不能减少任何即将到来的对于本土的威胁。尽管国安局里不乏技术天才，但国安局与其他情报组织必须与国土安全部建立友好关系以执行统一的国土防御政策。④

鉴于"9·11事件"之后美国反恐队伍的迅速扩张，美国国家机构中可能有相当的力量参与网络安全管理。令人吃惊的是，美国对反恐队伍到底扩张到了何等程度并不十分清楚。华盛顿邮报

---

① Demanding Accountability from the Phone Company, http://www.aclu-il.org/demanding-accountability-from-the-phone-company/, 访问时间2016年3月9日。

② See U.S. Gov't Accountability Office, GAO-11-278, Report to Congress High Risk Series: An Update 101 (2011), available at http://www.gao.gov/new.items/d11278.pdf.

③ 关于GIG，可以理解为最基本的信息处理单位，保证为战时的个人提供完备的信息服务。可参阅U.S. Dep't of Def., Department of Defense Directive 8000.01, Management of the Department of Defense Information Enterprise 10 (2009), available at http://www.dtic.mil/whs/directives/corres/pdf/800001p.pdf, 访问时间2016年3月9日。

④ Mark D. Young, United States Government Cybersecurity Relationships, 8 I/S: J. L. & Pol'y for Info. Soc'y 281, 313 (2012).

二、美国的网络安全管理现状

2010年曾经披露，至少有1271个政府组合和1931个私人组织在美国的约10000个地点从事与反恐、国土安全和情报有关的工作。①

从网络之间连接点的数量也大概可以知道美国网络安全管理面临的工作量。网络连接点的数量取决于网络的性质、网络支撑的交易量、不同网络的室内应用以及数据流通的效率等。因此，在两个独立的网络之间可能仅存在一个连接点，也可能存在多个连接点。2007年，在政府管理及预算办公室OMB的"可信连接点计划"（Trusted Internet Connections initiative，ITC）实施时，OMB希望能保证这些外连的连接点的安全性。② 在2008年1月，政府与非政府网络之间的连接点大约是4300个。③ 工作量如此大，网络安全管理机构之间的合作就非常重要，尤其是发生网络事故时。

美国国土安全部针对可能的、潜在的事件的应对制定了一系列的指南，其中包括"国家反应框架"（National Response Framework，NSF）④。这一"国家反应框架"包含了许多附录，探

---

① Dana Priest & William M. Arkin, Top-Secret America: A Hidden World, Growing Beyond Control, WASH. POST, July 19, 2010, available at http://projects.washingtonpost.com/top-secret-america/articles/a-hidden-world-growing-beyond-control/，访问时间2016年1月9日。

② See Memorandum from Clay Johnson III, Office of Mgmt. & Budget, Executive Office of the President, to the Heads of Executive Dep'ts & Agencies, (Nov. 20, 2007), available at http://georgewbush-whitehouse.archives.gov/omb/memoranda/fy2008/m08-05.pdf，访问时间2016年1月9日。

③ Dep't of Homeland Sec., Trusted Internet Connections (TIC) Initiative: Statement of Capability Evaluation Report 2 (2008), available at http://www.whitehouse.gov/sites/default/files/omb/assets/egov_docs/2008_TIC_SOC_EvaluationReport.pdf，访问时间2016年1月10日。

④ 最新版本为2008年版。Dep't of Homeland Sec., National Response Framework (2008), available at http://www.fema.gov/pdf/emergency/nrf/nrf-core.pdf，访问时间2016年1月。

讨特殊应急或者危险情况下对这个框架的应用,其中包括网络事故。①

网络事故附录述说了不同的政府组织之间在"准备、应急以及从任何'国家级的网络相关事故'中恢复"的义务。不过其中并没有对"国家级的网络相关事故"进行定义,但应该包括有组织的网络进攻、广泛传播的病毒、带有网络空间损害结果的重大自然灾害以及可能对于关键设施造成严重后果的其他事故等。

附录将相关的政府部门列为"协调部门""合作部门"以及"其他联邦机构",在国家级重大网络相关事故发生时,国防部、国土安全部和司法部为协调部门,而商务部、能源部与国务院、交通部、财务部、情报圈(Intelligence Community)、国家标准与技术局(NIST)、国家管理与预算办公室(OMB)均为合作部门。② 情报部门负责提供最早的威胁预警。

这说明,美国对于网络安全事故应急有充分的准备。

(三)美国企业界的网络安全维护义务

在美国,并不存在联邦一级的政府对于企业有一般性网络安全维护义务的立法规定。但在某些特定行业,美国国会就行业的特殊

---

① 参阅 Fed. Emergency Mgmt. Agency, National Resource Center Incident Annexes, http://www.fema.gov/emergency/nrf/incidentannexes.htm,访问时间 2016 年 1 月 10 日。最近版本的附录包含生化事故、重大灾害事故、食品与农业事故、紧急疏散、核(放射性)事故、网络事故、恐怖主义执法调查。

② 参阅 Fed. Emergency Mgmt. Agency, National Resource Center Incident Annexes, http://www.fema.gov/emergency/nrf/incidentannexes.htm,访问时间 2016 年 1 月 10 日。最近版本的附录包含生化事故、重大灾害事故、食品与农业事故、紧急疏散、核(放射性)事故、网络事故、恐怖主义执法调查。

主体直接或者间接设立了维持网络安全的法律义务,而对于一般的私营主体,这种强制性要求很少。此外,美国各州的立法并不统一,但各州多通过扩大解释商业经营者在经营过程中应尽的一般性义务将网络安全维护义务也涵盖其中。

1 联邦立法中特殊行业的网络安全事故告知义务

在前已提及的美国1999年Gramm-Leach-Bliley法案(GLBA)中[1],其第五章规定美国的金融机构有详细的客户信息保护义务,特别是每一个金融机构具有"明确而持续的义务尊重其客户的隐私,并且保护这些客户非公开个人信息的安全和秘密"。[2] 金融机构必须"建立合适的与管理、技术以及物理保护相关的标准,以保证客户资料的安全以及保密性"。[3] 此外,他们有义务"防止任何可预见的对于这些数据的安全或者是完整性存在的威胁或者危险,以及防止任何可能对于其客户造成实质的伤害或者不便的对于这些数据的未经授权的接触或者是使用"[4]。

为履行GLBA下的义务,金融机构必须"发展、执行以及维护综合的信息安全措施,包括管理的、技术的以及物理安全方面的,与金融机构的规模和复杂性相适应、与金融机构活动的性质和范围相适应以及与涉及的客户信息的敏感度相适应"[5],金融机构如果不遵守这些义务将会导致FTC的指控以及金钱和名誉上的巨大

---

[1] 参见正文第29页法案梳理部分。
[2] Gramm-Leach-Bliley Act § 501(a), 15 U.S.C. § 6801(a).
[3] Gramm-Leach-Bliley Act § 501(b), 15 U.S.C. § 6801(b).
[4] Gramm-Leach-Bliley Act § 501(b), 15 U.S.C. § 6801(b).
[5] 16 C.F.R.(Code of Federal Regulations) § 314.3 (2014).

损害。①

对于上市公司，由于频繁发生的数据盗窃事件，美国的证券交易委员会（Securities Exchange Commission，SEC）逐渐认为网络安全事故也是其应该向公众披露的信息之一，尽管从法规本身看这一义务并不清晰。美国证监会下的公司金融分会近年来进行了尝试，于2011年10月制定并公开了指导性文件《披露指南：专题2——网络安全》，② 规范公司对网络安全情况进行披露。

从指南的内容看，公司金融分会认为美国的联邦证券法的设计是要求上市公司及时、完全、准确地公开与投资决定相关的、非常重要的风险与事件。尽管证券法没有明确的对于网络安全以及网络事故的披露义务，但如果这些事件关乎股民利益，披露就是有必要的。

然而，具体到个案中是否应该披露，指南也认为应该考虑网络安全事故的性质及其持续时间，包括公司之前是否遭遇过类似的网络安全事故、曾经的网络安全事故带来的损害以及正在发生的网络安全事故可能带来的包括有形财产和知识产权方面的损失等。当然，麻烦的是，指南也意识到披露信息并非在任何时候都是有利的，有时候甚至造成给潜在的入侵者提供"入侵指南图"（Road map）的效果，在这种情形下，网络安全事故信息也可以不披露。因而，指南只是在上市公司是否进行信息披露的决策上提供各种参考因素分析，是否一定要披露以及在何种程度上披露、面向哪些受

---

① Elizabeth E. McGinn et al., The Board of Directors and Cybersecurity: Setting up the Right Structure, 103 Banking Rep. (BNA) No. 8, at 458, 460-461(Aug.26, 2014).

② 这一指导性文件英文名称为 Disclosure Guidance: Topic No.2 — Cybersecurity, 可从如下地址下载 http://www.sec.gov/divisions/corpfin/guidance/cfguidance-topic2.htm。

二、美国的网络安全管理现状

众进行披露都是一个个案分析的问题。① 尽管证监会的指南意在提醒上市公司的网络安全意识,并希望在上市公司之间就网络安全的防范形成共识,但指南的立场是,强制规范是不明智的。

同样,美国商务部下的国家标准与技术局(NIST)一直在网络安全的技术标准方面扮演着引领者的角色。在国会迟迟难以通过网络安全相关立法,但维护网络安全又时不我待的情形下,美国总统奥巴马于 2013 年 2 月颁发了行政指令 13636 号文②,希望加强"关键设施"的网络安全保护。NIST 据此于 2014 年 2 月 12 日推出了促进落实该政策的框架文本。该框架文本要求关键设施的所有者以及运营者遵守框架文本所确立的基本标准,在基本标准的基础上寻求最适合各企业的网络安全措施。但是,即便与"关键设施"没有关系的其他企业,对于这一框架的出台仍然保留着极大兴趣,因为这一框架类似于设立了一个行业标准,政府以及司法系统将根据该框架的指引来判定一般的企业在维护网络安全方面是否尽到了应尽的职责。③ 与此同时,美国国土安全部同步推出了关键设施网络共同体自愿者计划(Critical Infrastructure Cyber Community Voluntary Program,简称"C3 自愿者计划"),协助自愿加入计划的关键设施的所有者和运营者发现其网络安全问题并逐步改善。④ 可以

---

① 参阅 https://www.huntonprivacyblog.com/2014/06/24/recent-developments-concerning-cybersecurity-disclosure-public-companies/,访问时间 2016 年 1 月 20 日。

② 全文可参见 https://www.whitehouse.gov/the-press-office/2013/02/12/executive-order-improving-critical-infrastructure-cybersecurity,访问时间 2016 年 1 月 24 日。

③ 参阅 NIST and DHS Release Final Cybersecurity Framework, Roadmap, and Voluntary Program for Cybersecurity Assistance,出自如下网址 https://www.wilmerhale.com/pages/publicationsandnewsdetail.aspx? NewsPubId=10737423378,访问时间 2016 年 1 月 24 日。

④ 参阅 NIST and DHS Release Final Cybersecurity Framework, Roadmap, and Voluntary Program for Cybersecurity Assistance,出自如下网址 https://www.wilmerhale.com/pages/publicationsandnewsdetail.aspx? NewsPubId=10737423378,访问时间 2016 年 1 月 24 日。

认为，NIST 标准制定的目的在于以管理者的身份倡导全国性关键设施保护的行业标准，但该标准必然辐射美国所有企业，并且影响企业对于网络安全保护的相关义务。

在立法不能穷尽所有可能因素，而且网络安全的防范还处在摸索发展过程中时，如同 NIST 所做的那样，总结各种经验，树立全国性的标准固然重要，但司法的裁量可能更具有现实的指导意义。事实上，美国司法系统已经在一些个案中确立了企业应该对网络安全尽一定法律义务的规则。其中著名的有 FTC 诉 Wyndam 酒店集团案[①]，在该案中，被告 Wyndam 酒店集团明显是因为网络安全工作没有到位，使其客户受到了巨大损失。美国 Arizona 的地方法庭认为该酒店没有尽到维护信息系统安全的义务，构成了《联邦贸易委员会法案》（Federal Trade Commission Act）下的不公平行为。

美国的《联邦贸易委员会法案》中有禁止"在商业活动中不公平或者欺诈性的行为"的条款，自 2005 年以来，联邦贸易委员会（FTC）开始利用该法条针对大公司没有为他们的客户提供有效的网络安全保护而导致黑客进攻提起管理诉讼，大多数案件都以和解告终，但是也有一些案件走向诉讼，如 FTC 诉 Wyndam 酒店集团案。

本案中的被告 Wyndam Worldwide Corp 是一个全球性的酒店业公司，从 2008 年到 2009 年，被告旗下酒店的计算机系统三次被黑客入侵，将其客户的清单盗走，客户信息包括姓名、邮件地址、联系电话、信用卡卡号等，其中第一次导致接近 50 万名客户的清单流失，而第二次导致 39 个连锁酒店的近 5 万名客户的借记卡信息

---

① Federal Trade Comm'n v. Wyndam Worldwide Corp., 10 F. Supp. 3d 602 (D.N.J. 2014).

泄露，第三次则导致28个连锁店的69000名客户的银行借记卡信息流失。FTC认为这与该酒店对于其计算机信息系统没有进行足够的网络安全维护有关，这一行为构成了《联邦贸易委员会法案》下的不正当行为。被告则认为FTC不是合适的原告，而且他们的行为也并非该法案下的"不正当行为"。

法庭认为，确认一个商业行为是否不正当，可以从三个角度来考虑：一是是否属于一般的成文法或者普通法所承认的"不公平"，就是行为的违法性；二是是否属于不道德、不伦理、暴虐的，或者是无节操的；三是是否带给消费者以巨大损害。而且最高法院也认定，在合适的场合，FTC有权出台政策认为仅有第三点就属于不公平的行为。当然，法庭提供的证据也显示，Wyndam酒店的网络安全维护工作确实不到位，如客户的银行卡信息是以完全可读的电子文本方式记录的，设置密码过于简单易猜，网络系统也没有设置防火墙，对于连锁店的计算机系统的接入也没有采取严格的程序认证，总之FTC有权对相关行为进行管制，而且FTC的判定符合《联邦贸易委员会法案》的立法精神。

可以认为，通过本案，司法机关间接规定了企业维护网络安全的义务。

2 州立法层面上的相关规定

在各州的刑法以及有关消费者信息的保护立法中，对于金融机构的要求同样较高。因而金融机构在涉及网络安全事故中数据库被侵犯时的告知义务在美国比较普遍。但是美国并不存在统一的"告知"的一般标准，原因在于对于何为数据被侵犯，什么是告知的前提，什么人必须被告知以及如何进行告知，在州的层面上并未统一。①

例如，当 Nebraska 州的第一国家银行拒绝返还客户在因网络安全事故而导致的未经授权的买入费用时，该州的地方法院认定，根据州统一欺诈性商业操作法令，该银行的客户具有请求权。② 背后的逻辑是，金融机构具有维护网络安全的义务，一旦发生网络安全事故，损害应该完全由金融机构承担。此外，美国几乎所有的州都有侵犯安全告知条款，各州检察总长可以据此指控未能制止网络攻击的公司。③ 即便没有联邦层面上的网络入侵事故的披露义务，公司也必须遵守各州的数据安全侵犯告知条款，但各州的规定可能并不一致。④ 包括北卡在内有 10 个州，明确规定除了检察总长提起刑事指控之外，消费者个人也可以针对网络入侵事故提起私人诉讼。⑤ 因而在网络安全事故发生之后，公司可能面临未能遵守告知义务而导致的诸多诉讼。

各州政府在此方面也希望给予网络安全重灾区的行业一些帮助。例如，纽约的金融服务部（New York's Department of Financial

---

① Security Breach Notification Laws, Nat'l Conference of State Legislatures（June 11, 2015），参阅 www.ncsl.org/research/telecommunications-and-information-technology/security-breach-notification-laws.aspx，访问时间 2016 年 1 月 20 日。

② Wines, Vines and Corks, LLC v. First Nat'l of Nebraska, No. 8：14-cv-00082-LES-FG3（D. Neb. Aug. 20, 2014）.

③ Iizabeth E. McGinn et al., The Board of Directors and Cybersecurity：Setting up the Right Structure, 103 Banking Rep.（BNA）No.8, at 458, 461（Aug. 26, 2014）.

④ Reid J. Schar & Kathleen W. Gibbons. Complicated Compliance：State Data Breach Notification Laws, 12 Privacy & Sec. L. Rep.（BNA）No. 32, at 1381, 1381（Aug. 12, 2013）.

⑤ 这些州为阿拉斯加州、加利福尼亚州、路易斯安那州、马里兰州、新罕布什尔州、北卡罗来纳州、俄勒冈州、南卡罗莱纳州、田纳西州、弗吉尼亚州以及华盛顿州。参阅 Reid J. Schar & Kathleen W. Gibbons. Complicated Compliance：State Data Breach Notification Laws, 12 Privacy & Sec. L. Rep.（BNA）No. 32, at 1381, 1384（Aug. 12, 2013）.

Services，DFS）考虑到越来越多的针对金融机构的网络攻击，决定进行大范围的调查。在 2014 年 5 月该调查完成之后，纽约州的州长宣布将针对所有设在纽约的各类银行进行定点网络安全评估以帮助金融机构确定个人银行记录的安全以及其防范网络攻击的能力。① 新一轮的检查包括 IT 管理、事故反应、网络安全以及销售商管理和事故恢复能力等。② 其目的在于帮助纽约州各银行机构对于网络安全能力进行评估。③ 这些举措无疑具有建设意义。

3 小结

从美国的实践看，目前，国会和美国政府希望作为市场主体的企业能有较强的网络安全意识，能够加强针对网络攻击的防范。在遭遇网络事故时，能及时向政府有关部门进行反馈，同时履行对于客户的告知义务，但如何达到这一目标仍然在探索之中。除了特定行业有特定条款的安全保障要求间接地规定了相关企业的网络安全保障义务外，不管是联邦机构还是各州的政府，目前基本上都是以行业标准的方式在进行引导，其目的在于推荐企业采纳实践中安全管理的最佳行为模式，但并没有硬性规定相关企业的法律义务。

美国国会在立法中也多次强调一般私营企业的自愿原则，这可能是美国立法机构限制行政权力的法治传统使然。例如，在 2014

---

① Press Release：New York's Department of Financial Services, Governor Cuomo Announces New Cyber Security Assessments for Banks（May 6, 2014），http://www.dfs.ny.gov/about/press2014/pr1405061.htm. 访问时间 2016 年 1 月 20 日。

② New York's Department of Financial Services, Report on Cyber Security in the Banking Sector 1(2014)，可参阅 http://www.dfs.ny.gov/about/press2014/pr140505_cyber_security.pdf，访问时间 2016 年 1 月 20 日。

③ Penny Crosman, N.Y. Regulators Plan Heightened Scrutiny of Banks' Cyber Readiness, AM. BANKER, May 8, 2014, at 7.

年的《国家网络安全保护法》(National Cybersecurity Protection Act)最后,"本法案或其以后的修正不能被解释为要求任何私营实体,1) 应该向国土安全部申请帮助;或 2) 向国土安全部寻求帮助并实行由其推荐的方法或者建议"。结合既有的国会立法和各州的一些司法案例,可以认为,在美国政府主要部门以及敏感设施机构的所有者与运营维护者具有法定的网络安全维护义务,在发生网络安全事故的过程中必须向相关机构报告,履行信息分享义务。特殊行业如金融机构以及卫生与健康组织因为特殊的联邦或者州立法而具有保护客户资料的义务。所有这些成为企业维护网络安全义务的基础。但一般性企业的网络安全维护义务如何设定,是否应该设立一个全美统一的标准则一直不明朗。

个中缘由,主要与信息通讯技术的快速发展与频繁升级有关。在技术并未完全定型的大背景下,网络入侵手段与网络安全防范同样处于一种动态的发展变化过程中。既有的网络安全防范措施只能在一定时间内相对有效,这就导致安全标准的门槛不可能从一而终。不同企业的资质、大小、技术能力千差万别,因此是否尽到网络安全保障义务是一个动态的与具体个案相结合的过程。这一切导致美国现在的企业网络安全保障义务更多的是一种国家倡导的行业标准属性,而非强行规定。

(四)美国的网络内容管制

1 概述

网络空间的内容管制无疑是网络治理的一项重要内容,如对煽动性言论、仇恨言论、反人类言论的散布,各国都持否定态度。政府如何对网络信息进行分类,并且依据不同的类别在信息的产生、搜集、存储、传播、使用等环节,对相关主体"分而治之",是信息时代各国面临的重大课题。但网络内容管制虽与网络安全管理关联,却并非网络安全的焦点。网络安全以保证信息的完整、保密、可用性为核心,以此构建从物理安全、技术安全到管理安全的制度框架。而网络内容管制以信息内容的正当性为核心,关注不当信息可能对社会产生的影响,以限制不当信息的产生、传播和使用作为主要内容。如果说其属于网络安全法,也是从上述第二条主线的角度,即属于保障社会秩序的网络安全法的范畴。

美国对于网络的内容管制,主线非常清晰。网上绝大多数信息内容,原则上都属于美国的"言论"范畴,以美国宪法第一修正案保护言论自由为基础,美国对于这些信息,尤其是有关公共事务言论的基本态度是以公开为主、限制为辅,尤其不允许进行事前限制,如果限制需以"明显而即刻的危险"作为前提,而对于其他非政治性言论,包括商业言论以及对于私人的评价等,则内容审查原则上以相关的法律规定为准,但不得与宪法第一修正案相违背。因而在任何具体个案的审查中,都需要考量具体法律的规定,其目的、手段是否适当,是否会与宪法精神违背。在当今世界,美国以言论自由程度高著称,诸多案例表明美国的网络言论在其他各国可能属于违法或者不当,但在美国畅行无阻。如何在这种信息泛滥,可能引发社会各种潜在不安的环境下依然保持美国的整体运作平稳,值得探究。

本部分拟简要从以下部分探讨美国的网络内容管制。首先是政府审查标准的制定以及司法评价;其次是追踪美国对于不同言论,如侵犯名誉权言论、色情内容等的相关治理经验;最后是作为信息内容管制的重要组成部分,看看网络服务提供商对于内容审查是否负有相关法律义务。

2 政府的内容审查

在美国,国会一直关注对网络内容的管制,也成功地通过了不少立法,但并非全部为司法机关所认同,甚至部分还被美国最高法院废止。其理由是关于网络内容管制的立法与美国宪法第一修正案中的言论自由相违背。

例如,1996年《电信法》(Telecommunication Act)[①]中的第五章"通讯正当法案"(Communication Decency Act),是美国国会就网络内容管制的初次尝试。该法的第502条修改了1934年《远程通讯法》的第223条,概括性地将故意传输"淫秽或者不正当"(Obscene or Indecent)材料给18岁以下未成年人者视为犯罪,包括故意传送或者展示给18岁以下未成年人一些对于社区的伦理标准而言显然属于"公然冒犯性"的材料。但是美国的人权组织American Civil Liberties Union(ACLU)认为该法条过于概括,将会影响宪法赋予成年人的言论自由权利,因而提起诉讼。[②] 最高法院支持了这一主张。多数法官认为,这一法条属于基于内容而进行的管制,与言论自由的宪法规定可能发生冲突。如果有明确的时间、地点和规制方式的限制,可能与美国宪法并不冲突,但少数法官认为即使加以限制,这一条也可能违宪。最终,这一法条被废除,尽管并不影响该法案的其他条款。

美国国会针对最高法院这一判决的直接反应是再度立法,防止网络色情泛滥,以确保未成年人的权益。1998年,美国国会众议

---

① Pub. Law. No. 104-104.
② 521 U. S. 844 (1997).

院通过了《儿童在线保护法案》（Child Online Protection Act，CO-PA），① 并提交了上议院。COPA 要求，所有"对于未成年人将有实质损害"的材料的商业性散布的传播者应采取措施禁止未成年人接触其网站。"对未成年人有实质损害"的内容被解释为被当代的社区伦理标准视为"色情"或者出现了"性行为"、"裸体露点"，这一标准显然比淫秽（obscenity）的标准更为宽泛。不过，这部法律还未经上议院正式讨论就官司缠身，最后胎死腹中，还没有走完立法程序就已经被完全废止。

这一法案首先受到的仍然是来自 ACLU 的挑战。ACLU 认为，为防止儿童接触相关网站，COPA 要求网站经营者验证上网者身份，诸如提供信用卡号、身份证号、数字年龄证据，或者任何其他现行可用的合理技术手段。而且，什么是"实质有害"的材料在 COPA 中也过于宽泛。因而，其 1999 年向宾夕法尼亚州地方法庭提起违宪诉讼。法庭判定，COPA 确有可能对宪法保护的言论造成负担，且该法并没有仔细地审视其方法能否最终达到其目标。② 尽管法庭认识到政府保护儿童利益的合法性，但公共利益的保护不应当以实施违宪的法律来保证。"如果我们以保护未成年人的名义而将宪法的根基摧毁，那么我们可能本身就是在迫害我们的未成年人。"③ 地方法院的裁判也获得了上诉法庭即第三巡回法庭的认可④，但最高法院推翻了这一判决，认为上诉庭以 COPA 中"社区标准"进行网络审查可能违宪，并非对言论自由的正确理解，因

---

① H. Rept.105-775.
② A.C.L.U. v. Reno, 31 F. Supp.2d 473 (E.D. Pa. 1999). 为区别之前的 Reno 案，这一案件通常也被称为 Reno II 案件。
③ A.C.L.U. v. Reno, 31 F. Supp.2d 473,498 (E.D. Pa. 1999).
④ American Civil Liberties Union v. Reno217 F.3d 162(3rd Cir. Pa.2000).

而发回巡回法庭重审,① 而巡回法庭再一次肯定地方法庭的禁令,理由是原告已经成功地说服法庭 COPA 并没有尽量以最佳的限制手段来达到政府的利益需求,而且原告主张的 COPA 过于宽泛。② 在此情形下,最高法院于 2004 年再度审理此案,最终最高法庭的大多数法官认为确有可能采取更为有效而不课以负担的方式达到政府的目的,因此 COPA 确有可能违宪。③ 总之,本案过后,美国基本确立了政府对于网络内容的审查标准:其应与传统的媒体审查无异,除非国会能够在不违宪的情形下打造有关内容审查的法律,否则其不能在网络空间施行特殊的审查。④ 当然,在后文内容管制中我们还会看到,国会对于反色情内容的立法尝试还在继续,司法机关对于如何在言论自由与维护公共利益之间画线也如履薄冰。

3 名誉毁损

1) 普通法的传统。

在美国,传统的普通法侵权领域里关于名誉毁损的侵权主要有两种形式,即诽谤(Libel)与污蔑(Slander)。前者指存在于有形的物理载体上的贬损他人的材料,如文字、影视材料,而污蔑(Slander)主要是指没有任何可留存的物理载体的东西,如口头上的以及转瞬间的手势一类。⑤

对名誉贬损侵权追究责任主要是为了保护个人的名誉。如果侵

---

① Ashcroft v. American Civil Liberties Union, 535 U. S. 564, 2002.
② American Civil Liberties Union v. Ashcroft,322 F.3d 240,(3rd Cir.Pa.2003).
③ Ashcroft v. American Civil Liberties Union,542 U.S. 656,2004.
④ A.C.L.U. v. Reno, 31 F. Supp.2d 473,498 (E.D. Pa. 1999).
⑤ 参阅 Restatement (Second) of Torts § 568 (1977).

权材料没有送到任何第三人，则没有发生名誉损害，不能提起诉讼。①在普通法上，构成名誉毁损需要满足以下4个要素，一是对于他人的名誉的声明；二是面向第三者一般性的公开；三是出版者至少存在些微的过失；四是实际损害的存在。②更具体地说，在诽谤（Libel）类型的案件中，名誉毁损材料以书面或者印刷的方式出版对于责任追究至关重要。美国《侵权法重述》中强调，在此过程中具有可控力的出版商故意或者具有过失而加以出版，或者是有意以及不合理地未及时移除诽谤材料。③

美国关于诽谤的法律责任还经历过一些变迁。在1964年之前，诽谤是一种严格责任。但是1964年的纽约时报诉沙利文一案中，美国最高法院认定，由于言论自由的保护，对于公众人物的名誉毁损至少需要有那么一些"实际恶意"，即出版商知道消息的虚假性还进行出版。④也就是说，对于公众人物的名誉保护相对常人要弱一些。同样，如果私人对于公共事件进行评论，也要求其至少存在一定的过失。⑤普通法上的这些规定，实际上是确保美国宪法上的言论自由不受损害而进行的私法领域里的调整。

在普通法上，为便于追究诽谤的侵权责任，设定了三种责任标准：出版者标准、传播者标准以及一般运送者标准。其注意义务随其对诽谤材料传播的裁量权的大小而有所变化。裁量权越大，注意义务越重。由于出版者具有编辑以及审查职责，对内容具有最大的控制权，所以出版者承担责任最重，而普通运送者只起一个被动的

---

① 参阅 Restatement (Second) of Torts § 577 (1977).
② 参阅 Restatement (Second) of Torts § 558 (1977).
③ 参阅 Restatement (Second) of Torts § 558 (1977).
④ N.Y. Times Co. v. Sullivan, 376 U.S. 254, 279-80 (1964).
⑤ Gertz v. Robert Welch, Inc., 418 U.S. 323, 347 (1974).

管道传输作用,其承担责任最轻。① 一般来说,出版者应该承担严格责任,而传播者只有在知道或者明知贬损情形存在的情形下仍然帮助传播时才承担责任,而普通运送者即便知道也可以逃避责任。

2) 网络空间中的情形。

从理论上来说,由普通法累积的法律传统可以自然延伸到网络空间,但事实并非如此。一是在诸多场合,网络服务提供商到底属于出版者或传播者还是一般传送人并不清楚。例如,邮件系统、聊天室或者是BBS的运营者到底是属于出版者或传播者还是一般传送人可能仍然需要针对个案仔细斟酌。二是美国1996年国会通过了《通讯正当法案》(Communication Decency Act,CDA),里面的规定极大地豁免了网络服务提供商的责任。我们可以从下面的Zeran案件中了解个大概。

1995年4月25日,在美国著名的网站美国在线(AOL)论坛中出现了一个T恤衫广告,广告将1995年美国著名的造成168人死亡的Oklahoma大爆炸美化,广告的落款是"Ken ZZ03",留下的联系电话直指现实生活中的商人Kenneth Zeran先生,但这是一个明显的恶作剧。从此Kenneth Zeran先生接到无数愤怒地指责他的电话,5天后达到几乎每两分钟就一个电话的程度。换手机对于Zeran先生来说不现实,因为他之前发布的广告都留着这个电话。该广告也对Zeran先生的经营造成了严重影响。② 因而这一恶作剧对他造成了情感以及经济上的损害。

Zeran先生迅速联系了美国在线并要求清除这一信息,告知美国在线这一假信息对其造成的伤害。美国在线很快满足了他的要

---

① Suman Mirmira, Prodigy Services Co., 15 Berkeley Tech. L.J. 437, 438-439 (2000).
② Zeran v. Am. Online, Inc., 958 F. Supp. 1124, 1127 (E.D. Va. 1997).

求，但是第二天同样的恶作剧信息再次出现在公告栏里。这样重复到5月1日帖子才完全被移除，而威胁和骚扰电话持续时间更长。①

一年之后，Zeran先生决定寻求法律救济，向美国在线讨个说法。1996年4月，Zeran先生以美国在线对于诽谤信息的反应不够迅速有效为由提起诉讼，但地方法院弗吉尼亚东区法庭和上诉法院第四巡回法庭都认为美国在线基于美国1996年的《通讯正当法案》的第230（C）款获得豁免，美国在线无须为第三人的侵权承担责任。②这样，Zeran先生只能自己承受该事件的痛苦。前已提及，CDA的目的是保护儿童，第230（C）款的立法初衷也是鼓励网络服务商监管网络内容，从而有效阻止儿童接触不良信息。但是，其主要的阻止网络对于色情以及实质非正当材料的传输被以违宪为由废止以后，第230（C）款仍然保留有效。③从理论上说，Zeran先生还可以告发帖人，但这涉及美国在线用户的真实身份披露问题。而基于宪法上的言论自由，美国对于匿名披露有许多限制，如果不能证明诉讼成立的可能性以及被告的身份揭露对于案件的重大意义，法院就不能强迫美国在线进行网民的身份披露，④而从该案案情看，很有可能最后只能以匿名被告的方式进行诉讼。这个可能又不是Zeran先生所希望的。

Zeran案几乎成为美国的经典。对于网络服务提供商能否课以责任，各法庭都趋向于该案的理解。这就导致诸多网络服务提供商

---

① Zeran v. Am. Online, Inc., 958 F. Supp. 1127-1128 (E.D. Va. 1997).
② 上诉审为Zeran v. Am. Online, Inc., 129 F.3d 327, 335 (4th Cir.1997).
③ 参阅ACLU, 521 U.S. at 844(1997).
④ 参阅In re Subpoena Duces Tecum to America Online, Inc., 2000 WL 1210372, (Va. Cir. Ct.2000).

对于第三者的名誉毁损言论可以免责,而无数像 Zeran 这样的网民无法得到救济。例如,1998 年的 Blumenthal v. Drudge 案中,原告 Blumenthal 先生诉称受到名誉毁损侵权,将一篇虚假文章的作者以及美国在线一起告上法庭。Blumenthal 先生认为,由于该文章由美国在线付费,而且是提交给美国在线的八卦专栏,所以美国在线不仅提供通讯服务也提供内容服务。但是法庭仍然根据 CDA 的宽泛解释做出了有利于美国在线的决定,法庭的理由是,尽管美国在线为这篇文章付费,但没有提供任何实质内容,也没有对内容进行编辑。① 这在事实上构成了法律矛盾,如果一个专栏作家在纸质的华盛顿邮报上发表文章,其雇主需要为报纸的出版内容中存在的诽谤行为负责,但是如果同样的情形,仅仅是变成了网络版本的华盛顿邮报,则出版商并不需要为其中的诽谤行为负责。这种法律规定肯定在解释中出现了问题。

自那以后,美国有两个案例似乎有所转向,这意味着 Zeran 案中的理解应该进行适当的缩限。

第一个案例是 2004 年的 Grace v. eBay Inc. 案。在该案中,Roger Grace 在 eBay 拍卖网站上买了一些东西,然后针对这些交易给了卖家一些负面评价。卖家的反馈是做出如下声明:"抱怨者应该在 eBay 上禁止发声!一直都不诚实!" Grace 告知 eBay 卖家的声明对他构成名誉毁损,但 eBay 拒绝移除这些内容。Grace 于是起诉卖家和 eBay,认为卖家和 eBay 构成诽谤并违反了反不正当竞争法,并寻求与 eBay 履行用户合同下的特定行为,在 eBay 移除了相关内容之后,Grace 放弃了最后一项指控。②

---

① Blumenthal v. Drudge, 992 F. Supp. 44, 26 Media L. Rep. (BNA) 1717 (D.D.C. 1998).

② 16 Cal. Rptr. 3d 192, 196 (Cal Ct. App.2004).

eBay 仍然寻求第 230 条款下的豁免。法庭从传统的普通法出发，认为出版者应该为第三人的诽谤行为承担责任，但传播者只有在知道或者有理由知道包含有诽谤材料时才承担责任。第 230 条款并没有提及任何关于传播者的责任问题，所以其豁免的是出版者的责任，至于 eBay 是否应该承担传播者的责任，仍然要看其是否知道有诽谤性材料的存在而没有采取行动。但是，由于 Grace 与 eBay 的用户合同中已经声明了放弃对 eBay 的责任追究，这一合同条款免除了 eBay 的责任。[①]

这一问题在 2008 年的 Roommates.com 案件中再次被追问。[②] 在该案中，原告认为被告诱导其客户泄露性别、性取向以及其他个人信息并且将反馈公布在网站上的做法违反了《公平房务法》(Fair Housing Act)，而被告 Roommates.com 公司寻求在 CDA 第 230 条款下的豁免。不过，法庭认为 Roommates.com 公司本身构成了内容提供商，因为其不但自拟了那些问题，而且还将那些客户反馈进行了整理出版。由于被告参与了网络内容的生成，因而第 230 条不能适用。

不过，上述两个案例仅是众多案例中少数的不同裁判。只要 CDA 存在，美国法庭的转向就仅仅是一种理想。例如，Blumenthal v. Drudge 案的审判法官 Paul Friedman 认为，"国会对于网络服务提供商的侵权免责目的在于激励他们对于色情以及激起公愤的材料的自我审查，即便这种自我审查不大成功，甚至有些服务商就没有尝试过"[③]。因而，仅从文本解释，国会对于网络服务商侵权责任的

---

① 16 Cal. Rptr. 3d 192, 195-199 (Cal Ct. App. 2004).
② Fair Housing Council of San Fernando Valley v. Roommates.Com, LLC, 521 F.3d 1157, 36 Media L. Rep. (BNA) 1545 (9th Cir. 2008).
③ Blumenthal v. Drudge, 992 F. Supp. 44, at 52 (D.D.C. 1998).

豁免确实是宽泛的。

4　对于色情信息的审查

对于网络色情信息的审查,在上述政府的内容审查中已有所提及。就联邦层面而言,因为有言论自由的保护,美国政府的管制非常谨慎,主要采取的是行业自制的模式进行内容管理。而在行业自制的模式下可能还存在内容分级制度,如全球知名的电影分级制度,其实发端于美国电影行业联盟。[①]

放眼全球,美国联邦层面的管制宽松是一个不争的事实,否则也不会产生诸如当年的法国诉雅虎拍卖纳粹用品案件。中国的一些评论总是强调美国也有内容管制的一面,如对儿童色情内容的禁止,这固然是事实,但整体的宽松性不应否认,否则很难理解中国的许多色情网站及服务器设在美国。

美国之所以对色情管制宽松,也经历过反复曲折的进程,但最终形成了一些社会共识。首先是认为色情定义困难,如淫秽一般认为是比较严重的色情,对于淫秽信息的传播,美国国会和政府也有意禁止,但在何为淫秽的问题上,司法实践中的判定难以客观。美国最高法院的斯图尔特大法官在1964年的Jacobellis案中曾经留下一段令人啼笑皆非但发人深省的论断,"我不打算进一步定义什么是'硬核色情'……而且也许我永远也不可能给出一个明确的定义。当我看到它的时候,我就能认出它。本案中的电影不是'硬核色情'"[②]。因而,司法的论断总是倾向于政府尽量少地干预管

---

①　参阅搜狐百科"美国电影分级制度"词条,http://baike.sogou.com/v7543809.htm?fromTitle=%E7%BE%8E%E5%9B%BD%E7%94%B5%E5%BD%B1%E5%88%86%E7%BA%A7%E5%88%B6%E5%BA%A6,访问时间2016年3月2日。

②　Jacobellis v. Ohio, 378 U. S. 184, 197 (1964).

制,而主要由个人以及行业进行自我规制和判断。

其次,所谓的淫秽信息或者作品随着人们的观念变化会有所变化,因而全面禁止淫秽作品从历史的长河中看会显得荒谬而可笑。英国劳伦斯的《查特莱夫人的情人》、我国张贤亮的《男人的一半是女人》曾经都是禁书,但事隔多年其文学价值得到普遍认可。所以,美国的整体思路是宁可宽松一些,政府也不应事前制定太多的框框。因时因地的管制可以被理解,如黄金时间不能播出色情节目,学校附近不能有风月场所,但是全盘的禁止很少见。不过,美国对于儿童色情的禁止可以说是一个例外。司法当局在20世纪80年代就立场鲜明地禁止儿童色情。

在1982年的New York v. Ferber案中[1],被告Paul Ferber为成人图书店的所有人,因其在所销售资料中含有16岁以下男童的色情图像而被控违反纽约州反淫秽法。由于有最高法对Stanley v. Georgia案[2]的判定在先,该案被上诉乃至被美国最高法院听审。最高法院认为,如果发现图书资料中含有16岁以下儿童的色情图像,就可以禁止该书流通,而不用先判定其是否淫秽或者是否违反反淫秽法。因为:

1) 为州的利益,应该保护儿童免于性剥削;

2) 传播含有儿童色情图像的资料本身构成性滥用(Sexual Abuse);

3) 出售这样内容的商品可能为生产类似作品提供了强有力的内在刺激;

4) 任何在此类作品中可以发现的艺术价值可以被忽略;

5) 基于内容而被划分的言论可以被接受或者被拒绝,只要该

---

[1] New York v. Ferber, 458 U. S. 747 (1982).
[2] Stanley v. Georgia, 394 U. S. 557, 567 (1969),该案判定持有淫秽材料本身并不构成违法。

言论被合理地分类，而且限制该言论的负面效果的重要性远超过该言论的利益。①

Ferber 案成为美国限制儿童色情的经典先例。在网络环境下，儿童色情资料泛滥已对儿童产生了非常不利的影响，美国专家指出，"儿童色情资料很难通过非电子方式获取，这一现象已经存在了近 20 年。就儿童的行为类型的描述以及儿童的年龄而言，诸多在网上可获得的资料比我们想象的还要糟糕"②。因而，政府的管制更为迫切。

1996 年，国会通过了专门针对儿童色情的法律《制止儿童色情法》（Child Pornography Prevention Act，CPPA）③，该法禁止任何材料描述儿童性行为（包括视频、相片、电影、电视、图片或者计算机生成图片），以及对于上述明显暗示含有儿童性行为的材料的宣传、推广、展示、分发。然而，这一立法也为最高法院在 2002 年 4 月 16 日的 Ashcroft v. Free Speech Coalition 案④中所动摇。法官对于所谓的虚拟色情图片（计算机生成图片）也在禁止之列深表怀疑。

法庭判定 CPPA 的一个重大缺陷是国会并没有确切地证明，如果没有真实的小孩被利用来制作色情图像，这样的虚拟图像的危害何在？⑤ 而且儿童色情滥用与虚拟儿童色情图像之间存在关系的争辩也被大多数法官断然否决，他们认为"虚拟儿童色情并非真正联系于儿童色情滥用，存在于虚拟儿童色情与实际的儿童滥用之间

---

① New York v. Ferber,458 U.S. 747,761-764（1982）.
② Philip Jenkins, Beyond Tolerance：Child Pornography on the Internet. NYU Press, 2001. at 9.
③ Pub. L. No. 104-208.
④ Ashcroft v. Free Speech Coalition, 535 U.S. 234（2002）.
⑤ Free Speech Coalition, 535 U.S. at 250.

的关系是随机的和间接的"①,由于缺乏言论与其导致的损害之间的因果关系,法庭认定,政府不能仅仅因为一些言论可能"鼓励"恋童癖以及色情狂去滥用儿童而压制它。② 最终,法庭认为有关章节"过于宽泛而且违宪",③ 可能会压制一些"很严肃的文学、艺术、政治或者科学价值"的言论。④

在最高法院的 Free Speech Coalition 案落槌后,国会随后修改了相关条款,并在 2003 年通过了《禁止奴役当代儿童的起诉救济和其他手段法》(PROTECT Act)⑤,该法并未定义"虚拟儿童色情",但是把所有看上去与儿童色情没有区别的视觉材料定义为非法,不管该视觉材料中的"儿童"是真实的还是虚拟的。但是该法增减了一些抗辩事由,即如果能证明该"儿童"是计算机生成的,或者拍片时已经是成人,则不属于该法所管制的对象。当然,这并不是说虚拟儿童色情不能管制,"淫秽"的材料不管有没有利用儿童,都不属于美国言论自由所保护的对象。

该法通过之后,在 2006 年 4 月的 United States v. Williams 案⑥中受到司法挑战。上诉庭第十一巡回法庭认为 PROTECT Act 中的"拉皮条"条款,即禁止儿童色情材料的宣传、散发条款构成违宪,上诉法庭认为这一条过于模糊,也不清楚何种言论将构成犯

---

① Free Speech Coalition, 535 U.S 234, at 250.
② Free Speech Coalition, 535 U.S 234, at 253-254.
③ Ashcroft v. Free Speech Coalition, 535 U.S. 234, 258 (2002).
④ Ashcroft v. Free Speech Coalition, 535 U.S. 234, 246 (2002).
⑤ Pub. L. No. 108-21, 117 Stat. 650, S. 151, 生效日期 2003 年 4 月 30 日。PROTECT 是 Prosecutorial Remedies and Other Tools to end the Exploitation of Children Today 的缩写。
⑥ United States v. Williams, 444 F.3d 1286, 1308 (11th Cir. 2006) rev'd, 553 U.S. 285, 128 S. Ct. 1830, 170 L. Ed. 2d 650 (2008).

罪。但是最高法院驳回了这一判决，认为所涉条款本身的儿童色情内容没有宪法保护的必要，当然就可以禁止。因而，2003年的国会立法基本上获得了司法认可。

5 网络内容服务提供者的责任①

以上对于网络名誉毁损以及色情内容管制进行了简要梳理，可以得出初步判断：在美国，网络内容服务提供者对于自己生成制作的内容仍然要付完的责任，这与传统的出版者对出版内容负责没有区别。出版者既然在出版过程中需要履行编辑整理的义务，而编辑整理之后的内容如果仍然涉嫌侵权，出版者自然脱不了干系。但如果网络服务商仅仅是传播者，而并非真正的内容提供者，无法控制信息审查和编辑，则一般情况下无须为第三者的侵权责任承担义务。当然，如果其知晓了侵权内容之后还不采取适当措施加以限制，可能需要承担连带责任。

但只要仔细分析美国的法条与案例就会发现，美国的网络内容服务提供商对于网络上传内容，只要不是自己生产制作的，可以说基本上就没有什么法律责任。这种情形源于两方面的原因，首先是美国人引以为傲的宪法第一修正案中的"言论自由"。由于言论自由的宪法原则，美国政府对网络黄色资料围剿的多次立法尝试均以"违宪"告终。司法给予这一判定并不是要否认美国政府和国会的努力以及善良意愿，而是希望这一努力要有明确及清楚的边界，不要因为管制的模糊与宽泛而同时摧毁民主社会自由的根基。在美国

---

① 本节内容不包括对于网络知识产权的保护部分。美国1998年的《千禧年数字化版权法》(DMCA)中对此有详细的规定，针对网络服务提供商的所谓避风港原则也在全球知名。知识产权保护属于全球有统一公约或者条约之下的保护，已经形成相对独立和统一的全球规则，本节不赘述。

二、美国的网络安全管理现状

政府这么多年的尝试中，只有 2003 年的 PROTECT Act，即针对儿童色情的立法硕果仅存。其次与言论自由保护紧密关联。1996 年美国的《通讯正当法案》（CDA）大部分被判定为违宪而被废止后，关于网络服务提供商的免责条款，也称为第 230 条款并未被废止。这也成为美国联邦层面对于网络内容提供者责任判定的法律渊源。

对于第 230 条款如此宽泛的免责，国会的解释是，这一条的目的在于[①]：促进网络以及相关的计算机服务和互动媒体的持续发展；保持现存于网络以及互动计算机服务上旺盛的、相互竞争的自由市场；鼓励能让终端的个人、家庭和学校对于所接受的信息进行最大化控制的技术的发展；为发展和利用可以让父母限制孩子获取不良在线内容的封锁以及过滤技术排除障碍；保证联邦刑法的执行以制止和惩罚传播淫秽内容、网络跟踪以及网络骚扰。

因此，在国会看来，第 230 条款豁免了其两种责任：

1) 基于第三者提供的内容的诉求；

2) 基于网络服务提供商对客观存在的材料的监管和过滤的诉求。

基于《宪法》中的言论自由以及基于《通讯正当法案》中的第 230 条免责条款，美国的网络内容服务提供商对于第三者的言论几乎不需要承担法律责任。当然，例外的是 2003 年的 PROTECT Act 中的儿童色情材料以及联邦刑法中的一些规定。

---

① 47 U.S.Code. § 230(b).

三、中国的网络安全管理现状

（一）中国的网络安全立法框架

中国的网络安全立法工作在过去较长时间内并没有得到充分的重视。或者说，中国的网络安全在长时间以来并非主要依据立法工作来获得保障。美国网络法专家 Lessig 教授认为，对于人们的网络行为，至少可以考虑从法律、社会规范、经济成本以及物理架构这四个方面进行规制。① 因而，法律并非必需的手段。以笔者的观察，中国在早期将重点放在通过物理架构而进行的规制上，包括中国骨干网的建设以及骨干网与全球互联网的接入节点都实施政府牵头的全面监管。② 而法律建设则相对滞后，更多的是具体的部门管理规章。中国在 20 世纪 90 年代引进网络技术的时候，关注得更多的是信息全球化可能带来的对于中国经济的推动作用，同时中国很注意防止信息开放可能带来的对于政治稳定与社会秩序的冲击，③对网络舆论宣传采取与传统媒体类似的监管，将当时的一系列法律

---

① 参阅 Lawrence Lessig《代码》（CODE）一书。
② 后文在网络内容管制部分还会有更详细的论述。
③ 参阅 Jack Goldsmith & Tim Wu. Who Controls the Internet-Illusions of a Borderless World, Oxford University Press, 2006. pp. 87-105.

延伸到网络空间。因而,中国的网络安全保护在立法之初显得很单薄。直到2014年年初成立中央网络安全和信息化领导小组之后,《中华人民共和国网络安全法》才成为立法的重中之重,整个网络安全立法建设才开始体系化。

在《中华人民共和国网络安全法》出台之前,中国的网络安全相关立法散落在各个层次,散见于各个部委的行政规章之中,显得零乱而无序。譬如,《宪法》中关于言论自由的规定①,同样应该适用在网络空间;《中华人民共和国刑法》及其修正案中关于破

---

① 《中华人民共和国宪法》第35条,中华人民共和国公民有言论、出版、集会、结社、游行、示威的自由。

坏以及入侵计算机系统的相关罪名①和美国的 CFAA 一样是针对信息时代的特殊立法，也属于网络安全法的重要组成成分。《中华人民共和国刑法》第 286 条还专门规定了网络服务提供者的监管义

---

① 《中华人民共和国刑法》第 285 条 【非法侵入计算机信息系统罪】违反国家规定，侵入国家事务、国防建设、尖端科学技术领域的计算机信息系统的，处三年以下有期徒刑或者拘役。

【非法获取计算机信息系统数据、非法控制计算机信息系统罪】违反国家规定，侵入前款规定以外的计算机信息系统或者采用其他技术手段，获取该计算机信息系统中存储、处理或者传输的数据，或者对该计算机信息系统实施非法控制，情节严重的，处三年以下有期徒刑或者拘役，并处或者单处罚金；情节特别严重的，处三年以上七年以下有期徒刑，并处罚金。(《中华人民共和国刑法修正案（七）》第 9 条新增)

【提供侵入、非法控制计算机信息系统程序、工具罪】提供专门用于侵入、非法控制计算机信息系统的程序、工具，或者明知他人实施侵入、非法控制计算机信息系统的违法犯罪行为而为其提供程序、工具，情节严重的，依照前款的规定处罚。(《中华人民共和国刑法修正案（七）》第 9 条新增)

单位犯前三款罪的，对单位判处罚金，并对其直接负责的主管人员和其他直接责任人员，依照各该款的规定处罚。

第 286 条 【破坏计算机信息系统罪】违反国家规定，对计算机信息系统功能进行删除、修改、增加、干扰，造成计算机信息系统不能正常运行，后果严重的，处五年以下有期徒刑或者拘役；后果特别严重的，处五年以上有期徒刑。

违反国家规定，对计算机信息系统中存储、处理或者传输的数据和应用程序进行删除、修改、增加的操作，后果严重的，依照前款的规定处罚。

故意制作、传播计算机病毒等破坏性程序，影响计算机系统正常运行，后果严重的，依照第一款的规定处罚。

单位犯前三款罪的，对单位判处罚金，并对其直接负责的主管人员和其他直接责任人员，依照第一款的规定处罚。

务，对于不履行职责者可以加以刑罚。① 《中华人民共和国刑法的修正案（七）》（2009年2月通过）中开始了对于个人信息的刑法保护，对于政府和事业单位等具有公益性质的主体在工作过程中搜集得到的个人信息的商业利用加以刑罚。《中华人民共和国刑法修正案（九）》（2015年8月通过）进一步扩大了保护范围，犯罪主体并不必然限制于这些公益性质的单位。② 此外，《中华人民

---

① 《中华人民共和国刑法》第286条之一 【拒不履行信息网络安全管理义务罪】网络服务提供者不履行法律、行政法规规定的信息网络安全管理义务，经监管部门责令采取改正措施而拒不改正，有下列情形之一的，处三年以下有期徒刑、拘役或者管制，并处或者单处罚金：

（一）致使违法信息大量传播的；

（二）致使用户信息泄露，造成严重后果的；

（三）致使刑事案件证据灭失，情节严重的；

（四）有其他严重情节的。

单位犯前款罪的，对单位判处罚金，并对其直接负责的主管人员和其他直接责任人员，依照前款的规定处罚。

有前两款行为，同时构成其他犯罪的，依照处罚较重的规定定罪处罚。

② 《中华人民共和国刑法修正案（七）》第7条，在《中华人民共和国刑法》第253条后增加一条，作为253条之一："国家机关或者金融、电信、交通、教育、医疗等单位的工作人员，违反国家规定，将本单位在履行职责或者提供服务过程中获得的公民个人信息，出售或者非法提供给他人，情节严重的，处三年以下有期徒刑或者拘役，并处或者单处罚金。窃取或者以其他方法非法获取上述信息，情节严重的，依照前款的规定处罚。单位犯前两款罪的，对单位判处罚金，并对其直接负责的主管人员和其他直接责任人员，依照各该款的规定处罚。"

《中华人民共和国刑法修正案（九）》第17条，将《中华人民共和国刑法》第253条之一修改为："违反国家有关规定，向他人出售或者提供公民个人信息，情节严重的，处三年以下有期徒刑或者拘役，并处或者单处罚金；情节特别严重的，处三年以上七年以下有期徒刑，并处罚金。

违反国家有关规定，将在履行职责或者提供服务过程中获得的公民个人信息，出售或者提供给他人的，依照前款的规定从重处罚。

窃取或者以其他方法非法获取公民个人信息的，依照第一款的规定处罚。

单位犯前三款罪的，对单位判处罚金，并对其直接负责的主管人员和其他直接责任人员，依照各该款的规定处罚。"

共和国刑法》第 287 条之一、第 291 条之一属于信息内容控制条款，对非法传播可能引发严重后果的信息本身直接加以刑事处罚。①《中华人民共和国刑法》第 287 条还对利用计算机网络作为工具实施传统犯罪如何定罪，帮助网络犯罪活动是否应该入罪进行了规定。②

此外，2000 年通过的《全国人民代表大会常务委员会关于维

---

① 《中华人民共和国刑法》第 287 条之一 【非法利用信息网络罪】利用信息网络实施下列行为之一，情节严重的，处三年以下有期徒刑或者拘役，并处或者单处罚金：

（一）设立用于实施诈骗、传授犯罪方法、制作或者销售违禁物品、管制物品等违法犯罪活动的网站、通讯群组的；

（二）发布有关制作或者销售毒品、枪支、淫秽物品等违禁物品、管制物品或者其他违法犯罪信息的；

（三）为实施诈骗等违法犯罪活动发布信息的。

单位犯前款罪的，对单位判处罚金，并对其直接负责的主管人员和其他直接责任人员，依照第一款的规定处罚。

有前两款行为，同时构成其他犯罪的，依照处罚较重的规定定罪处罚。

第 291 条之一 【投放虚假危险物质罪；编造、故意传播虚假恐怖信息罪】投放虚假的爆炸性、毒害性、放射性、传染病病原体等物质，或者编造爆炸威胁、生化威胁、放射威胁等恐怖信息，或者明知是编造的恐怖信息而故意传播，严重扰乱社会秩序的，处五年以下有期徒刑、拘役或者管制；造成严重后果的，处五年以上有期徒刑。

【编造、故意传播虚假信息罪】编造虚假的险情、疫情、灾情、警情，在信息网络或者其他媒体上传播，或者明知是上述虚假信息，故意在信息网络或者其他媒体上传播，严重扰乱社会秩序的，处三年以下有期徒刑、拘役或者管制；造成严重后果的，处三年以上七年以下有期徒刑。

② 《中华人民共和国刑法》第 287 条 【利用计算机实施犯罪的提示性规定】利用计算机实施金融诈骗、盗窃、贪污、挪用公款、窃取国家秘密或者其他犯罪的，依照本法有关规定定罪处罚。

第 287 条之二 【帮助信息网络犯罪活动罪】明知他人利用信息网络实施犯罪，为其犯罪提供互联网接入、服务器托管、网络存储、通讯传输等技术支持，或者提供广告推广、支付结算等帮助，情节严重的，处三年以下有期徒刑或者拘役，并处或者单处罚金。

单位犯前款罪的，对单位判处罚金，并对其直接负责的主管人员和其他直接责任人员，依照第一款的规定处罚。

有前两款行为，同时构成其他犯罪的，依照处罚较重的规定定罪处罚。

护互联网安全的决定》在中国网络空间治理的历史进程中也发挥了重要的作用,最重要的是对"互联网安全"概念的澄清。尽管该决定中并没有"互联网安全"的定义条款,但通观该决定,"互联网安全"基本定位为"互联网运行安全"与"互联网信息安全",① 与美国偏重于"网络运行安全"的理解不同。显然,中国的"互联网安全"问题覆盖面更广。

以网络运行安全和网路内容安全为主线,我国重要的法律法规和部门规章有:

1) 互联网运行安全方面。

《中华人民共和国计算机信息系统安全保护条例》(1994年国务院147号令,2011年修订)、《中华人民共和国计算机信息网络国际联网管理暂行规定》(1996年国务院195号令,1997年修订)以及根据这一规定公安部出台的《计算机信息网络国际联网安全保护管理办法》(1997年公安部令第33号,2011年修订)、《商用密码管理条例》(1999年国务院令273号)、《中华人民共和国电信条例》(2000年国务院令291号,2014年、2016年修订)、《中华人民共和国电子签名法》(2004年主席令第18号,2015年修订)和新近出台的《中华人民共和国网络安全法》(经第十二届全国人民代表大会常务委员会第二十四次会议顺利通过,于2017年6月1日起正式实施)。

2) 互联网信息安全方面。

《计算机软件保护条例》(1991年版已失效,2001年国务院令339号,2011年、2013年修订)、《互联网信息服务管理办法》(2000年国务院令292号,2011年修订)、《信息网络传播权保护

---

① 参见该决定的前言及第7条。

条例》（2006年国务院468号令，2013年修订）。

当然，同一法律规定可能既包括运行安全也包括内容安全，如《互联网上网服务营业场所管理条例》（2002年国务院令363号，2011年、2016年修订，前身为2001年的《互联网上网服务营业场所管理办法》）。

需要指出，互联网内容管理中重要的一块是网络知识产权保护，由于知识产权的保护有与国际接轨的要求，其内容基本上由国际条约移植而来，自成一体，国内也已经有较多文献专门论述，①故在本研究中不赘述。至于低位阶的与网络安全相关的部门规章决定等，更是多如牛毛。尤其就网络内容管理，诸多政府部门针对不同的网络信息内容进行分头治理，出台了大量规章和办法。后文关于网络内容管理方面还有进一步的探讨。

2015年6月，全国人大审议通过了《中华人民共和国网络安全法（草案）》一审稿，标志着中国的网络安全立法的全面升级。该法案共计68条、7章，分别是总则，网络安全战略、规划与促进，监测预警与应急处理，网络运行安全，网络信息安全，法律责任，附则。主要涉及与网络安全相关的国家权力机关、网络建设运营服务提供商、网络行业组织、网络使用者以及其他个人组织等主体，内容涵盖权力、权利、义务与责任等。2016年6月，全国人大公布了该法的二审稿，章节基本上没有变动，但法条增至75条。技术修改的地方较多，引人注目的是现行第6条"推动传播社会主义核心价值观"。2016年11月7日，《中华人民共和国网络安全法》经第十二届全国人民代表大会常务委员会第二十四次会议顺

---

① 譬如王迁的《网络版权法》，由中国人民大学出版社于2008年出版，吴伟光的《网络环境下的知识产权法》，由高等教育出版社于2011年出版。

利通过，于2017年6月1日起正式实施。该法整合了既有的法律、法规、决定、规章等，以7章79条的篇幅，确定了国家治理网络空间的法律框架，基础又全面，包括确定网络国家主权、确定国家监管机关、确定网络运营服务商的网络安全维护义务和权利、确定网民的基本权利和义务等，因而这是一部网络空间治理的基本法。

如今，我国的《中华人民共和国国家安全法》和《中华人民共和国反恐怖主义法》都已经出台，《中华人民共和国网络安全法》也顺利通过。我国《中华人民共和国国家安全法》第25条明确规定维护国家网络空间主权、安全和发展利益，《中华人民共和国网络安全法》与之呼应，第1条就规定维护网络空间的主权和国家的安全，这是中国首次以法律形式表明中国在国际社会维护网络主权的原则和主张，其意义之重大不言而喻。

以下为通过梳理之后所得的"中国网络安全立法现状一览表"（表2）。如果也按照美国的三条主线进行分类，似乎可以发现中国的网络安全立法也是以第一条主线居多。但实际情况是，中国的网络安全立法首先出现在20世纪90年代中期到2000年，但级别不高，只是停留在行政法规的层次。这样的状况持续到2013年前后才开始比较密集地进行相关立法，《中华人民共和国国家安全法》《中华人民共和国反恐怖主义法》《中华人民共和国网络安全法（草案）》先后出台，这标志着网络安全立法向着更加完备的方向发展。因此，2013年之后的立法工作进一步加强，并在数量上有比较明显的增长。在网络安全法顺利通过之后，中国的网络安全相关立法更加完备。

如果将立法的现状梳理扩展到司法解释、部门规章、规范性文件等更低的层级，则中国的与网络安全相关的立法数量更多。1994年至2015年年底，中国的与网络安全相关的各个层级的法律法规、部门规章、司法解释、规范性文件等约117部，这些法律的大致情况见表2至表3及图1至图5。

表2　中国网络安全立法现状一览（法律法规）

主线	编号	名　　称	发布部门	法规类别	发布日期	实施日期	发文字号
1	1	中华人民共和国反恐怖主义法	全国人大常委会	国家安全工作	2015.12.27	2016.01.01	主席令第36号（第19条第1款，第19条第2款）
1	2	中华人民共和国国家安全法（2015）	全国人大常委会	国家安全工作	2015.07.01	2015.07.01	主席令第29号（第25条）
1	3	全国人民代表大会常务委员会关于加强网络信息保护的决定	全国人大常委会	网络安全管理，电子商务	2012.12.28	2012.12.28	
1	4	全国人民代表大会常务委员会关于维护互联网安全的决定（2009年修订）	全国人大常委会	互联网	2009.08.27	2000.12.28	
1	5	中华人民共和国网络安全法	全国人大常委会	网络安全管理	2016.11.07	2017.06.01	主席令第53号
1	6	中华人民共和国计算机信息系统安全保护条例（2011年修订）	国务院	网络安全管理	2011.01.08	1994.02.18	国务院令第588号

续表

主线	编号	名　　称	发布部门	法规类别	发布日期	实施日期	发文字号
1	7	中华人民共和国计算机信息网络国际联网管理暂行规定（1997年修订）	国务院	网络安全管理	1997.05.20	1996.02.01	国务院令第218号
1	8	计算机信息网络国际联网安全保护管理办法（2011年修订）	公安部（批准部门：国务院）	网络安全管理	2011.01.08	1997.12.30	国务院令第588号
1	9	商用密码管理条例	国务院	质量管理监督机构与人员	1999.10.07	1999.10.07	中华人民共和国国务院令第273号
2	1	中华人民共和国刑法	全国人民代表大会	刑法	2015.08.29	1997.10.01	主席令第83号（第286条之一）
2	2	中华人民共和国侵权责任法	全国人大常委会	民事责任,电子商务	2009.12.26	2010.07.01	主席令第21号
2	3	中华人民共和国合同法	全国人民代表大会	经济合同,电子商务	1999.03.15	1999.10.01	主席令第15号
2	4	信息网络传播权保护条例（2013年修订）	国务院	著作权综合规定,网络安全管理	2013.01.30	2006.07.01	国务院令第634号

续表

主线	编号	名称	发布部门	法规类别	发布日期	实施日期	发文字号
3	1	中华人民共和国消费者权益保护法(2013年修正)	全国人大常委会	消费者权益保护,电子商务	2013.10.25	1994.01.01	主席令第7号
3	2	中华人民共和国电子签名法(2015年修订)	全国人大常委会	电子工业企业财会税费,电子商务	2015.04.24	2005.04.01	主席令第24号
3	3	中华人民共和国电信条例(2016年修订)	国务院	电信	2016.02.06	2000.09.25	国务院令第666号
3	4	互联网信息服务管理办法(2011年修订)	国务院	互联网,电子商务	2011.01.08	2000.09.25	国务院令第588号
3	5	互联网上网服务营业场所管理条例(2016年修订)	国务院	互联网	2016.02.06	2002.11.15	国务院令第666号
3	6	地图管理条例	国务院	出版与出版物市场管理	2015.11.26	2016.01.01	国务院令第664号

表3 1994-2015年我国网络安全相关立法统计

年份	1994	1996	1997	1998	1999	2000	2001	2002	2003	2004	2005
法律法规数	1	4	3	3	4	6	5	4	3	3	8
年份	2006	2007	2008	2009	2010	2011	2012	2013	2014	2015	
法律法规数	3	2	2	10	9	12	6	10	5	14	

三、中国的网络安全管理现状

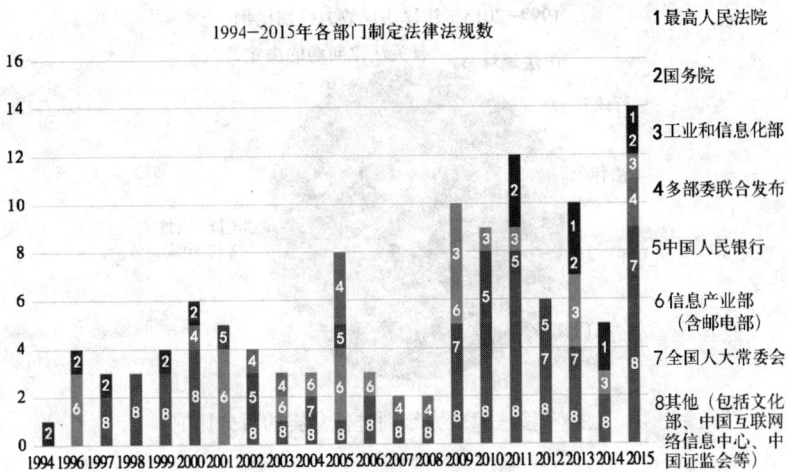

图1 按制定部门统计的结果

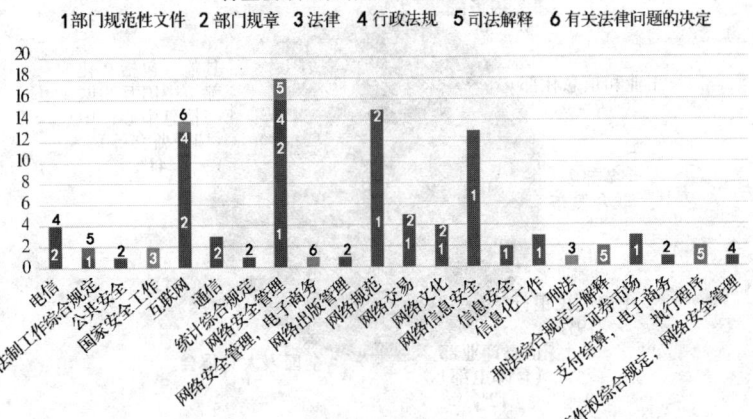

图2 按不同领域及法律效力等级进行统计的结果

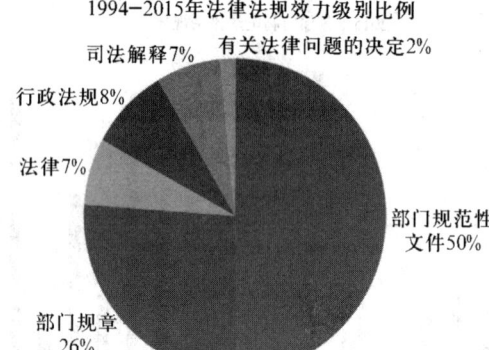

图3 按法律效力级别进行分类的百分比

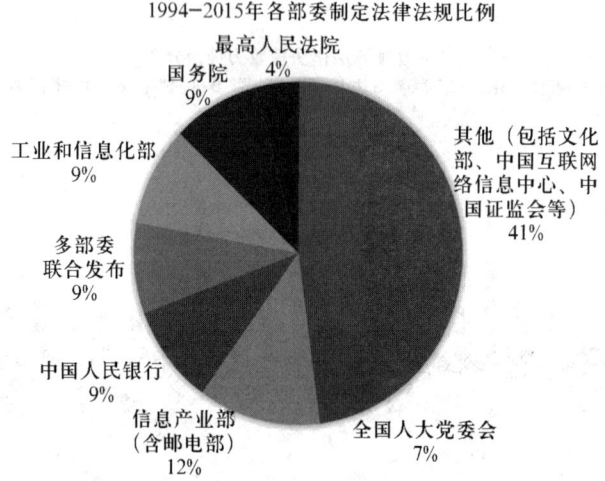

图4 按制定部门进行分类的百分比

三、中国的网络安全管理现状

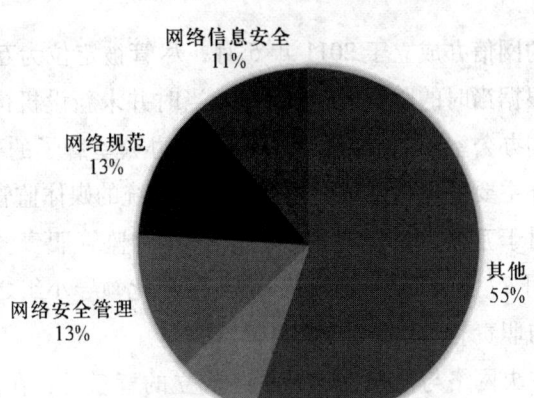

图5 按法律数据库内部分类的百分比

（二）中国的网络安全管理机构

根据《中华人民共和国网络安全法》（2017年6月1日生效）第8条[①]，中国主要的网络管理机构包括国家网络信息办公室、工业与信息化部和公安部。根据该法第15条[②]，国务院标准化行政主管部门也参与网络安全管理。

[①]《中华人民共和国网络安全法》第8条 国家网信部门负责统筹协调网络安全工作和相关监督管理工作。国务院电信主管部门、公安部门和其他有关机关依照本法和有关法律、行政法规的规定，在各自的职责范围内负责网络安全保护和监督管理工作。
　　县级以上地方人民政府有关部门的网络安全保护和监督管理职责按照国家有关规定确定。
[②]《中华人民共和国网络安全法》第15条 国家建立和完善网络安全标准体系。国务院标准化行政主管部门和国务院其他有关部门根据各自的职责，组织制定并适时修订有关网络安全管理以及网络产品、服务和运行安全的国家标准、行业标准。
　　国家支持企业、研究机构、高等学校、网络相关行业组织等参与网络安全国家标准、行业标准的制定。

1　国家网络信息办公室[①]

中国的网信办成立于 2011 年 5 月,尽管被定位为互联网监管机构,但根据当时的职责内容[②],以及当时并未新设机构,而是在国务院新闻办公室下加挂国家互联网信息办公室牌子的事实,[③] 当时的网信办主要是进行网络内容监管,将传统的媒体监管推向网络空间,但对于互联网的运行安全似乎并没有监管职责。不过,在 2014 年 2 月 27 日成立中共中央网络与信息化领导小组之后,网信办的地位与职责有了明显变化。

中共中央网络与信息化领导小组成立的背景是:在 2013 年年底,中国网民规模已经突破 6 亿人,其中通过手机上网的网民占 80%;手机用户超过 12 亿人,[④] 但中国仅仅算作网络应用大国,还不是技术强国。中国面临的网络安全方面的任务和挑战也日益复杂,中国已经成为网络攻击的主要受害国。仅 2013 年 11 月,境外

[①] 以下简称网信办。

[②] 网信办的职责:落实互联网信息传播方针政策和推动互联网信息传播法制建设;指导、协调、督促有关部门加强互联网信息内容管理;负责网络新闻业务及其他相关业务的审批和日常监管;指导有关部门做好网络游戏、网络视听、网络出版等网络文化领域业务布局规划;协调有关部门做好网络文化阵地建设的规划和实施工作;负责重点新闻网站的规划建设,组织、协调网上宣传工作;依法查处违法违规网站;指导有关部门督促电信运营企业、接入服务企业、域名注册管理和服务机构等做好域名注册、互联网地址(IP 地址)分配、网站登记备案、接入等互联网基础管理工作;在职责范围内指导各地互联网有关部门开展工作。

[③] 参阅搜狗百科"国家互联网信息办公室",http://baike.sogou.com/v67966104.htm? fromTitle=%E5%9B%BD%E5%AE%B6%E4%BA%92%E8%81%94%E7%BD%91%E4%BF%A1%E6%81%AF%E5%8A%9E%E5%85%AC%E5%AE%A4,访问时间 2016 年 2 月 20 日。

[④] 参阅《中央网络安全和信息化领导小组成立:从网络大国迈向网络强国》,http://news.xinhuanet.com/politics/2014-02/27/c_119538719.htm,访问时间 2016 年 2 月 20 日。

三、中国的网络安全管理现状

木马或僵尸程序控制境内服务器就接近 90 万个主机 IP。① 在此局面下,中国的网络安全工作需要更强有力的机构来领导,而当时的网信办规格较低,中共中央网络与信息化领导小组由此而生。

中共中央网络与信息化领导小组的组长由中共中央总书记习近平担任,副组长为国务院总理李克强和中共中央政治局常委刘云山,组员包括国务院副总理、中央军委副主席以及公安部部长和工信部部长等。② 而该小组下设的办公室与国家互联网信息办是一个机构、两块牌子,并且两个办公室的主任都是鲁炜担任。③ 这就使网信办的地位一下子得到提升,从难以协调其他网络信息管理部门一跃成为主要的领导和协调机构。而中共中央网络与信息化领导小组的定位是向美国、俄罗斯、欧盟等国家和地区的网络安全战略学习,建设坚固可靠的中国网络安全体系。④ 这一定位使网信办的监管范围和职责不可能局限于之前的内容监管,而必然扩展到总领网络安全的全局,网信办必须从网络战略的高度认识网络治理。中央机构编制委员会办公室 2015 年的 17 号文件明确"将信息化推进、网络信息安全协调等职责划给中央网络安全和信息化领导小组办公

---

① 参阅《中央网络安全和信息化领导小组成立:从网络大国迈向网络强国》,http://news.xinhuanet.com/politics/2014-02/27/c_119538719.htm,访问时间 2016 年 2 月 20 日。

② 可参阅搜狗百科词条"中央网络安全和信息化领导小组",http://baike.sogou.com/v66067801.htm?fromTitle=%E4%B8%AD%E5%A4%AE%E7%BD%91%E7%BB%9C%E5%AE%89%E5%85%A8%E4%B8%8E%E4%BF%A1%E6%81%AF%E5%8C%96%E9%A2%86%E5%AF%BC%E5%B0%8F%E7%BB%84,访问时间 2016 年 2 月 28 日。

③ 2016 年 6 月,徐麟接替鲁炜担任两个办公室的主任。

④ 参阅《中央网络安全和信息化领导小组成立:从网络大国迈向网络强国》,http://news.xinhuanet.com/politics/2014-02/27/c_119538719.htm,访问时间 2016 年 2 月 20 日。

室（国家互联网信息办公室）"①，也足以说明网信办的地位今非昔比。

中共中央网络与信息化领导小组近两年来的主要工作如下：

2014年，制定网络空间安全战略，提升中国的网络技术，同时有关部门将进一步集中精力、集中力量对网络谣言、淫秽色情等有害信息进行"大清理""大扫除"；将创新改进网上宣传，运用网络传播规律，弘扬主旋律，激发正能量，大力培育和践行社会主义核心价值观。②

而在2015年年初，网信办集中进行了"网络敲诈和有偿删帖"专项整治工作。③ 4月下旬，部署"扫黄打非"专项整治工作。④ 2015年12月，第二届世界互联网大会在乌镇召开，中国国家领导人出席，阐述中国的网络社会治理的立场。⑤ 除此以外，还有大量网络安全教育活动及网络精神文明弘扬活动，约谈一些企业希望对一些问题进行整改等。从官方网站看，目前工作的大量内容是内容管制，对于网络运行安全正在逐步切入。这表明，在提升其职能之后，网信办的职责如何与公安部、工信部进行衔接，如何发挥其在众多行政部门中的协调作用，还需要实践磨合与经验的积累，其作用和能力范围，尤其在网络运行安全方面的作用，还需要

---

① 中央编办发〔2015〕17号。

② 百度百科词条"中共中央网络安全和信化领导小组"，http://baike.baidu.com/view/12245910.htm#3。

③ 参阅《全国网信系统迅速动员开展"网络敲诈和有偿删帖"专项整治工作》，http://www.cac.gov.cn/2015-01/28/c_1114168151.htm，访问时间2016年2月20日。

④ 参阅《全国网信系统迅速动员开展"网络敲诈和有偿删帖"专项整治工作》，http://www.cac.gov.cn/2015-04/23/c_1115072234.htm，访问时间2016年2月20日。

⑤ 参阅《世界互联网大会提升中国的全球影响力——专访国家互联网信息办公室发言人、网络新闻信息传播局局长姜军》，http://www.cac.gov.cn/2015-12/21/c_1117527741.htm，访问时间2016年2月20日。

一个过程。

中国互联网络信息中心（China Internet Network Information Center，CNNIC）①是经国家主管部门批准，于1997年6月3日组建的管理和服务机构，行使国家互联网络信息中心的职责。现归属于国家网信办。

作为中国信息社会重要的基础设施建设者、运行者和管理者，中国互联网络信息中心（CNNIC）主要负责国家网络基础资源的运行管理和服务，承担国家网络基础资源的技术研发并保障安全，开展互联网发展研究并提供咨询，促进全球互联网开放合作和技术交流。

根据其官方网站的介绍，CNNIC 的职责为：

1) 国家网络基础资源的运行管理和服务机构。

CNNIC 是我国域名注册管理机构和域名根服务器运行机构，负责运行和管理国家顶级域名".CN"及中文域名系统，以专业技术为全球用户提供不间断的域名注册、域名解析和 WHOIS 查询等服务。

CNNIC 是亚太互联网络信息中心（APNIC）的国家级 IP 地址注册机构成员（NIR）。以 CNNIC 为召集单位的 IP 地址分配联盟，负责为我国的网络服务提供商（ISP）和网络用户提供 IP 地址和 AS 号码的分配管理服务，积极推动我国向以 IPv6 为代表的下一代互联网发展过渡。

2) 国家网络基础资源的技术研发和安全中心。

CNNIC 构建全球领先、服务高效、安全稳定的互联网基础资源服务平台，支撑多层次、多模式公益的互联网基础资源服务，积极寻求我国网络基础资源核心能力和自主工具的突破，从根本上提

---

① 参见官方主页，http://www.cnnic.net.cn/，访问时间 2016 年 2 月 18 日。

高我国网络基础资源体系的可信度、安全性和稳定性。

3)互联网发展研究和咨询服务力量。

CNNIC 负责开展中国互联网络发展状况等多项互联网络统计调查工作,描绘中国互联网络的宏观发展状况,忠实记录其发展脉络。CNNIC 一方面将继续加强对国家和政府的政策研究支持,另一方面为企业、用户、研究机构提供互联网发展的公益性研究和咨询服务。

4)互联网开放合作和技术交流平台。

CNNIC 积极跟踪互联网政策和技术的最新发展,与相关国际组织以及其他国家和地区的互联网络信息中心进行业务协调与合作;承办国际重要的互联网会议与活动,构建开放、共享的研究环境和国际交流平台;促进科研成果转化和孵化,服务中国互联网事业发展。①

2 工业和信息化部②

中国的工信部在网络基础建设以及网络安全管理方面一直扮演重要角色。工信部负责全面监管中国各省、自治区和直辖市的电子通讯(包括网络)管理机构。③ 2015 年 4 月,工信部的职责进行了一些调整,其信息化推进、网络信息安全协调等职责划给了中央网络安全和信息化领导小组办公室(国家互联网信息办公室)。调整后,工信部"负责网络强国建设相关工作,推动实施宽带发展;负责互联网行业管理(含移动互联网);协调电信网、互联网、专

---

① 参见官方主页,http://www.cnnic.net.cn/,访问时间 2016 年 2 月 18 日。
② 以下简称工信部。
③ 参阅工信部主页,http://www.miit.gov.cn/n1146285/c3722500/content.html,访问时间 2016 年 3 月 20 日。

用通信网的建设,促进网络资源共建共享;组织开展新技术、新业务安全评估,加强信息通信业准入管理,拟订相关政策并组织实施;指导电信和互联网相关行业自律和相关行业组织发展。负责电信网、互联网网络与信息安全技术平台的建设和使用管理;负责信息通信领域网络与信息安全保障体系建设;拟定电信网、互联网及工业控制系统网络与信息安全规划、政策、标准并组织实施,加强电信网、互联网及工业控制系统网络安全审查;拟订电信网、互联网数据安全管理政策、规范、标准并组织实施;负责网络安全防护、应急管理和处置"。[1]

1) 网络安全管理局。

工信部下设网络安全管理局(原通信保障局)。根据国家批文,网络安全管理局的主要职责是:"组织拟订电信网、互联网及其相关网络与信息安全规划、政策和标准并组织实施;承担电信网、互联网网络与信息安全技术平台的建设和使用管理;承担电信和互联网行业网络安全审查相关工作,组织推动电信网、互联网安全自主可控工作;承担建立电信网、互联网新技术新业务安全评估制度并组织实施;指导督促电信企业和互联网企业落实网络与信息安全管理责任,组织开展网络环境和信息治理,配合处理网上有害信息,配合打击网络犯罪和防范网络失窃密;拟订电信网、互联网网络安全防护政策并组织实施;承担电信网、互联网网络与信息安全监测预警、威胁治理、信息通报和应急管理与处置;承担电信网、互联网网络数据和用户信息安全保护管理工作;承担特殊通信管理,拟订特殊通信、通信管制和网络管制的政策、标准;管理党

---

[1] 中央机构编制委员会办公室文件,中央编办发〔2015〕17号。

政专用通信工作。"① 可以发现,在工信部内,网络安全的核心管理机构就是网络安全管理局。

网络通信保障在突发灾害性事件中的作用不容小视,譬如青海省领导就曾经高度赞扬该省的通信机构在地震灾害中保障通信的重大作用。② 而早在2012年,网络安全管理局的前身通信保障局就举行过模拟演练。"演练以近期发生的真实案例为背景,模拟重要通信基础设施和信息系统遭受网络攻击,各参演单位按照《公共互联网网络安全应急预案》和《互联网网络安全信息通报实施办法》,在工业和信息化部演练指挥部的指挥下,迅速对网络安全突发事件进行监测和处置,消除网络安全事件带来的影响,保障通信网络和重要信息系统安全运行。演练共分三个科目:科目一是基础电信企业递归服务器遭受攻击,科目二是重要信息系统遭受虚假源地址DDoS攻击,科目三是重要政府网站遭受流量转嫁攻击。"③ 实际是检测网络抗打击能力以及遭受打击后的通信恢复能力。

在推进基础电信企业网络与信息安全责任考核工作方面,网络安全管理局也发挥着重要作用。2012年,工信部和国资委联合下发了《关于开展基础电信企业网络与信息安全责任考核有关工作的指导意见》,将三家基础电信企业各省(区、市)公司网络与信息安全责任落实情况纳入集团公司内部考核体系。2013年,网安局正式启动省级基础电信企业网络与信息安全考核工作,将组织保

---

① 中央机构编制委员会办公室文件,中央编办发〔2015〕17号。
② 青海副省长高度评价省通信行业门源地震信息通信保障工作,参阅 http://www.miit.cn/n1146290/n1146402/n1146450/c4625453/content.html。
③ 参阅 http://www.gov.cn/gzdt/2012-09/06/content_2218219.htm,访问时间 2016年2月22日。

障、制度建设、技术手段建设、监管配合等重点工作纳入考核。[1]通过这一系列的考核工作,网安局对基础电信企业的网络信息安全情况有了比较全面的了解,对现存的问题及改善措施有了比较清楚的认识。而在接受检查评估的过程中,基础电信企业对于网络信息安全工作的重要性有了切身体验,企业网络信息安全管理完成了从"要我做"到"我要做"的转变。[2]

2)国家计算机网络应急技术处理协调中心[3]。

工信部下设国家计算机网络应急技术处理协调中心(简称国家互联网应急中心,英文简称是 CNCERT 或 CNCERT/CC)。该中心的官方网站称,该中心成立于 2002 年 9 月,是我国网络安全应急体系的核心协调机构。作为国家级应急中心,CNCERT 的主要职责是:按照"积极预防、及时发现、快速响应、力保恢复"的方针,开展互联网网络安全事件的预防、发现、预警和协调处置等工作,维护国家公共互联网的安全,保障基础信息网络和重要信息系统的安全运行。[4]

CNCERT 与海内外相关网络安全学术团体和非政府组织有着广泛的联系,在中国 31 个省、自治区、直辖市都有分支机构,并致力于构建跨境网络安全事件的快速响应和协调处置机制。[5]

CNCERT 建立了全天候网络安全事件投诉机制,国内外用户可

---

[1] 参阅 http://www.miit.gov.cn/n1146285/n1146352/n3054355/n3057724/n3057733/c4543332/content.html,访问时间 2016 年 2 月 22 日。
[2] 同上。
[3] 参阅其官方网站,http://www.cert.org.cn/publish/main/34/index.html,访问时间 2016 年 2 月 22 日。
[4] 同上。
[5] 参阅其官方网站,http://www.cert.org.cn/publish/main/34/index.html,访问时间 2016 年 2 月 22 日。

通过网站、电子邮件、热线电话、传真四种主要渠道向 CNCERT 投诉网络安全事件。而在接到相关投诉或者通知后，CNCERT 会及时进行检测发现网络攻击与网络安全事件，分析安全状态，进行安全预警，及时进行事件处理，并将处理结果反馈给投诉人。[①] 当然，CNCERT 也对国家基础信息网络、金融证券等重要信息系统进行自主监测。[②]

3）国家信息化领导小组[③]。

国家信息化领导小组是为了进一步加强对推进我国信息化建设和维护国家信息安全工作的领导，于 2001 年 8 月由中共中央、国务院重新组建而成。国家信息化领导小组的具体工作由工业和信息化部承担。

国家信息化领导小组的前身可追溯到 1986 年 2 月国务院批准成立的国家经济信息中心，当时的国家经济信息中心由原国家计委所属的计算中心、预测中心和信息管理办公室合并组建，1988 年更名为国家信息中心。

1993 年 12 月 10 日，国务院批准成立国家经济信息化联席会议，国务院副总理邹家华任主席。国家经济信息化联席会议办公室设在原国家计委（国家信息中心）。1994 年 5 月，成立国家信息化专家组，作为国家信息化建设的决策参谋机构。

1996 年 4 月 16 日，国务院办公厅发出《关于成立国务院信息化工作领导小组的通知》（国办发〔1996〕15 号），国务院副总理

---

① 参阅其官方网站，http://www.cert.org.cn/publish/main/34/index.html，访问时间 2016 年 2 月 22 日。

② 同上。

③ 搜狗百科"国家信息化领导小组"词条，http://baike.sogou.com/v59660510.htm?fromTitle=%E5%9B%BD%E5%AE%B6%E4%BF%A1%E6%81%AF%E5%8C%96%E9%A2%86%E5%AF%BC%E5%B0%8F%E7%BB%84.

邹家华任领导小组组长,将原国家经济信息化联席会议办公室改为国务院信息化工作领导小组办公室,电子工业部副部长吕新奎任办公室主任。

1998年3月,随着国务院机构的进一步改革,原国务院信息化工作领导小组办公室整建制并入新组建的信息产业部,成立了信息产业部信息化推进司(国家信息化办公室),负责推进国民经济和社会服务信息化的工作。

1999年12月23日,国务院办公厅发出《关于成立国家信息化工作领导小组的通知》(国办发〔1999〕103号),国家信息化工作领导小组成立,国家信息化工作领导小组由15人组成。信息产业部部长吴基传任副组长,其余成员是来自国家相关部门的领导同志。按照通知要求,国务院信息化工作领导小组不单设办事机构,具体工作由信息产业部承担,并将国家信息化办公室改名为国家信息化推进工作办公室。

2001年8月23日,中共中央、国务院决定重新组建国家信息化领导小组,以进一步加强对推进我国信息化建设和维护国家信息安全工作的领导,中央政治局常委、国务院总理朱镕基任组长,同年12月主持召开国家信息化领导小组第一次会议。同时单设办事机构——国务院信息化工作办公室,由国家发展计划委员会主任、国家信息化领导小组副组长曾培炎兼任国务院信息化工作办公室主任。国家信息化领导小组负责审议国家信息化的发展战略、宏观规划,有关规章、草案和重大的决策,综合协调信息化和信息安全的工作。从这一定位以及2003年的有关通知看,[①] 当年的国家信息

---

① 参阅《国家信息化领导小组关于加强信息安全保障工作的意见》(中办发〔2003〕27号)。

化领导小组的职能类似于现在的中共中央网络与信息化领导小组,只不过前者偏重网络运行安全,而后者兼管网络内容安全。

2008年3月,国家大部制改革启动,决定不再保留国务院信息化工作办公室。根据《国务院关于机构设置的通知》(国发〔2008〕11号),原国家发展和改革委员会的工业行业管理有关职责、国防科学技术工业委员会核电管理以外的职责以及信息产业部和国务院信息化工作办公室的职责统一纳入新成立的"工业和信息化部",国家信息化领导小组的具体工作由工业和信息化部承担。①

2014年2月,中共中央网络与信息化领导小组的成立,其规格之高完全取代了国务院信息化领导小组。而国务院信息化领导小组的具体工作也已经在2008年由工信部所执行,因此,该小组可能已经成为历史。但该小组之下原先的一些机构,比如国家信息中心,依托在国家发改委下,主要负责发改委政务的信息化工程建设、技术支持和网络运行维护工作,在信息安全认证方面仍然发挥着作用。②

3　公安部

在中国,公安部也是网络安全管理的重要机构。

根据中国政府网主页,中国公安机关的职责是:预防、制止和侦查违法犯罪活动;防范、打击恐怖活动;维护社会治安秩序,制止危害社会治安秩序的行为;管理交通、消防、危险物品;管理户口、居民身份证、国籍、出入境事务和外国人在中国境内居留、旅

---

① 参阅 http://baike.baidu.com/item/国务院信息化工作办公室,访问时间2017年4月17日。

② 参阅国家信息中心主页,http://www.sic.gov.cn/Column/78/0.htm,访问时间2016年8月17日。

行的有关事务；维护国（边）境地区的治安秩序；警卫国家规定的特定人员、守卫重要场所和设施；管理集会、游行和示威活动；监督管理公共信息网络的安全监察工作；指导和监督国家机关、社会团体、企业事业组织和重点建设工程的治安保卫工作，指导治安保卫委员会等群众性治安保卫组织的治安防范工作。①

可见，公安机构具有打击网络犯罪、监督管理公共信息网络的安全监察工作等职责。其中，网监的主要工作由公安部下公共信息网络安全监察局执行。

1) 中华人民共和国公安部公共信息网络安全监察局。

公安机关具有打击网络犯罪、监督管理公共信息网络的安全监察工作等职责。其中，网监的主要工作由公安部网络安全保卫局（2010年之前为公共信息网络安全监察局）执行。根据公安机关机构设置的规定，不同级别的公安局设置为：公安部负责网络安全的部门为公安机关公共信息网络安全监察部门，2010年后改为"网络安全保卫部门"；省级公安机关为网监总队或者网监科；地级公安机关为支队或网监科；县区级公安机关应在其内部设置网监科或者网监大队。

根据1995年第八届人大第十二次会议通过的《中华人民共和国人民警察法》第6条第12项规定，公安机关人民警察依法履行"监督管理计算机信息系统的安全保护工作"职责。

国务院1994年颁布的《中华人民共和国计算机信息系统安全保护条例》第6条规定："公安部主管全国计算机信息系统安全保护工作。国家安全部、国家保密局和国务院其他有关部门，在国务

---

① 参阅 http://www.mps.gov.cn/cenweb/brjlCenweb/jsp/inc/show_zzjg.jsp，访问时间2016年2月17日。

院规定的职责范围内做好计算机信息系统安全保护的有关工作。"第 17 条规定:"公安机关对计算机信息系统安全保护工作行使下列监督职权:(一)监督、检查、指导计算机信息系统安全保护工作;(二)查处危害计算机信息系统安全的违法犯罪案件;(三)履行计算机信息系统安全保护工作的其他监督职责。"

可见,最初公安部的网络安全保卫工作是围绕计算机信息系统安全,但此后逐步拓展。2015 年,《公安部刑事案件管辖分工补充规定(三)》第 5 条规定:"五、网络安全保卫局管辖下列案件:1. 拒不履行信息网络安全管理义务案(《刑法》第 286 条之一,《修正案(九)》第 28 条);2. 非法利用信息网络案(《刑法》第 287 条之一,《修正案(九)》第 29 条);3. 帮助信息网络犯罪活动案(《刑法》第 287 条之二,《修正案(九)》第 29 条)。"①

该通知最后特别强调:"网络安全保卫部门发现主要犯罪行为通过网络实施的宣扬恐怖主义、极端主义、煽动实施恐怖活动案,非法持有宣扬恐怖主义、极端主义物品案,组织考试作弊案,非法出售与提供试题、答案案,代替考试案,编造、故意传播虚假信息案,侵犯公民个人信息案以及非法生产、销售窃听、窃照专用器材案的,可以立案侦查,其他有关办案部门应当积极协助、配合",其职能明显得到拓展和强化。

到 2016 年 7 月初,公安部对于网络安全工作的具体要求是,"要依法严厉打击网络恐怖活动和网络贩枪、欺诈、赌博、贩毒等群众反映强烈的网络违法犯罪活动,努力构建网络社会综合防控体系,不断提升人民群众的安全感和满意度。要强化关键信息基础设

---

① 公安部关于印发《公安部刑事案件管辖分工补充规定(三)》的通知,公通字〔2015〕36 号。

施和大数据安全防护,加大对侵害公民个人信息和窃取企业商业秘密等违法犯罪行为的打击力度,切实维护公民、企业合法权益,为经济社会发展创造良好的网络环境。要积极构建各方面共同参与、齐抓共管的维护网络安全工作格局,加强网络安全执法国际合作,不断提高网络安全共管共治的能力"。①

2) 公安部下网络违法犯罪举报网站。

公安部下建有网络违法犯罪举报网站,网址为:www.cyberpolice.cn,并向社会公布举报受理范围为:涉嫌违反《全国人民代表大会常务委员会关于维护互联网安全的决定》《中华人民共和国刑法》《中华人民共和国治安管理处罚法》《互联网信息服务管理办法》等法律法规有关条款规定,利用互联网或针对网络信息系统从事违法犯罪行为的线索,具体行为包括:侵入国家事务、国防建设、尖端科学技术领域的计算机信息系统;故意制作、传播计算机病毒等破坏性程序,攻击计算机系统及通信网络,致使计算机系统及通信网络遭受损害;利用互联网进行邪教组织活动的;利用互联网捏造或者歪曲事实、散布谣言,扰乱社会秩序的;利用互联网建立淫秽色情网站、网页,提供淫秽站点链接,传播淫秽色情信息,组织网上淫秽色情的;利用互联网引诱、介绍他人卖淫的;利用互联网进行诈骗的;利用互联网进行赌博的;利用互联网贩卖枪支、弹药、毒品等违禁物品以及管制刀具的;利用互联网贩卖居民身份证、假币、假发票、假证,组织他人出卖人体器官的。

此外,网站欢迎并鼓励广大网民积极举报含有宣扬"暴力夺取政权、建立东突国家""对异教徒圣战"等暴力恐怖思想和宗教

---

① 参阅《着力提升维护网络安全能力,积极推动网络社会治理创新》,http://www.81.cn/gnxw/2016-07/01/content_7128049.htm,访问时间 2017 年 4 月 28 日。

极端思想，传授制枪、制爆、制毒方法，教唆、煽动实施暴力恐怖活动等的音视频信息。①

该网站的曝光栏和安全提示栏都有许多具体案件和实例，对于登录网民有教育和提醒作用。这与美国警方一发生案件就主动向周边社区居民发布警方所了解的案件事实相比，形成有趣对比。

可见，公安部的重点是查处各种破坏网络安全和利用网络扰乱社会秩序的违法犯罪行为，是公安部门社会治安职责在网络领域的延伸。

4 其他机构

根据一些部门规章及管理办法②，可以发现我国的网络安全管理机构还包括：

1）国家保密局。

国家保密局负责《中华人民共和国保守国家秘密法》的执行。保密局负责政府文件的密级确定以及保密工作。一旦遇到类似网络泄密事件，自然有权进行查处。保密局的诸多功能中，与网络运行安全有关的工作内容至少包括：负责计算机网络信息安全管理的保密工作，负责对涉密计算机信息系统的审批和年审，组织实施对通信及办公自动化保密技术进行检查，负责对涉密计算机网络的设计、施工单位进行资格审查。③

---

① 参阅 http://www.cyberpolice.cn/wfjb/html/flfg/index.shtml。
② 譬如公安部、国家密码管理局、国务院信息工作办公室关于印发《信息安全等级保护管理办法》的通知（公通字〔2007〕43号），《公安部、国家保密局、国家密码管理局、国务院信息化工作办公室关于开展全国重要信息系统安全等级保护定级工作的通知》（公信安〔2007〕861号）。
③ 参阅 http://news.china.com.cn/rollnews/2011-12/20/content_11850671.htm。

2）国家密码管理局。

根据《商用密码管理条例》及依此颁布的《商用密码产品生产管理规定》[1]，我国的国家密码管理局主管全国的商用密码产品生产管理工作。在我国，商用密码技术属于国家秘密。国家对商用密码产品的科研、生产、销售和使用实行专控管理，任何一个环节都应该在国家密码管理局的监督管理下进行。在中国，使用自行研制的或者境外生产的密码产品，转让商用密码产品，或者不到国家密码管理机构指定的单位维修商用密码产品，都属于违法。[2] 根据商用密码发展的需要，国家密码管理局有权指定商用密码产品的生产单位。

在发现违反商用密码管理规定的情况下，国家密码管理局将会同公安机关、国家安全机关、保密部门对相关当事人进行行政处罚。

从行政许可的审批项目看，国家保密局负责"信息安全等级保护商用密码测评机构审批"和"电子政务电子认证服务机构认定"。[3]

（三）中国企业界的网络安全维护义务

与美国明显不同，中国企业维护互联网安全的义务是普遍的、一贯的，从互联网产业开始扎根中国便是如此。

---

[1] 国家密码管理局公告（第5号），2005年12月11日颁布。
[2] 参阅《商用密码管理条例》第21条第4款。
[3] 参阅《国家密码管理局关于调整行政审批事项公开目录的通知》，2015年6月1日实施。

1 中国企业的网络安全维护义务的普遍性

由于中国现有的法律对网络安全的定义认为其包括网络运行安全和网络内容安全,则中国企业的网络安全维护义务也应该体现在这两个方面。现有的法律法规和规章中对中国企业这两方面的安全维护义务都有详尽规定。不过,出于内容管制在后面有专门论述的考虑,这里以探讨企业的互联网运行安全维护义务为主线,涉及内容安全维护义务的规定在后面的章节中再详加论述。

对企业的维护互联网运行安全义务的法律法规可以追溯到20世纪90年代初。《中华人民共和国计算机信息系统安全保护条例》(国务院令147号,1994年颁布,2011年修订)的第11条、第13条、第14条分别规定了企业进行国际联网的备案义务、进行日常网络安全管理的义务以及计算机系统事故报告义务。[①] 该条例的第20条还规定了违反这些义务可能受到的行政处罚。[②]

《中华人民共和国计算机信息网络国际联网管理暂行规定》(国务院令第195号,1996年颁布,1997年修订)的第9条到第

[①] 《中华人民共和国计算机信息系统安全保护条例》第11条 进行国际联网的计算机信息系统,由计算机信息系统的使用单位报省级以上人民政府公安机关备案。

第13条 计算机信息系统的使用单位应当建立健全安全管理制度,负责本单位计算机信息系统的安全保护工作。

第14条 对计算机信息系统中发生的案件,有关使用单位应当在24小时内向当地县级以上人民政府公安机关报告。

[②] 《中华人民共和国计算机信息系统安全保护条例》第20条 违反本条例的规定,有下列行为之一的,由公安机关处以警告或者停机整顿:

(一)违反计算机信息系统安全等级保护制度,危害计算机信息系统安全的;

(二)违反计算机信息系统国际联网备案制度的;

(三)不按照规定时间报告计算机信息系统中发生的案件的;

(四)接到公安机关要求改进安全状况的通知后,在限期内拒不改进的;

(五)有危害计算机信息系统安全的其他行为的。

13条对于互联网接入单位的资质、网络安全管理义务以及信息安全义务进行了规定。①

1998年，国务院信息化领导小组对这一暂行规定细化，出台了实施办法。关于印发《中华人民共和国计算机信息网络国际联网管理暂行规定实施办法》的通知（国信〔1998〕001号）的第二段指出："各主管部门和主管单位要严格按照分级管理的原则，加强对互联单位、接入单位和用户的管理工作，严格分清互联单位和接入单位的权利和义务，落实安全管理职责。对用户中的法人和其他组织可参照对接入单位的有关规定进行管理。"而该实施办法的第7条、第17条、第19条、第20条对互联单位和接入单位的一系列义务进行了规定，其中包括维护网络安全义务，尤其是第

---

① 《中华人民共和国计算机信息网络国际联网管理暂行规定》第9条　从事国际联网经营活动的和从事非经营活动的接入单位必须具备下列条件：
（一）是依法设立的企业法人或者事业法人；
（二）具有相应的计算机信息网络、装备以及相应的技术人员和管理人员；
（三）具有健全的安全保密管理制度和技术保护措施；
（四）符合法律和国务院规定的其他条件。
第10条　个人、法人和其他组织（以下统称用户）使用的计算机或者计算机信息网络，需要进行国际联网的，必须通过接入网络进行国际联网。
前款规定的计算机或者计算机信息网络，需要接入网络的，应当征得接入单位的同意，并办理登记手续。
第11条　国际出入口信道提供单位、互联单位和接入单位，应当建立相应的网络管理中心，依照法律和国家有关规定加强对本单位及其用户的管理，做好网络信息安全管理工作，确保为用户提供良好、安全的服务。
第12条　互联单位与接入单位，应当负责本单位及其用户有关国际联网的技术培训和管理教育工作。
第13条　从事国际联网业务的单位和个人，应当遵守国家有关法律、行政法规，严格执行安全保密制度，不得利用国际联网从事危害国家安全、泄露国家秘密等违法犯罪活动，不得制作、查阅、复制和传播妨碍社会治安的信息和淫秽色情等信息。

19 条和第 20 条。①

无独有偶，公安部 1997 年颁布的《计算机信息网络国际联网安全保护管理办法》（公安部令第 33 号，2011 年修订）中，对于企业的网络安全维护义务同样有详细的规定。该办法除总则第 4 条

---

① 《中华人民共和国计算机信息网络国际联网管理暂行规定实施办法》第 7 条 我国境内的计算机信息网络直接进行国际联网，必须使用邮电部国家公用电信网提供的国际出入口信道。

任何单位和个人不得自行建立或者使用其他信道进行国际联网。

第 17 条 国际出入口信道提供单位、互联单位和接入单位必须建立网络管理中心，健全管理制度，做好网络信息安全管理工作。

互联单位应当与接入单位签订协议，加强对本网络和接入网络的管理；负责接入单位有关国际联网的技术培训和管理教育工作；为接入单位提供公平、优质、安全的服务；按照国家有关规定向接入单位收取联网接入费用。

接入单位应当服从互联单位和上级接入单位的管理；与下级接入单位签定协议，与用户签定用户守则，加强对下级接入单位和用户的管理；负责下级接入单位和用户的管理教育、技术咨询和培训工作；为下级接入单位和用户提供公平、优质、安全的服务；按照国家有关规定向下级接入单位和用户收取费用。

第 19 条 国际出入口信道提供单位、互联单位和接入单位应当保存与其服务相关的所有信息资料；在国务院信息化工作领导小组办公室和有关主管部门进行检查时，应当及时提供有关信息资料。

国际出入口信道提供单位、互联单位每年二月份向国务院信息化工作领导小组办公室提交上一年度有关网络运行、业务发展、组织管理的报告。

第 20 条 互联单位、接入单位和用户应当遵守国家有关法律、行政法规，严格执行国家安全保密制度；不得利用国际联网从事危害国家安全、泄露国家秘密等违法犯罪活动，不得制作、查阅、复制和传播妨碍社会治安和淫秽色情等有害信息；发现有害信息应当及时向有关主管部门报告，并采取有效措施，不得使其扩散。

三、中国的网络安全管理现状

到第 7 条原则性地规定企业的守法义务外,① 第二章从第 8 条到第

---

① 《计算机信息网络国际联网安全保护管理办法》第 4 条 任何单位和个人不得利用国际联网危害国家安全、泄露国家秘密,不得侵犯国家的、社会的、集体的利益和公民的合法权益,不得从事违法犯罪活动。

第 5 条 任何单位和个人不得利用国际联网制作、复制、查阅和传播下列信息:
(一) 煽动抗拒、破坏宪法和法律、行政法规实施的;
(二) 煽动颠覆国家政权,推翻社会主义制度的;
(三) 煽动分裂国家、破坏国家统一的;
(四) 煽动民族仇恨、民族歧视,破坏民族团结的;
(五) 捏造或者歪曲事实,散布谣言,扰乱社会秩序的;
(六) 宣扬封建迷信、淫秽、色情、赌博、暴力、凶杀、恐怖,教唆犯罪的;
(七) 公然侮辱他人或者捏造事实诽谤他人的;
(八) 损害国家机关信誉的;
(九) 其他违反宪法和法律、行政法规的。

第 6 条 任何单位和个人不得从事下列危害计算机信息网络安全的活动:
(一) 未经允许,进入计算机信息网络或者使用计算机信息网络资源的;
(二) 未经允许,对计算机信息网络功能进行删除、修改或者增加的;
(三) 未经允许,对计算机信息网络中存储、处理或者传输的数据和应用程序进行删除、修改或者增加的;
(四) 故意制作、传播计算机病毒等破坏性程序的;
(五) 其他危害计算机信息网络安全的。

第 7 条 用户的通信自由和通信秘密受法律保护。任何单位和个人不得违反法律规定,利用国际联网侵犯用户的通信自由和通信秘密。

14条更是专门规定了企业的安全保护责任。①

2000年颁布的《中华人民共和国电信条例》（国务院令291号）② 第60条也有类似的要求："电信业务经营者应当按照国家有

---

① 《计算机信息网络国际联网安全保护管理办法》第8条 从事国际联网业务的单位和个人应当接受公安机关的安全监督、检查和指导，如实向公安机关提供有关安全保护的信息、资料及数据文件，协助公安机关查处通过国际联网的计算机信息网络的违法犯罪行为。

第9条 国际出入口信道提供单位、互联单位的主管部门或者主管单位，应当依照法律和国家有关规定负责国际出入口信道、所属互联网络的安全保护管理工作。

第10条 互联单位、接入单位及使用计算机信息网络国际联网的法人和其他组织应当履行下列安全保护职责：

（一）负责本网络的安全保护管理工作，建立健全安全保护管理制度；

（二）落实安全保护技术措施，保障本网络的运行安全和信息安全；

（三）负责对本网络用户的安全教育和培训；

（四）对委托发布信息的单位和个人进行登记，并对所提供的信息内容按照本办法第5条进行审核；

（五）建立计算机信息网络电子公告系统的用户登记和信息管理制度；

（六）发现有本办法第4条、第5条、第6条、第7条所列情形之一的，应当保留有关原始记录，并在24小时内向当地公安机关报告；

（七）按照国家有关规定，删除本网络中含有本办法第5条内容的地址、目录或者关闭服务器。

第11条 用户在接入单位办理入网手续时，应当填写用户备案表。备案表由公安部监制。

第12条 互联单位、接入单位、使用计算机信息网络国际联网的法人和其他组织（包括跨省、自治区、直辖市联网的单位和所属的分支机构），应当自网络正式联通之日起30日内，到所在地的省、自治区、直辖市人民政府公安机关指定的受理机关办理备案手续。

前款所列单位应当负责将接入本网络的接入单位和用户情况报当地公安机关备案，并及时报告本网络中接入单位和用户的变更情况。

第13条 使用公用账号的注册者应当加强对公用账号的管理，建立账号使用登记制度。用户账号不得转借、转让。

第14条 涉及国家事务、经济建设、国防建设、尖端科学技术等重要领域的单位办理备案手续时，应当出具其行政主管部门的审批证明。

前款所列单位的计算机信息网络与国际联网，应当采取相应的安全保护措施。

② 该条例于2000年9月颁布实施，于2016年最新修订。

关电信安全的规定,建立健全内部安全保障制度,实行安全保障责任制。"

2000年《全国人民代表大会常务委员会关于维护互联网安全的决定》在强调互联网安全包括运行安全和信息安全的同时,在第7条规定,"从事互联网业务的单位要依法开展活动,发现互联网上出现违法犯罪行为和有害信息时,要采取措施,停止传输有害信息,并及时向有关机关报告"。

2001年《互联网上网服务营业场所管理办法》[①]的第6条、第10条、第11条、第12条也规定了提供上网服务企业的网络安

---

① 该办法被2002年的《互联网上网服务营业场所管理条例》(国务院令363号)取代,该条例于2016年最新修订。

全维护义务。① 该办法在2002年上升到"条例"的位阶后，相关

---

① 《互联网上网服务营业场所管理办法》相关条文原文如下（下划线为笔者所加）：
第6条　申请开办互联网上网服务营业场所，应当具备下列条件：
（一）有与开展营业活动相适应的营业场所，营业场地安全可靠，安全设施齐备；
（二）有与开展营业活动相适应的计算机及附属设备；
（三）有与营业规模相适应的专业技术人员和专业技术支持；
<u>（四）有健全完善的网络信息安全管理制度；</u>
（五）有相应的网络安全技术措施；
（六）有专职或者兼职的网络信息安全管理人员；
（七）经营管理、安全管理人员经过有关主管部门组织的安全培训；
（八）符合法律、行政法规的其他规定。
开办互联网上网服务营业场所应当具有的计算机设备的具体数量，由省、自治区、直辖市电信管理机构会同同级公安、文化、工商行政管理等部门，根据本地实际情况确定。
第10条　互联网上网服务营业场所经营者，应当履行下列义务：
（一）在核准的经营范围内提供服务；
（二）在显著的位置悬挂《经营许可证》和《营业执照》；
（三）记录有关上网信息，记录备份应当保存60日，并在有关部门依法查询时予以提供；
（四）不得擅自出租、转让营业场所或者接入线路；
（五）不得经营含有色情、赌博、暴力、愚昧迷信等不健康内容的电脑游戏；
（六）不得在本办法限定的时间外向18周岁以下的未成年人开放，不得允许无监护人陪伴的14周岁以下的未成年人进入其营业场所；
<u>（七）落实网络信息安全管理措施；</u>
（八）制止、举报利用其营业场所从事法律、行政法规明令禁止和本办法第十一条、第十二条所列行为。
第11条　<u>互联网上网服务营业场所经营者和上网用户不得从事下列危害网络安全和信息安全的行为：</u>
（一）制作或者故意传播计算机病毒以及其他破坏性程序；
（二）非法侵入计算机信息系统或者破坏计算机信息系统功能、数据和应用程序；
（三）法律、行政法规禁止的其他行为。
第12条　<u>（主要是信息内容安全问题）</u>互联网上网服务营业场所经营者和上网用户不得利用互联网上网服务营业场所制作、复制、查阅、发布、传播含有下列内容的信息：

内容调整到第8条、第11条、第14条、第15条中。

而在2012年年底颁布的《全国人民代表大会常务委员会关于加强网络信息保护的决定》中,对于公民的个人数据的保护同样也强调相关互联网企业的安全保障义务。例如,该决定的第4条规定,"网络服务提供者和其他企业事业单位应当采取技术措施和其他必要措施,确保信息安全,防止在业务活动中收集的公民个人电子信息泄露、毁损、丢失。在发生或者可能发生信息泄露、毁损、丢失的情况下,应当立即采取补救措施"。第5条规定,"网络服务提供者应当加强对其用户发布的信息的管理,发现法律、法规禁止发布或者传输的信息的,应当立即停止传输该信息,采取消除等处置措施,保存有关记录,并向有关主管部门报告"。第6条、第8条从另外的角度重申了互联网企业维护

(接上注)
(一)反对宪法所确定的基本原则的;
(二)危害国家安全,泄露国家秘密,颠覆国家政权,破坏国家统一的;
(三)损害国家荣誉和利益的;
(四)煽动民族仇恨、民族歧视,破坏民族团结的;
(五)破坏国家宗教政策,宣扬邪教和愚昧迷信的;
(六)散布谣言,扰乱社会秩序,破坏社会稳定的;
(七)散布淫秽、色情、赌博、暴力、凶杀、恐怖或者教唆犯罪的;
(八)侮辱或者诽谤他人,侵害他人合法权益的;
(九)法律、行政法规禁止的其他内容。

网络安全的义务。① 第 11 条规定了违反规定需要承担的法律责任。②

紧跟形势需要，《中华人民共和国刑法修正案（九）》（2015年8月29日通过，11月生效）设定了新的罪名"拒不履行信息网络安全管理义务罪"，原文第286条之一如下：网络服务提供者不履行法律、行政法规规定的信息网络安全管理义务，经监管部门责令采取改正措施而拒不改正，有下列情形之一的，处三年以下有期徒刑、拘役或者管制，并处或者单处罚金：

（一）致使违法信息大量传播的；

（二）致使用户信息泄露，造成严重后果的；

（三）致使刑事案件证据灭失，情节严重的；

（四）有其他严重情节的。

单位犯前款罪的，对单位判处罚金，并对其直接负责的主管人员和其他直接责任人员，依照前款的规定处罚。

有前两款行为，同时构成其他犯罪的，依照处罚较重的规定定罪处罚。

甚至2015年中央宣传部、中央网信办、最高人民法院等关于

---

① 《全国人民代表大会常务委员会关于加强网络信息保护的决定》第 6 条实际上是对实名制的规定。第 6 条原文：六、网络服务提供者为用户办理网站接入服务，办理固定电话、移动电话等入网手续，或者为用户提供信息发布服务，应当在与用户签订协议或者确认提供服务时，要求用户提供真实身份信息。第 8 条则是以赋予公民权利的方式，要求互联网企业承担防止损害扩大的义务。第 8 条原文：八、公民发现泄露个人身份、散布个人隐私等侵害其合法权益的网络信息，或者受到商业性电子信息侵扰的，有权要求网络服务提供者删除有关信息或者采取其他必要措施予以制止。

② 《全国人民代表大会常务委员会关于加强网络信息保护的决定》第 11 条原文：十一、对有违反本决定行为的，依法给予警告、罚款、没收违法所得、吊销许可证或者取消备案、关闭网站、禁止有关责任人员从事网络服务业务等处罚，记入社会信用档案并予以公布；构成违反治安管理行为的，依法给予治安管理处罚。构成犯罪的，依法追究刑事责任。侵害他人民事权益的，依法承担民事责任。

印发《关于加强互联网禁毒工作的意见》的通知①中，第三部分对"互联网和寄递行业的责任"也有专门规定。相关内容如下："12. 担负主体责任。互联网接入服务、信息服务提供者对网站、即时聊天群组的公共信息加强巡查、自查自纠、主动清理涉毒有害信息，不得为涉毒活动提供传播条件、渠道。要严格落实信息发布审核、用户日志记录和信息内容留存等措施，一旦发现利用其服务发布、传输的信息属于涉毒违法信息的，应当立即删除，保存有关记录并向公安机关报告。如未履行上述责任和义务的，依法追究有关互联网企业、网站、论坛、即时聊天群组等的创建者、实际管理者的法律责任。13. 配合执法办案。互联网信息服务提供者要积极配合公安机关执法办案，按照有关规定，快速提供证据材料。大型、重点网站要与公安机关建立配合协作机制，组织专门的禁毒工作力量，接受禁毒业务培训，主动搜集线索，配合执法办案。邮政快递企业要加强行业自律，提高主动监管意识，严格落实寄递物品验视制度，积极配合有关部门查处打击网络涉毒违法犯罪活动。"

尽管这个通知的法律位阶不高，但是互联网相关企业的安全维护义务体现无疑。在笔者看来，由于令出多门，互联网企业的安全维护义务显得繁杂。

2 原因分析

中国互联网企业的网络安全维护义务之所以如此细致明确，有以下几个原因：首先，最重要的是，电信行业与国家安全息息相关。在互联网引入中国之初，中国固然希望信息产业带动中国经

---

① 中共中央宣传部、中央网络安全和信息化领导小组办公室、最高人民法院、禁毒办通〔2015〕32号，2015年4月14日发布实施。

济,通过互联网将中国市场与全球联通,创造中国经济腾飞的契机。但是,中国同样担心互联网可能引发的对于国家安全方面的威胁。这些威胁包括:一是网络技术本身的安全性,作为发展中国家的中国相比发达国家而言并无优势;二是网络内容方面的开放性可能使中国的传统文化、道德规范等受到冲击,从而可能引发社会的不安定性。这些顾虑导致中国在引进网络信息技术的同时,几乎是自然地从管理角度入手,将中国的网络布局设计成一个可控的与外界联通的大局域网,与全球的网络进行互联没有问题,但是要切断与外界的互联时也有技术可行性。在这一背景下,互联网相关企业需要服从国家安全战略考虑的大局,一方面利用互联网连接全球市场,营造商机;另一方面维护网络安全,防止可能的运行危机,包括互联网内容方面可能带来的负面效果。

其次,中国的互联网行业的发展并非市场机制使然,而是国家斥巨资投入,诸多政府部门共同参与管理下的新兴产业。其前期投入和建设主要由政府承担,而后才逐渐扩展到民营企业的商业使用。因而在最初,国有企业的意志与国家意志高度融合,政府部门的安全保障义务具体均由运营维护的骨干互联网企业来承担,这不足为奇。但是,在互联网扩充到民营企业,吸引更多的民间资本和外资投入这一产业的过程中,如何让非国有企业的网络服务提供商也承担网络安全维护义务,则除了网络运营的经营惯性外,主要是通过法律规定和日常管理来实现。从法律规定看,所有的互联网企业如无网络安全维护的能力,则不能获得相应的运营许可;日常运营过程中如疏于履行义务,则随时可能受到行政处罚。这就变政府希望企业承担法律义务而成为企业自身需要进行网络安全维护。而日常管理中,相关管理机构完备的备案表格、存档记录以及事故汇报制度等,都使企业的网络安全维护成为企业制度性管理流程的一部分。

3 未来发展趋势

网络安全本身是一个动态的、变化的概念。依据2000年《全国人民代表大会常务委员会关于维护互联网安全的决定》中的理解，如果将互联网安全分为运行安全与内容安全两个部分，则运行安全随着技术发展、网民计算机水平的变化而改变，内容安全随着网民的观念变化而改变，因而企业承担的实际上是一个动态的风险控制义务。就运行安全而言，面对网络技术的迅猛发展，即便是网络监管机构或者执法者也不能有效地判定一个企业是否已经尽了义务进行网络安全维护，更多的时候需要依赖技术专家进行定性和评判。因而，如何确立网络安全标准，进而评判企业是否尽到了相应的义务，监管机构或者执法者需要与时俱进。在一线工作的互联网安全技术专家以及遭遇网络攻击或者网络病毒威胁的企业，由于必须面对动态变化的实践，它们摸索和总结出来的实践经验反而可能最具有参考价值，并能向兄弟企业进行推广。就像在战争中才能真正学会战争一样，网络安全维护恐怕要在网络攻防的实践中习得。因而，将企业实践中的经验进行总结，将最佳防御形成网络安全维护标准，在企业界进行推广，可能更为有效。监管机构应该做的是承认这种标准的动态和有效性，并且以行业自律作为指导原则，以行业通行的或者最佳的网络安全维护基本流程作为模板，引导企业向这一基本流程看齐。这时的网络安全标准就固化为一系列的操作步骤，只要步骤达标，就应视为已经尽了法律义务。尽管这些步骤本身可能会经常面临调整和改善。[①]

[①] 受中期检查汇报过程中吴沈括先生的启发。

这一做法在实践中为包括美国在内的许多发达国家所力行。中国在立法中虽然很少提及自律或者行业标准，但是公安部在1994年出台的《中华人民共和国计算机信息系统安全保护条例》以及2007年公安部、国家保密局、国家密码管理局、国务院信息工作办公室联合发布的《信息安全等级保护管理办法》①中对于信息安全等级的划分实际上主要依赖于行业的自我审查。2016年通过、2017年6月1日生效的《中华人民共和国网络安全法》中除了强调国家法律保护外，也在第11条强调了行业自律的重要作用。第11条规定，"网络相关行业组织按照章程，加强行业自律，制定网络安全行为规范，指导会员加强网络安全保护，提高网络安全保护水平，促进行业健康发展。"就网络安全维护而言，企业在经验基础上的推广标准往往成为最终的法律评判标准，这可能是未来的新常态。②

（四）中国的网络内容管制

1 政府对网络内容的审查

《中华人民共和国宪法》第35条指出，"中华人民共和国公民享有言论、出版、集会、结社、游行、示威的自由"。但中国对于言论自由的保护并非绝对，《中华人民共和国宪法》第51条明确

---

① 公安部、国家保密局、国家密码管理局、国务院信息工作办公室关于印发《信息安全等级保护管理办法》的通知（公通字〔2007〕43号）。
② 笔者注意到在此论述的主要是网络运行安全方面的标准取向问题，但在内容安全方面，行业自律同样重要。而且，中国的"净网行动"、网络空间治理也有赖于互联网企业联盟的自律公约。

规定,"中华人民共和国公民在行使自由和权利的时候,不得损害国家的、社会的、集体的利益和其他公民的合法的自由和权利",《音像制品管理条例》第3条①、《广播电视管理条例》第32条②、

---

① 《音像制品管理条例》(1994年8月25日发布,国务院令第165号,现已失效)第3条:音像制品的经营活动应当遵守宪法和有关法律、法规,坚持为人民服务和为社会主义服务的方向,传播有益于经济发展和社会进步的思想、道德、科学技术和文化知识。
  禁止经营有下列内容的音像制品:
  (一)危害国家统一、主权和领土完整的;
  (二)煽动民族分裂、破坏民族团结的;
  (三)泄露国家秘密的;
  (四)宣扬淫秽、迷信或者渲染暴力的;
  (五)诽谤、侮辱他人的;
  (六)国家规定禁止出版、传播的其他内容。
《音像制品管理条例》(2001年制定,2016年最新修订)第3条 音像制品禁止载有下列内容:
  (一)反对宪法确定的基本原则的;
  (二)危害国家统一、主权和领土完整的;
  (三)泄露国家秘密、危害国家安全或者损害国家荣誉和利益的;
  (四)煽动民族仇恨、民族歧视,破坏民族团结,或者侵害民族风俗、习惯的;
  (五)宣扬邪教、迷信的;
  (六)扰乱社会秩序,破坏社会稳定的;
  (七)宣扬淫秽、赌博、暴力或者教唆犯罪的;
  (八)侮辱或者诽谤他人,侵害他人合法权益的;
  (九)危害社会公德或者民族优秀文化传统的;
  (十)有法律、行政法规和国家规定禁止的其他内容。
② 《广播电视管理条例》(国务院1997年颁布,国务院令228号,2013年修订)第32条 广播电台、电视台应当提高广播电视节目质量,增加国产优秀节目数量,禁止制作、播放载有下列内容的节目:
  (一)危害国家的统一、主权和领土完整的;
  (二)危害国家的安全、荣誉和利益的;
  (三)煽动民族分裂、破坏民族团结的;
  (四)泄露国家秘密的;
  (五)诽谤、侮辱他人的;
  (六)宣扬淫秽、迷信或者渲染暴力的;
  (七)法律、行政法规规定禁止的其他内容。

《出版管理条例》第 25 条①、《互联网信息服务管理办法》第 15 条②均禁止危害国家统一和国家安全的行为。

中国对于网络内容的审查借助立法活动（可称为法律手段），但为了实现可行性，中国也依赖于网络基础设施建设（可称为物理手段或者技术手段）。网络内容管理机构包括诸多政府部门，处

---

① 《出版管理条例》(2001 年 12 月通过，国务院令第 343 号，2016 年最新修订) 第 25 条　任何出版物不得含有下列内容：
（一）反对宪法确定的基本原则的；
（二）危害国家统一、主权和领土完整的；
（三）泄露国家秘密、危害国家安全或者损害国家荣誉和利益的；
（四）煽动民族仇恨、民族歧视，破坏民族团结，或者侵害民族风俗、习惯的；
（五）宣扬邪教、迷信的；
（六）扰乱社会秩序，破坏社会稳定的；
（七）宣扬淫秽、赌博、暴力或者教唆犯罪的；
（八）侮辱或者诽谤他人，侵害他人合法权益的；
（九）危害社会公德或者民族优秀文化传统的；
（十）有法律、行政法规和国家规定禁止的其他内容。

② 《互联网信息服务管理办法》（2000 年 9 月通过，国务院令 292 号，2011 年修订）第 15 条　互联网信息服务提供者不得制作、复制、发布、传播含有下列内容的信息：
（一）反对宪法所确定的基本原则的；
（二）危害国家安全，泄露国家秘密，颠覆国家政权，破坏国家统一的；
（三）损害国家荣誉和利益的；
（四）煽动民族仇恨、民族歧视，破坏民族团结的；
（五）破坏国家宗教政策，宣扬邪教和封建迷信的；
（六）散布谣言，扰乱社会秩序，破坏社会稳定的；
（七）散布淫秽、色情、赌博、暴力、凶杀、恐怖或者教唆犯罪的；
（八）侮辱或者诽谤他人，侵害他人合法权益的；
（九）含有法律、行政法规禁止的其他内容的。

罚手段包括刑事以及行政处罚。①

1) 技术手段。

在基础设施的控制方面，中国在引进网络技术的最初就已经着手从技术上确保对不良内容的屏蔽。在中国，最初的四大主干网是由政府机构控制和监管的。② 因为互联网数据通过有限的政府控制的进入节点进入中国，中国政府就能够通过控制这些进入节点来控制信息的流动。③ 另外，中国在网络体系结构方面也实施广泛的控制。④

开放网络组织（Open Net Initiative），一个审查和研究各国过滤实践的联合项目，认为中国的过滤技术已经改善、熟练以及目标（定向）明确。⑤

在具体的管理过程中，所有接入中国的网络都被要求实施技术

---

① 参阅 Aaron D. McGeary. China's Great Balancing Act: Maximizing the Internet's Benefits While Limiting Its Detriments, 35 Int'l Law. 219, 224-30 (2001)（该文描述了中国在网络规制方面的努力）。另可参阅 Guosong Shao. Regulating the Internet. in INTERNET LAW OF CHINA, 25, 30-44 (2012)（描述了中国网络规制的各种办法）。

② 中国四大骨干网为中国科技网（CSTNET）、中国公用计算机互联网（CHINANET）、中国教育和科研计算机网（CERNET）、中国金桥信息网（CHINAGBN）。关于这些网与相应的上级主管机构，可参阅百度百科"中国骨干网"词条，http://baike.baidu.com/link?url=qN-_bJrdIwxTBQ6QxnRSePnMvOyuBiy2I9dCsCTbehxxEqUCjN5jcOOUQAETxl7Z543xIunrKQes7Pd3E-tWia，另可参阅 Guosong Shao. Regulating the Internet. at 42.

③ 中国的工信部最终控制各骨干网的国际联网。参阅 Kristen Farrell. The Big Mamas Are Watching: China's Censorship of the Internet and the Strain on Freedom of Expression, 15 MICH. ST. J. INT'L L. 577, 585-86 (2007); Guosong Shao. Regulating the Internet. at 42.

④ 参阅 https://opennet.net/research/profiles/china-including-hong-kong，文中系统罗列了中国的封锁网站。

⑤ 参阅开放网络组织 2006-2007 年对中国的观察报告，https://opennet.net/studies/china2007，该报告前言称"尽管中国通过众多人数而迅速地扩张其互联网，中国仍拥有世界上最大的也是最熟练的网络过滤系统"。

手段以制止在网络空间对于非法以及有害信息的传播，并且备案待查。举例而言，2000年信息产业部颁布的《互联网电子公告服务管理规定》（信息产业部令第3号）第14条规定，"电子公告服务提供者应当记录在电子公告服务系统中发布的信息内容及其发布时间、互联网地址或者域名。记录备份应当保存60日，并在国家有关机关依法查询时，予以提供"。第15条规定，"互联网接入服务提供者应当记录上网用户的上网时间、用户账号、互联网地址或者域名、主叫电话号码等信息，记录备份应当保存60日，并在国家有关机关依法查询时，予以提供"。①《互联网信息服务管理办法》（2000年9月颁布，国务院令292号，2011年修正）第14条有类似规定："从事新闻、出版以及电子公告等服务项目的互联网信息服务提供者，应当记录提供的信息内容及其发布时间、互联网地址或者域名；互联网接入服务提供者应当记录上网用户的上网时间、用户账号、互联网地址或者域名、主叫电话号码等信息。互联网信息服务提供者和互联网接入服务提供者的记录备份应当保存60日，并在国家有关机关依法查询时，予以提供。"2002年的《互联网上网服务营业场所管理条例》②第23条规定，"互联网上网服务营业场所经营单位应当对上网消费者的身份证等有效证件进行核对、登记，并记录有关上网信息。登记内容和记录备份保存时间不得少于60日，并在文化行政部门、公安机关依法查询时予以提供。登记内容和记录备份在保存期内不得修改或者删除"。

可见，中国自始至终都把国家安全和社会安定作为最重要的目标。

---

① 根据《工业和信息化部关于废止和修改部分规章的决定》（工业和信息化部令第28号）的实施，该规定自2014年9月23日已失效。
② 2002年9月29日中华人民共和国国务院令第363号，2011年修订。

三、中国的网络安全管理现状

无疑,中国的网络架构的相对封闭性造就了一个对于普通网民而言内容相对安全的互联网空间,在全球恐怖言论和仇恨言论难以得到有效控制的大背景下,中国的这一治理经验极为难得。

2) 立法手段。

除了少许的人大立法,中国对于网络内容管制的法规由许多政府部门出台的法律规定、命令、规章等组成。

在中国,不同的网络内容由不同的网络监管机构进行管理。例如,在大部制改革之前,中国的新闻出版总署规制网络出版①,国家广播电影电视总局和信息产业部负责监管互联网视听节目服务的监管②,网络电子游戏又由文化部进行管理③。2013年,新闻出版总署与广电总局合为国家新闻出版广电总局,加上网信办、公安部、工信部、工商行政管理总局、知识产权局等管理机关,网络内容管理机构众多。中国扫黄打非工作小组更是由多达29个部门组成。④ 不过,与美国不同,中国的诸多管理机构对于网络内容服务提供商很早就建立了严格责任制度。⑤ 在《全国人民代表大会常务

---

① 《互联网出版管理暂行规定》(2002年,中国新闻出版总署、中国信息产业部令第17号,本规定因《网络出版服务管理规定》的实施而失效)第4条。

② 参阅《互联网视听节目服务管理规定》(2007年12月颁布,国家广播电影电视总局、信息产业部令第56号,2015年修订)第3条。

③ 参阅《中央机构编制委员会办公室、信息产业部、公安部、文化部、国家工商行政管理局关于计算机信息网络经营服务场所和电子游戏厅管理职责分工的通知》(2001年3月2日,中编办发〔2001〕7号)。

④ 参阅百度百科"全国扫黄打非工作小组"词条,http://baike.baidu.com/link?url=NwvRWKi5-59bNKjT8FT6qhQs4cZS_WU68xVUgSx736FGeyN2wXiJW0_VbbfHo_nPu-wwdVC6Myb-0lLoZ9zu-_,访问时间2016年2月。

⑤ 参见前文所述《互联网电子公告服务管理规定》(2000年11月颁布,信息产业部令第3号,2014年失效)第14条、第15条;《互联网信息服务管理办法》(2000年9月颁布,国务院令292号,2011年修正)第14条;2002年的《互联网上网服务营业场所管理条例》第23条。

委员会关于维护互联网安全的决定》中,利用网络进行分裂国家、泄露国家机密、煽动颠覆国家政权、推翻社会主义制度,或者煽动民族仇恨或歧视的行为都被明令禁止,甚至可能触犯刑法。①

为保护儿童以及社会风气,中国坚决打击黄色作品,禁止任何淫秽资料的复制与传播。这种传统可以一直追溯到新中国成立之初。②《全国人民代表大会常务委员会关于维护互联网安全的决定》将建立黄色网站和网页的行为视为犯罪,从而将禁止色情扩展到互联网。③这种扩展进一步体现在《刑法》中,通过最高人民法院与最高人民检察院的司法解释,打击淫秽物品扩展到了网络空间。《最高人民法院、最高人民检察院关于办理利用互联网、移动通讯终端、声讯台制作、复制、出版、贩卖、传播淫秽电子信息刑事案件具体应用法律若干问题的解释(一)》④第9条规定:"刑法第三百六十七条第一款规定的'其他淫秽物品',包括具体描绘性行为或者露骨宣扬色情的诲淫性的视频文件、音频文件、电子刊物、图片、文章、短信息等互联网、移动通讯终端电子信息和声讯台语音信息。有关人体生理、医学知识的电子信息和声讯台语音信息不是淫秽物品。包含色情内容的有艺术价值的电子文学、艺术作品不

---

① 《全国人民代表大会常务委员会关于维护互联网安全的决定》(全国人大常委会2000年12月28日颁布生效)第2条。

② 参见《国务院关于处理反动的、淫秽的、荒诞的书刊图画的指示》(1955年7月22日,1987年失效)。

③ 《全国人民代表大会常务委员会关于维护互联网安全的决定》原文为:三、为了维护社会主义市场经济秩序和社会管理秩序,对有下列行为之一,构成犯罪的,依照刑法有关规定追究刑事责任:……(五)在互联网上建立淫秽网站、网页,提供淫秽站点链接服务,或者传播淫秽书刊、影片、音像、图片。

④ 法释〔2004〕11号,2010年修正。2010年最高人民法院的司法解释是对2004年的相关司法解释的修正。参阅《最高人民法院、最高人民检察院关于办理利用互联网、移动通讯终端、声讯台制作、复制、出版、贩卖、传播淫秽电子信息刑事案件具体应用法律若干问题的解释(二)》(最高人民法院、最高人民检察院2010年2月颁布生效)。

三、中国的网络安全管理现状

视为淫秽物品。"

2016年年初,深圳快播公司涉黄案在北京海淀法院公开受审,尽管对于公诉机关的指控被告完全否认,法庭基本判定被告深圳快播公司构成了传播淫秽物品牟利罪,这体现了中国对有意提供网络软件工具进行淫秽资料传播者的坚决打击的立场。①

中国也禁止利用网络进行邪教宣传。《全国人民代表大会常务委员会关于维护互联网安全的决定》的第2条第4款②、《中华人民共和国刑法》第300条③有相应的刑罚规定。这些规定说明,中国的网络并非法外之地,利用网络进行的或者延伸到网络领域的各种形式的违法犯罪活动同样会受到严厉的打击。

3)国际评论及中国的新近变化。

中国的网络审查引起西方社会一些舆论的广泛关注和批评。④这些批评多从西方理念出发,大多过于激进。但对其中一些评论的

---

① 参阅快播案将择期宣判!检方:至少判王欣10年,http://www.techweb.com.cn/digitallife/2016-01-12/2257605.shtml,访问时间2016年2月。

② 《全国人民代表大会常务委员会关于维护互联网安全的决定》(全国人大常委会2000年12月28日颁布生效,2009年修正)原文为:二、为了维护国家安全和社会稳定,对有下列行为之一,构成犯罪的,依照刑法有关规定追究刑事责任:……(四)利用互联网组织邪教组织、联络邪教组织成员,破坏国家法律、行政法规实施。

③ 《中华人民共和国刑法》第300条 【组织、利用会道门、邪教组织、利用迷信破坏法律实施罪】组织、利用会道门、邪教组织或者利用迷信破坏国家法律、行政法规实施的,处三年以上七年以下有期徒刑,并处罚金;情节特别严重的,处七年以上有期徒刑或者无期徒刑,并处罚金或者没收财产;情节较轻的,处三年以下有期徒刑、拘役、管制或者剥夺政治权利,并处或者单处罚金。

【组织、利用会道门、邪教组织、利用迷信致人重伤、死亡罪】组织、利用会道门、邪教组织或者利用迷信蒙骗他人,致人重伤、死亡的,依照前款的规定处罚。

犯第一款罪又有奸淫妇女、诈骗财物等犯罪行为的,依照数罪并罚的规定处罚。

④ 参见前述Open Net Innitiative的相关报告以及Jim Killock, David Cameron is Issuing Bad Advice to Parents, OPEN RIGHTS GROUP BLOG (Jul. 22, 2013),https://www.openrightsgroup.org/blog/2013/porn-blocks-edgin-gaway-from-active-choice。

合理借鉴对于中国的网络空间治理不无益处。

在技术过滤手段方面，有评论指出中国政府对于网络的控制由于中国的"网络防火墙长城"的存在而加固。[①] 对普通网民而言，网络不能访问的原因到底是内容敏感被政府屏蔽，还是出现了技术故障很难进行区分，这无助于网民对网络净化工作的理解。

在立法及司法方面，联合国《世界人权宣言》中的《公民权利和政治权利国际公约》代表了大多数国家对公民政治权利的认同，对国际人权保护产生了深远、广泛的影响。中国于1998年签署该公约，但由于该公约与中国现行法律存在部分冲突之处，中国政府本着认真负责的态度，正在积极研究批准该公约。例如，该公约第19条第2款规定，"人人有自由发表意见的权利；此项权利包括寻求、接受和传递各种消息和思想的自由，而不论国界，也不论口头的、书写的、印刷的、采取艺术形式的或通过他所选择的任何其他媒介。"中国现行的法律法规中的禁止性条款可能和其中的"寻求、接受和传递各种消息和思想的自由"相冲突。

此外，中国传统的审查模式倾向于事前防御性的管控和事后的严厉惩戒。事前的防御形式有多种，如1997年新闻出版总署颁布

[①] 参阅 Lyombe Eko, Anup Kumar & Qingjiang Yao, Google This: The Great Firewall of China, the It Wheel of India, Google Inc., and Internet Regulation, 15 J. INTERNET L. 3, 5 (2011).

三、中国的网络安全管理现状

通知,要求所有事关"重大选题"研究的出版事先向有关机构备案①;《互联网信息服务管理办法》要求所有的经营性与非经营性互联网信息服务向当地或国家的电信管理机构申请办理许可证或者进行备案②;《音像制品管理条例》③ 第5条规定:"国家对出版、制作、复制、进口、批发、零售音像制品,实行许可制度;未经许可,任何单位和个人不得从事音像制品的出版、制作、复制、进口、批发、零售等活动。"从事新闻信息服务亦应该向各地新闻办

---

① 参阅《图书、期刊、音像制品、电子出版物重大选题备案办法》(新闻出版署1997年10月颁布)第3条:本办法所称重大选题,是指涉及国家安全、社会安定等方面的内容,对国家的政治、经济、文化、军事等会产生较大影响的选题,具体包括:

(一)有关党和国家的重要文件、文献选题;

(二)有关党和国家曾任和现任主要领导人的著作、文章以及有关其生活和工作情况的选题;

(三)涉及党和国家秘密的选题;

(四)集中介绍政府机构设置和党政领导干部情况的选题;

(五)涉及民族问题和宗教问题的选题;

(六)涉及我国国防建设及我军各个历史时期的战役、战斗、工作、生活和重要人物的选题;

(七)涉及"文化大革命"的选题;

(八)涉及中共党史上的重大历史事件和重要历史人物的选题;

(九)涉及国民党上层人物和其他上层统战对象的选题;

(十)涉及前苏联、东欧以及其他兄弟党和国家重大事件和主要领导人的选题;

(十一)涉及中国国界的各类地图选题;

(十二)涉及香港特别行政区和澳门、台湾地区图书的选题;

(十三)大型古籍白话今译的选题(指500万字以及500万字以上的项目);

(十四)引进版动画读物的选题;

(十五)以单位名称、通讯地址等为内容的各类"名录"的选题;

前款所列重大选题的范围,新闻出版署将根据情况适时予以调整并另行公布。

② 《互联网信息服务管理办法》第7条、第8条。

③ 《音像制品管理条例》(2001年制定,2016年修订)第5条,1994年版的《音像制品管理条例》(已经失效)第5条也有同样规定。

或者国家新闻办公室申请许可或者备案,① 当然,这一监管机构现在已经改为国家互联网信息办公室②;从事信息网络传播视听节目业务同样应取得信息网络传播视听节目许可证,③ 从而依据内容而进行分头管理的诸多机构有效监管着中国境内的出版与传播的总量、布局和结构。④

中国将非网络环境下的管理方式移植到网络空间。由于中国部分立法语言尚不精确,有些禁止性管理规定在实践中过于宽泛,从而扩大了禁止的范围。例如,《互联网上网服务营业场所管理条例》禁止任何单位或者个人利用互联网制作、下载、复制、查阅、发布、传播"散布谣言,扰乱社会秩序,破坏社会稳定的"的信息。⑤ 尽管中国最高人民法院与最高人民检察院进行了一些努力,在司法解释中尽量将一些标准客观化,如在2004年的司法解释中对于"淫秽物品"的定义。但这仅仅是对于某些问题的应急处理,还无法解决深层次法律语言模糊的问题。

2 网络内容服务提供商的责任

前已述及,中国的大多数关于网络内容规制的法规对于网络内

---

① 《互联网新闻信息服务管理规定》(2005年9月,国务院新闻办公室、信息产业部令第37号)第5条。

② 《国家互联网信息办公室关于变更互联网新闻信息服务单位审批备案和外国机构在中国境内提供金融信息服务业务审批实施机关的通知》(2015年4月9日施行,国家互联网信息办公室)

③ 参阅《互联网等信息网络传播视听节目管理办法》(2004年10月11日起施行,国家广播电影电视总局令第39号,因《专网及定向传播视听节目服务管理规定》的实施而失效)第4条、第6条。

④ 参阅 Shao, Regulating the Internet, at 55。除了许可和汇报制度外,中国政府对搜索引擎、在线聊天室以及博客进行过滤和屏蔽。

⑤ 参阅《互联网上网服务营业场所管理条例》(2002年9月由国务院颁布,11月实施,2016年最新修订)第14条。

容服务提供商一般都课以严格责任，对于任何涉及禁止性内容的出现，一经发现，一是进行屏蔽，二是进行汇报。即便没有发现，由于有 60 天的记录备案制度，在配合取证方面也仍然有一定的义务。①

按照通常的理解，如果内容服务提供商直接对内容有编辑加工过程，其对相关内容负严格责任并无疑义，但如果是网络接入服务商，或者仅仅是提供网络内容服务平台，由其他网民自由发表内容，如常见的 BBS 聊天室、博客平台，则其网络服务提供者是否属于内容服务提供商，是否应该承担严格责任则大可商榷。从减轻企业负担，从信息产业发展的角度来说，美国甚至一定程度上豁免了企业的内容监管义务。但在中国，无论是从法律法规的规定还是从实践中看，照搬美国的思路都是不现实的。

从法律的规定看，尽管对于网络服务提供商（包括内容服务提供商）内容管制的诸多义务都主要源于位阶低的部门规章以及少数法规，但正因为这些规章由主管部门制定，作为一种实然状况，企业不可能对于上级主管机构的要求讨价还价，探讨这些规章背后的上位法的"真意"。从经济学的角度来说，如果企业多尽一些义务并不会带来管理上的太多成本，又能获得足够的政府资源的支持，则企业多半就会选择与政府合作。因而，现实企业的内容监管义务必然要配合这些规章的要求，努力进行内容审查、过滤，事故发生时进行汇报等。

当然，尽管这些低位阶的规章或者法规没有将网络服务提供商进行区分，辨析其中的网络内容服务提供商和网络技术服务提供商

---

① 作为立法条文的一般模板，可参阅《互联网信息服务管理办法》（2000 年 9 月通过，国务院令 292 号，2011 年修正）第 14 条、第 15 条。

的区别，《中华人民共和国侵权责任法》第 36 条①还是进行了更为明确的规定。第 36 条的第 1 款是宣示性条款，第 2 款、第 3 款一般认为是针对网络技术服务提供商承担责任的规定。对于网络技术服务提供商，应该理解为与内容服务提供商不同，只有在知道有人利用其提供的服务进行侵权行为时，才有义务采取措施加以阻止，否则就要承担连带责任。②而在接到受害人的通知时，应该视为技术服务提供商已经知道了侵害行为，就有义务防止损害的扩大，否则就应该就损害的扩大部分与侵权人承担连带责任。《中华人民共和国侵权责任法》属于新法，位阶又远高于部门规章，按法理应该统领部门规章中的网络服务提供商的义务规定，与其不符者应该以《中华人民共和国侵权责任法》为准。但现实的具体管理过程中可能并非如此。如上所述，从行政管理的角度，企业仍然会被课以更严格的责任。这种矛盾如何化解？一些司法实践已经给予了一些回应。

例如，在王某诉海南××在线网络科技有限公司名誉权、隐私权纠纷案③判决书中，法院一方面称"我国《互联网信息服务管理办法》及《互联网电子公告服务管理规定》中规定，互联网信息服务提供者应当向上网用户提供良好的服务，并保证所提供的信息

---

① 《中华人民共和国侵权责任法》第 36 条　网络用户、网络服务提供者利用网络侵害他人民事权益的，应当承担侵权责任。
网络用户利用网络服务实施侵权行为的，被侵权人有权通知网络服务提供者采取删除、屏蔽、断开链接等必要措施。网络服务提供者接到通知后未及时采取必要措施的，对损害的扩大部分与该网络用户承担连带责任。
网络服务提供者知道网络用户利用其网络服务侵害他人民事权益，未采取必要措施的，与该网络用户承担连带责任。
② 参阅程啸. 侵权责任法 [M]. 法律出版社，2011：324-325.
③ 北京市朝阳区人民法院民事判决书（2008）朝民初字第 29277 号。

三、中国的网络安全管理现状

内容合法。任何人不得在电子公告服务系统中发布含有侮辱或者诽谤他人、侵害他人合法权益的信息。电子公告服务提供者发现其电子公告服务系统中出现明显属于上述信息内容的，应当立即删除，保存有关记录，并向国家有关机关报告。该公司作为××网的管理者，应当对该网站中发布的文章、帖子履行监管义务"。但紧接着话锋一转，"众所周知，互联网在我国正飞速发展。据有关部门统计，网民的人数已经超过了2亿人，互联网正在超越传统媒体，趋显'第一媒体'之势。××网的论坛上每天都会有大量网民留下海量信息，××公司作为××网的管理者，依照相关法律法规和规定制定上网规则，对上网文字设定了相应的监控和审查过滤措施，达到了相应要求；由于中国文字的丰富性、多样性以及网络语言的不断更新变化，网站事实上不可能将所有不雅言辞均纳入监控范围；根据目前现有的、通常的网站管理方式和技术手段，网站的管理者也不可能对所有网友的全部留言进行事前逐一审查。因此，网站管理者的监管义务应以确知网上言论违法或侵害他人合法权益为前提，在确知的情况下如果放任违法或侵权信息的存在和散播，则构成侵权；而及时履行了删除义务的，不构成侵权"。这一判决实际上是对于部门规章的严格责任进行了"另外一种解读"。同样的解读出现在2012年的蔡某诉××公司案二审中，判决认为"××贴吧服务是以特定的电子交互形式为上网用户提供信息发布条件的网络服务，法律并未课以网络服务商对贴吧内的帖子逐一审查的法律义务，因此，不能因在网络服务商提供的电子公告服务中出现了涉嫌侵犯个人民事权益的事实就当然推定其应当'知道'该侵权事实。根据《互联网电子公告服务管理规定》，网络服务商仅需对其电子公告平台上发布的涉嫌侵害私人权益的侵权信息承担'事前提示'及'事后监管'的义务，提供权利人方便投诉的渠道并保证该投诉渠道的有效性。××公司已尽到了法定的事前提示和提供有效投诉渠道的事后监督义务,未违反法定注意义务。××公司在2009年10月15日收到蔡某律师函后,立即对侵权信息进行了删除处理,不承担侵权责任"[①]。可见,司法实践并没有依据部门规章的规定裁判,而主要是依据《中华人民共和国侵权责任法》的精神,以过错责任原则作为追究网络技术服务提供商,也包括那些不能控制信息内容,主要由网民自主上传内容的内容服务提供商法律责任的标准。

3 经验、问题以及可能的出路

在长期的中国网络内容管制实践中,中国的网络安全管理部门经过学习和摸索,已经形成了自己的管理经验。

首先,管理思路的开放。由于信息产业在中国的落地和发展时间比较晚,无论是网信办,还是公安部、工信部,在发展初期都抱着虚心向发达国家学习的态度。在很短的时间内,搜集梳理了各国的管理经验,并以此为基础,构建中国的管理框架。

其次,与中国的实际相结合,发展出中国独特的安全管理经验。例如,强调互联网企业的配合义务,在实践中管理部门与互联网企业形成齐抓共管、密切联系的作风。又如,计算机信息系统安全的分级保护模式,尽管最初是从发达国家学习而来的,但在中国的管理实践中,从20世纪90年代中期到现在,累积了许多中国独

---

① 参阅吴伟光著.网络新媒体的法律规制——自由与限制[M].知识产权出版社,2013:185.

特的东西，① 且趋于成熟，也被网络安全立法所采纳。

最后，中国很早就强调对于管理人员忠诚度的考察，将人员管理安全纳入网络信息安全的范畴。对比美国斯诺登事件的发生，这种意识很超前。当然，问题也很明显。

中国的网络信息内容管制存在禁止性规定且法律位阶较低，加上部分立法语言模糊，使被禁止的范围可能进一步扩大。对任何一个企业来说，为避免与主管机构之间造成不必要的矛盾，也是为了减少管理过程中的成本，将尽量配合这些禁止性规定，这种内容管制的扩大化对于信息公开以及公民教育都会带来长远的负面效果。

禁止性规定过多以及立法语言的模糊还会带来行政机关的选择性执法问题，即根据行政机关的喜恶来选择性地选择受处罚对象。这本身是"权力寻租"的一种方式，而通过这种方式又将进一步加剧行政机关对于这种模糊立法的偏好。

未来的发展走向何处，笔者以为从战略上而言应该是政府控制下的逐渐放松管制。2013年出台的文化部的一个办法可资借鉴："为贯彻落实国务院关于进一步转变政府职能和简政放权的要求，各级文化行政部门将根据实际情况取消、下放、简化行政审批事项，将管理职责交由企业或社会组织承担，政府部门加强服务和监管。根据《互联网文化管理暂行规定》，结合网络文化建设与管理的现实和发展需要，文化部制定了《网络文化经营单位内容自审管理办法》（以下简称《办法》），目的是增强企业自主管理能力和自律责任，保障网络文化健康快速发展。"也许内容管制未来的方向，除了明确法律术语的定义外，也和网络安全管理一样，应该

---

① 参阅唐佰义，郝鸿波. 等级保护制度是国家信息安全基本国策——访公共信息网络安全监察局处长郭启全 [J]. 中国信息界，2009 (11)；岳道远. 公安部网络安全保卫局召开《信息安全等级保护宣传片》发布会 [J]. 网络信息安全，2011 (4).

尊重行业自治，尊重企业联盟的"内容自审"，而不是大包大揽。

（五）《中华人民共和国网络安全法》解读[①]

2016年11月7日，《中华人民共和国网络安全法》经第十二届全国人民代表大会常务委员会第二十四次会议顺利通过，于2017年6月1日起正式实施。从立法进程看，该法历时两年，经三审而定。该法奠定了中国网络空间治理的法律基础框架，是中国在网络空间治理的一块里程碑。理解《中华人民共和国网络安全法》的内容具有重大意义。

1 《中华人民共和国网络安全法》既是一部基本法，又是一部应急法

说《中华人民共和国网络安全法》是一部基本法，是因为在此之前我国的网络治理的法律依据主要是由全国人大常委会、国务院等制定颁布的相关规定和办法、《中华人民共和国刑法》第二编第六章第一节和相关的几个司法解释，相对零散而不成体系。而管理实践又因循九龙治水的原则，参与管理的诸多政府部门出台了大量的规章和决定，这使网络安全管理的法律规定异常繁杂。《中华人民共和国网络安全法》的出台整合了既有的法律、法规、决定、规章等，以7章79条的篇幅，确定了国家治理网络空间的法律框架，基础又全面，包括确定网络国家主权、确定国家监管机关、确定网络运营服务商的网络安全维护义务和权利、确定网民的基本权利和义务等，因而这是一部网络空间治理的基本法。

---

① 此文发表于《中国信息安全》杂志2016年第12期，题目和内容均有改变。

说网络安全法是一部应急法,是因为这部法律针对中国网络安全时下面临的紧迫问题提出了应对方案,包括斯诺登事件之后整体的国家网络安全防御体系的构建,至少对于域外的网络攻击事件可以依法反制(第75条);整合国家既有的网络安全管理机构,明确了网络信息部门的主管和协调的职责(第8条);针对互联网运营企业,规定了网络漏洞披露以及网络安全通报机制(第22条、第25条);针对个人信息泄露严重的情况,要求互联网企业规范个人信息的处理和保护(第40条到第45条)。另外,由于时下的网络欺诈和网络犯罪活动的猖獗,《中华人民共和国网络安全法》第三稿临时特设第46条,对于利用网络实施传授犯罪的活动特别予以严惩。同时,为应对反恐以及突发恶性事件,特设第58条,明确国务院有权决定或批准在特定区域进行网络通信限制。

因而,这部法律不仅是一部全面的奠定中国网络空间治理的基本大法,也是一部针对现实的紧迫问题而出台的应急法。

2 该法不仅吸收了西方的先进治理经验,也保持了中国网络治理的特色

网络空间将全球紧密联系在一起,因而网络安全问题需要世界各国共同面对。新的网络安全法借鉴了全球发达国家在网络安全领域的治理经验,有针对性地引进了欧美发达国家的一些制度。例如,第31条对"关键信息基础设施"的重点保护主要是基于美国的经验,第37条对于"关键信息基础设施"的运营者搜集到的个人数据的本地存储要求以及跨境的特殊管理是基于欧盟的经验。同时,网络安全法也保留了许多中国特色。

首先是实名制的规定(第24条)。实际上2016年9月,《最高人民法院、最高人民检察院、公安部、工业和信息化部、中国人

民银行、中国银行业监督管理委员会关于防范和打击电信网络诈骗犯罪的通告》明确提出，电信企业要确保到2016年10月底前全部电话实名率达到96%，年底前达到100%。北京的电信运营商要求手机用户在2016年10月15日前必须完成实名登记，否则停机。因而实名制的规定是对既有经验的肯定。

其次是对"网络安全"概念的中国式理解。尽管从第76条的定义条款看，"网络安全，是指通过采取必要措施，防范对网络的攻击、入侵、干扰、破坏和非法使用以及意外事故，使网络处于稳定可靠运行的状态，以及保障网络存储、传输、处理信息的完整性、保密性、可用性的能力"，把网络安全主要定义为网络运行安全。但综观该法的篇章，则该法不仅仅包括网络运行安全的内容（第三章），还包括网络信息内容安全（第四章），即个人信息的保护，还包括对于传输内容的管控（第12条、第47条），这些内容是传统的"国家安全""社会治安"在网络领域的延伸，也是自2000年人大关于维护互联网安全的决议以来中国的一贯立场，明显超越了该法第76条定义中相对狭隘的理解。

最后是强化网络运营企业进行网络安全维护的义务。与西方国家不同，在维护公共安全方面，中国的企业和个人向来即有与国家管理部门紧密配合的义务。刚通过的网络安全法再次体现出这一中国传统。总则中的第9条、第10条、第14条，第三章网络运行安全中的多数条款，尤其是第21条、第25条、第28条，明确规定了相关企业必须进行数据记录备份以及履行及时向主管部门进行通报的义务。对于关键信息基础设施的运营者，还在第34条到第37条规定了特殊的安全保护义务。第47条特别要求相关运营者对于违法信息有停止传输的义务。这些紧密配合的法律义务是相关管理部门监管互联网内容服务企业，确保清除不良内容的有力保障。当然，对于在中国进行互联网经营活动的外资企业来说，这些义务短时间内可能不大容易适应，需要及时进行宣传和沟通。

既勇于接受域外的先进经验，又注意保留既有的中国网络治理传统，这充分体现了我国在网络治理方面的自信。

3 网络安全法的立法技术有了明显提高

此次网络安全法立法，沿袭公开透明的立法模式，过程中三次面向公众进行意见征求，最终经过人大常委会表决通过，是一部集众多专家、学者和管理者智慧结晶的立法，其立法技术有明显提高。

首先，附则中出现了专门的定义条款（第76条）。

其次，立法层次分明，在法律中规定了保障未成年人上网环境（第13条）、网络安全等级保护制度（第21条）与关键基础设施保护（第31条）后，相关的制度内容在本法中并没有展开，而是留待相关部门的细则规定。例如，由网信办牵头的《未成年人网络保护条例（草案征求意见稿）》正在制定过程之中；第31条则直接规定"关键信息基础设施的具体范围和安全保护办法由国务院制定"。而网络安全等级保护制度是否就是20世纪90年代的《中华人民共和国计算机信息系统安全保护条例》中的信息系统安全保护等级制度，有待于相关规定的跟进。此外，在第35条、第37条中涉及关键信息基础设施的运营者的一些网络安全维护义务，都需要相应的审查部门出台细则进行指南。网络安全法在大体上规定了这些义务之后，将具体、详细的规定留给具体的执行部门去发挥，体现了立法的科学性。

最后，该法实施时间定为2017年6月1日，充分保证了企业和相关管理部门进行适应和调整的时间。

4 立法通过是一个良好的开端，但更重要的是执法

毫无疑问，网络安全法通过具有重要意义。它确立了中国中长期网络治理的基本立场。该法的诸多原则性条款也表明了法律共同体对于网络空间治理的基本共识，对此法的出台和实施我们应该欢欣鼓舞。

但是，立法通过仅仅是问题解决的第一步，它远不能代表我们指向的问题就已经得到了解决，甚至新的立法还会带来新问题。例如，新的监管机构如何与既有的管理机构进行协调，是否会带来多重管理问题？从欧美移植的先进治理经验能否扎根中国本土？与网络安全法配套的更进一步的法律法规审查指南等何时出台？是否能与网络安全法有效衔接？企业网络安全维护义务是否过重？是否会增加企业的负担甚至影响产业发展和外商投资？

因此，我们有理由在时下保持谨慎的乐观态度，而把欢呼留在该法实施并取得实效之后。

四、中美网络安全管理比较

在分别阐述了中美两国有关网络安全管理的基本状况后,本部分尝试将两者进行横向比较。比较的主题为中美两国网络安全立法、网络安全管理机构的职责与分工、企业的网络安全维护义务以及网络内容管制这四个部分。

(一) 中美网络安全立法的差异

1 美国的立法经验丰富

美国的国会仿效其最初的殖民帝国英国的体系,分成众议院与参议院两院。两院都有严格的议事程序。与中国相比,其最大的不同可能在于其程序以及讨论的公开。两院的立法听证、会议记录以及辩论情况和最后的立法报告都可以在官方网站上获取。这极大地便利了公众对立法工作的了解,并可以不失时机地参与到立法进程中来,也省去了立法内容宣传与解释的成本。

此外,美国国会议员都是专职立法人员,在国会工作时需要广泛听取其代表选民的意见并进行立法调查以及立法辩论工作,并将选民的意见及时上升为立法提议。因此,其人员总数虽然不多(众议院435人、参议院100人),但职业素养较高。有些类似于我国的全国人民代表大会的专门委员会委员。

除去这种大背景下的机构设置和人员组成的不同以及透明度高和程序性强以外，美国的立法经验丰富还主要体现在以下几个方面：

1）问题意识强。

与美国的国会立法流程紧密相连，美国议员的立法提议如果需要获得认可并且进一步成为一个被国会认可的立法，必须面对现实的问题，否则在提议阶段就会被否决。因此，美国的立法具有很大的实用性，并且经由多年的积累，国会议员们也了解立法不可能一蹴而就，在立法中也经常设置一些立法后的反馈以及检查机制，所以美国的立法又具有相当的实验性。

比如，2001年的《美国爱国者法案》，是针对"9·11事件"以后美国可能残存的恐怖主义势力的再次袭击而通过的一部保卫美国本土国家安全的法律。该法给予情报监听部门更大的权限。但是，认识到对恐怖主义势力的严厉打击并不具有长期性，这部法律又规定了4年以后可能应该废除的部分条款。而2002年的《美国国土安全法》，主要目的就是改变原来的应急不力的状况，保障美国国土安全。为此该法专门设置了美国国土安全部，对其使命以及机构组成进行了详细规定。该机构整合了很多部门打击网络犯罪的力量，是对之前政府部门内部机构的调整。同样，2014年美国在网络安全领域的诸多修正法案，包括《联邦信息安全现代化法案》《国家网络安全保护法》，都是对于既存的立法在实践中的问题的澄清或者调整。

2）关注法律的可执行性问题。

同样，即便找准了问题，如果提案没有可实施性，包括可执行的机构、人员、成本预算等，也同样无法获得国会的通过。因而，美国国会通过的法律可执行性很强。虽然没有达到实践操作手册那么精准的程度，但每一个法案的执行条款都会落实到具体部门和负责人，而且每一法案通过都要附带法案实施的财政评估。

例如，2004年的《情报改革和反恐法案》在文本最后要求政府职业操守办公室在立法之后的三个月内进行评估，看看个人财务信息公开的要求对于政府雇员的影响，并对这一程序进行改进。① 而在一年之内，该办公室还要负责解决该法与相关法律条文的冲突问题，并及时向总统和主管部门汇报。② 至于具体的财务管理规定，美国1996年的《电信法》第710条是关于财政拨款的条款，2002年的《电子政务法》第四章第401条也是关于财政拨款的专门条款。这些立法条文表明，美国国会立法面向实际，强调可执行性。

3）注重立法技术细节。

从法律文本的细节上也可以发现美国的立法非常细腻。例如，美国的法律条款的排序并不是简单按照阿拉伯数字的顺序，而是进行一定的预留。比如，2002年的《电子政务法》第一章只有第101条和第102条，接下来就是第二章的第201条一直到第216条；在该法第五章也是根据不同的内容分成三段，分别是第501条到第504条、第511条到第513条、第521条到第525条。这种编排有利于修正时增加内容而不需要对所有的条文进行改动，而这种因为一条条文修改而导致的整体条文必须改动的情形，在中国的立法修正工作中司空见惯。

再如，美国的法案中一般都有专门的定义条款，对法律文本的

---

① 《情报改革和反恐法案》第8403条（a）。
② 《情报改革和反恐法案》第8403条（d）。

关键字词进行法律解释，以保证关键字词的意义在法律文本范围内的统一。例如，1996年美国《电信法》第3条、2002年的《电子政务法》中的第201条和第502条、《美国爱国者法修改与再授权法案》里的第120条、2014年的《国家网络安全保护法》的第2条都是定义条款。值得欣慰的是，我国刚刚通过的《中华人民共和国网络安全法》第76条，也是该法的定义条款，这明显体现了中国立法技术的进步。

2 立法的效力和影响不同

由于立法机构在整个国家权力体系中的地位不同，中国的全国人大的立法层级以及法律效力和美国国会的立法明显不同。在中国，全国人大是最高权力机关，其立法效力最高。法律条文的修改或者废除需要在下一个立法周期中解决，因而其效力和影响都很大。反观美国，尽管立法在国会通过也很不容易，但是其条文是否符合美国的宪法还有待美国司法机关的审查，在司法个案中可以被推翻，所以美国国会立法的效力与影响都不能和中国人大通过的立法相比。换句话说，美国的法律的实际影响和效力需要通过立法和司法双重的权威性来确保，而中国的立法权威性不会受到司法机关的挑战。

例如，1996年的美国《电信法》曾经在第五章第502条对网络"淫秽与不正当"的内容进行了较为严格的管制。但在司法实践中被最高法院判定为违宪。这样的司法宣判，实际上是对该法条的废止。国会所能做的只有重新修正立法，以达成其网络内容管控的目的。遭受同样命运的还有1998年美国国会通过的《儿童在线隐私权保护法案》。

3 立法思维各有千秋

与普通法的特点相吻合，美国的立法注重实际，立法提案者对于具体问题非常清楚，立法动议的目的是解决特定的实践中的问题。其优点在于就事说事，很接地气。但缺点同样明显，就是立法缺乏系统性，显得杂乱。

以美国的网络安全管理而言，最初立法者并不重视。美国最初对信息技术发展的动力完全源于科技探索，即保证核打击之下军方的联络。网络安全逐渐成为美国国家安全的重要组成部分，是因为网络的应用逐渐推广，政府安全部门的通讯监听已经扩展到网络通讯中，而且军队的防御能力和情报搜集能力已经和网络监听能力挂钩。在这样的背景下，美国的网络安全法才开始有了初步的雏形：拓展其合法地进行网络监听的范围，防御可能的网络攻击与网络犯罪。当然，因为美国信息技术的全球领先性，美国同样重视促进信息产业的发展，但是论及美国的网络安全立法，产业促进并非网络安全法的重点。

与美国相比，在成文法国度的中国，人大立法者对于立法问题可能有宏观而系统的思考，但对于执法和司法实践中的问题以及如何解决常常缺乏全面准确的了解。因此宏观的方向虽然正确，但立法的质量，包括可执行性及经济性未必能够保证。特别应该警醒的是那种认为立法就解决了问题的思维。

习近平总书记指出，没有信息安全就没有国家安全。这一说法非常准确，也指出中国的网络安全需要重新定位。但从何处下手，如何下手，现实的问题是什么，如何避免强国对于中国的网络监听，这种监听对于中国国家安全的危害程度如何，至少是在网络安全法立法过程中才逐渐明了。

这就不难理解，中国关于网络安全的立法，长期以来处于被忽略的地步。20世纪90年代以来有关的重要立法，都在行政法规乃至部门规章的层次，如1994年国务院147号令、1996年国务院195号令、1997年公安部33号令，至于2000年《全国人民代表大会常务委员会关于维护互联网安全的决定》，层级虽然高，但是内容简短。到了2013年，中国意识到必须在更高的位阶建立网络安全法体系。其基本路径是先对"国家安全"进行重新审视，以修改20世纪90年代的国家安全法作为起点，进行新的《中华人民共和国国家安全法》的立法，然后在新的2015年《中华人民共和国国家安全法》的框架下，制定《中华人民共和国网络安全法》。到现在为止，《中华人民共和国网络安全法》已经正式通过，其对现行中国的网络安全问题有比较宏观、全面的认识，也采纳了管理部门在实践中累积的一些经验。

中美两国立法思维模式不同，实际上也是普通法与成文法立法模式上的重大区别。美国注重实际，突出对于实际问题的解决；中国强调法律体系的构建，充分利用既有的法律资源进行问题的分析和梳理。相对而言，美国由于案例的权威性，主要利用司法裁判弥补法律弹性不足的缺陷；中国则主要依据位阶相对较低的法律规章、部门规定等应对现实中面对的诸多问题。但是面对迅速变化的网络空间立法，普通法的应对模式可能灵活性更高一些。当然，中国近年来推进的案例指导制度，也在弥补成文法系的一些内在缺陷。

因为立法历史传统不一，从既有的立法资料以及文献看，美国的"网络安全"（Cyber Security）与中国的"互联网安全"在概念上存在相当大的差异。最明显的不同是，美国并不把"网络信息安全"作为网络安全的组成部分，这与中国2000年《全国人民代表大会常务委员会关于维护互联网安全的决定》中将互联网运行安全与信息安全两者并重的观念大相径庭。而且，该决定中的这种观念在《中华人民共和国网络安全法》中同样得到延续。刚通过的《中华人民共和国网络安全法》不仅包括网络运行安全的内容（第三章），还包括网络信息内容安全（第四章），即个人信息的保护，还包括对于传输内容的管控（第12条、第47条）。这种不同的原因在于，由美国宪法第一修正案所确立的言论自由在美国已经根深蒂固，美国社会对于在公共事务上的意见多元化已经司空见惯，对言论监管尽管也实施有限的管控，但对这种监管多加以限制。因而，美国一直是把作为关键基础设施的网络设备的安全，即保证网络通讯的通畅、保密性、完整性、可用性（上述三个英文单词的首字母合写简称CIA）作为网络安全的主要内容。可以认为，这是相对狭义的、比较纯粹的"网络安全"。而中国虽然在《中华人民共和国网络安全法》第76条的定义条款中也将网络安全定义为CIA，似乎和美国的狭隘理解一致，但通观整个网络安全法就会发现，中国一如既往地强调国家意识形态的重要性，并把网络空间的意识形态的占领视为网络安全的一部分。

（二）中美网络安全管理机构的差异

中美两国网络安全管理机构的设置及相关职能可以通过图6进行比对。

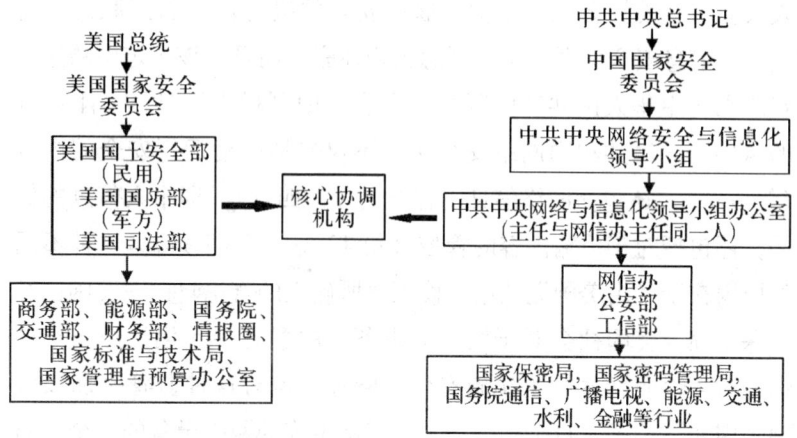

图 6　中美网络安全管理机构对比示意

1　中国有自己的特色

由图 6 对比可以发现，中美的网络安全管理机构存在诸多不同：

在美国，总统有权根据合理理由宣布进入紧急状态，包括遭受网络攻击。在总统之下，由总统领导的国家安全委员会同样可以对网络安全的状态进行评估和政策干预。而在国家安全委员会之下由国土安全部、国防部和司法部主要负责美国的网络安全。这三个部门起着核心的枢纽作用，其在面临网络安全危机时可以协调多个部门进行联合的网络安全应对，这些被协调的部门包括商务部、能源部、国务院、财务部、情报圈、国家标准与技术局、国家管理与预算办公室等。①

在中国，根据新通过的《中华人民共和国网络安全法》第8条，现在的基本分工是：国家互联网信息办（简称网信办）起主要协调作用，工信部与公安部负责各自的网络安全主管和监管工作。

2014年年初，中共中央网络安全与信息化领导小组成立，其以规格高、力度大、立意远来统筹指导中国迈向网络强国的发展战略，在中央层面设立了一个更强有力、更有权威性的机构。中国的国家安全委员会，全称为"中国共产党中央国家安全委员会"，是新近成立的中国共产党中央委员会下属机构。该委员会经由中国共产党第十八届中央委员会第三次全体会议，于2014年1月24日正式设立。从该委员会的定位看，是网络安全的上级主管部门，其协调的范围更广、领导的部门更多。此举表明，在国家安全，包括网络安全方面，中国正在进行顶级层面机构设计的新尝试。显示出中国在保障网络安全、维护国家利益、推动信息化发展的决心。

这表明，在信息时代，应对网络安全应由各主管机关联合，但不能缺少进行协调和整合的领导机构。

2 中国管理部门的分工与合作有不清晰处

与美国不同，中国并没有国家层面的网络安全事故的应急机制指南。因而在应对网络安全方面，各个管理机构之间如何进行分工和合作还存在不清晰之处。

---

① 参阅 Fed. Emergency Mgmt. Agency, National Resource Center Incident Annexes, http://www.fema.gov/emergency/nrf/incidentannexes.htm，访问时间2016年1月10日。最近版本的附录包含生化事故、重大灾害事故、食品与农业事故、紧急疏散、核（放射性）事故、网络事故、恐怖主义执法调查。

首先，网信办的职能不明确。《中华人民共和国网络安全法》中明确网信办为主要的网络安全工作和相关监督管理工作协调部门之后，网信办在诸多机构中处于领导地位应该很清楚，但就现在法律条文的表述以及事实来看，却又不能想当然地认为如此。

最主要的问题是，网信办，尤其是网信办领导小组办公室是实体机构，还是主要定位于不进行具体监管的协调机构？如果是前者，似乎应该学习美国国土安全部的经验，将一些网络安全管理的力量进行整合，归于网信办之下。但是从实际情况出发，这又不大可能，公安部、工信部等诸多部门已经从事这方面的管理日久，累积了非常丰富的经验，它们依然在行使着日常监督与执法功能，网信办如果参与实际的管理，会导致人员配备的重复与多头管理的混乱。如果是后者，一个最主要的问题是网信办进行协调的机制如何启动？是日常地和几家管理机构进行联合监督指导，还是针对特殊的事件，满足特定的要求才出面进行协调？网信办是直接面向企业的协调管理，还是主要针对既存的管理机构，如公安部、工信部等的监管？这些问题，从既有的法律规定中难以寻求答案，恐怕要等到相继的一些更具体的管理办法以及审查指南实施后才能明了。

其次，在具体的应对网络安全事件的过程中，各有关部门的具体分工也无明确答案。从《中华人民共和国网络安全法》第78条看，军队网络似乎是单独区分，其网络安全问题由军队自身维护。[①] 但在网络信息时代，入侵无视对象到底是军网还是民网，应对也应该是整体的应对，这种区分是否科学值得考究。另外，现行法中也没有看到美国网络安全法中常见的国家安全部门、国家情报

---

① 《中华人民共和国网络安全法》第78条军事网络的安全保护，由中央军事委员会另行规定。

部门在网络安全保障过程中的分工与作用。可能是因为目前我国对于网络安全事故的应急机制并没有成型，相关部门的分工和合作还在探索中。

（三）中美企业在网络安全维护义务方面的差异

1 政府对企业的监管模式不同

在网络安全的管理模式上，美国和中国明显不同。对于企业的网络安全维护，美国政府多持企业自主的态度，换句话说，政府并不认为在网络安全管理能力上比企业高明。而中国政府则给予尽量多的指导和资助，并希望企业与政府密切配合。

通俗地说，美国政府是"有限政府"，其权力边界在法律中就已经明确，不能逾越。从"有限政府"的理念出发，就可以理解为什么斯诺登事件之后美国国安局领导下的大规模监听行动不得不屡次受限乃至最终面临被叫停，为什么美国政府关于网络安全的任何一个官方机构的设立，其目的、职责、人员安排、财政支出情况、年度报告都在国会立法讨论中有详细记录而且在官方网站上可以公开获得；也很容易理解在关于网络安全的行动计划中，美国的企业多数都处于一种自主参与的状态，政府机关向相关企业推荐网络安全标准以及网络安全计划，但是是否参与主要由企业自主决定。因为政府一旦越权，则可能本身被指责为违法。

中国的网络安全工程在发展之初基本靠政府牵头。中国20世纪70年代末开始的从上而下的改革开放，信息产业发展需要的前期巨额投资，政府可以对全国资源进行有效的调配，这种事实决定了中国信息产业的相关企业必须与政府进行有效合作，才可能谋得共赢。由于中国政府在信息产业发展过程中起引领作用,对于网络安全,中国的政府监管机构众多,且不时调整管理规则以适应改革需求,相对而言,互联网企业处于被管理、被支配的地位,其网络安全维护义务较重。中国的企业尽管也可以通过行业协会发出一些声音,但是无法自主决定网络安全维护标准。这在《中华人民共和国网络安全法》中有也有体现(具体条文见下一节中的分析)。

当然,在涉及国家安全以及公共利益时,企业必须承担相应的网络安全维护义务,这在中美并没有区别。例如,美国联邦贸易委员会(FTC)对企业网络安全标准未达标而导致的客户信息泄露,同样严惩不贷。① 美国国家安全局以维护国家安全的名义,要求美国的互联网七大巨头提供服务器上的信息,这构成了斯诺登揭露的美国全球监听计划"棱镜计划"的一部分。② 尽管美国互联网巨头并不承认加入了这样的计划,但从美国的网络监听立法状况看,应该属实。同样,2016年年初,美国FBI要求苹果提供解锁密码以获取司法证据时,苹果公司高调拒绝。③ 但已经传闻美国国会在进行立法动议,迫使苹果这样的高姿态屈服。④ 而在中国,如果司法

---

① 参阅 Federal Trade Comm'n v. Wyndam Worldwide Corp., 10 F. Supp. 3d 602 (D.N.J. 2014).

② [美] 格伦·格林沃尔德著. 无处可藏 [M]. 米拉、王勇译. 中信出版社, 2014:101-103.

③ 相关报道可参阅 http://www.techweb.com.cn/digitallife/2016-02-17/2279322.shtml, http://iphone.tgbus.com/news/class/201602/20160222115604.shtml, 访问时间 2016 年 8 月。

④ 参阅白宫拒绝公开支持加密立法:可要求苹果解锁手机, http://news.sohu.com/20160408/n443634269.shtml, 访问时间 2016 年 8 月。

当局要求企业为采证提供帮助,企业具有进行配合的法定义务,[1]否则就要承担相应的法律责任。

2 企业维护网络安全义务的内容和评判标准不同

由以上的监管模式的比较以及既有的中美网络安全立法,可以发现,中美企业网络安全维护义务的内容和评判标准有很大不同。简单地说,在中国,企业的网络安全维护义务是法定的、普遍的,美国主要通过市场检验由市场来淘汰维护安全不利者。

1) 我国企业的网络安全维护义务的主要内容及标准。

中国企业(主要指网络运营者)的网络安全维护义务体现在《中华人民共和国网络安全法》总则中的第9条、第10条、第14条;第三章网络运行安全中的多数条款,尤其是第21条、第25条、第28条,明确规定了相关企业必须进行数据记录备份以及履行及时向主管部门进行通报的义务;对于关键信息基础设施的运营者,还在第34条到第37条规定了特殊的安全保护义务;第47条特别要求相关运营者对于违法信息有停止传输的义务。

综合现行的法律、法规、规章等有关内容,包括《中华人民共和国计算机信息系统安全保护条例》(国务院195号令)、《工业和信息化部关于加强电信和互联网行业网络安全工作的指导意见》(工信部保〔2014〕368号)等,我国的网络运营企业承担的安全保护义务包括但不限于如下内容:建立安全保护管理制度、采取安全保护技术措施、实施安全教育和培训等。

具体而言,互联网运营企业应按照国家安全等级保护制度实施

---

[1] 可参见公安部第33号令《计算机信息网络国际联网安全保护管理办法》(1997年制定,2011年修订)第8条。

日常网络安全管理[1],同时按照网络安全等级保护制度的要求和国家标准的强制性要求,采取相应的管理措施、技术防范及其他必要措施。由此,网络运营者安全保护义务的参照标准主要来自三部分:一是网络安全等级保护制度,二是法律、行政法规的规定和国家标准,三是"其他必要措施"。

信息安全等级保护在我国的信息安全保障体系中是"一项基本制度"[2],信息安全等级保护的核心是对信息系统分等级、按标准进行建设、管理和监督。分级的依据是"信息系统在国家安全、经济建设、社会生活中的重要程度,信息系统遭到破坏后对国家安全、社会秩序、公共利益以及公民、法人和其他组织的合法权益的危害程度等因素"[3]。现行体制中,信息系统的安全保护等级共分为五级:自主保护级(第一级)、指导保护级(第二级)、监督保护级(第三级)、强制保护级(第四级)、专控保护级(第五级)。[4] 信息安全等级保护的基本逻辑是:第一,通过针对不同等级,制定相应的管理规范和技术标准;第二,根据信息和信息系统的不同重要程度以及每一等级的管理规范和技术标准,组织行政机关、公民、法人和其他组织开展有针对性的保护工作;第三,政府对不同安全保护级别的信息和信息系统实行不同强度的监管政策。因此,在信息安全等级保护制度中,不同分级配套的管理规范和技术标准构成了安全保护义务的主要内容。

---

[1] 参见《中华人民共和国网络安全法》(草案)立法说明,"草案将现行的网络安全等级保护制度上升为法律,要求网络运营者按照网络安全等级保护制度的要求,采取相应的管理措施和技术防范等措施,履行相应的网络安全保护义务"。

[2] 参见公安部、国家保密局、国家密码管理委员会办公室、国务院信息化工作办公室关于印发《关于信息安全等级保护工作的实施意见》。

[3] 参见《信息安全等级保护管理办法》第6条。

[4] 参见《信息安全等级保护管理办法》第7条。

2）美国企业的网络安全维护义务的主要内容及标准。

前已述及，美国企业对于网络安全的维护义务并非来自法律规定，而主要是企业自主以及市场竞争下的自然结果。美国政府在其中尽量扮演辅助性角色。

以美国的国家标准与技术局（NIST）制定关于美国"关键设施的网络安全框架性文件"为例。该文件制定的法律依据是美国总统于 2013 年 12 月签发的 13636 号行政命令"提升关键设施的网络安全"。但根据 NIST 的官方网站的公开报道以及信息的更新，NIST 在其中扮演的完全是信息征集与协调的角色。NIST 一再强调企业参与该框架的自愿性、网络安全保障"最佳实践"分享的重要意义、"提升网络安全路线图"本身愿意接受广泛的建议和批评，等等。[①] 其基本态度是政府在框架制定的问题上尊重企业的经验，愿意提供可能的指南。

同样，2015 年年底，美国国会通过的《网络安全信息共享法案》（Cybersecurity Information Sharing Act，CISA），旨在"通过加强关于网络安全威胁以及其他目的的信息分享，提高美国的网络安全"。该法允许将网络追踪信息在政府部门和互联网企业（包括网络技术和制造公司）之间，主要是国土安全部领导下的各私营机构与政府部门之间进行信息共享。美国的政府与企业进行信息分享的做法表明美国的政府部门在网络安全维护的管理上始终将自己定位为服务与协调的角色。其逻辑是，美国企业网络安全维护义务的内容以及标准都应该源于企业。

不过，在上述看似不同的管理模式以及企业的网络安全维护义

---

① NIST，Cybersecurity Framework Feedback: What We Heard and Next Steps，June 9，2016，参阅 https://www2.nist.gov/sites/default/files/workshop-summary-2016.pdf，访问时间 2016 年 8 月。

务的内容与评判标准各异的情形下,也能发现中美企业网络安全维护义务的相同点。其一,网络安全维护义务采取的都是分类分级办法。美国强调将网络设施分成基础设施与非基础设施,根据不同的行业,采取不同的保护方式;中国一方面学习美国的经验,将网络设施分成上述关键信息基础设施与非关键信息基础设施,另一方面将信息安全等级分成五级,由企业自主决定后再辅以不同等级下的标准与措施。其二,都强调在维护网络安全过程中信息共享的重要意义。美国是通过专门的立法以解决企业与政府部门之间的信息共享问题;而中国则直接规定企业有向政府有关部门进行汇报,并且有协助维护网络安全的义务,以利于政府的决策。

(四) 中美网络内容管制的差异

1 内容管制是否属于"网络安全"的范畴

前已提及,在美国的"网络安全法"的范畴里,网络内容管制并不是重要的组成部分。而在中国,信息安全与运行安全被视为同等重要,是"互联网安全"的两个方面。而信息安全的主要内容,从现行通过的《中华人民共和国网络安全法》来看,一是对于个人信息的保护(第四章),二是对于不良内容传输的控制(第12条、第47条)。

这种分歧源于对网络安全概念的理解存在不同。在美国,网络安全的概念主要是指通讯过程中,网络系统的硬件、软件及其系统中的数据受到保护,不因偶然的或者恶意的原因而遭到破坏、更改、泄露,网络系统连续、可靠、正常地运行,网络服务不中断。换句话说,美国是将网络传输的 CIA 问题(即保密性、完整性、可用性）作为网络安全的主要内容。

　　相对于中国的立法来说，这种理解纯粹而狭义。中国的内容管制中的许多内容与 CIA 问题并无关系，如扫黄打非，又如《全国人民代表大会常务委员会关于维护互联网安全的决定》中对于制造谣言、分裂国家、泄露国家机密、煽动民族仇恨或者歧视、建立黄色内容网站等行为的打击。这些内容的传播并没有导致网络系统的正常运行受到破坏，恰恰相反，这些内容是利用了网络的正常运行进行大面积的传播。因此，这不属于美国狭义理解上的"网络安全"问题，尽管其同样可能受到美国法律的追责。

　　中国将网络内容管制当成互联网安全或者说网络安全的一部分，有历史与现实的原因。从网络安全立法进程看，该立法是《中华人民共和国国家安全法》的自然延续，而国家安全中当然包括对颠覆政府、分裂国家、泄露国家机密等行为的制止，不管是否利用网络。2000 年全国人大关于维护互联网安全的决议中也同样将信息安全视为"网络安全"的组成部分，因循这种脉络，将内容管控纳入"网络安全"的范畴，实属必然。

　　但是，理解中美这种分歧，分清中国"网络安全问题"中的"纯粹的网络安全问题"和"内容安全问题"，对于事件的定性和应对有积极意义。例如，对垃圾邮件（Spam），由于其可能干扰正常的网络资源利用，涉及 CIA 问题中的可利用性（Availability）问题，所以属于"纯粹的网络安全问题"。而对于个人信息泄露问题，如果个人信息是由商家在客户使用互联网的过程中正当而合法地收集的，并且将其像类似商品一样出售给其他有需求的买家，此过程并没有涉及 CIA 问题，因而只是数据滥用，可能触犯刑法，但不属于纯粹意义上的网络安全问题。但如果有人通过破解密码侵入商家的数据库，窃取了其客户的个人信息并且进行转售或者滥用，则至少涉及数据的保密性问题，这就属于纯粹的"网络安全问题"。在美国，"纯粹网络安全问题"显然比"不良内容"传播问题的性质更为严重。

2 网络内容提供商义务的差异

出于对网络安全的理解不同，美国对网络言论虽有管控，如淫秽内容以及仇恨性言论，但美国的基本理念是政府压制一种言论虽然容易实施，但效果远比不上让其他的言论去挑战其权威。例如，针对仇恨性言论，美国20世纪90年代的一项研究得出的结论是利用提倡宽容的言论消除这种言论的影响，而不是政府规制。[①] 既然政府在很大程度上受到宪法的限制难以对言论直接规制，网络内容服务提供商也同样没有太多的干预理由。甚至，美国的1996年《联邦通讯正当法案》（Communication Decency Act，CDA）中的第230条豁免了网络服务提供商的责任。这使美国的网络内容服务提供商对于第三者的言论不需要承担法律责任。这种逻辑同样体现在对于淫秽色情内容的管制上，如美国的电影实行分级制度，但这并不是法律，而是电影产业界的共识。换句话说，这是以行业自治的方式取代政府的直接管制。

在中国，政府部门对于网络内容多方管制在技术上和法律上都非常细致。但对网民而言，法律语言模糊，权力不清晰，措施不透明，删帖、封网等措施不加解释等仍然是时下存在的问题。

美国的经验是，利用多元化的意见引导舆论，将政府进行内容审查的方式和限制公开，相信企业自治的管制经验，这对于中国很

[①] 参见 Munro, Victoria (May 12, 2014). Hate Crime in the Media: A History. p.230. 转引自 https://en.wikipedia.org/wiki/Hate_speech#United_States，访问时间2016年8月。

有启发意义。不过,过度宽容地对待泛滥的网络言论也引发了一些美国学者的批判,尤其对于仇恨性言论宽松的、明显而即刻的、危险的标准,可能导致社会上种族歧视思想和观念的累积,最终导致美国本土的种族问题异常严重。① 最近特朗普就任美国总统后颁布的"禁穆令",足见这一问题的严重程度。

---

① Alexander Tsesisal, Hate in Cyberspace: Regulating Hate Speech on the Internet, (Summer 2001) 38 San Diego Law Review Association 817.

五、初步结论

1 中美"网络安全"的法律概念存在差异

以上已经谈及,从现行立法的定义条款看,中美在"网络安全"概念上并无不同,但对于同样文本的理解则存在明显的差异。美国强调的是网络运行过程中的硬件、软件以及数据的安全,其判定标准是看网络传输数据的保密性、完整性和可用性(以下简称CIA)是否受到破坏。对于网络内容的管制,虽然也是网络空间治理的重要组成部分,但如果与CIA无关,美国并不把它视为网络安全问题。

《中华人民共和国网络安全法》第76条关于网络安全的定义条款与美国相似。但是从整体看,《中华人民共和国网络安全法》也包括网络内容管制以及用户个人信息保护等章节内容,其本身就和《中华人民共和国网络安全法》中狭窄定义的理解不一致。如果将《中华人民共和国网络安全法》与《全国人民代表大会常务委员会关于维护互联网安全的决定》以及国安委、网信办的一些政策文件进行比较,就会发现《中华人民共和国网络安全法》中的定义虽然狭窄,但职能部门仍然倾向于将其理解为"网络空间的安全"这种比较宽泛的观念。这些内容是传统的"国家安全""社会治安"在网络领域的延伸,超越了狭隘的定义条款中的理解。

2 《中华人民共和国网络安全法》提升了中国政府在网络空间的应急能力

美国的网络安全战略和政策是经过长期历史演进,作为国家安全的一部分演变而来的,这就决定了美国的网络安全策略定位高、涉面广——包括了信息保密、监听许可、经济安全等多个方面。而从中国引进信息技术的历史进程看,中国的信息产业一开始就定位于高科技朝阳产业。中国政府一直注重网络产业所能带来的正面经济效应而防止其可能带来的负面效果,尤其是信息自由可能带来的意识形态失控。中国政府对于信息产业的内容安全方面与运行安全方面同样重视。

新出台的《中华人民共和国网络安全法》,针对中国网络安全时下面临的紧迫问题提出了应对方案,包括斯诺登事件之后整体的国家网络安全防御体系的构建,至少对于域外的网络攻击事件可以依法反制(第 75 条);整合国家既有的网络安全管理机构,明确了网络信息部门主管和协调的职责(第 8 条);针对互联网运营企业,规定了网络漏洞披露以及网络安全通报机制(第 22 条、第 25 条);针对个人信息泄露严重的情况,要求互联网企业规范个人信息的处理和保护(第 40 条到第 45 条)。另外,由于时下的网络欺诈和网络犯罪活动的猖獗,《中华人民共和国网络安全法》第三稿临时特设第 46 条,对于利用网络实施传授犯罪的活动特别予以严惩。同时,为应对反恐以及突发恶性事件,特设第 58 条,明确国务院有权决定或批准在特定区域进行网络通信限制。这些法律规定为将来政府应对网络安全领域的紧急事件提供了极为重要的防范手段。

相对美国的经验来说,中国在网络安全监管方面并不像美国立法那样强调"内外有别"。美国的网络安全立法很清楚地意识到国家安全与个人信息保护之间的对立冲突。尽管美国对于情报搜集程序做了比较细致的规定,但美国还有一个很大的政策性导向,即内外有别,对于他国的网络监听以及情报搜集可以更灵活,对在他国国土上的国民信息搜集不进行特别的约束。例如,1978年通过的《外国情报监听法案》,就只针对非美国公民。

斯诺登事件之后,美国官方多次声明,其对于外国公民的监听是定向的、合法的,但恰恰不能忽视的是这种"合法"本身是以歧视外国公民为前提的。诸多现实的美国案例也表明,对于所谓的定向目标的监听事实上可以"合法"地扩大。因而我们只能说,美国通过大规模的网络监听这种方式保卫本土安全、本国国民安全的做法是以他国国土与国民的利益受损为前提。尽管打着"反恐"的名义,但美国这种政策的两面性不能被忽视。

3 《中华人民共和国网络安全法》体现的"中国特色"

对网络空间的治理,中国依据最初引进信息产业的定位,通过相关立法以及管理实践,已经累积了一些中国经验。这些经验体现在各个层次的部门规章和规定中,对于中国信息产业发展到今天发挥了不可磨灭的作用。就网络安全管理而言,其中有几个特点是非常中国化的。

其一,对于网络内容的审查和管控。西方对于中国的网络内容审查多为负面评价,从管控目的(如维稳和控负)、管控手段和方法(如技术手段和网警巡逻方法、网络服务提供商的责任等)、管控效果看,我国基本上实现了既定目标。在这么大范围的网络空间中能基本达成管理者的目标,其经验值得总结。

不过，这种严格的内容管控有值得反省之处。首先是法律观念上，"网络内容安全"被塑造成为"网络安全"的重要组成部分，但"内容安全"如果是指内容传输的价值观与官方一致，那么与解决 CIA 问题的"网络安全"并没有什么直接关联。其次是追求"内容安全"屏蔽了许多不同的声音，这一过程也伴随着其他的追求目标可能丧失。例如，网民的自我思辨能力、整个社会的求知与探索创新能力、政府信息公开、新闻舆论监督乃至网络经济的繁荣等。换句话说，即便承认"内容安全"是保障网络安全的应有之义，也要考虑其可能和其他的诸多价值追求有矛盾和冲突。到底要追求怎样的"内容安全"，是否仍然要坚持传统的方式来保障"内容安全"，值得思考。

其二，党的职能部门的重视。在网络安全领域，十八大以后，除了国家安全委员会，党中央还成立了中央网络和信息安全领导小组，这使网络信息办公室与中央领导决策层之间的信息通道畅通无阻，表明党中央对网络安全问题的重视。

实际上，"中央领导小组"由来已久。但凡遇到重大改革，都会成立"中央领导小组"。据媒体报道，截至 2015 年 7 月，已经有不下 22 个中央领导小组，而习近平在其中的 4 个小组中任组长。[①]

研究公共政策的学者普遍认为，中央领导小组的设立有其必要。因为在处理一些重大事项时，常规性机构级别不够，在高层缺乏一个协调性平台。而设立领导小组，能发挥统筹协调功能。许多西方政府也主张在政府内部尽可能地减少常设机构的数量，通过设

---

① 中央领导小组逾 22 个 习近平任 4 小组组长，新京报时政新闻 http://news.qq.com/a/20150731/058431.htm，访问时间 2017 年 4 月 30 日。

置临时性机构来实现政府职能目标。因为这可以避免常设机构的行为僵化问题。①

不过,如果改革任务长期存在,小组长期设立,则可能与发挥领导小组灵活性的目的相违背。一旦某些领导小组长时间存在,则该机构与常设性政府机构并无区别,应该规范其职能与工作流程。其实,从长远的角度来看,任何"领导小组"的设立都最好规范化和法治化,包括领导小组的提请、设立、职能、职责、人员配备、实际操作等。此外还需要建立相关的责任机制。

从网络安全保护的立法以及执法情况看,美国政府的行为与其"有限政府"的理念一致,表现为:

1)立法先行。

透过美国网络安全立法这一窗口会发现美国官方所有的网络安全管理机构从机构设置到任务以及其发展脉络都是立法先行,先有法律依据,然后依法行政。此外,美国的立法注重实效,预算先行,法律实施具有高度的可操作性,这是美国强大的地方。当然,总统安全指令的保密等也说明其有隐秘的军方和政府行为,但这不影响整体上美国的行政公开透明的判断。

2)政企平等。

从美国的网络安全管理实践看,尽管存在诸多管理机关之间信息分享不够的弊端,但美国公开透明的立法以及清楚的职责分工保证了诸多政府机构之间的职能衔接,彼此的信息分享义务也可以通过美国国会的立法而达成。

值得一提的是,尽管网络安全管理涉及全方位的合作和参与,

---

① 可参阅新华网—北京青年报,盘点中共中央 18 个中字头小组 习近平兼 4 个组长,网址:http://www.js.xinhuanet.com/2014-06/23/c_1111271607.htm,发布时间:2014 年 6 月 23 日,访问时间 2017 年 4 月 30 日。

尤其是政府、军方、企业的合作，但美国政府机构在网络安全管理方面通常是以政府作为服务方，承担主要的义务，并不强制企业等民间群体的参与，而是把选择权交给企业自己，除非涉及网络关键设施。

4 "睁眼"看世界

在网络拉近了全球的距离、信息的传播极大便利的今天，对于网络的治理更需要保持开放的态度。一方面是吸取他国的经验；另一方面需要各国携手合作，应对最前沿的网络安全法律难题，共同维护网络安全。

1）各国的网络安全保障各具特色。

放眼全球，各国的网络安全保障方式各有侧重。

美国以保障网络空间的军事打击与抗压能力作为其网络安全战略的首要目标，故其网络安全相关立法侧重于技术可行与信息共享。

中国的网络安全保障是从网络运行安全与网络内容安全两方面入手，两方面都抓。在借鉴欧美发达国家经验的同时，对网络内容安全及其管控要结合中国特色。

欧盟则主要是高举个人数据保护的旗帜，提倡人权高于国家主权。以个人隐私的跨境流动也必须符合安全规范为基准，构建在网络世界数据安全的模板，并力图推向全球。

俄罗斯力主维护网络空间的国家主权，对于外国公司在俄罗斯进行网络服务的，要求其服务器必须在俄罗斯境内。

这些例子表明，在信息技术实力不足以与美国进行抗争时，各国的网络空间安全保护还可以打各自的"特色牌"，构成相对应的"筹码"。

有关网络安全,如果仅从运行安全和内容安全两个角度看,运行安全涉及网络技术,属于硬实力,而内容安全偏重于一个国家的文化观念和意识形态,属于软实力。就网络运行安全的投入而言,确实可能存在如 Goldsmith 教授所说的,花了太多的精力和人、财、物但收效甚微的问题。① 但从目前中国的科技实力以及网络舆情控制情况看,似乎应该加重对于运行安全的投入,而对网络内容管控进行适当的调整。中国现行的网络内容管控法律依据为"九不准"。

"九不准"一般认为是由 2000 年制定的《中华人民共和国电信条例》(2014 年修订)第 56 条②和《互联网信息服务管理办法》(2011 年修订)第 15 条③所确立。在新近通过的《中华人民共和

---

① A Conversation on National Security Law: The Future of Enemy Combatants, Guantanamo Bay, and Nuclear Terrorism—An Interview with Jack Goldsmith, 33 Fletcher Forum of World Affairs Fall 97, (2009).

② 《中华人民共和国电信条例》(2000 年 9 月通过,国务院令 291 号,2016 年最新修订)第 56 条 任何组织或者个人不得利用电信网络制作、复制、发布、传播含有下列内容的信息:(一)反对宪法所确定的基本原则的;(二)危害国家安全,泄露国家秘密,颠覆国家政权,破坏国家统一的;(三)损害国家荣誉和利益的;(四)煽动民族仇恨、民族歧视,破坏民族团结的;(五)破坏国家宗教政策,宣扬邪教和封建迷信的;(六)散布谣言,扰乱社会秩序,破坏社会稳定的;(七)散布淫秽、色情、赌博、暴力、凶杀、恐怖或者教唆犯罪的;(八)侮辱或者诽谤他人,侵害他人合法权益的;(九)含有法律、行政法规禁止的其他内容。

③ 《互联网信息服务管理办法》(2000 年 9 月通过,国务院令 292 号)第 15 条 互联网信息服务提供者不得制作、复制、发布、传播含有下列内容的信息:(一)反对宪法所确定的基本原则的;(二)危害国家安全,泄露国家秘密,颠覆国家政权,破坏国家统一的;(三)损害国家荣誉和利益的;(四)煽动民族仇恨、民族歧视,破坏民族团结的;(五)破坏国家宗教政策,宣扬邪教和封建迷信的;(六)散布谣言,扰乱社会秩序,破坏社会稳定的;(七)散布淫秽、色情、赌博、暴力、凶杀、恐怖或者教唆犯罪的;(八)侮辱或者诽谤他人,侵害他人合法权益的;(九)含有法律、行政法规禁止的其他内容。

国网络安全法》的第 12 条①中，同样看到了它的痕迹。

不过，如果追溯早期中国有关出版媒体的立法，就会发现这种类似于"不准"的管控早已存在。例如，1955 年的《国务院关于处理反动的、淫秽的、荒诞的书刊图画的指示》，1994 年的《关于

---

① 《中华人民共和国网络安全法》第 12 条　国家保护公民、法人和其他组织依法使用网络的权利，促进网络接入普及，提升网络服务水平，为社会提供安全、便利的网络服务，保障网络信息依法有序自由流动。

任何个人和组织使用网络应当遵守宪法法律，遵守公共秩序，尊重社会公德，不得危害网络安全，不得利用网络从事危害国家安全、荣誉和利益，煽动颠覆国家政权、推翻社会主义制度，煽动分裂国家、破坏国家统一，宣扬恐怖主义、极端主义，宣扬民族仇恨、民族歧视，传播暴力、淫秽色情信息，编造、传播虚假信息扰乱经济秩序和社会秩序，以及侵害他人名誉、隐私、知识产权和其他合法权益等活动。

音像制品管理条例》第 3 条①，1997 年的《出版管理条例》第 25

---

① 《音像制品管理条例》(1994 年 8 月 25 日发布，国务院令第 165 号，现已失效)第 3 条　音像制品的经营活动应当遵守宪法和有关法律、法规，坚持为人民服务和为社会主义服务的方向，传播有益于经济发展和社会进步的思想、道德、科学技术和文化知识。
禁止经营有下列内容的音像制品：
（一）危害国家统一、主权和领土完整的；
（二）煽动民族分裂、破坏民族团结的；
（三）泄露国家秘密的；
（四）宣扬淫秽、迷信或者渲染暴力的；
（五）诽谤、侮辱他人的；
（六）国家规定禁止出版、传播的其他内容。
《音像制品管理条例》(2001 年制定，2016 年最新修订) 第 3 条　音像制品禁止载有下列内容：
（一）反对宪法确定的基本原则的；
（二）危害国家统一、主权和领土完整的；
（三）泄露国家秘密、危害国家安全或者损害国家荣誉和利益的；
（四）煽动民族仇恨、民族歧视，破坏民族团结，或者侵害民族风俗、习惯的；
（五）宣扬邪教、迷信的；
（六）扰乱社会秩序，破坏社会稳定的；
（七）宣扬淫秽、赌博、暴力或者教唆犯罪的；
（八）侮辱或者诽谤他人，侵害他人合法权益的；
（九）危害社会公德或者民族优秀文化传统的；
（十）有法律、行政法规和国家规定禁止的其他内容的。

条①，1997年的《广播电视管理条例》第32条②，都对不同的媒体内容提出了类似的管控要求。

因此，网络内容管控的"九不准"，是传统媒体管控在网络领域的延伸。不过时至今日，网民的巨大基数以及信息的海量已经导致传统的管控方式失效。即使投入大量人力、物力、财力，全面审查所有网络信息页也是一个不可能完成的任务。因此在网络信息内容管理上最好对信息内容进行合理分类，区别对待而非平均用力。同时，"九不准"作为确定互联网信息发布内容的判断标准，目前存在涵盖范围不足、具体判断依据不明确等问题。清华大学法学院的一项研究认为，"九不准"实际上涉及危害"国家安全""公共秩序"和"个人权利"三个不同层次的违法有害信息。就目前的"九不准"规定而言，"国家安全"主要涵盖前三项情形，部分包括第四项内容（"煽动民族仇恨"）。"公共秩序"主要包括"九不准"中第四（"民族歧视"等内容）、五、六、七项的列举内容。

---

① 《出版管理条例》（1997年2月1日实施，现已被修改）第25条 任何出版物不得含有下列内容：
（一）反对宪法确定的基本原则的；
（二）危害国家的统一、主权和领土完整的；
（三）危害国家的安全、荣誉和利益的；
（四）煽动民族分裂，侵害少数民族风俗习惯，破坏民族团结的；
（五）泄露国家秘密的；
（六）宣传淫秽、迷信或者渲染暴力，危害社会公德和民族优秀文化传统的；
（七）侮辱或者诽谤他人的；
（八）法律、法规规定禁止的其他内容的。
② 《广播电视管理条例》（国务院1997年颁布，国务院令228号，2013年修订）第32条 广播电台、电视台应当提高广播电视节目质量，增加国产优秀节目数量，禁止制作、播放载有下列内容的节目：（一）危害国家的统一、主权和领土完整的；（二）危害国家的安全、荣誉和利益的；（三）煽动民族分裂，破坏民族团结的；（四）泄露国家秘密的；（五）诽谤、侮辱他人的；（六）宣扬淫秽、迷信或者渲染暴力的；（七）法律、行政法规规定禁止的其他内容。

"国家安全"和"公共秩序"的区分意义不仅在于分类,而且在于对两类信息在处理方式上可以考虑区别对待。对危害"国家安全"的信息,门户网站等平台采用"关键词过滤"技术与人工检查相结合等方式进行事先审查。而对"公共秩序"造成影响的言论,可以考虑事后处理的方式——一方面考虑到客观的审查成本;另一方面在公共讨论中适当的空间有利于提前化解矛盾,形成普遍的社会意见。至于"九不准"中第九项的规定,即"含有法律、行政法规禁止的其他内容的"一项可以删去。理由有二,一是分类后的管理规定从国家、社会和个人三个层面对网络信息可能侵害的法益进行归纳,可以涵盖现实中的绝大多数情形;二是如果确有管理规定不能涵盖,而又有其他法律、行政法规进行规定的,处理时可以直接适用其他法律和行政法规,并不需要通过这一条款进行"摆渡"。[①]

2)数据主权与司法合作的矛盾普遍化。

2015年欧美数据安全港协议被ECJ法庭在Schrems案[②]中废除之后,2016年2月29日,新的称为"隐私盾牌"(Privacy shield)的协议文本已经公开。[③] 该案所揭示的对于数据的跨境流动,一国是否有权进行监管以及如何监管,此监管是不是一国主权的应有之义,其边界何在,值得深思。但普遍认为,今后司法实务中的难题将会更频繁地出现在司法合作领域,直接引发数据主权问题。

例如,2013年在纽约州发生的一起刑事案件中,纽约警方通

---

① 参阅网信办《互联网信息服务法研究结题报告》(清华大学法学院承担)中的专题《九不准修改理由》。

② Case C362/14, Maximillian Schrems v Data Protection Commissioner, Opinion of Advocate General BOT, delivered on 23 September 2015.

③ European Commission unveils EU-U. S. Privacy Shield, http://ec.europa.eu/justice/newsroom/data-protection/news/160229_en.htm, 访问时间2016年3月5日。

五、初步结论

过搜查令希望"脸书"公司提供警方调查嫌疑人的"脸书"通讯记录,涉案人员大概有 62 人,警方要求提供的是 381 人的记录。①"脸书"认为搜查令的对象过于宽泛,有违美国宪法及民事诉讼相关规定。而且这些人员中有不少为国际人士。但庭审法官认为,"我们不是在处理国际关系",在分析了美国宪法、存储通讯法、民事诉讼法相关规定之后,法庭判定纽约警方的搜查令虽然范围较广,但并不违法。② 微软在 2015 年同样面临类似的问题,美国政府要求微软提供其包括远在爱尔兰的云端服务器上的邮件数据,以配合国际贩毒案的调查,微软认为事涉个人隐私,而且此举将导致任何一个国家都可能将所在国网络公司控制的数据进行调取,无疑是一个恶劣的先例。爱尔兰则认为,这可能事涉国家主权。③

似乎是回应这样可能的潜在矛盾以及数据安全问题,俄罗斯通过新的立法,要求云存储俄罗斯个人数据的服务器必须在俄罗斯。新法于 2016 年 9 月生效。④ 这种办法可以解一时之急,但从长远看将加重跨国企业的负担。

在 Google 事件中,中国要求谷歌按照中国法律进行内容审查和过滤(传闻还有公开某些客户的邮件内容),但是被谷歌拒绝。

---

① In re 381 Search Warrants Directed to Facebook, Inc., 132 A. D. 3d 11 (2015), 14 N. Y. S. 3d 23, 2015 N. Y. Slip Op. 06201.

② In re 381 Search Warrants Directed to Facebook, Inc., 132 A. D. 3d 11 (2015), 14 N. Y. S. 3d 23, 2015 N. Y. Slip Op. 06201.

③ 参阅 Dan Worth, Microsoft and US government clash in court over cloud data demands, http://www.v3.co.uk/v3-uk/news/2425489/microsoft-and-us-government-clash-in-court-over-cloud-data-demands,访问时间 2016 年 3 月 2 日;中文报道参见《微软欲阻止美国政府调查爱尔兰和欧洲的电子邮件》,http://www.idcps.com/news/20150908/86681.html。

④ 参阅 The Cloud's Biggest Threat Are Data Sovereignty Laws, http://www.tuicool.com/articles/JnUJ3am,访问时间 2016 年 3 月 5 日;中文报道参见《俄罗斯新法律:禁止公民数据存储于国外服务器》,http://tech.sina.com.cn/i/2014-07-06/08309478459.shtml。

从物理控制的立场说，只要在一个国家范围内可以物理控制的，显然应该受到该国的管辖，但是该国同样可以控制的云端数据是否当然地也是该国的管辖范围？该国是否有权要求其进行司法配合？现在各国并未达成共识。我国刚通过的《中华人民共和国网络安全法》的第2条，明确了该法的管辖范围是中国境内所有的网络运营服务商。

3) 网络安全与公民隐私权的冲突。

斯诺登事件一出，世界哗然。此事件背后是国家安全与公民隐私权冲突的问题，而美国把网络安全视为国家安全之中心。在非网络时代，国家安全与公民隐私之间的冲突并不那么严重，因为国家可能应一时之需而加强安全，实施人身自由的某些限制，但这种时刻短暂而特殊。在网络时代，由于网络安全的特殊性，这种短暂的授权可能变得持久，这种网络安全与公民隐私权保护之间的矛盾可能变得突出。欧盟在一定程度上强调保护公民隐私，但其对个人数据的保护事实上又使其情报搜集工作困难，在反恐问题上不得不求助于美国。而美国又过于强调前者，结果使许多无辜的公民在政府监视下"裸奔"。

实际上，自由与安全这两项最基本的法律价值在网络时代正面临频繁而紧张的冲突。近期，美国的 FBI 要求苹果对于 iPhone 进行解锁所引发的争议也是这一冲突的体现。如何通过法律规制寻求信息自由与信息安全之间的平衡点，是进入信息时代以来各国面临的重大课题。尽管中美的网络安全管理存在明显不同，但两国的实践表明，对于平衡点的探索任重道远。而中国以网络安全法立法为契机，审视全球的立法动向与执法前沿问题，汲取他国的经验，反省自身的不足，构建自己的网络安全专家队伍，正当其时。

技 术 篇

六、概　　述

（一）项目研究概述

随着我国国民政治、经济、民生、文化、外交等诸多维度的社会活动对互联网依赖度的逐渐提高，网络空间已成为各国优先争夺的重要战略空间。网络空间作为继陆、海、空、天之后的"第五维空间"，已经成为各国角逐权力的新战场。目前世界各主要国家为抢占网络空间制高点，已经开始积极部署网络空间安全战略及网络战斗部队。

2014年，我国成立中央网络安全和信息化领导小组，习近平任组长，国家互联网信息办公室重新组建，成立中央网络安全和信息化领导小组办公室，网络信息安全工作全面提速。党中央明确提出网络强国的战略和目标，加强网络法制建设的大政方针，不断推出国家网络信息安全新举措。国家加紧实施和推进核心技术和产品的自主可控，大力支持信息安全产品研发，加快创新步伐，国内互联网蓬勃发展，网络规模不断扩大，网络应用水平不断提高，网络安全意识深入人心，网络空间日渐清朗，互联网治理引人注目，主动出击加强与国际的交往和合作，寻求和平、安全、开放、合作的网络空间，建立多边、民主、透明的国际互联网治理体系。这是我国在网络空间安全治理领域迈出的重要一步。但是，应该清醒地认识到当前网络安全面临的形势。我国基础信息网络和重要信息系统面临着日益严峻的压力与挑战，信息安全形势不容乐观，国家基础信息网络与重要信息系统的脆弱性依然突出，信息安全风险已升至行业风险的高位，关键数据的安全和业务的连续性面临极大的挑战。境内外敌对势力利用网络持续对我国基础信息网络和重要信息系统进行渗透和破坏活动，攻击的频次和复杂性大幅增加，隐蔽性和目的性更强。新型安全漏洞层出不穷，APT攻击变得非常普遍，安全对抗持续加剧。信息技术产品安全漏洞频出，且呈现上升趋势，各种高危漏洞层出不穷，其种类数量日益增多，危害程度不断加深，危害范围不停扩张，波及政府部门、互联网金融、移动终端等多个领域。关键技术尚未独立自主，常用设备软件存在后门、漏洞，漏洞不断推陈出新，"面具"病毒等新型病毒不仅仅以单纯破坏为主，而且呈现新的趋势，后门功能越来越强大，逐步具有间谍性质，危害几何级放大，对此，应努力推动技术创新和产业发展。

环顾全球，美国的网络空间发展水平处于领先位置，而来自美国的信息安全挑战是我国面临的首要风险。系统研究中美网络空间安全技术的现状与趋势，比较中美各自存在的特点、问题，从而发现或找到我国网络空间安全技术的发展目标与途径是一个重要课题。为此，北京海数网络空间安全治理研究中心组织队伍进行课题研究，以期能够在该领域有所收获。

本部分对当前中美两国在各自网络空间安全技术领域中的关键技术、热点技术、相关产品及信息网络安全标准的研究与应用情况进行深入对比分析，集中在密码学与安全协议、云计算安全技术、移动互联网安全技术、态势感知技术四部分，总结中美两国在上述领域中各自技术的优缺点，并对上述领域中的技术、产品以及中美两国各自的信息安全标准进行对比分析,给出我国在网络空间安全领域方面的一些技术性建议及在网络空间安全方面的一些前瞻性意见。

(二) 中美信息安全技术发展简述

1 信息安全的概念内涵及其发展

1) 随着信息技术的发展和应用,信息安全内涵经历了从通信安全、计算机安全、信息系统安全到网络安全的发展变化,内涵不断丰富和完善。

人类很早就在考虑怎样秘密地传递信息了,通信安全中关于保密性技术领域的发展历史较长,对应的密码学是一个既古老又新兴的学科。密码学(Cryptology)源自希腊文"krypto's"及"logos",直译即为"隐藏"及"讯息"。早在古埃及就已经开始使用密码技术,但只用于军事目的,不公开。从古代到1949年,这一时期可以看作科学密码学的前夜时期,这一阶段的密码技术可以说是一种艺术,而不是一种科学,密码学专家常常是凭知觉和信念来进行密码设计和分析,而不是推理和证明,多表、多字母代替密码成为古典密码学的主流。文献记载最早的有实用价值的通信保密技术是古罗马帝国时期的 Caesar 密码,它能够把明文信息变换为人们看不懂的称为密文的字符串。1568年 L. Battista 发明了多表代替密码,并在美国南北战争期间由联军使用,Vigenere 密码和 Beaufort 密码是多表代替密码的典型例子。1854年 Playfair 发明了多字母代替密码,英国在第一次世界大战中采用了这种密码,Hill 密码是多字母代替密码的典型例子。1949年仙农(Claude Shannon)《保密系统的通信理论》为近代密码学建立了理论基础。在 C. Shannon 的文章发表之后的 25 年内，密码学的公开研究几乎是空白的。直到 20 世纪 70 年代初，IBM 公司的 DES 和 1976 年 Diff-Hellman 公开密钥密码思想的提出，以及 1977 年第一个公钥密码算法 RSA 的提出，才为密码学的发展注入了新的活力。多年来，密码学是军队独家专有的领域。美国国家安全局以及苏联、英国、法国、以色列及其他国家的安全机构已将大量的财力投入加密自己的通信，同时又千方百计地去破译别人的通信的残酷游戏之中，面对这些政府，个人既无专门知识又无足够财力保护自己的秘密。

20 世纪 70 年代，随着计算机及其软件系统的普及应用，计算机安全成为这个历史时期信息安全的焦点。"计算机安全"概念应该是 1969 年提出的。当时美国兰德公司给美国国防部的报告中指出"计算机太脆弱了，有安全问题"，这是首次公开提到计算机安全。在当时和其后相当长的一段时间里，"计算机安全"的内涵主要是指实体安全，即物理安全。到了 20 世纪七八十年代，由于各类计算机管理系统开始发展，各种应用开始增多，"计算机安全"开始逐步演化为"计算机信息系统安全"。这时"安全"的概念已经不仅仅是实体的安全，也包括软件与信息内容等的安全。网络通信技术和计算机技术进一步发展，人们对安全要求的关注对象逐步从计算机转向信息本身，需要保护信息在存储、处理或传输过程中不被非法访问或更改，确保对合法用户的服务并限制非授权用户的服务。随着数据库技术的广泛应用，信息安全概念从仅注重保密性扩充到完整性，访问控制技术变得更加重要，出现了一系列突破性研究：最早成果是 1969 年由 B. Lampson 提出的访问控制矩阵模型；为了增强授权的灵活性，业界于 20 世纪 90 年代提出了把许可权与角色联系在一起的基于角色的访问控制 RBAC 模型，即不把系统操作的各种权限直接授予具体用户，而是在用户集合与权限集合之间建立角色集合，每一种角色对应一组权限。

"网络安全"不仅仅是指保证信息在存储、传输和使用过程中的保密性、完整性、可控性、可用性和不可抵赖性等，还包含了安全保障的含义，即包括监控、保护、检测、应急处理、恢复等系统性的保障。信息产品及由其构成的信息网络系统是否安全可靠成为信息安全的重要课题，而解决问题首先需要对信息网络实施"体检"，即发现安全问题。20世纪70年代初，美国国防部就开始对计算机安全评估标准进行研究，其中里程碑事件是1985年12月美国国防部发布的《可信计算机系统评估准则》（TCSEC），该标准是计算机系统安全评估的第一个正式标准，它的发布是计算机安全阶段又一个里程碑事件。TCSEC的设计初衷是针对操作系统的安全性进行评估，其最初只是军用标准，后来延伸到民用领域。之后，美国国防部又陆续发布了可信数据库解释、可信网络解释等"彩虹系列"说明和指南。20世纪90年代初，英、法、德、荷四国在吸收了TCSEC经验的基础上，提出"信息技术安全评估准则"（ITSEC），俗称白皮书。其中首次提出了信息安全的保密性、完整性及可用性等概念，将可信计算机的概念提高到可信信息技术的高度。为了建立一个各国都能接受的通用的信息安全产品和系统的安全性评估准则，1993年6月美国政府同加拿大及欧共体共同起草了单一的通用准则——CC标准，并将结果作为国际标准的贡献提交至国际标准化组织（ISO）。1999年12月ISO在修订后正式将CC2.1版颁布为国际标准ISO/IEC15408标准。英国标准协会（BIS）于1999年制定了《信息技术—信息安全管理实施规则》（ISO/IEC17799）。1999年9月，中国国家质量技术监督局颁布了国家强制性标准《计算机信息系统安全保护等级划分准则》

(GB17859-1999），并于 2001 年 1 月 1 日开始实施，此标准将安全保护等级分为五级。2001 年，中国直接等同采用 ISO/IEC15408 国际标准为 GB/T18336-2002。公安部制定了行业推荐标准《计算机信息系统安全等级保护管理要求》（GA/T391）。

　　由于病毒、蠕虫的广泛传播，黑客的善意或恶意的攻击，DDoS 攻击的强大破坏力，网上窃密和犯罪的增多，人们认识到任何单一的信息安全技术和手段都存在弱点，需要寻找一种可持续的保护机制，对信息和信息系统进行全方位的、动态的保护，安全保障成为信息安全的新焦点。美国国防部在吸收这一思想后于 1995 年提出了"信息保障"（IA）概念，并定义为保护和防御信息及信息系统，确保其可用性、完整性、保密性、可认证性、不可否认性等特性，提出信息保障的 PDRR 模型。安全已不仅限于信息的保护，人们需要对整个信息和信息系统进行保护与防御，包括保护、检测、反应和恢复四个动态的信息安全环节。信息保障与以往信息安全的最大区别是更加重视系统的入侵检测能力、系统的事件反应能力以及系统遭受破坏后的快速恢复能力，重点关注信息系统整个生命周期的防御和恢复。在信息保障研究中，美国军方始终走在前列。1998 年 5 月，美国国家安全局 NSA 制定了《信息保障技术框架》（IATF）的 1.0 版本，随后又推出了 1.1、2.0、3.1 等版本。该框架还对保障的实施提出了相当细致的要求，从而对信息安全的概念和相关技术的形成产生深远影响。2000 年 9 月，考虑到安全的整体性，美国制定并颁布了《信息时代的关键基础设施保护》。在信息保障阶段，国际标准化组织继续细化信息安全管理标准，推出了 ISO27000 标准簇。而中国于 2008 年编制并颁布了侧重于实施层面的《信息安全技术信息系统安全等级保护定级指南》（GB/T22240）、《信息安全技术信息系统安全等级保护基本要求》（第三版)(GB/T22239)。

2) 网络空间安全是信息安全在信息技术发展新时期的外延与拓展,与信息安全、网络安全既有互相交叉的部分,也有各自独特的部分。

进入 21 世纪,全球社会信息化的深入发展和持续推进,相比物理的现实社会,网络空间中的数字社会在各个领域所占的比重越来越大,有的已经超过了半数。随着数量的增长带来了质量的变化,以数字化、网络化、智能化、互联化、泛在化为特征的网络社会为信息安全带来了新技术、新环境和新形态,信息安全主要体现在现实物理社会的情况发生了变化,开始更多地体现在网络安全领域,反映在跨越时空的网络系统和网络空间之中。网络的发展演化与经济、社会、文化、军事等领域的交织与融合愈加深入,在这个新的空间中,信息的跨国界流动深刻影响着社会组织方式和世界政治经济格局,使国家安全面临的环境和形势更为复杂多变。网络带来的诸多安全问题成为信息安全发展的新趋势和新特点,已很难直接用"信息安全"一词来准确表述网络安全和网络空间安全的新进展,且无法深刻地揭示网络安全和网络空间安全的新特征。

网络空间(Cyberspace)一词最初诞生于文学领域,后被美国军方和政府采纳,并逐渐得到全球各国的普遍接受。由于网络信息技术的演进发展,人们对网络空间的理解和定义尚未达成一致,较为经典的包括:2003 年 2 月美国联邦政府发布的《保护网络空间的国家安全战略》认为,网络空间是国家的中枢神经系统,它由无数相互关联的计算机、服务器、路由器、交换机和光缆组成,它们支持着关键基础设施的运转,网络空间的良性运转是国家安全和经济安全的基础;2010 年联合国国际电信联盟认为,网络空间是由计算机、计算机系统、网络及其软件、计算机数据、内容数据、流量数据以及用户等要素创建或组成的物理或非物理的交互领域，由于涵盖了用户、物理设施和内容逻辑三个层面，赋予了网络空间全新的内涵；2011 年，美军参谋长联席会议发布的《美国国家军事战略报告——重新界定美国军事领导权》认为网络空间作为一种人造空间，将传统的陆地、海洋、天空和太空四大空间智能地联系起来并产生全新活力。

王世伟等（引用王世伟、惠志斌《挑战与变革：中国网络空间安全发展研究》，网络空间安全蓝皮书 2015）提出网络空间是现代信息革命的产物，是一个由用户、信息、计算机（包括大型计算机、个人台式机、笔记本电脑、平板电脑、智能手机以及其他智能物体）、通信线路和设备、软件等基本要素交互所形成的人造空间，该空间使生物、物体和自然空间（陆地、海洋、天空、太空）建立起智能联系，是人类社会活动和财富创造的全新领域。网络空间安全则指网络空间基本要素和社会活动免受各种威胁的状态，它是与陆域、海域、天域、太空并列的全球五大空间安全问题。网络空间安全可以从技术性安全和非技术性安全两个维度进行综合理解。其中，技术性安全主要是指维护网络空间信息（数据）或系统的保密性、可用性、完整性等安全属性；而非技术性安全受各国政治、法律、文化等制度环境的影响，包括网络空间信息（数据）内容的真实性、合法性、归属性、伦理性等都是评判网络空间安全的重要标志。

信息安全作为非传统安全的重要领域，以往较多地注重信息系统的物理安全和技术安全。随着信息技术的发展，先后出现了物联网、智慧城市、云计算、大数据、移动互联网、智能制造、空间地理信息集成等新一代信息技术和载体，这些新技术和新载体都与网络紧密相连，伴随着这些新技术和新载体的发展而带来的新的信息安全问题，形成了隐蔽关联性、集群风险性、泛在模糊性、跨域渗透性、交叉复杂性、总体综合性等新特点。在网络空间，安全主体易受攻击，安全侵害迅即发生，威胁不可预知，易形成群体极化，安全防范具有非技术性特点。例如，大数据在云端汇聚之后就给网络安全带来了信息大量泄露的新威胁；物联网、智慧城市、移动互联网在提供高效、泛在和便捷服务的同时，使巨量个人信息和机构数据在线上不时处于裸露状态，为网络犯罪提供了可能。随着网络安全的发展，网络武器、网络间谍、网络水军、网络犯罪、网络政治动员等相继产生。不仅如此，网络安全和网络空间安全将安全范围拓展至网络空间中所形成的一切安全问题，涉及网络政治、网络经济、网络文化、网络社会、网络外交、网络军事等诸多领域，使信息安全形成了综合性和全球性的新特点。以上这些都是以往"信息安全"一词所无法完全涵盖的或不具备的内涵，需要用"网络安全"和"网络空间安全"来表达。网络安全与网络空间安全形成了跨时空、多层次、立体化、广渗透、深融合的新形态，与其他传统安全和非传统安全领域形成了交叉渗透的联系，成为具有总体安全、综合安全、共同安全、合作安全性质的新安全领域。

2 信息安全技术长期以来是一个伴生技术，信息安全技术通常是叠加式安全手段，发展到网络空间安全阶段，由于内涵发生了变化，网络安全与信息化乃"一体之两翼、驱动之双轮"，需同步规划、同步发展，既要推动信息化发展，也要同步解决网络安全问题

1）信息安全技术大多是由信息技术创新引发安全问题后得以发展。随着信息化的发展，信息安全的内涵不断发展变化，保障信息的机密性、完整性、可控性、可用性和不可抵赖性等的基本信息

安全目标没有变化，为了达到保障目标的技术手段需要跟随信息技术的创新进行发展。例如，保障信息机密性的常用技术措施是密码技术，目前密码技术的主要思想是依赖计算复杂度，即在当前可获得计算资源的情况下，分析计算所需时间为安全时间，若认为安全时间可满足要求，那么算法是安全的。随着计算技术的发展，密码技术不断发展，如 1972 年 IBM 提出的对称密码算法 DES，密钥长度为 56 位，就随着计算技术的发展，破解时间也越来越短，已经被业内专家判定为不安全算法，推荐使用 AES 等更高强度的算法。类似的还有 RSA1024 也被建议不再采用，推荐使用 RSA2048 或 ECC 算法。

2）从历史发展角度看，信息安全技术的主流还是采用叠加式安全，而没有将信息安全与信息化的技术同步发展。例如，系统安全补丁是一种典型的叠加式安全，漏洞被发现后通过打系统补丁的方式弥补安全漏洞。反病毒软件也是一种典型的叠加式安全技术手段，特征扫描的反病毒方式或者基于行为特征的反病毒方式均为病毒出现后的补救行为，目前还没有具备病毒免疫功能的软件系统在工程实践中出现。目前网络安全设备大多也是通过叠加到网络结构中的方式进行部署，如防火墙、入侵检测和监控审计系统等常见网络安全设备，均是采用这种方式。

3）发展到网络空间安全阶段后，国家安全战略要求信息安全与信息化要同步发展。2013 年 11 月，习近平总书记在关于《中共中央关于全面深化改革若干重大问题的决定》的说明中就加快完善互联网管理领导体制问题指出："网络和信息安全牵涉到国家安全和社会稳定，是我们面临的综合性挑战。"2014 年 2 月，习近平总书记在主持召开的中央网络安全和信息化领导小组第一次会议上进一步强调："网络安全和信息化是事关国家安全和国家发展、事

六、概　述

关广大人民群众工作生活的重大战略问题,要从国际国内大势出发,总体布局,统筹各方,创新发展。……网络安全和信息化是一体之两翼、驱动之双轮,必须统一谋划、统一部署、统一推进、统一实施。……没有网络安全就没有国家安全,……网络安全和信息化对一个国家很多领域都是牵一发而动全身的。"

3　纵观信息安全技术发展过程,中国起步比美国要晚,总体跟跑美国,但近年来差距在缩小,在部分领域中国领跑美国

1) 互联网起源于美国,且在全球范围内一直掌控核心技术和互联网管理权限,信息安全技术由于其自身的敏感性,长期存在技术封锁,我国信息安全技术长期处于跟跑状态。典型的如密码技术,其是20世纪90年代美国政府为了让国家安全局(NSA)能够破解所有加密的外国通讯而发展的技术,安全等级较高的加密演算法则被视为战争武器而禁止出口。虽然2000年后美国逐步放松了密码出口管制,但高强度密码算法仍属禁运技术。另外,美国政府秘密地在加密产品中植入"后门",2006年美国国家标准技术局(NIST)帮助开发了一项国际性加密技术,协助各国和各行各业防止其电脑系统遭到黑客攻击。但美国另外一家联邦机构NSA在众多用户不知情的情况下,秘密地向这套技术植入了"后门系统"(Back Door),让联邦特工可以破译任何采用该技术加密的数据。据路透社报道,NSA曾与加密技术公司RSA达成了1000万美元的协议,要求在移动终端广泛使用的加密技术中放置"后门"。NSA首先利用NIST(美国国家标准研究所)认证了这种有明显漏洞的算法为安全加密标准,然后让RSA基于这种算法推出安全软件Bsafe,而企业级用户采购安全软件看到的则是一个世界级企业采用NIST认证的加密标准开发的软件。基于这种技术竞争形势,

密码技术只有依靠自主开发,从公开文献比较可以看到,我国学者的密码学研究与美国相比还是有不少差距的,尤其是 1990 年前,公开发表的密码技术相关论文比较少,而美国则从 20 世纪 70 年代就有相关研究成果发表,如 IBM 在 1972 年率先提出 Feistel 网络,1976 年提出 Diffie-Hellman 密钥交换协议/算法,1977 年提出了 RSA 算法。到了 21 世纪,我国密码算法研究呈现一个成果爆发期,典型代表有 2004 年王小云等学者破解 MD-5 和 SHA-1,引发了杂凑算法研究热潮,杂凑算法的分析设计取得了突破性进展。我国发布的杂凑算法标准 SM3 安全性冗余高、实现效率与国际杂凑算法标准 SHA-256 相当,标志着我国杂凑算法的设计技术也走到了世界的前列。除密码技术之外,对于信息安全技术创新,美国政府也对中国进行限制出口。例如,美国政府要求 Fireeye 不能向中国出售其技术,作为利益补偿,美国政府为五角大楼等政府机构以及相关的国防合同商、大型 IT 厂商部署 Fireeye 的 APT 防护工具。

2) 中国作为一个全面崛起的新兴网络大国,网络空间安全形势尤为复杂严峻,面临着来自国际和国内、军方和民间、技术和内容等多个维度的挑战,必须坚持自主发展之路,解决网络安全问题。中国互联网占有全球第一的市场地位,阿里巴巴、腾讯、百度等世界级企业的诞生,尤其是移动互联网时代,中国用户规模几乎是美国的 5 倍、占据全球的 1/3,这些都将使中国市场成为下个 10 年决定全球互联网格局的关键。随着移动互联网、物联网、云计算、大数据等网络信息技术的普及应用,以及在此基础上即时通信、社交网络、电子商务、互联网金融等网络商业应用的持续创新,网络空间技术生态更加智能复杂,商业价值不断凸显,一系列安全事件影响重大并呈现全球传导的趋势。云计算、大数据、物联网等技术打破了传统的安全保障边界,云安全、数据跨境流动、工

六、概　述

控系统渗透等成为新的安全领域，现有的以国家、组织或者系统为对象的安全保障思想、方法和技术手段面临新一轮重构，而我国尚未全面掌握新一代信息技术发展的核心技术和规则标准，使我国网络空间系统性风险加大，安全保障能力存在巨大的不确定性。"棱镜门"事件全面暴露了美国对我国网络空间安全的重大威胁，美国政府、军方和企业联手利用其独特的网络空间资源优势和技术优势，大规模地开展全球网络情报搜集和渗透的活动，打破了全球网络空间安全的战略平衡，由此全面拉响了我国网络空间安全的警报，引起了社会各界对中国网络信息安全的关注和重视。从 2013 年年中到 2014 年年初，在中国的 IT 圈内自发地展开了一场以摆脱国际巨头控制、走国产化之路的"去 IOE"（消除 IBM 的小型机、ORCLE 数据库、EMC 存储设备对中国信息安全系统的控制，实现国产化替代）的大讨论。中央接二连三的信息发布使国产化替代的进程变得清晰起来，如中央机关禁用 Windows8 系统，网络安全审查制度将出台等。2014 年 9 月 16 日，银监会印发的《关于应用安全可控信息技术加强银行业网络安全和信息化建设的指导意见》指出，到 2019 年安全可控信息技术在银行业总体达到 75% 左右的使用率。这个信号显示，自主可控的"国产化替代"空间将全面打开。国家层面对"国产化替代"时间表的确定倒逼着中国信息安全企业产生跨越式发展的动力和无尽的潜力。所有这一切都为中国本土企业走上自主创新之路，在"安全可控"的国产化替代进程中快速成长提供了条件和可能。信息安全所具有的对抗特性、对信息系统的密切关联性、安全技术和产品应用的复杂性等，使安全服务在整个信息安全领域中占据了非常重要的地位。信息安全服务通常包括信息安全风险评估、信息系统等级保护咨询、信息系统安全方案设计咨询、信息系统安全集成、信息安全工程监理、信息系统安全运维、网络安全应急处理、数据与系统容灾备份、电子认证、信息安全测评、信息安全认证、信息安全培训、电子取证、安全审计等信息安全服务。安全服务主要依靠人和人的活动来完成，因此信息安全的核心技术可以比较直接地应用于安全服务。决定安全服务水平高低的是服务整体的产能管理、项目群管理等方面的能力。我国企业和国际一流企业在安全服务水平以及客户能够获得的实际服务价值方面差距并不大，在有些服务门类上，我国企业还能根据国情为客户提供更贴切的优质服务。

4 信息安全技术发展趋势良好，有望实现跨越式发展

面对科技创新发展新趋势，世界主要国家都在寻找科技创新的突破口，抢占未来经济科技发展的先机。其中，网络安全与信息化产业成为各国的立国之本和强国之匙，尽快扭转网络信息关键技术受制于人的格局是决定我国网络强国战略实施的关键。为此，习近平总书记在中央网络安全和信息化领导小组成立的讲话中就已明确提出：建设网络强国，要有自己的技术，有过硬的技术，要制定全面的信息技术、网络技术研究发展战略，下大气力解决科研成果转化问题。在上述精神的指导下，新时期我国网络安全与信息化产业发展的总体思路是：抓住全球信息技术和产业格局加速变革的历史机遇，积极谋划部署云计算、大数据、下一代网络等新架构、新技术、新模式、新应用，力争以应用为基础分阶段突破核心关键技术，为我国信息安全和信息化提供坚强的基础保障。可以预期在未来一段时期，着重加强网络信息安全技术、产品和服务的战略规划和跨越发展，围绕服务接管、产品替代和自主创新三个阶段目标，实现网络安全与信息化产业的跨越发展。

1）中国网络空间安全顶层设计取得重大突破，对网络安全发

展进行顶层规划，明确发展目标和任务，有助于促进网络安全生态的健康快速发展。面对新一代网络信息技术引发的网络安全威胁和各国网络安全战略的博弈态势，2014年2月27日，中央网络安全和信息化领导小组正式成立，由习近平总书记亲自担任组长。领导小组成立的主要目的是着眼国家安全和长远发展，统筹协调各个领域的网络安全和信息化重大问题，加强宏观规划和政策、法规研究，不断增强我国的安全保障能力。领导小组的成立体现了国家对网络安全与信息化建设顶层设计的高度重视，彰显了中国最高层在保障网络安全、维护国家利益方面的坚强决心。领导小组的成立释放出了国家意志，营造了信息技术自主创新的大市场环境，为信息安全技术和产业发展提供了难得的历史机遇。我国相继出台了一系列政策措施：一是出台了网络安全审查制度，主要对关系国家安全和公共利益的系统使用的重要信息技术产品和服务进行审查。网络安全审查能促使企业，特别是国外企业规范行为标准，提高服务质量，进而推进信息产业更加健康有序地发展。二是对高通、微软等开展反垄断调查，将Windows8系统排除在政府采购范围之外，这样有助于形成公平竞争的大环境，外企在中国的"红地毯"待遇将一去不复返，国内厂商将与外企进行公平市场竞争，这为我国企业发展提供了机遇。

2）国家、企业和个人对信息安全的日益关注和重视，给信息安全市场带来了巨大的发展空间，信息安全自主创新能力增加。2014年，我国信息安全产业市场规模达到550亿元，全年增速约为26%。未来三年我国信息安全市场将保持30%以上的增速。我国信息安全产业的高速发展一方面得益于从中央到地方政府的高度重视，为产业发展提供了良好环境；另一方面，国产化替代为信息安全产业发展提供了良好机遇。信息安全渗透至个人、企业、组织和国家，从核心的业务安全监管向全面的安全防护拓展，需求的层次、空间和深度不断扩大。我国的IT安全软硬件市场将保持平稳快速增长。IDC的数据显示，2014年中国IT安全软硬件市场规模将分别达到4.84亿美元和11.4亿美元，同比增长12%和18.8%，到2018年中国IT安全软硬件市场规模将分别达到7.59亿美元和21.5亿美元，年均复合增长率为17.5%和11.9%。随着国家和社会对信息安全的日益重视，信息安全企业迎来了空前的发展机遇，国内企业发展规模日益扩大，企业盈利能力和国际竞争力不断提升。我国在加密认证技术研究和应用的许多细分领域已经达到国际先进水平，如在数据加密和加密设备研究方面，江南计算机研究所和科学院等单位参与和自主开发的十几万亿次的计算机和具有数百T以上规模的存储设备已经达到世界先进水平；在身份认证、数字证书及其管理技术方面取得了许多应用成果；在密码技术方面，国内专家破译MD5算法成为我国密码技术水平的突出代表；在攻防对抗技术领域，我国信息安全产业的技术水平与国际保持同步，在漏洞检测、网络攻击方法、攻击防御等方面与世界水平相当甚至有所超越，并形成了某些专有技术；在产品研发方面，相当一批民营企业已能成团队地开展攻防技术的体系化研究和产品化开发；在以攻击技术和检测技术为内涵的安全服务领域中，我国信息安全产业完全可以和国际先进水平抗衡。

3）我国科技改革和创新发展为信息安全创新发展打下良好基础，重大成果和顶尖人才不断涌现，大众创业万众创新蓬勃兴起，科技创新能力显著增强，步入"三跑并存"的历史新阶段，科技创新为适应和引领经济发展新常态、增添经济发展新动能提供了强大支撑，信息技术领域的一批重大技术获得突破。我国对量子计算机研发工作高度重视，中国国家自然科学基金会仅在去年便为90

个量子相关项目提供了资助。在中科院院士潘建伟的带领下，2014年11月我国研究人员成功扩展了远程量子密钥分发系统的安全距离，将其扩展至200公里。使用远程量子密钥分发系统可以有效抵御黑客攻击，参加该研究的人员还包括中国科学院上海微系统所、清华大学的科研人员。同时，该安全距离也创下了新的世界纪录。日前出版的国际权威物理学期刊《物理评论快报》发表了这一重要成果。量子密钥分发为安全信息加密传输提供了一个理论上绝对安全的解决方案。2013年，为解决探测系统容易遭受攻击的难题，潘建伟小组对与测量器件无关的量子密钥分发做了反复试验，最终试验成功，同时试验成功的还包括加拿大的一个研究组，开创了国际同类研究的先河。然而这些前期实验结果的传输距离仅为50公里左右，严重限制了该技术在实用化广域量子通信网络中的应用。为了解决这一问题和进一步验证该系统的实用前景，潘建伟小组在一年多的实验探索中，将该协议的安全距离扩展至200公里。他们结合中科院上海微系统所自主研发的低噪声超导纳米线单光子探测器，通过发展高速独立激光干涉技术，扩展了安全距离，并将成码率提高了3个数量级。

2016年，全球首颗量子科学实验卫星已完成载荷、平台产品研制，中国相关部门正在对发射星进行集成测试。另外，量子通信"京沪干线"已完成1500多公里主干线光缆勘查和改造，也将进行二期现场实施建设。中国将构筑天地一体化量子通信网络，这种网络虽然目前只是雏形，但是能够验证技术的可行性，未来具备一定的技术成熟度之后，中国民用通信和军事通信都将获得几何级数的突破。量子加密通信技术基于量子力学原理，能够确保两地之间密钥分配的绝对安全，在国家安全、金融安全等信息安全领域有重大的应用价值和良好的前景。我国计划在2020年实现亚洲与欧洲的洲际量子密钥分发,到 2030 年前后,将建成全球化的广域量子通信网络。

中国科学技术大学潘建伟院士已经带领量子光学和量子信息研发团队进行了量子计算机求解线性方程组的实验,这在国际上尚属首次成功应用。线性方程组广泛应用于几乎每一个科学和工程领域。日常的气象预报就需要建立并求解包含百万变量的线性方程组来实现对大气中温度、气压、湿度等物理参数的模拟和预测。而高准确度的气象预报则需要求解具有海量数据的方程组,假使求解一个亿亿亿级变量的方程组,即便是用现在世界上最快的超级计算机也至少需要几百年。中国发展出世界领先的多光子纠缠操控技术之后,就能运行求解 2×2 线性方程组的量子线路,标志着我国在光学量子计算领域保持国际领先地位。这种中国国产先进量子计算机如果能够应用到军事情报加密领域,那么就可以破解世界各国银行、政府和军队使用的最复杂的安全密码。

5 总结

长期以来,全球网络空间治理结构呈现显著的不对称但相互依赖的特征,表现为以美国为代表的欧美发达国家连同那些掌握在它们手中的公司与组织,通过对全球网络空间核心资源、标准、组织、议程等的控制,持续强化其既有的技术优势,并将之转化为巨大的商业优势、政治优势乃至军事优势;美国政府、军方和企业联手利用其独特的网络空间资源优势和技术优势,大规模地开展全球网络情报搜集和渗透的活动并不会终止,上述行径严重打破了全球网络空间安全的战略平衡,由此全面拉响了我国网络空间安全的警报。广大发展中国家在为全球网络空间贡献越来越多网络用户和经济增长的同时,却在网络空间国际治理中面临被边缘化的局面,无法通过网络空间国际治理体系获得相匹配的权利和安全保障。

网络病毒、网络攻击、网络犯罪等信息安全问题持续增加,针对重要信息系统的恶意攻击频繁发生,与此同时,世界主要国家加速网络安全战略部署,国家级网络战争风险加大。我国尚未形成统一的网络安全防御体系,网络攻击溯源能力、攻击对抗能力、大规模网络打击能力明显不足。加之,我国关键信息技术和核心产品对外依存度高,产业支撑能力比较薄弱,安全攻防能力不足,难以有效抵御外部风险。我国正在旗帜鲜明地提升网络空间安全保障和威慑力量,全面提升我国网络空间防护和对抗能力。中国正在更加积极主动地推动网络空间国际安全规则的制定,无论是2014年11月世界互联网大会的召开,还是中美网络安全高层对话的继续,在后"棱镜门"时代中国主动参与全球网络空间治理的意愿更加强烈,行动也更加务实。作为联合国常任理事国和全球新兴的网络大国,中国正在快速融入并尝试重塑国际网络空间治理新格局。

未来网络空间将逐渐形成中美博弈的国际治理新态势。中美两国网民之和约占全球网民数量的1/3,而在全球前一百强网站中,中美两国更是占据了90%。中美两国如能够良好合作,将是全球网络空间的福音。然而网络空间在美国主导下政治化和军事化意图明显,双方利益取向的不同决定了双方有竞争、有合作,这种两强博弈将是长期存在的新常态。

总结历史,面向未来,对我国信息安全技术发展提出以下建议:

1)摆脱核心技术受制于人的局面。"棱镜门"等事件后,世界各国特别是发展中国家,致力于摆脱核心技术产品受制于人、高端供应链缺乏保障的局面,加快自主可控步伐,提高信息系统自主可控能力,使网络空间基础设施自主安全可控。自主掌握网络空间关键基础设施中核心软硬件产品和关键技术，建立新一代的网络空间安全保密体系，构筑可信的网络空间基础软硬件平台和可信的网络架构及协议体系，实现一体化的高安全系统，确保国家网络空间的安全可信。建立以密码为核心的网络空间安全体系和网络空间安全主动防御体系，具备网络空间全维的监测预警、快速的协同防护、一体的综合治理、全面的试验评估能力，变静态防御为动态防御，掌控网络空间信息主权。具备一体化网络空间安全管控能力。通过自主化密码广域部署，大力加强网络信任体系等系统建设，提升网络基础设施安全运维、密码保障能力。建设大规模网络舆情监控、智能网络取证与执法等应用系统，保证网络空间的有序繁荣健康地发展。

2）在国家安全战略框架下构建起信息安全产业体系，国家网络和信息安全战略是产业发展的方向、目标和行动指针。借鉴国际社会的经验，网络空间国家战略要突出几个内涵：首先，要强调基于"动态位置"和"利益关系"视角的大安全观。应突破以国家为唯一主体的理念，把国家、社会、个人、国际甚至非国家组织都纳入多元化的安全主体体系。其次，兼顾技术权力和政治权力的融合需求。近年来美国政府与互联网巨头的暧昧关系，以及在新战略中强调与私营部门的合作就是这方面的极佳诠释。最后，细化战略中的"国家安全行动"。明确政府、企业、各级组织和国民在国家安全大局中的角色和责任，尤其是要激发企业的使命感和责任心。在国家安全战略的基础上则应从组织体系、理论体系、监督体系、产业体系等方面完善和升级国家信息安全保障体系，并从组建信息安全产业国家队、重建国家信息安全权威测评认证体系、提供国产化替代路线图等方面，逐步构建起国家信息安全产业体系。当前我国亟须制定在国家信息安全框架下的技术研发战略和产业发展政策，从宏观层面进行整体规划和战略布局，推动培育和发展战略性新兴产业。从国家层面上看，应该为技术创新提供良好的政策环境和支持力度，倡导和支持多元化的新一代信息技术的产业发展模式。从企业层面上看，特别是涉及网络和信息安全的企业要承担起时代重任。鼓励对关键核心技术的研发，形成一批自主知识产权，为关键领域的国产化替代提供支撑。

3）网络空间的无边界性决定了其必须加强国际合作，借鉴国际先进经验，积极参与国际合作与对话。对于信息能力相当的国家，我们需要共享情报，对于信息能力较弱的国家，我们可以通过技术输出等方式对其进行帮助。团结一切可以团结的国家，共同抵制某些国家的网络霸权行为，积极谋求网络空间国际规则的主导权。针对西方国家的行为，中国、俄国提出《信息安全国际行为准则》，与印度、巴西等新兴国家，将联合国作为网络空间国际规则制定的主要平台，坚持网络主权原则，反对网络空间军备竞赛。目前，我国网络相关技术、产品与发达国家存在显著差距，有必要加强国际交流，学习国外先进技术和理论。一是通过留学方式，一方面借助国外教学资源为我国培养网络人才，另一方面充分借鉴国外经验，完善我国网络人才队伍建设体系；二是学习最前沿的信息技术，了解信息技术发展趋势。此外，网络空间已经成为世界各国争夺话语权、推行价值观的焦点，应积极参与国际合作，宣扬中国自主信息技术产业的核心理念，争取国际社会的支持。

4）举全社会之力打造多层次网络安全人才队伍，维护网络空间安全。人才是我国网络强国建设的核心资源，其数量、质量及其结构直接关系到我国网络空间安全保障能力。随着网络空间安全威胁更加复杂严峻，网络空间安全人才范围更加广泛，不仅包括专业从事网络安全技术性开发和保障维护的人才，还包括从事网络空间安全政策研究和管理的人才；不仅包括专门从事网络安全的专业性人才，还包括在各行各业中需要具备网络安全技能和素养的非专业性人才。因此，国家网络空间安全人才建设必须创新思路和理念，依托全社会力量，不拘一格发掘人才，动态科学评定人才，全生命周期培养人才，形成网络强国的多层次人才体系。

七、安全技术比较

（一）密码技术自主可控发展之路

1 中美密码学主要技术研究历程及发展现状

密码学技术作为网络信息安全的基础技术之一，其发展水平直接关系到整个安全体系的建设。中美在密码学发展方面都投入了很多研究，其中美国在20世纪70年代便有了很多成熟的研究成果，对中国的密码学发展具有很大的借鉴意义。

1) 美国密码学技术发展情况。

在对称密码学方面，20世纪70年代，IBM率先提出Feistel网络并发表了在分组密码方面的研究报告[1]。之后，在70年代末期，美国政府提出数据加密标准DES算法，并公开了具体的加密细节，从而基于DES的加密安全性只需要保证对密钥的安全性保护。DES以56位密钥对64位普通文本块进行加密，使用16个迭代查表与位重排的组合，使破译DES至少需要256个不同的56位密钥[2]。而3DES作为DES方案与AES方案的过渡算法，使用3条56位密钥对数据进行三次加密，比起DES而言安全性更高。20世纪90年代，美国开始研究先进加密标准AES。其目的是确定一个非保密的、公开披露的、全球免费使用的加密算法，美国从 1997 年开始征集、制定和评估 AES 算法，并于 1998 年 8 月 20 日由 NIST 美国国家标准和技术研究所在第一次 AES 候选算法会议上宣布了作为 AES 候选算法的 15 种算法，并进行了公开评议。评议的指标包括算法的密码分析、智能特性、捷径分析等。1999 年 3 月，NIST 举行了第二届 AES 候选算法会议，从上一届的 15 种算法中筛选出 5 种作为第二轮评议的方案。这五种算法分别为 IBM 实验室设计的 MARS 算法、RSA 实验室的 RC6 算法、Joan Daemen 设计的 Rijdeal、Ross Anderson 设计的 Serpent 以及 Bruce Schneir 设计的 Twofish 等[3]。其中 Rijdeal 于 2000 年 10 月被选为 AES 算法。

在非对称密码学的研究方面，美国同样起步较早。1976 年 Diffie 与 Hellman 提出了"密码学新方向"并开辟了公钥密码学技术理论，使密钥协商、数字签名等密码问题有了新的解决方法，也为密码学的广泛应用奠定了基础。紧接着，RSA 算法于 1977 年由 Ron Rivest、Adi Shamir 和 Leonard Adleman 一起提出，并于 1987 年首次公布。RSA 算法基于基本数论中的大整数分解难题，目前能抵御绝大多数的密码攻击。类似的还有 1979 年 Rabin 提出的变形的 RSA 算法、RSA 公司的 Rsa ref 以及 IBM 公司的 CCA 方案等。1976 年，Whitefield 与 Martin Hellman 提出了 Diffie-Hellman 密钥交换协议/算法。这是一种确保共享 KEY 安全穿越不安全网络的方法，它是 OAKLEY 的一个组成部分。1978 年，McEliece 设计出第一个基于纠错码的公钥密码体制，被称作 McEliece 公钥密码体制[4]。1985 年，Koblitz 和 Miller 基于椭圆曲线上的有理点构成的 Abel 加法群上椭圆离散对数的计算困难性提出基于 ECC 的加密方案[5]。同样基于椭圆曲线的加密算法还有 1984 年提出的 Elgamal 算法，其安全性依赖于计算有限域上离散对数这一难题。同是在

1984年，Shamir提出了基于身份的密码学概念，简化了传统的基于证书公钥体制负担最重的密钥管理过程。在Crypto2000会议上，Lenstra提出了XTR公钥体制，即有效的紧致子群迹表示，它是一种传统的基于子群离散对数问题的密码体系。2001年，Boneh和Franklin提出了第一个实用且可证安全的身份基加密方案IBE，并给出了形式化证明。2005年，Sahai和Waters提出了基于属性加密（Attribute-Based Encryption，ABE）的概念。之后Goyal等人给出了ABE体制的两种形式，即密文策略的ABE和密钥策略的ABE。

此外，针对量子计算机的迅猛发展以及基于传统公钥密码学的数学难题在抵御量子计算机时乏力的情况，很多抗量子攻击的密码算法被陆续提出。以格基密码学为例，20世纪90年代美国便已在格基密码学方面有了研究，如1996年由美国布朗大学设计的NTRU公钥密码方案，其安全性基于多项式环与格中最短向量问题，可以抵抗量子攻击且效率较RSA等更高[6]。1996年Ajtai证明了格问题在平均状态下的困难性等价于在最坏情况下的困难性，为格基密码学的发展奠定了基础。2005年，Regrev将格理论和学习理论结合，提出了一个新的困难问题：带差错的学习问题LWE，并给出了到标准格问题的量子规约基于LWE问题的困难性，设计了一个格基选择明文安全的公钥加密方案。2008年，Gentry等首次提出了新型陷门原语原像抽样函数的概念，并据此设计了第一个基于高斯抽样PSF的格基IBE方案。之后Agrawal等人改进了PSF的效率低下问题，设计了格基分层的HIBE方案[7]。2009年，Gentry在STOC 09上首次给出了理想格上设计的全同态加密方案，并对方案进行了效率优化。

在数字签名技术领域的研究与公钥密码学的研究基本是相辅相成的。1978年，Ron Rivest、Adi Shamir和Leonard Adleman就基于

RSA 加密算法设计了 RSA 签名算法，类似的包括 Rabin 的签名算法。另外一种较为典型的签名方案是基于离散对数问题的签名算法，代表性的主要有 1984 年提出的 ELGamal 签名算法以及其变形 Schnorr 签名算法和美国数字签名标准算法 DSA。1989 年 Merkle 采用哈希树的技术构建了 Merkle 签名方案。基于离散对数问题的签名方案较其他方案签名长度更短，因此受到的关注更高。目前基于离散对数问题的方案大多采用双线性对技术，如 BLS 短签名等。格基数字签名方案的研究也是数字签名领域的热点问题之一[8]。1997 年，Goldreich、Goldwasser 和 Halevi 等设计了格上的 GGH 签名方案，签名和验证过程效率很高，但缺少安全性证明。Hoffstein 等分别于 2001 年和 2003 年设计了基于 NTRU 的签名方案 NSS 和 NTRUSIGN 签名方案。然而 Gentry 证明了 NTRUSIGN 签名方案和 GGH 签名方案都是不安全的。于是在 2008 年，Gentry 和 Peikert 等设计了可证明安全的格基签名方案 GPV，同时引入了单向陷门函数 PSF。

另外，美国在 Hash 函数与 MAC 消息认证码方面的研究也很充分。具有代表意义的主要有 SHA-1、SHA-256、SHA-384 和 SHA-512 等。它们是美国安全 Hash 标准 SHS FIPS PUB 180-2 中的四个 Hash 函数[9]。每个函数基本执行包括两步，即预处理与 Hash 计算。预处理包括消息填充、分块以及初始值设置，Hash 计算包括消息串计算、迭代 Hash 值等。对于消息认证码 MAC 方面，其作为带密钥的 Hash 函数，主要包括 HMAC 和 CBC-MAC。HMAC 作为国际标准，编号为 ISO/IEC9797-2-2002，包括三种方法：第一种是 MDx-MAC，使用依赖于密钥的方式修改轮函数和初始值；第二种是 HMAC，来源于 Internet RFC 2104 和 NIST FIPS 198；第三种是修改的 MDx-MAC。每种方法建议使用 ISO/IEC 10118-3 的 3 个

Hash 函数中任一个，故 ISO/IEC 9797-2 共定义了 9 种 MAC 函数。

在安全协议的研究与设计方面，美国早在 20 世纪 80 年代便有了很多较为成熟的成果。比如，在可证明安全理论方面，在 20 世纪 80 年代，Goldwasser、Micali 和 Rivest 等就首先比较系统地阐述了可证明安全性的概念，并将可证明安全理论的加密和签名方案进行了阐述，但是效率较低[10]。Bellare 和 Rogaway 等则第一次将可证明安全理论应用到了安全协议的研究当中，并在 20 世纪 90 年代中期提出了随机预言模型 RO 方法论。BR93 利用 RO 模型对安全协议到"极微本原"安全性的归约思想，设计密钥交换协议，建立攻击者能力模型和安全定义，证明了两方实体认证和密钥交换协议的安全性。之后的如 BR95 密钥建立模型、BPR 基于口令的相互认证和密钥建立模型以及 BCP 群组认证密钥交换模型等均是 BR93 模型的扩展。1998 年，Bellare 在纽约举办的第三十届计算理论会议（30th Annual symposium on the theory of computing）上引入了 BCK 模块化思想，使安全协议可以利用可重用的模块来构造。基于此，不可区分的思想被用于改进模型[11]。Halevi 等在 1998 年提出了基于口令的 SKD 协议，即 PSKD 协议。该模型考虑了一种非对称混合（hybrid）模型：服务器持有一个高质量的密钥，用户仅持有口令；任何用户都可以安全地得到服务器的公钥。此后 Bellare 在 2001 年欧洲密码学会议上提出了密钥交换协议设计与分析模型，即 CK 模型。同年，通用可组合 UC 模型在加州奥克兰 IEEE 计算机科学基础研讨会（IEEE symposium on foundations of computer science）上被提出。该模型可用来描述和分析并发组合情况下协议的安全性。

在形式化逻辑证明领域，早在 1983 年，Dolev 和 Yao 就开辟了安全协议的形式化研究领域，其中一个主要贡献是将安全协议本身与安全协议所具体采用的密码系统分开，在假定密码系统是"完善"的基础上，讨论安全协议本身的正确性、安全性、冗余性等课题。1989 年，Burrows 等提出了 BAN 逻辑，通过对认证协议的运行进行形式化分析，研究认证双方通过相互发送和接受信息从最初的信仰逐渐发展到协议运行最终要达到的目的，即双方的最终信仰。BAN 逻辑的扩展包括 GNY 逻辑、AT 逻辑、VO 逻辑、SVO 逻辑等[12]。1996 年 Kailar 在 IEEE Transactions on software engineering 上提出了用于分析电子商务协议的可追究性的 Kailar 逻辑。

20 世纪 80 年代初，Goldwasser 等人提出了零知识证明的概念，协议通过证明者和验证者交互完成，使验证者相信某个论断，却不会向验证者提供有用的信息，称为交互式零知识证明。20 世纪 80 年代末，Blum 等人利用一个共同的称为参考串的短随机串代替交互，实现了非交互的零知识证明。1990 年，Shamir 等提出了证据不可区分协议，并成为构造零知识证明或论证系统最广泛的基本工具。大多数零知识证明或论证系统都是从一个 3 轮证据不可区分证明/论证系统转化而来，转化的过程依赖于由一些具体问题的 3 轮证据不可区分系统构成的组合器。可将一些常见的 3 轮证据不可区分论证系统的某些特殊性质抽取出来构成单独的模块，这就是具有特殊合理性的 Sigma 协议[13]。在安全多方计算方面，Yao 等在 1982 年提出一个两方数据比较的百万富翁问题，采用基于 RSA 的公钥密码学方法给出了解决方案，即两个百万富翁在不泄露自己财产数额的前提下，如何比较出谁更富有。该问题可以抽象为拥有秘密输入的双方如何在保证输入的隐秘性和结果正确性的同时，完成数值大小比较的计算任务。之后，Goldreich 等提出了可以计算任意多项式函数的安全多方计算问题。1986 年，Cleve 在第 18 届 ACM 计算机理论专题研讨会 STOC 上指出，可以通过适当放松对于完全公平的要求达到某种部分公平性,并给出了具体的定义和协议构造[14]。1990 年,Goldwasser 与 Levin 等对密码学模型下存在拜占庭式攻击者时安全多方计算问题进行研究。1998 年,Chaum、Crepeau 等在第 20 届 ACM 计算机理论专题研讨会 STOC 上,对信息论安全模型下的安全多方计算进行了研究,证明了在被动攻击下 (n-1)-secure 协议是存在的;在主动攻击下 (n/2-1)-secure 协议是存在的;在拜占庭攻击下 (n/3-1)-secure 协议是存在的。2007 年,Katz 等在部分公平的基础上证明了同步广播是-partial 公平的完备性本原。2008 年,Gordon 等人研究了某些特殊函数的安全多方计算协议,证明了在参与者均为恶意参与者的前提下协议的公平性,并证明了在 plain 模型下安全两方模型的部分公平性不可达到[15]。同时 Canetti 等也对安全多方协议的并发复合,即普适复合性进行了研究[16]。

网络通信安全协议和分布式认证协议是安全协议应用领域的研究热点之一。Kerberos 协议是 MIT 雅典娜计划的一部分,是于 20 世纪 80 年代后期、90 年代初期开发的一系列基于对称密码算法的安全协议,应用于无安全措施的工作站、中等安全度的服务器和强安全的密钥协商分布式环境中[17]。OSI 目录检索服务标准 X.500 首次于 1988 年公布,该标准包括一部分陈述认证的标准,即 ISO/IEC 9594-8 或 ITU-T X.509 建议。X.509 协议基于公钥密码体制实现双向或三向认证,与 Kerberos 相比,X.509 不需要物理上安全的在线认证服务器,公钥证书可以通过使用一个不可信的目录服务器被离线分配。IPSec 协议是由 Internet 工程任务组 IETF 于 1994 年制定和推动的一套 IP 安全协议标准,目标是将安全特征集成到 IP 层,以便对 Internet 安全业务提供底层的支持[18]。IETF 于 1995 年到 2004 年相继公布了一系列关于 IPSec 的 RFC 建议标准。1994

年，Netscape 公司为保护 Web 通信协议 Http 开发了 SSL 协议，解决了 Web 通信协议的若干安全问题。之后微软公司对 SSL v2.0 进行了一些修改并推出了 PCT 协议。1996 年，Netscape 公司发布了 SSL v3.0 协议版本，增加了对除了 RSA 算法之外其他算法的支持，成为事实上的工业标准。1997 年，IETF 基于 SSL v3.0 协议发布了 TLS v1.0 传输层安全协议草案，1999 年正式发布了 RFC2246。TLS 是基于会话的加密和认证的 Internet 协议，为通信的两个实体之间在 TCP 传输层之上提供一个安全信道，并实现了认证、机密性等服务。此外还有 ITTC 入侵容忍 CA 协议，它是由美国斯坦福大学 ITTC 项目提出并实现的一个基于 RSA 的入侵容忍 CA 协议，通过将 RSA 私钥拆分成 k 个数之和，分配给服务器分开保存，实现入侵容忍。类似的还有 CertCom 公司的 Frankel 等和 Shoup 等的基于 Shamir 秘密共享协议的入侵容忍协议[19]。

2）中国密码学技术发展情况。

我国在密码与安全协议领域的研究起步比较晚，但近年也取得了很多有价值的成果，相应的学术论文涉及基本的对称密码学、基于椭圆曲线或者双线性对的公钥密码学以及延伸出来的身份基、属性基密码学等。比较具有代表性的有王小云教授团队在 Hash 函数安全性分析方面的研究，做出了卓越的创新性贡献。其建立了一系列杂凑函数破解的基本理论，并对多种 Hash 函数给出了碰撞和原像攻击。吴文玲研究员领导的团队在分组密码分析方面做出了巨大的贡献，对 NESSIE 工程的候选密码算法 NUSH 的分析尤其重要，并对 AES、Camellia、SMS4 等方案进行了全方位、多角度的分析。戴宗铎教授等系统建立了环导出二元伪随机序列理论，并为密码设计提供了一类新的非线性资源，奠定性地研究了环导出二元伪随机序列等工作，同时还创立了多维连分式理论，并据此解决分析多重序列中的若干重要基础问题[20]。此外在公钥基础设施PKI技术方面，冯登国教授所领导的团队构建了具有自主知识产权的PKI模型框架，提出了双层式秘密分享的入侵容忍证书认证机构（CA），提出了PKI实体的概念，形成了多项国家标准。

在可证明安全理论方面，我国西安电子科技大学李兴华、张帆等对无线网络中安全协议的可证明安全设计与分析进行了研究，前者对密钥交换协议设计与分析CK模型和协议安全属性之间的关系进行了分析，并且在ID-based密码系统中给出了一个重要的扩展；而后者则利用通用可组合模型定义并实现了一种适用于无线网络的匿名Hash认证理想函数。同样是西安电子科技大学的陈原等则主要针对公钥加密与混合加密的可证明安全性进行研究并取得了较好成果[21]。还有信息产业部电信科学技术研究院于德雷等对加密体制的可证明安全性进行了研究。中国科学院电子学研究所陈伟东等则研究了基于门限密码体制、口令的安全协议以及密钥托管协议的可证明安全性。另外，上海交通大学的雷飞宇在UC安全框架下研究了安全多方计算，提出了一些新的UC安全的门限密码体制和电子拍卖方案。

在形式化逻辑证明方面，我国比较具有代表性的成果有上海交通大学刘东喜等提出的基于串空间模型的自动化检测工具AA，其在Linux下进行了实现，并且用于IKE和SET协议的分析[22]。还有华东理工大学的张爱新等对BSW逻辑进行了扩展分析，并在此基础上实现了自动化的协议分析器和设计器，采用CCITT X.509和Needham-Schroeder公钥协议对其工具进行了验证。中国科技大学的任侠等对串空间模型进行了改进，虽然没有实现其原型工具，但研究意义依然很大。解放军信息工程大学的范红等对形式化理论进行了分析与研究，并在分析模型检测技术和逻辑推理技术的优点和不足的基础上提出了一种混合的安全协议形式化分析方法。武汉大学的李莉等将串空间理论和项节点图模型结合,并利用定理证明和模型检测技术,实现了安全协议的自动分析器,并利用该工具对 Needham-Schroeder 协议进行了分析。国防科技大学的李梦君在 Horn 逻辑和 ACUN 理论的基础上,采用 Objective caml 设计并实现了一个安全协议自动验证工具原型 SPVT,美中不足的是没有对具体的安全协议采用其工具进行验证[23]。此外,山东大学的赵华伟针对 BAN 逻辑的不足,提出了一种新的逻辑——MBL 逻辑[24],并采用 Prolog 语言实现了该工具[25],同时对符号理论和可证明安全理论之间的融合进行了研究,给出了一种调和两种理论的分析方法。

在零知识证明与安全多方计算领域,邓燚博士在双重可重置猜想证明方面的研究比较具有代表性[26]。另外,Lin 等借助鲁棒的不可延展承诺协议,设计了第一个并发的不可延展零知识证明系统。山东大学的李睿等则基于 Feige-Shamir 结构和具有鲁棒性的不可延展的承诺协议以及证据不可区分证明系统,设计了鲁棒的零知识证明协议[27]。电子科技大学的赵洋等研究了如何建立反映应用特点的实用安全模型和安全性定义,并以近似安全计算理论为基础提出了基于应用的安全模型和概率近似安全性定义。山东大学的张斌等对自适应敌手模型下的安全多方计算问题进行了研究,提出了基于多分支公钥加密体制下抵抗自适应敌手的 UC 安全的不经意传输协议框架。值得注意的是,北京邮电大学的杨义先团队在安全多方计算领域有着全面系统的研究[28]。例如,孙茂华等研究了在半诚实模型下利用中国剩余定理,安全多方计算求和协议与分布式 ELGamal 同态加密协议保护隐私的同余方程组求解协议,并研究了电子投票中的隐私保护问题[29]。耿涛等研究了保护私有信息的数据比较协议和计算几何问题。此外，中科院的冯登国等人针对 ITTC 入侵容忍方案的一些缺陷，提出了新的入侵容忍 CA 协议，即 Jing-Feng 入侵容忍 CA 协议，并实现了协议的自治和协同性[30]。

3）中美密码学技术研究对比。

通过以上中美密码学研究历程综述，本节将对中美密码学技术的研究历程和研究成果进行统计和比较。表 4 从密码学技术研究历程的角度来进行对比，在当代密码学应用技术研究历程中，美国始于 20 世纪 70 年代，而我国则从 20 世纪 90 年代开始；表 5 反映了中美在密码学技术研究成果上的对比结果，对中美分别从三个时间段（1980 年至 2000 年、2001 年至 2010 年、2011 年至今）、四个维度（SCI 文章数量、EI 文章数量、SCI 文章占比、研究团队）来进行对比。为了更加清晰地比较中美的研究成果，我们从四个不同的维度出发进行绘图比较，详见图 7 至图 10，从图中可以明显看出 2000 年以前，无论是在成果数量还是在质量上我国与美国均差距很大，2000 年以后我国开始逐渐呈现上升追过的势头，尤其是在 2010 年后，我国与美国在成果的数量和质量上均有很大的提升。

表4 中美密码学技术研究历程对比

年 份	美 国	中 国
20世纪70年代	IBM率先提出Feistel网络	
1976年	提出公钥密码学技术理论 Diffie-Hellman密钥交换协议/算法	
1977年	提出RSA算法	
1978年	提出Mc Eliece公钥密码体制 提出RSA签名算法	
20世纪70年代末期	提出标准DES算法	
20世纪80年代	提出可证明安全性的概念 提出零知识证明的概念 提出Kerberos协议	
1982年	Yao等引入安全多方计算的概念	
1983年	Dolev和Yao开辟了安全协议的形式化研究领域	
1984年	Shamir提出了基于身份的密码学概念 提出ELGamal签名算法，Schnorr签名算法，DSA签名等	
1985年	提出基于ECC的加密方案	
1986年	Cleve定义和构造了可以达到部分公平的多方协议	

续表

年 份	美 国	中 国
1988年	公布 OSI 目录检索服务标准 X.500	
1989年	提出 Merkle 签名方案	
	Burrows 等提出了 BAN 逻辑	
1990年	Shamir 提出证据不可区分协议	
20世纪90年代	提出先进加密标准 AES	
	提出随机预言模型 RO 方法论	
1994年	提出 IPSec 协议	冯登国教授的团队在多值逻辑函数、布尔函数领域的研究,其团队构建了具有自主知识产权的 PKI 模型框架,提出了双层式秘密分享的入侵容忍证书认证机构(CA),提出了 PKI 实体的概念,形成了多项国家标准
	提出 SSL 协议	
1996年	NTRU 公钥密码方案	
	Ajtai 给出了格中"最坏=平均"的概念	
1997年	提出 TLS v1.0 传输层安全协议草案	
	提出格上的 GGH 签名方案	
1998年	提出 BCK 模块化思想	
	提出基于口令的 SKD 协议即 PSKD 协议	
1998年8月	提出 AES 候选的 15 种算法	

续表

年 份	美 国	中 国
1999年3月	确定5种AES算法	中国科学院电子学研究所陈伟东等则研究了基于门限密码体制、口令的安全协议以及密钥托管协议的可证明安全性
2001年	首次提出可证安全的身份基加密方案IBE 提出密钥交换协议设计与分析模型即CK模型 提出通用可组合UC模型 提出基于NTRU的签名方案NSS	吴文玲研究员领导的团队在分组密码分析方面做出了巨大贡献,对NESSIE工程的候选密码算法NUSH的分析尤其重要,并对AES、Camellia、SMS4等方案进行了全方位多角度的分析
2003年	NSS签名的改进NTRUSIGN签名方案	
2005年	首次提出基于属性加密的概念 Regrev提出带差错的学习问题LWE	王小云教授的团队在Hash函数的安全性分析方面的研究,其建立了一系列杂凑函数破解的基本理论,并对多种Hash函数给出了碰撞和原像攻击

续表

年份	美国	中国
2006年		西安电子科技大学的陈原等主要针对公钥加密与混合加密的可证明安全性进行研究并取得了较好成果；上海交通大学刘东喜等提出的基于串空间模型的自动化检测工具AA，其在Linux下进行了实现，并且用于IKE和SET协议的分析
2007年	Katz等在部分公平的基础上证明了同步广播是-partial公平的完备性本原	西安电子科技大学李兴华、张帆等对无线网络中安全协议的可证明安全设计与分析进行了研究，前者对密钥交换协议设计与分析CK模型和协议安全属性之间的关系进行了分析，并且在ID-based密码系统中给出了一个重要的扩展；而后者则利用通用可组合模型定义并实现了一种适用于无线网络的匿名Hash认证理想函数
2008年	Gordon等人研究了某些特殊函数的安全多方计算协议	
	Gentry等首次提出了新型陷门原语原像抽样函数的概念	上海交通大学的雷飞宇在UC安全框架下研究了安全多方计算，提出了一些新的UC安全的门限密码体制和电子拍卖方案
	提出可证明安全的格基签名方案GPV	冯登国等人针对ITTC入侵容忍方案的一些缺陷，提出了新的入侵容忍CA协议，即Jing-Feng入侵容忍CA协议，并实现了协议的自治和协同性

续表

年　份	美　国	中　国
2009 年	Gentry 等首次提出了理想格上设计的全同态加密方案	电子科技大学的赵洋等研究了如何建立反映应用特点的实用安全模型和安全性定义,并以近似安全计算理论为基础提出了基于应用的安全模型和概率近似安全性定义
2012 年		山东大学的李睿等则基于 Feige-Shamir 结构和具有鲁棒性的不可延展的承诺协议以及证据不可区分证明系统,设计了鲁棒的零知识证明协议
		北京邮电大学的杨义先团队在安全多方计算领域有着全面系统的研究,如孙茂华等研究了在半诚实模型下利用中国剩余定理,安全多方计算求和协议和分布式 EL-Gamal 同态加密协议保护隐私的同余方程组求解协议;耿涛等研究了保护私有信息的数据比较协议和计算几何问题

七、安全技术比较

表5 中美密码学技术研究成果对比

	美 国			中 国		
	SCI	EI	主要团队	SCI	EI	主要团队
1980-2000年	400余篇	3000余篇	麻省理工大学、斯坦福大学、卡耐基梅隆大学等	40余篇	1000余篇	西安交通大学、上海交通大学、北京邮电大学等
2001-2010年	3000余篇	12000余篇		1800余篇	8000余篇	
2011年至今	2100余篇	12000余篇		2000余篇	11000余篇	
总计	5500余篇	27000余篇		3840余篇	20000余篇	
	32500余篇			23840余篇		

	美国	中国
	SCI占比	SCI占比
1980-2000年	11.8%	3.8%
2001-2010年	20%	18.4%
2011年至今	14.9%	15.4%

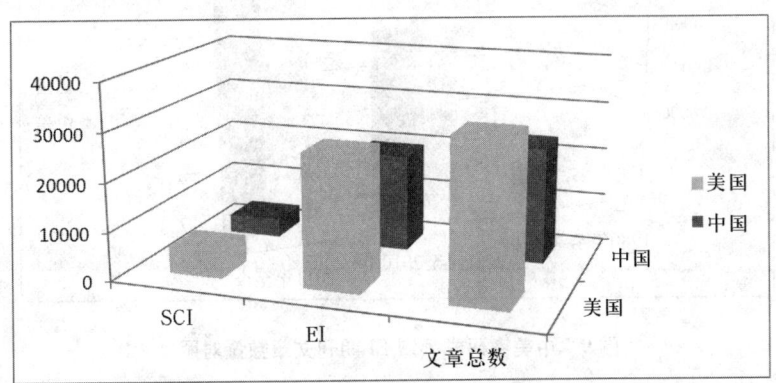

图7 中美密码学领域文章数量对照

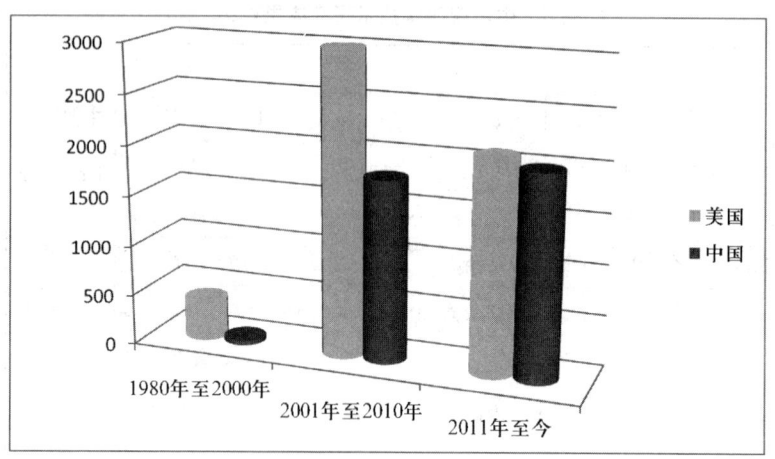

图 8　中美密码学领域 SCI 期刊文章数量对照

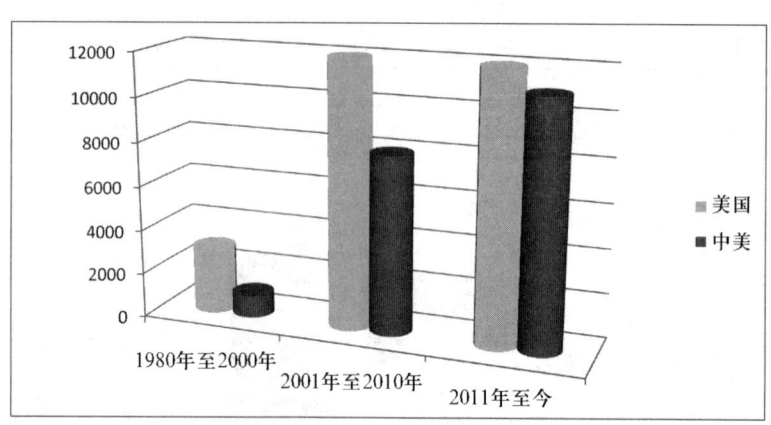

图 9　中美密码学领域 EI 期刊文章数量对照

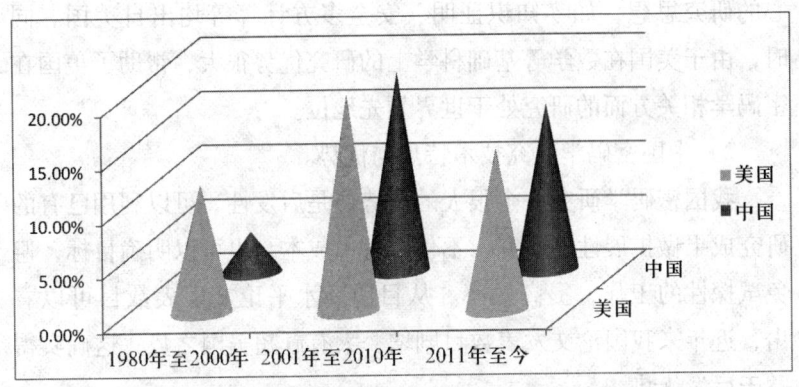

图 10 中美密码学领域 SCI 期刊文章数量占比及走势对照

表 6 中美密码学领域主要科研机构对照

	主要科研机构
美国	麻省理工大学、斯坦福大学、卡耐基梅隆大学等
中国	西安交通大学、上海交通大学、北京邮电大学等

2 中美密码学研究技术特点与优势分析

本节将中美密码学研究技术的特点与各自优势进行比较分析，从而找到我国密码技术发展的不足之处，达到有的放矢的研究目的。

1）美国密码学研究技术特点与优势。

在密码学研究方面，美国起步很早，早在 20 世纪 70 年代便开始了全面的研究。在对称加密方面，无论是 DES 算法，还是 AES 算法都是世界较为通用且成型很早的算法。在非对称加密方面，也有 RSA、Diffie-Hellman 等衍生出很多高效算法的核心技术。此外，美国在密码协议方面的研究也很成熟，基本上密码协议领域较为核心的研究思想，如零知识证明、安全多方计算等均出自美国。同时，由于美国在数学等基础科学上的研究优势很大，帮助了美国在密码学相关方面的研究处于世界领先地位。

2）中国密码学研究技术特点与优势。

我国密码学研究一个很大的优势便是后发性。可以利用已有的研究成果做扩展性的研究，不仅节省了成本，也可以明确目标，避免试探性的工作，提高效率。从目前高水平论文发表数目可以看出，近年来我国论文发表数目剧增，大有赶超美国之势，这确实得益于后发优势。

3　中美密码学研究各自存在的问题分析

1）美国密码学研究存在的问题。

美国面临的密码学技术方面的问题主要是如何维护自身在世界上的领导地位，因此需要不断创新，不断加大投入，承受领跑者的压力，特别是在经济形势不好以及各国加大力度研究密码学的同时显得有些力不从心。

2）中国密码学研究存在的问题。

对于中国而言，由于密码学研究的发起较晚，很多具有重要基础意义的工作较之美国都不甚充分，如在数学的研究发展方面以及在相关的学校专业建设上，中国都较为落后。作为后发国家，中国在不断努力赶超的同时，面临着主要研究方向选择的问题，尤其是目前网络空间技术革新日新月异，这都导致中国在相关投入方面不可能在一个领域倾注过多，加上历史发展的不足，势必造成某些基础学科的薄弱。

4 我国密码学技术自主可控发展的建议

首先，随着新技术的不断诞生与发展，我国密码学的研究需要符合世界整体的发展潮流，与世界先进的密码学研究成果保持同步。具体来说，我国密码与安全协议的发展应以下列特征为准：

1）公理化：在设计密码算法的过程中，保证算法的可证明安全性是非常重要的，密码协议的形式化分析方法、安全多方计算理论、可证明安全性理论以及零知识证明等仍将是密码协议研究中的主流方向。

2）标准化：从美国的密码学研究发展历程可以看出，其密码学成果总是伴随着标准化进程的推进，包括 AES、安全哈希算法以及 ESTREAM 计划和 NESSE 计划等。这些标准化工作都极大地推动了密码学研究。因此我国的密码学也亟须以标准化为动力，通过制定一系列相应的标准，将技术研究规范化、实例化，并集中有限的研究力量到重点的工作上来。

3）轻量化：随着移动互联网的普及、移动端的大量使用，用户对轻量化技术的需求不断增强。密码算法的轻量化研究同样对产品的用户体验起着很大作用。目前，轻量化密码算法的研究工作是密码学领域的研究热点之一，具有较大的实际意义，值得我国学者在这方面投入较大精力。

4）与生物特征的结合：轻量化与实用性是密码学算法关注的重要问题。从密码学的发展历程来看，传统的研究集中在数学难题理论的研究或者是通信模型的研究上。目前的一个研究热点是采用生物特征的密码认证方案，也是未来的研究热点之一。生物特征密码学不仅避免了传统方案中复杂的数学计算，同时极大地提高了安全性与实用性。

其次，对于实际应用而言，设计的密码算法不仅要在理论上是可证明安全的，同时要在效率上是可行的。随着计算速度的不断提高和针对密码不断增长的需求，密码分析和攻击手段也在不断进步，发展密码理论是一个非常迫切的实际需求。以美国为例，目前其针对抗量子攻击的密码学研究和生物技术的研究已经走在了前面。我国密码学研究起步较晚，但具有后发优势，应该在充分学习美国已有技术的基础上，针对未来可能的密码学发展方向开展集中突破研究。可能的未来密码学研究热点问题有：

1）密码算法的分析技术：作为攻击手段，密码算法的分析技术是密码学永久的研究方向。由于我们的密码算法的计算安全性建立在当前攻击技术及计算资源的有限性基础上，随着攻击技术的发展和计算资源的变化（如计算机 CPU 能力的提高等），对密码算法的攻击能力也在变化，只有了解最强的攻击技术，才能保证密码算法的安全使用或设计更安全的算法。

2）轻量级密码技术：轻量级密码技术是在一些资源受限的环境下设计的密码体制，即计算能力弱、存储资源小的设备，如物联网的标签、射频识别（RFID）安全技术等。轻量级密码技术包含轻量级对称密码算法、轻量级公钥密码算法、轻量级认证技术及轻量级 Hash 算法等，此外研究轻量级密码的硬件实现技术也是人们关注的重要课题之一。

3）DNA 密码技术：DNA 密码技术的特点是把脱氧核糖核酸作为信息载体，以生物技术为实现手段，挖掘 DNA 所固有的优点，如高存储密度和高并行性，进而实现加密、签名等密码功能。与传统的密码以及研制中的量子密码相比，DNA 密码既有优势也有劣势，在未来的应用中可以互相补充。研究 DNA 密码的主要困难在于缺乏安全理论支撑以及有效的实现方法。

4) 函数加密：随着云计算技术的迅速发展，通过第三方服务提供商进行数据共享越来越经济和方便，但是会导致用户隐私数据的泄露等问题。因此，数据的隐私共享保护等技术与较强的访问控制能力应受到更多的关注，即细粒度的访问控制能力等。这些目标可以通过函数加密来实现，包括基于属性的加密、内积加密和谓词加密等具体的加密技术。特别地，可以考虑隐私保护、审计、追踪等特性。

5) 后量子密码技术：在量子计算模型下，基于大整数分解和基于离散对数问题的密码体制将不再安全，需要找到能够代替这类经典算法的密码体制，能够抵抗量子计算攻击。目前有四类公钥密码体制被认为在量子计算模型下是安全的，分别是基于纠错码的公钥密码体制、基于多变量的公钥密码体制、基于 Hash 树的公钥密码体制和基于格问题的公钥密码体制。这类密码体制的缺陷是密钥规模比较大，应集中精力研究具有高效性和实用性的后量子密码算法。

6) 量子密码技术：量子密码技术是以量子法则（量子编码规则）为基础，利用量子态作为符号而实现的密码技术。量子密钥分配是该领域的主要研究方向。其优点是量子信息在传送过程中如果受到扰动，是可以被检测的。目前也有涉及量子保密体制、量子认证等方面的密码技术，但这些还只是处在不成熟的初探阶段，各国的研究都还不完善。

前面对密码学涉及的几个理论和技术的国内外研究现状和发展趋势做了概括介绍，综观全局，计算机和网络技术的快速发展必将给密码学带来巨大的挑战。目前国内外在密码学相关技术的研究方面都取得了很多突破性的成果。在密码算法的理论研究方面，中国和美国现在并驾齐驱，中国近年来在理论密码算法，尤其是量子密码学等方面成果显著，特别是诱骗态量子密码和量子避错码等领域。在安全协议的研究方面,中国近年来也逐渐跟上美国的研究步伐,并在很多高水平期刊和会议上发表了相关学术论文。不过也应该看到,在诸如生物密码学等新兴技术方面,对比欧美等先发国家,我国尚存在一些滞后,应加强这方面的研究投入。

注释

[1] Wang Xiaoyun, Yu Hongbo. How to Break MD5 and Other Hash Functions. In Advance in Cryptology-EUROCRYPT'05, LNCS 3494. Springer-Verlag,2005.

[2] J. H. Morre, G. J. Simmons. Cycle Structure of the DES with Weak and Semi-Weak Keys. In Advances in Cryptology-CRYPRO'86. Springer-Verlag, 1987,pp.3-32.

[3] M. Abdalla et al. Searchable Encryption Revisited: Consistency Properties, Relation to Anonymous IBE, and Extensions. In Advances in Cryptology. Springer-Verlag, 2005, pp. 205-222.

[4] D. X. Song, D. Wagner, and A. Perrig. Practical Techniques for Searches on Encrypted Data, In Proc. IEEE Symp. Secur. Privacy. 2000, pp.44-55.

[5] E.-J. Goh. Secure Indexes. Cryptology ePrint Archive, Report. 2003/216(2003). Available: http://eprint.iacr.org/.

[6] D. Boneh, G. Di Crescenzo, R. Ostrovsky, and G. Persiano. Public Key Encryption with Keyword Search. In Advances in Cryptology. Springer-Verlag, 2004, pp.506-522.

[7] Y.-C. Chang and M. Mitzenmacher. Privacy Preserving Keyword Searches on Remote Encrypted Data. In Applied Cryptography and Network Security. Springer-Verlag, 2005, pp.442-455.

[8] R. Curtmola, J. Garay, S. Kamara, and R. Ostrovsky. Searchable Symmetric Encryption: Improved Definitions and Efficient Constructions. In Proc. 13th ACM Conf. Comput. Commun. Secur. 2006, pp.79-88.

[9] R. Agrawal, J. Kiernan, R. Srikant, and Y. Xu. Order Preserving Encryption for Numeric Data. In Proc. ACM SIGMOD Int. Conf. Manage. Data. 2004, pp.563-574.

[10] A. Boldyreva, N. Chenette, Y. Lee, and A. O'Neill. Order-Preserving Symmetric Encryption. In Advances in Cryptology. Springer-Verlag, 2009, pp.224-241.

[11] A. Boldyreva, N. Chenette, and A. O'Neill, Order-Preserving Encryption Revisited: Improved Security Analysis and Alternative Solutions. In Advances in Cryptology. Springer-Verlag, 2011, pp.578-595.

[12] S.Goldwasser, and S.Micali. Probabilistic Encryption. Journal of Computer and System Science, 1984, 28(3):270-299.

[13] Kumar Ranganathan.Trust Worthy Pervasive Computing: the Hard Security Problems. In Proc. of the 2nd IEEE Annual Conference on Pervasive Computing and Communications, 2004, pp.23-26.

[14] Shoup V, Cennaro R. Securing Threshold Cryptosystems against Chosen Ciphertext Attack. Journal of Cryptology, 2002, 15(2):75-96.

[15] Ljupco Kocarev and Goce Jakimoski. Pseudorandom Bits Generated by Chaotic Maps. IEEE Transactions on Circuits and Systems-I, 2003, 50(1):123-126.

[16] Naoki Masuda and Kazuyuki Aihara. Cryptosystems with Discretized Chaotic Maps. IEEE Transactions on Circuits and Systems-I, 2002, 49(1): 28-40.

［17］Frank Dachselt, Kristina Kelber, and Wolfgang Schwarz. Discrete-time Chaotic Encryption Systems-Part III: Crypto-Graphical Analysis. IEEE Transactions on Circuits and Systems-I,1998,5(9): 983-988.

［18］Li hui Zhou and Zheng jin Feng. A New Idea of Using One-Di-mensional PWL Map in Digital Secure Communications-Dual-Resolution Approach. IEEE Transactions on Circuits and Systems-II, 2000, 47(10): 1107-1111.

［19］P. Bergamo, P. D'Arco, A. De Santis, L. Kocarev. Security of Public Key Cryptosystems Based on Cheby-Shev Polynomials. IEEE Transactions on Circuits and Systems - I, 2005, 57 (2): 1382 - 1393,2005.

［20］周典萃,卿斯汉,周展飞. 一种分析电子商务协议的新工具［J］. 软件学报, 2001, 12（9）: 1318-1328.

［21］白硕,隋立颖,陈庆锋,付岩,庄超. 安全协议的验证逻辑［J］. 软件学报, 2000, 11（2）: 213- 221.

［22］陈庆锋,王驹,白硕,张师超,隋立颖. 电子商务安全协议的逻辑验证［J］. 软件学报, 2000, 11（3）: 346- 362.

［23］Richard A. Kemmerer. Analyzing Encryption Protocols Using Formal Verification Techniques. IEEE Journal on Selected Areas in Communications , 1989, 7（4）: 448- 457.

［24］L. C. Paulson. Proving Properties of Security Protocols by Induction. In Proceedings of the 10th Computer Security Foundations Workshop, 1997: 70-83.

［25］G. Bella, L. C. Paulson. Using Isabelle to Prove Properties of the Kerberos Authentication System. In Proceedings of the DIMACS Workshop on Design and Formal Verification of Security Protocols, 1997.

[26] G. Bella, L. C. Paulson. Mechanical Proofs about a Non-repudiation Protocol. In Proceedings of the 14th International Conference on Theorem Proving in Higher Order Logic, 2001: 91-104.

[27] F. J. T. Fabrega, J. C. Herzog, J. D. Guttman. Strand Spaces. Technical Report, MITRE Corporation, 1997.

[28] 赵洋, 秦志光, 蓝天, 王佳昊. 基于可验证加密机制的多方公平交换协议 [A]. 全国网络与信息安全技术研讨会论文集（下）[C]. 2007: 650-655.

[29] 赵洋, 刘勇, 王佳昊, 秦志光. 一种改进的两方安全议价协议 [J]. 电子科技大学学报（自然科学版）, 2007, 36 (3): 538-540.

[30] J. Vaidya, C. Clifton. Privacy Preserving Association Rule Mining in Vertically Partitioned Data. In Proceedings of SIGKDD'02, Edmonton, Alberta, Canada. 2002: 639-644.

（二）积极应对新一代信息技术的安全挑战

1 中美移动互联网安全主要技术研究历程及发展现状

移动互联网技术作为新一代信息技术的基础组成部分之一，已经渗透进人们日常生活的各个方面。随着移动端和移动生活的建立，其安全问题直接关系到国家与社会的安全体系建立。中美在移动互联网安全的发展方面都投入了很多研究，相比于美国，我国在很多方面还较落后，需要借鉴学习其很多成熟的经验，加快追赶步伐。

1) 美国移动互联网安全发展情况。

在移动终端与接入网安全技术方面，由 IBM、Intel 和 NTT

DoCoMo成立可信移动平台项目组TMP，以可信计算组（Trusted Computing Group，TCG）的可信平台模块（Trusted Platform Module，TPM）为基础，为移动终端定义了一个综合的端到端的安全架构，主要包括硬件结构、软件结构和协议规范三部分[1]。TMP定义了可信硬件组件的安全特性、可信软件体系结构以及一系列安全服务。安全软件厂商Symantec提供了针对不同移动平台，包括Symbian OS、iOS和Android系统的安全解决方案，以终端防病毒和防火墙产品为主。趋势科技手机安全解决方案通过将加密、验证、恶意软件防护、防火墙和入侵检测结合在一起，提供了防病毒、防垃圾短信、防间谍软件、防数据丢失、防黑客等一系列功能。目前终端安全的一个主要解决方案是可信计算技术，通过构建可信基并从下到上建立安全的可信链。采用可信技术构建安全的终端体系结构分以下几种：安全内核技术，如微软的下一代安全计算基NGSCB、Zhang等的SecureBus可信体系结构以及Shi等的适用于安全分布式系统中的细粒度远程证明服务Bind体系结构[2]；微内核技术、虚拟机技术，如Garfinkel等的Terra结构和Linux安全模块以及伯克利的基于TCG的可扩展IMA结构、IMA扩展和增强型度量结构PRIMA等。另外也有很多学术上的研究成果，如Aldabbas等通过在消息中附加安全策略的方法以保障移动Adhoc网络的机密性[3]，Singh A等提出了面向移动计算的机理建模。

在标准与法规的建设方面，美国早在20世纪70年代便开始了相关法规的建立。1974年的《隐私权法》、1986年的《电子通信隐私法》、1998年的《儿童在线隐私保护法案》和2009年的《个人隐私与安全法案》等构成了丰富的互联网隐私保护法律体系。2012年2月，美国加利福尼亚州要求移动应用软件开发商应尊重移动用户的隐私，公布相应的隐私保护规定。同年，美国商务部将

"要求移动应用应透明收集用户数据"作为年度工作议程的重点,美国国家电信和信息管理局与移动运营商、移动应用开发商等也首次召开隐私会议,指出要加快制定移动隐私政策,强调移动企业在处理个人数据、提供应用互动服务时要注重相关隐私政策的透明度[4]。2012年12月,美国联邦贸易委员会对《儿童在线隐私保护法案》进行修改,将保护范围扩展至社交网络和智能手机应用软件等新领域,要求面向儿童的应用程序网站和其他互联网服务商在获取13岁以下儿童的信息(包括照片、视频、地理位置以及网上行为等)时须得到其家长的许可[5]。2013年5月美国推出《应用隐私、保护和安全法案》,要求手机应用软件开发商在收集用户个人数据前需获得用户同意,并确保数据安全。当用户不再使用应用软件时可要求开发商停止收集或删除个人数据[6]。该法案尚处于审议阶段,但可见美国立法者已经认识到加快移动互联网监管体系建设的重要性,急欲清除移动互联网安全维护的盲区。在企业方面,谷歌和苹果公司则建立了当今全球移动互联网两大生态系统。目前美国移动智能终端操作系统的主导厂商包括苹果、谷歌和微软,这些企业的移动互联网业务组织的主要形式是应用程序商店,改变了传统业务的组织和营销模式,而基于移动应用商店的软件数目也正在急剧增长。

在移动互联网相关的信息安全标准方面,美国政府建立了丰富成熟的标准体系。例如,通用标准(CC)是在美国的TCSEC、欧洲的ITSEC、加拿大的CTCPEC、美国的FC等信息安全准则的基础上,由6个国家7方(美国国家安全局和国家技术标准研究所、加拿大、英国、法国、德国、荷兰)共同提出的"信息技术安全评价通用准则"(The Common Criteria for Information Technology Security Evaluation, CC),简称CC标准,它综合了已有的信息安全的准则和标准,形成了一个更全面的框架。CC标准是信息技术安全性评估标准,用来评估信息系统、信息产品的安全性[7]。CC 标准的评估分为两个方面:安全功能需求和安全保证需求。此外还有 ISO/IEC27000 系列标准,ISO/IEC27000 系列标准是通用术语,国际标准化组织为与国际接轨而专门预留的序列号,该系列产品具有的信息安全管理体系标准除 27019 标准外,还正式发布了另外两款:信息安全管理体系要求(ISO/IEC27001-2005)和信息安全管理实践(ISO/IEC27002-2005)。

2)中国移动互联网安全发展情况。

我国移动互联网的安全技术研究起步较晚,不过已经取得了很多成果。国家层面上,2011 年 12 月工信部出台《移动互联网恶意程序监测与处置机制》,其中明确规定了认定、监测、处置、通报等阶段各相关企业单位的职责与任务,形成了高效遏制移动互联网恶意程序的合作机制。2012 年 12 月 28 日,十一届全国人大常委会通过《全国人民代表大会常务委员会关于加强网络信息保护的决定》,以法律形式保护公民个人及法人信息安全,制定了网络身份管理制度,确立了网络服务提供者的义务和责任,并赋予政府主管部门必要的监管手段[8]。2013 年 11 月开始执行的《工业和信息化部关于加强移动智能终端管理的通知》对移动智能终端安全能力和预置应用软件提出管理要求,这是我国移动互联网安全监管立法进程中的新突破。

另外,在学术领域,国内参与移动互联网有关问题研究的主要有清华大学、中国科技大学、香港城市大学、同济大学等。国家工业和信息化部成立了新一代宽带无线移动通信网国家科技重大专项实施管理办公室,并专门提出课题无线局域网与蜂窝移动通信网络融合技术研究与验证(2010ZX03005-002)来开展移动互联网相关技术的攻关。

在移动终端与接入网安全技术方面，我国企业与高校目前的研究成果也很丰富，其中具有代表性的有：腾讯移动安全实验室推出的腾讯移动终端安全架构（Mobile Terminal Assurance Architecture，MTAA），同时该实验室率先提出了手机健康管理的概念[9]。MTAA提供可定制的安全服务，能够为用户提供四大安全解决方案。MTAA 的技术架构包括腾讯平台统一组件（Tencent United Layer）、腾讯安全引擎（Tencent Security Engine）、腾讯标准应用（Tencent Standard Application）、腾讯开发接口（Tencent Open API）和第三方厂商应用（OEM Application Store）五个组成部分[10]。华中科技大学的方明伟等构建了可信移动终端体系结构，研究了动态可信度量技术以构建终端的动态可信运行环境。杭州电子科技大学的胡海洋等提出一种面向移动社交网络的协作式内容分发机制。中科院的郭云川等提出基于混杂类型检测的安全演算机制，并提出了移动互联网安全的动态检测框架。中国电信研究院的张湘东等提出一种基于硬件安全模块的 PKI 身份认证技术解决方案，电子科技大学的李敏等针对热门的移动互联网能力开放平台架构，提出了适用于该架构的层次安全服务模型。北京邮电大学的石莎等从文档保护的需求出发，提出了移动互联网下安全的文档保护方案，并提出以智能手机整体替代介质存储密码并提供移动签名服务的技术方案。

3）中美移动互联网安全研究对比。

通过以上的中美移动互联网安全研究历程综述，将中美移动互联网安全研究成果进行统计比较分析。表 7 从移动互联网的企业应用研究和学术研究两个的角度来进行对比；表 8 反映了中美在移动物联网研究成果上的对比结果，对中美分别从三个时间段（1980 年至 2000 年、2001 年至 2010 年、2011 年至今）、四个维度（SCI 文章数量、EI 文章数量、SCI 文章占比、研究团队）来进行对比，为了更加清晰地比较中美的研究成果，我们从四个不同的维度出发进行绘图比较，详见图11至图14，从图中可以明显看出2000年以后是中美在移动物联网领域研究的高涨期，中美在2000年到2010年均投入了大量研究，但在数量和质量上我国与美国相比较还是有部分差距；2010年以后我国开始逐渐呈现出上升追过的势头，我国在移动互联网领域的成果无论是数量还是质量上均有很大提高。

表7 中美移动互联网安全技术对比

	美 国	中 国
企业应用研究	TMP为移动终端定义了一个综合的端到端的安全架构，主要包括硬件结构、软件结构和协议规范三部分	中科院的郭云川等提出基于混杂类型检测安全演算机制，并提出了移动互联网安全的动态检测框架
	安全软件厂商Symantec提供了针对不同移动平台，包括Symbian OS、iOS和Android系统的安全解决方案，以终端防病毒和防火墙产品为主	中国电信研究院的张湘东等提出一种基于硬件安全模块的PKI身份认证技术解决方案
	趋势科技手机安全解决方案，通过将加密、验证、恶意软件防护、防火墙和入侵检测结合在一起，提供了防病毒、防垃圾短信、防间谍软件、防数据丢失、防黑客等一系列功能	腾讯移动安全实验室推出的腾讯移动终端安全架构MTAA，同时该实验室率先提出了手机健康管理的概念

续表

	美国	中国
学术研究	伯克利的基于 TCG 的可扩展 IMA 结构及 IMA 扩展和增强型度量结构 PRIMA 等	电子科技大学的李敏等针对热门的移动互联网能力开放平台架构，提出了适用于该架构的层次安全服务模型
	Aldabbas 等通过在消息中附加安全策略的方法以保障移动 Adhoc 网络的机密性	华中科技大学的方明伟等构建了可信移动终端体系结构，研究了动态可信度量技术以构建终端的动态可信运行环境；杭州电子科技大学的胡海洋等提出一种面向移动社交网络的协作式内容分发机制
	Singh A 等提出了面向移动计算的机理建模	北京邮电大学的石莎等从文档保护的需求出发，提出了移动互联网下安全的文档保护方案，并提出以智能手机整体替代介质存储密码并提供移动签名服务的技术方案

表8 中美移动互联网安全领域研究成果对比表

	美国			中国		
	SCI	EI	主要团队	SCI	EI	主要团队
1980-2000年	180余篇	2000余篇	麻省理工大学、加州大学伯克利分校、IBM公司等	5篇左右	120余篇	清华大学、中国科技大学、同济大学、腾讯公司等
2001-2010年	2000余篇	17000余篇		2100余篇	10000余篇	
2011年至今	1900余篇	11000余篇		2000余篇	13000余篇	
总计	4080余篇	30000余篇		4105余篇	23120余篇	
	34080余篇			27225余篇		

	美国	中国
	SCI占比	SCI占比
1980-2000年	8.3%	4%
2001-2010年	10.5%	17.4%
2011年至今	14.7%	13.3%

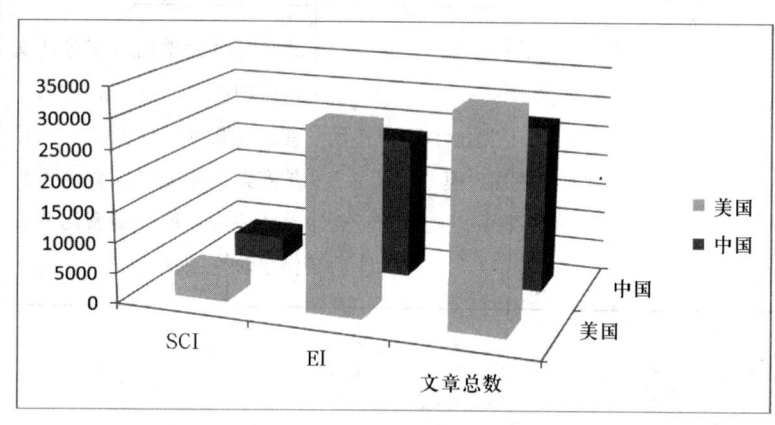

图11 中美移动互联网安全领域文章数量对照

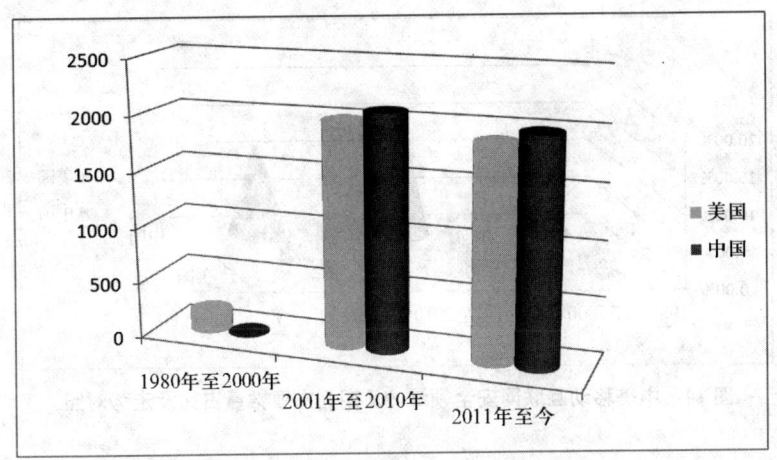

图 12　中美移动互联网安全领域 SCI 期刊文章数量对照

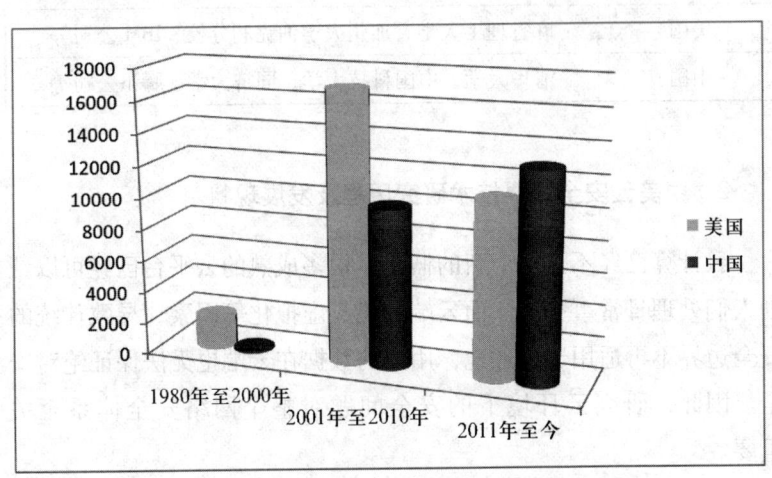

图 13　中美移动互联网安全领域 EI 期刊文章数量对照

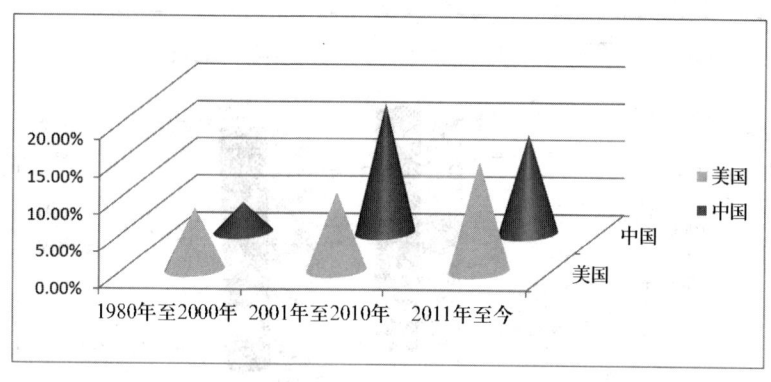

图 14 中美移动互联网安全领域 SCI 期刊文章数量占比及走势对照

表 9 中美移动互联网安全领域主要科研机构对照表

	主要科研机构
美国	麻省理工大学、加州大学伯克利分校、IBM 公司等
中国	清华大学、中国科技大学、同济大学、腾讯公司等

2 中美云安全主要技术研究历程及发展现状

云计算已经不是一个新的概念,很多成熟的云平台已经可以帮助人们处理日常事务。然而云端的集成虚拟化等因素,导致传统的安全边界不再适用于云环境,用户的数据在云端也无法保证绝对安全。因此,研究云环境下的安全问题对整个网络安全体系至关重要。

1)美国云安全发展情况。

美国联邦政府率先推出了"云优先"战略。为推动政府机构接受云计算的理念,联邦政府还开设了"一站式云服务"门户网站,以展示并提供得到政府认可的云计算应用[11]。2006 年谷歌公司在其 Google 101 计划中首次给出云计算的相关概念和理论：云计算是分布式计算、并行计算、网格计算的新发展，也是这些计算机科学概念的商业实现，是一种以服务模式调整计算资源利用率的技术。谷歌公司也是目前最大的云计算使用者，其搜索引擎建立在分布于 200 多个地点、超过 100 万台服务器的支撑体系之上，Google Earth、Maps、Gmail、Docs、News、App Engine 等应用相继推出。同时，苹果公司也推出了自己的 MobileMe 业务。这种服务将信息储存在名为"云"的服务器上，并可以通过任何与这台服务器相连的设备更新数据。在使用一台设备更新信息的时候，所有通过有线或者无线方式与服务器相连的设备上的信息都可以得到及时更新。针对云计算的安全性问题，很多大型云服务商出台了相关的安全策略，如亚马逊发布的《AWS 风险与合规白皮书》、Google 发布的《云安全白皮书》、IBM 针对云安全提出的《最优数据隐私方案》、微软于 2010 年发布的《Windows Azure 安全概述》等。另外，国际数据公司 IDC 分析师 Frank Gens 在其关于"云需求模式"的挑战和面临问题的分析报告中表明目前的云计算服务发展属于初级阶段，而云计算服务用户普遍关注的重点依然是安全问题，其列举了九个挑战或问题：依次为安全、性能、可用性、难以与 IT 集成、无法定制化、开销增大、IT 整合困难、监管需求、无大型供应商等。美国咨询公司在其发布的《云计算安全风险评估》中也列举了云计算服务存在的七大潜在安全风险：优先访问权风险、管理权限风险、数据处所风险、数据隔离风险、数据恢复风险、调查支持风险、长期发展风险。以"在云计算环境下提供最佳的安全方案"为目标的云安全联盟 CSA 于 2009 年在著名的 RSA 大会上成立，其发布的《云计算安全指南》，指出了不同的云部署模型的可能实现方式及其不同部署模式下共享云服务的用户之间的信任关系。此外，国际电信联盟 ITU-TSG17 研究组、结构化信息标准促进组织 OASIS、分布式管理任务组 DMTF 等相关组织也都相应地展开了全面的云计算安全标准设计和制定工作。微软的 Windows Azure Pack 采用 DSLC 数据安全保护体系，需要管理策略、关键技术、监控机制来共同保障[12]。DSLC 体系保护思路分为三个步骤：第一，获得云中数据的存储、传输、处理的相关信息；第二，建立数据安全生命周期，包括 6 个阶段：创建、存储、使用、共享、归档和销毁；第三，对数据安全生命周期中的每个阶段均明确数据安全保护机制，将行为实施者（可以是用户、应用、系统/进程等）对数据的操作定义为 Functions，而安全机制则定义为 Controls，将所有可能的行为限制到允许的行为范围内[13]。同时，为有效地提高安全性能，微软推出了全新的安全机制悉尼 Sydney。悉尼 Sydney 安全机制可以帮助企业用户在服务器和 Azure 云之间安全交互数据，实现本地应用程序和云计算程序之间的对话。该机制主要解决在虚拟化、多租户环境中的安全性，将用户云资源和网络虚拟化分开，提供企业内部数据中心设备和云中设备之间的安全连接。还有亚马逊提供的云计算平台，即弹性计算云 EC2，其从主机操作系统、虚拟操作系统、客户操作系统、防火墙和 API 呼叫多个层次为 EC2 提供安全保障[14]。其中 API 保护方面，所有的 API 调用都需要 X.509 证书或客户的 Amazon 秘密接入密钥的签名认证。

美国在云安全架构方面也做了许多工作，如美国联邦政府制定的云安全策略，该策略主要分为六个部分：对云服务实施基于风险的管理，在控制风险的基础上充分利用云计算高效、快捷、利于革新等优势，并启动了联邦风险和授权管理项目 FedRAMP；加强云计算安全管理，明确安全管理相关方及其职责；注重云计算安全管理的顶层设计，建立云计算安全管理立体体系；丰富已有的安全措施规范，制定云计算安全基线要求，在《联邦信息系统和组织安全措施》（SP 800-53）的基础上，针对信息系统的不同等级，制定《FedRAMP 安全控制措施》；主抓评估和授权，加强安全监视；提供 SLA、合同等指导，为云服务采购提供安全性操作指南。例如，MITRE 于 2010 年提出的《政府客户云计算 SLA 考虑》等，还有 Jericho Forum 等人从安全协同的角度，从数据物理位置、云相关技术和服务的所有关系状态、应用资源和服务时的边界状态、云服务的运行者和管理者四个影响安全协同的维度上设计的云立方体安全模型。此外，2013 年，Gartner 公布了一份关于云计算安全关键技术曲线成熟度 Hype Cycles 的报告，包括云计算安全技术和安全标准两部分，以提高云计算系统的安全性、可靠性。众多大型的云服务商如 IBM、思科、亚马逊、微睿等也提出了自己的云计算安全框架。

在虚拟化安全方面，美国典型的虚拟化厂商主要包括微睿、思科、Citrix、微软以及 Intel 等，它们的研究热点主要集中在存储虚拟化、网络虚拟化、桌面虚拟化以及应用虚拟化等。提高 Hypervisor 安全的一个方式是轻量化，目前典型的轻量级 Hypervisor 有 Trustvisor、Secvisor 和 Cloudvisor 等[15]。另一个方式是完整性保护，利用可信技术对 Hypervisor 进行完整性度量和报告，保证其可信性。相关研究有 2010 年 Wang 等提出的 Hypersafe 架构，目标是为 Hypervisor 提供运行时控制流的完整性保证，提高其安全性。另外，Hypersentry 利用现有资源构造可信计算基，采用独立于 Hypervisor 的软件组件对 Hypervisor 进行秘密和实时的完整性度量[16]。2010 年，Stavrou A 等提出了类似于 Hypersentry 的 Hypercheck，基于硬件辅助的探测篡改框架，保证 Hypervisor 的完整性，其利用 CPU 的系统管理模式来检测被保护的机器的状态[17]。2005 年，

IBM 美国研究中心的 Reiner Sailer 等提出了虚拟机访问控制模型 sHype，通过访问控制模块 ACM 来控制虚拟机系统进程对内存的访问，实现内部资源隔离。为解决大规模分布式环境下的虚拟机隔离安全问题[18]，卡内基梅隆大学的 Jonathan McCune 和 IBM 的 Stefan Berger 等基于 sHype 提出了分布式强制访问控制模型 Shamon，其基于 Xen 实现了原型系统。

在数据的存储安全方面，早在 2000 年，加州大学的 Song 和 Wagner 等就结合电子邮件应用场景提出了基于对称加密算法的关键字查询方案，采用顺序扫描线性查询技术实现单个关键字的密文检索[19]。加州大学 Hacigumus 等于 2002 年提出 DAS 模型，之后在 2003 年斯坦福大学 Goh 提出了一种用布隆过滤器构建安全索引的方案[20]。2004 年 Hacigumus 基于 DAS 提出了对加密的关系型数据库高效聚合查询的方案。另外，2004 年加州大学的 Hore 和 Mehrotra 等针对 DAS 模型中存在的安全隐患提出了对数据库索引加密的模型，设计了分桶最优算法 QOB 算法及新的隐私保护再分桶算法 CDF[21]。2005 年哈佛大学 Chang 提出了一种针对移动终端用户的基于关键字的对称加密方案，其是首个根据密文数据检索的场景进行讨论的方案。同年，Sahai 和斯坦福大学的 Waters 提出了属性基加密的方案，为用户存储在不可信服务器上的数据提供安全的解决方案。2006 年加州大学 Goyal 提出基于密钥策略的属性基方案 KP_ABE[22]。2007 年卡内基梅隆大学的 Bethencourt 提出了密文策略的 CP_ABE 方案。由于 CP_ABE 中消息的发送方控制访问策略，不需要频繁地根据接受者的需求变更接受者密钥，因此更适合应用在云环境下[23]。2010 年伊利诺伊理工大学的 Wang 和 Cao 等提出了支持搜索结果排序的关键字查询方案[24]。此外，2010 年伊利诺伊理工大学的 Li 和 Wang 等设计了支持模糊关键字的查询方案。在云端数据完整性的检验方面，按照执行实体可以分成两类，即用户与云服务提供商交互完成验证和用户授权可信第三方进行验证[25]。前者称为云用户主导的方案，目标是使云用户在取回很少的数据时利用某种形式的挑战应答协议，基于伪随机抽样的概率性检查方法，以高置信概率判断数据完整性[26]。典型的有美国约翰霍普金斯大学的 Ateniese 和 Burns 等于 2007 年提出的一种不取回数据情况下的完整性检验方案。后者利用审计员 TPA 完成隐私保护的完整性验证[27]，代表性的有美国伊利诺理工大学的 Wang 等于 2010 年基于双线性映射和 Merkerl 树提出的一种云计算场景下的隐私保护完整性验证方案[28]。在数据安全删除方面，代表性的有 2009 年华盛顿大学的 Geambasu 提出的基于时间的安全文件删除方案[29]，通过将文件关联时间有效期，由密钥管理者为时间有效期生成公私钥对，每个文件使用时间有效期对应的公钥加密，当到了有效期时，密钥管理者删除对应的公私钥对导致文件无法被解密恢复。

2) 中国云安全发展情况。

我国将云计算列入近期着力培育的八大新型产业之一，并将北京、无锡、上海、杭州、深圳五个城市作为云计算发展试点城市。例如，上海的"云海计划"、北京的"祥云工程"、深圳的"智慧深圳"等。尽管我国云计算方面的研究工作起步较晚，但发展迅速。云计算被称为继个人计算机和互联网变革之后的第三次 IT 变革。我国政府于 2010 年将其列入战略性新兴产业，并建立我国云安全标准制定与规划的中国通信标准化协会 CCSA。我国云计算数据中心的建设也越来越快，以北京、上海、广州、深圳为首的各地云中心遍地开花。目前全国已有 13 个省份规划了约 30 个 10 万台服务器以上规模的大型云数据中心建设项目。工信部电信研究院规划所副所长徐志发认为,可以通过在我国产业界成立云安全联盟并联合我国政产学研各方建立相应的组织机构来推动我国云安全标准化工作。另外,针对云计算信息系统等级保护问题,沈昌祥院士认为:云计算是计算系统,本质没有变,只不过一些模式发生了变化,但也需要技术和管理两方面来解决问题[30]。首先通过2010年发布的《信息安全技术信息系统等级保护安全设计技术要求》(GB/T 25070-2010)保护云计算系统框架,其次按照《计算机信息系统安全保护等级划分准则》(GB/T 17859-1999)评估规则对信息流程的处理,加强控制管理,通过等级保护建立信息系统运行的安全环境。沈院士同时提出,云计算安全应从技术防护、运营管理、法规保障三个方面解决问题。在技术防护层面,沈院士提出了一种可信云计算环境,其中可信链传递是从基础设施可信根出发,度量基础设施、计算平台可信,验证虚拟计算资源可信,继而支持应用服务的可信,确保计算环境可信。可信接入是验证用户请求和连接的计算资源可信。在运营管理层面,增加了进行安全审计的安全管理中心,并于安全管理中心支撑下建立了可信计算环境、可信边界接入和可信网络通信三重防御架构。在法规保障方面,建议建立统一的技术标准规则;云服务提供者承担法律责任,确保用户服务安全可信;运营商和客户各自应负法律责任,建立互信关系。

我国众多安全公司也开始了自己的云安全研究。例如,瑞星公司推出的云安全计划,主要内容是将用户终端和瑞星技术平台通过互联网紧密相连,组成庞大的木马/恶意软件监测查杀网络[31]。核心为"瑞星卡卡"的自动在线诊断模块,会在电脑启动时自动检测并提取电脑中可疑的木马样本,并上传到瑞星自动分析系统RsAMA,通过瑞星安全资料库RsSD分享给其他瑞星用户。依托强大的核心技术及自身丰富的反病毒经验和海量的用户,瑞星公司曾声称云安全可使他们一天拦截 765 万次木马的入侵。还有阿里集团的阿里云服务。在 2009 年中国万网被阿里巴巴收购之后，中国万网开始运营阿里云，从客户域名注册、网站建设、空间租赁到云主机、云邮箱和私有云，阿里云为中小型企业提供"一站式"互联网服务。阿里云保障云安全方法具有多样性，具体包括安全策略、组织安全、合规安全、数据安全、访问控制、人员安全、物理安全、基础设施安全、系统和软件开发及维护、灾难恢复及业务连续性等方面。在网络安全方面，阿里云提供安全组机制，隔离不同用户的云服务器或同一用户的多个云服务器，安全组之间采用防火墙隔离。基于阿里云平台强大的数据分析能力，阿里云提供了"云盾"，能够为网站提供多种安全服务。腾讯云平台通过多层次、多维度的实时监控和离线分析等手段，从运维安全、业务安全、信息安全三个层面来保护云平台的安全性。中科曙光推出了各种安全产品，如 CFDfense 虚拟化安全防护子系统、CloudFirm-SOC 安全管理中心、CFDfense-Hypervisor 防火墙、虚拟网关等。在云安全实践方面，曙光公司以国家信息安全等级保护要求为基础，结合自主研发的安全产品，推出了全面系统的 CloudFirm 私有云安全解决方案。华为公司在云安全方面提供多层安全保护，充分保证计算资源的安全性，分别从基础安全方面、网络安全方面和传输安全方面、虚拟化安全方面、管理维护安全方面等维度满足云安全的要求。道里云研发了 BLP 防数据泄露云安全操作系统 BLP-Cloud，将操作系统分割成上下操作系统进行设计和实现，相互密封隔离，保证用户数据的安全隐私。天翼云提供了面向对象存储 OOS 服务，对数据的安全性进行了多层面的考虑，分别从用户访问层面、数据传输层面、数据存储层面保证用户数据的安全性。奇虎 360 在云安全问题上的核心思想是基于云计算的强大计算资源为其提供安全服务。

奇虎360打破了传统杀毒软件工作模式,将病毒特征库迁移到云端,将用户端和360云安全数据中心服务器协同起来,基于海量的文件知识库实现快速查杀。北京大学市场与媒介研究中心发布的2013年度《个人云服务市场现状报告》显示,在个人云服务市场的用户熟悉度、使用频率、市场渗透率三项排名中,我国的个人云服务商百度云强势领先,其以37.3%的比重遥遥领先于其他品牌,而360则以23%的比重次之。此外,我国互联网公司与美国大型云服务商也展开了很多合作,如2013年亚马逊公司将其公有云服务引入中国,在中国推行亚马逊的公有云平台,中国成为亚马逊全球第10个服务区域;2013年IBM公司宣布与世纪互联网合作,IBM云计算架构服务SCE+正式落户中国,IBM将提供物理基础设施资源池POD,世纪互联网公司将在其位于北京的数据中心内托管该POD设备;同年,微软与联想公司签署协议,联想正式成为微软云计算操作系统Cloud OS的战略合作伙伴,联想将使用基于微软的Windows Server、Hyper V、System Center以及Windows Azure Pack的云平台对外提供服务。

除了国家和企业层面,目前我国也积极投入学术领域在云计算安全技术方面的研究和安全云服务的建设,启动了先导科技专项的研究。清华大学、复旦大学、华中科技大学和武汉大学及EMC联合启动"道里"项目,致力于云环境下的信任和可靠性保障的研究。中科院的冯登国及其领导团队提出一个参考性的云安全框架,主要包括云计算安全服务体系和云计算安全标准及测评体系两部分,为实现云用户安全目标提供技术支撑。云用户的首要安全目标是数据安全与隐私保护服务。云计算安全服务体系是实现云用户安全目标的重要技术手段,结合云计算环境的不同层次,云计算安全服务可以进一步分为可信云基础设施服务、云安全基础服务和云安全应用服务,云安全标准与测评体系为云计算安全服务提供技术与管理支撑。

另外一些具有代表性的研究成果，如 2010 年林昆等基于 Intel VT.d 技术提出了一种虚拟机安全隔离架构，通过安全内存管理 SMM 和安全 I/O 管理 SIOM 进行保护，将重要的内存和 I/O 虚拟功能从虚拟机管理域转移到虚拟引擎中，实现客户虚拟机内存和管理域内存的物理隔离。在数据安全删除方面，2007 年国家保密局颁布了《涉及国家秘密的载体销毁与信息消除安全保密要求》（BMB21-2007），规定了涉及载体销毁和信息消除的等级、实施方法、技术指标及相应的安全保密管理要求等。在云计算数据中心 IDC 方面，国内领先的 ISP/IDC 服务提供商世纪互联早在 2006 年就开始关注虚拟化等技术和传统互联网数据中心的结合和应用，并把研发下一代数据中心列入了企业发展战略。世纪互联在 2009 年推出了自己的弹性计算平台 CloudEx，成为中国云计算商用的开拓者。CloudEx 平台可以为用户实现价值托管，提供公有 IaaS、私有云托管、混合托管、云主机、云备份、弹性主机、弹性存储、虚拟云数据中心、云方案等服务。

3）中美云安全研究对比。

通过以上的中美云安全研究历程综述，将中美云安全研究成果统计如下：表 10 从云安全研究历程的角度来进行对比，中美两国均开始于 2000 年左右；表 11 反映了中美在云安全领域技术研究成果上的对比结果，对中美分别从两个时间段（2001 年至 2010 年和 2011 年至今）、四个维度（SCI 文章数量、EI 文章数量、SCI 文章占比、研究团队）来进行对比，为了更加清晰地比较中美的研究成果，我们从四个不同的维度出发进行绘图比较，详见图 15 至图 18，从图中可以明显看出在成果数量方面，我国与美国的研究体量相差无几，但在质量方面，我国与美国还有明显的差距。

表 10　中美云安全技术对比

年份	美　国	中　国
2000 年	加州大学结合电子邮件应用场景提出了基于对称加密算法的关键字查询方案	我国将云计算列入近期着力培育的八大新型产业之一,并将北京、无锡、上海、杭州、深圳五个城市作为云计算发展试点城市,如上海的"云海计划"、北京的"祥云工程"、深圳的"智慧深圳"等
2002 年	加州大学提出 DAS 模型	
2003 年	斯坦福大学 Goh 提出了一种用布隆过滤器构建安全索引的方案	
2004 年	Hacigumus 基于 DAS 提出了对加密的关系型数据库高效聚合查询的方案	
2004 年	加州大学设计了分桶最优算法 QOB 算法及新的隐私保护再分桶算法 CDF	
2005	哈佛大学 Chang 提出了一种针对移动终端用户的基于关键字的对称加密方案	
2005	Sahai 和斯坦福大学的 Waters 提出了属性基加密的方案	
2005	IBM 提出虚拟机访问控制模型 sHype	
2005	卡内基梅隆大学和 IBM 基于 sHype 提出了分布式强制访问控制模型 Shamon	

续表

年份	美 国	中 国
2006年	加州大学 Goyal 提出基于密钥策略的属性基方案 KP_ABE	世纪互联把研发下一代数据中心列入了企业发展战略
	谷歌公司首次给出云计算的相关概念和理论	
	苹果公司也推出了自己的 MobileMe 业务	
2007年	卡内基梅隆大学的 Bethencourt 提出了密文策略的 CP_ABE 方案	国家保密局颁布了《涉及国家秘密的载体销毁与信息消除安全保密要求》（BMB21-2007）
	约翰霍普金斯大学提出一种不取回数据的情况下的完整性检验方案	
2009年	CSA 发布《云计算安全指南》	瑞星公司推出的云安全计划，主要内容是将用户终端和瑞星技术平台通过互联网紧密相连，组成庞大的木马/恶意软件监测查杀网络
	华盛顿大学的 Geambasu 提出的基于时间的安全文件删除方案	中国万网开始运营阿里云，从客户域名注册、网站建设、空间租赁到云主机、云邮箱和私有云，阿里云为中小型企业提供一站式互联网服务
		世纪互联推出了弹性计算平台 CloudEx

续表

年份	美国	中国
2010年	微软发布《Windows Azure 安全概述》	将云计算安全列入战略性新兴产业,建立我国云安全标准制定与规划的中国通信标准化协会CCSA
	微软的 Windows Azure Pack 采用 DSLC 数据安全保护体系,需要管理策略、关键技术、监控机制来共同保障	《信息安全技术信息系统等级保护安全设计技术要求》(GB/T 25070-2010)
	微软推出了全新的安全机制悉尼 Sydney	沈昌祥院士提出,云计算安全应从技术防护、运营管理、法规保障三个方面解决问题
	Wang 等提出的 Hypersafe 架构,目标是为 Hypervisor 提供运行时控制流的完整性保证,提高其安全性	中科院的冯登国及其领导团队提出一个参考性的云安全框架,主要包括云计算安全服务体系和云计算安全标准及测评体系两部分,为实现云用户安全目标提供技术支撑
	Stavrou A 等提出了类似于 Hypersentry 的 Hypercheck,基于硬件辅助的探测篡改框架,保证 Hypervisor 的完整性	林昆等基于 Intel VT.d 技术提出了一种虚拟机安全隔离架构
	伊利诺伊理工大学的 Wang 和 Cao 等提出了支持搜索结果排序的关键字查询方案	
	伊利诺伊理工大学的 Li 和 Wang 等设计了支持模糊关键字的查询方案	

续表

年份	美国	中国
2013年	Gartner 公布了一份关于云计算安全关键技术曲线成熟度 hype cycles 的报告，包括云计算安全技术和安全标准两部分，以提高云计算系统的安全性、可靠性	中科曙光推出了各种安全产品，如 CFDfense 虚拟化安全防护子系统、CloudFirm-SOC 安全管理中心、CFDfense-Hypervisor 防火墙、虚拟网关等
		道里云研发了 BLP 防数据泄露云安全操作系统 BLP-Cloud，将操作系统分割成上下操作系统进行设计和实现，相互密封隔离，保证用户数据的安全隐私
		天翼云提供了面向对象存储 OOS 服务，对数据的安全性进行了多层面的考虑
		奇虎360在云安全问题的核心思想是基于云计算的强大计算资源为其提供安全服务
		亚马逊公司将其公有云服务引入中国，在中国推行亚马逊的公有云平台
		2013年 IBM 公司宣布与世纪互联网合作，IBM 云计算架构服务 SCE+正式落户中国
		微软与联想公司签署协议，联想正式成为微软云计算操作系统 Cloud OS 的战略合作伙伴

表 11　中美云安全领域成果对比

	美　国			中　国		
	SCI	EI	主要团队	SCI	EI	主要团队
2000-2010年	180余篇	1000余篇	谷歌、微软、亚马逊、苹果公司等	130余篇	680余篇	中国电信、阿里集团、腾讯公司等
2011年至今	1700余篇	9000余篇		1500余篇	9000余篇	
总计	1880余篇	10000余篇		1630余篇	9680余篇	
	11880余篇			11310余篇		

	美国	中国
	SCI占比	SCI占比
2000-2010年	15.3%	16%
2011年至今	15.9%	14.3%

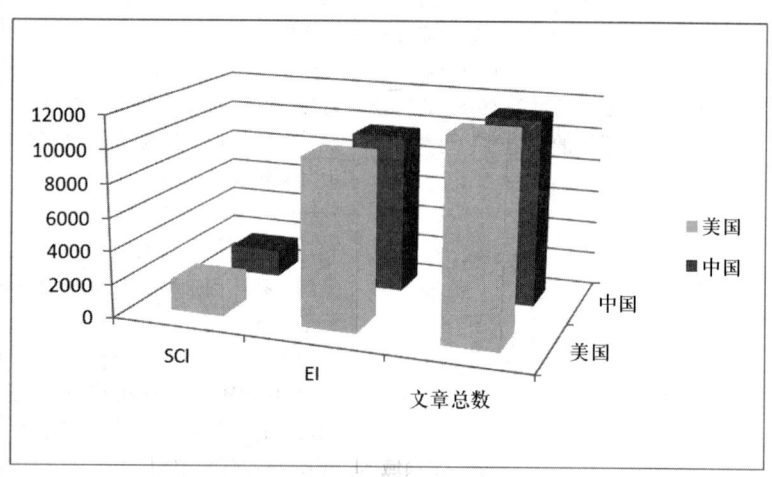

图 15　中美云安全领域文章数量对照

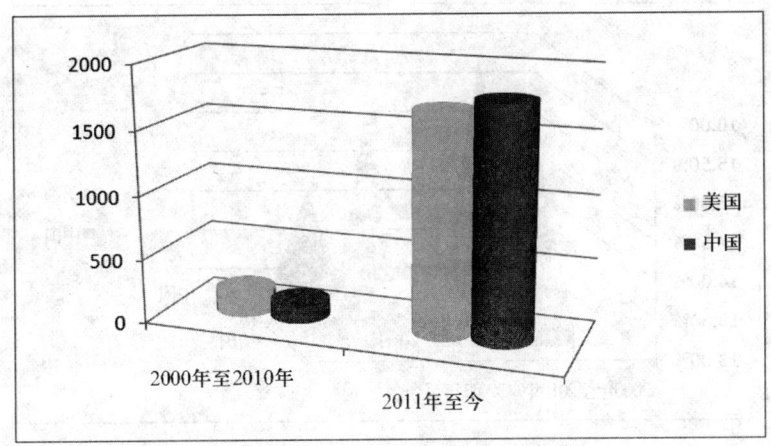

图 16 中美云安全领域 SCI 期刊文章数量对照

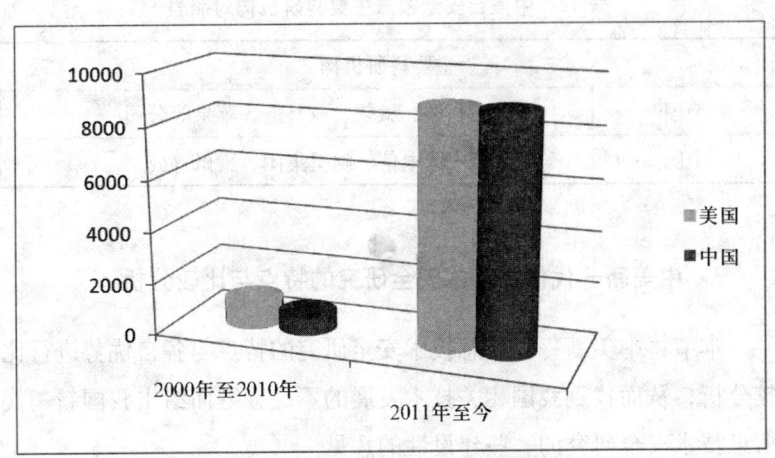

图 17 中美云安全领域 EI 期刊文章数量对照

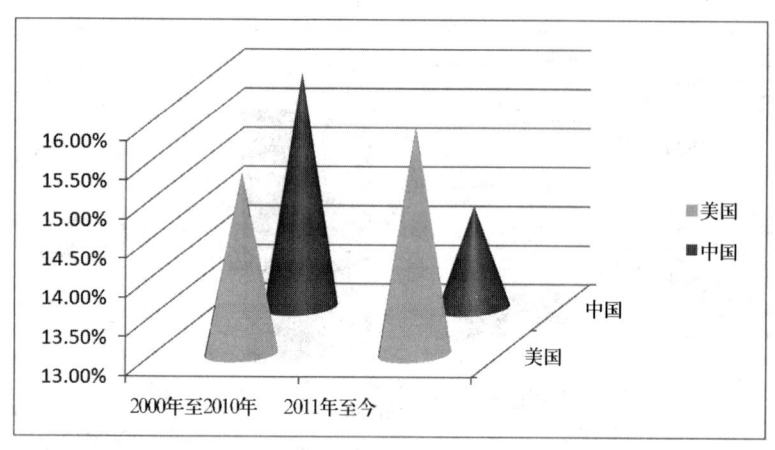

图 18　中美云安全领域 SCI 期刊文章数量占比及走势对照

表 12　中美云安全领域主要科研机构对照表

	主要科研机构
美国	谷歌、微软、亚马逊、苹果等公司
中国	中国电信、阿里集团、腾讯等公司

3　中美新一代信息技术安全研究的特点与比较分析

本节将中美新一代信息技术安全研究的特点与各自优势进行比较分析，从而找到我国相关技术发展的不足，继而给出我国新一代信息技术安全研究的一些建设性的意见。

1）美国新一代信息技术特点与存在的问题。

当今世界，美国的信息基础设施最发达，其互联网络技术也最先进。不论信息领域中的操作系统、数据库，还是网路交换机等核心技术基本都掌握在美国企业的手中，从而使其在网络空间占据着

七、安全技术比较

绝对优势。随着信息全球化步伐的加快，美国充分认识到，无论在政治、经济还是在军事上，信息网络的作用已经同美国的国家利益和战略目标密不可分，网络安全事关国家的核心利益，已经成为维护国家安全、保障公民基本权利和夺取军事斗争胜利的关键因素，先后调整了国家安全战略，使网络安全在国家安全战略诸要素中的地位不断上升，已成为国家安全战略中"不可分割的重要组成部分"。美国网络安全的战略重点是基础设施的安全，以此为主线美国展开了网络安全的研究和部署，并采取一系列重要举措。除了确立维护网络安全的国家战略、完善维护网络安全的管理机制、健全维护网络安全的法制体系之外，还充分优化网络安全的技术组织结构，利用其在网络安全保密技术、安全控制技术和安全防护技术等的开发和使用上的领先地位，不断进行技术完善，加强某些技术的控制与管理，企图维持在世界上的霸主地位。在大量开发防火墙、安全路由器、安全服务器、用户认证产品等保护技术和产品的同时，也加强了对预警、检测、追踪、响应和恢复等积极防范技术和产品的研制。例如，开发了可追踪黑客使用"拒绝服务程序"攻击源头的软件、联邦计算机入侵检查网络、国防部的自动入侵检查系统等。

由以上研究分析可以看出，美国利用自身雄厚的科研经济实力一直试图引领世界网络安全领域的技术革新。特别是美国自20世纪70年代便开始了密码学等系统的研究，领先于世界各国。在目前新兴的技术领域，如云计算、移动互联网等方面，也由美国率先发起研究。虽然如此，美国新一代信息安全技术方面也存在一些问题。作为传统的领先者，面临着如何保证既有领先优势与创新之间的矛盾，创新意味着风险，很多成功企业在一开始具有很强的创新性，但随着产品的成型，为了保证自身经济利益，再创新能力可能并不如新兴企业,这就给了中国等后发国家机会。此外,在斯诺登"棱镜门"事件曝光后,世界各国均将网络安全提升到战略高度,并加大了技术研发投入。这对于试图在技术领域保持领先却又面临诸多经济问题的美国来说并不是好消息。

2)中国新一代信息技术特点与存在的问题。

我国目前已经将网络安全提升到国家战略安全高度,加大了网络安全相关策略的制定、人才培养、技术研发等方面的投入。然而,由于我国起步晚,科研实力积累薄弱,依然存在很多问题。比如,我国现在几乎所有个人计算机和手机,操作系统都是国外的,核心芯片也依赖进口。以移动智能终端为例,华为、中兴等国产手机生产领头厂商的 CPU 等大多采用高通公司的产品,尽管华为自己也开始研究 CPU 芯片,但无论是技术积累、工艺细节等还无法与高通等竞争。再如操作系统方面,虽然我国很早便提出研发自己的操作系统,也有诸如麒麟、普华、深度等系统相继问世,但核心依然基于 Linux,且包括优麒麟在内的国产 Linux 操作系统,虽然在易用性等方面基本具备了 XP 替代能力,但还存在生态环境差等各种问题,市场普及率很低,大多数用户依然选择微软的 Windows 系列,然而自 2014 年 4 月 8 日起,美国微软公司宣布停止对 Windows XP SP3 操作系统提供服务支持,侧面反映出美国对世界各国操作系统方面的控制力。另外,从苹果 OS、谷歌 Android 等系统的相继推出可以看出,我国在操作系统方面的研究能力较美国差距非常大,这就导致我国在移动安全方面的先天不足。在云安全上,我国很多大型企业都依赖国外的云平台,缺乏自主的云基础设施,人才也相对匮乏,这些都只能靠国人的不懈努力才能弥补。

4 我国应对新一代信息技术的安全挑战建议

首先，在移动互联网安全方面，应从标准、技术、前沿课题等方面展开研究。具体包括：

1）在标准制定方面，应结合我国密码管理办法规定和已有密码算法制定相关安全标准，并相应地引入移动互联网安全机制，包括 AKA 认证和空口加密等机制，同时引入网络域安全机制。安全域边缘特别是接外网的节点应综合部署具有入侵检测、用户认证、数据加密的安全网关，以起到安全隔离的作用。由综述部分可以看出，目前我国移动互联网安全技术标准对比美国还不成熟，缺乏有效的监管和法律规定，主要有两个方面：一是我国目前主要由政府发起相关标准制定，没有企业或者高校联盟的相关工作；二是企业采用的技术标准不是很统一，以移动终端为例，华为、中兴、小米这些国有生产品牌在安全方面的工作往往各成体系，虽然有一定的技术保护原因，但也给客户以及其他服务商带来一定的困难。例如，我国移动端操作系统主要是基于 Android 系统并加以修改，本质上没有脱离 Android 的安全框架，尤其是在斯诺登事件后，在移动端操作系统方面更应加强我国自主的安全操作系统研究，也应首先尽可能地建立一套统一的安全标准与评估体系，并加快配套信息立法，建立系统的安全保障体系。

2）技术上，应从移动终端、移动网络、数据存储安全等方面统筹考虑安全体系建设，同时兼顾应用性需求，符合市场趋势。

①移动端方面，应加强针对移动终端的管理。如上所述，终端操作系统的研究应加强，打破国外的垄断，实现底层的安全监管、防病毒能力、垃圾消息过滤，还有硬件安全防护、应用软件安全监管等。同时，协调终端生成过程中涉及的各个部门的关系，完善生

产管理链，提高用户的安全意识以及监管平台建设等。

②移动网络方面，随着云计算与移动互联网结合，云存储与数据分享能力、移动应用的云端迁移都对安全提出新的要求，如如何防范通过移动互联网对云服务的攻击、企业业务数据风险加大等问题。另外，由于接入方式的多样性、接入宽带的提升等问题，也加大了移动网络的安全隐患。例如，从移动通信的角度看，与互联网的融合完全打破了其相对平衡的网络安全环境，大大削弱了通信网原有的安全特性。原有的移动通信网由于网络相对封闭，网络行为可溯源，终端的类型单一且非智能，用户鉴权也很严格，使其安全性相对较高。而IP化后的移动通信网作为移动互联网的一部分，这些安全性优势仅剩下严格的用户鉴权和管理。面对来自互联网的各种安全威胁，其安全防护能力明显降低。从现有互联网角度看，融合后的网络增加了无线接入和大量的移动通信设备，如WAP网关、IMS设备等，从而使互联网产生了一些新的安全威胁，包括通过破解空中接入协议非法访问网络、对空中传递信息进行监听和盗取、对无线资源和设备的服务滥用攻击等。移动互联网中IP化的电信设备、信令和协议存在各种可被利用的软硬件漏洞，一个恶意构造的数据包就可以很容易地引起设备宕机，导致业务瘫痪。因此，对移动网络的安全研究应关注以下几个方面：

一是确保移动互联网设施安全性，保障包括路由器在内的各类互联网设施的安全性。

二是确保互联网设施运转环境的安全性，通过部署入侵检测和防御系统、流量监测系统等保障网络设施中系统、中间件和协议的运行安全。

三是确保无线接入网的管道安全，通过采用身份验证、访问授权、安全协议和算法等方式保障合法用户的正常使用，防止非法用户盗用。例如，3GPP 引入的双向认证机制、新的鉴权算法和高级别的加密算法等。

四是确保用户隐私和用户数据安全，通过不同用户的数据隔离、加密等措施，保证移动互联网用户的隐私数据安全。

③技术方面还应该关注的重点是实现安全统一的认证机制，存储传输加密算法的轻量化高效性实现，解决链路和空中接口攻击、基于内容的非法信息识别和过滤以及如何实现用户隐私数据的有效安全隔离等。

3) 我国移动互联网研究尚处于起步阶段，缺乏统一明确的研究框架体系。不过可以在借鉴国外已有成熟技术的基础上，集中力量在移动互联网中研究热门问题。这里列举一些典型的热门问题：

①异构无线网络融合：接入网络的多样性和异构性是移动互联网发展中的巨大难题。充分利用不同网络技术的互补性，实现异构网络融合是移动互联网发展的必然要求。异构无线网络融合技术的优势在于成本低、风险低、网络的覆盖范围大、服务更加全面便捷丰富等。近年来，学术界在该领域进行了深入研究，也取得了一定的研究成果，但还存在很多需要解决的问题，包括各种接入网络的互联互通、如何实现业务的无缝切换、移动性管理等。

②新型业务模式：目前市场上移动运营商在计费模式、运营流程和协作模式等方面面临挑战。随着移动互联网的发展，通信产业已经形成了一种新型产业链。尽管目前通信运营商在该产业链中仍处于主导地位，但若其仍按照传统模式工作，无法满足用户差异化和个性化需求并实现定制服务，其地位很可能会弱化到管道的作用。应集中研究如何设计合理的计费模式、研究高效的业务运营流程、研究不同厂商的协作模式、开发创新型的新业务等。

③与云计算、物联网等其他业务模式的融合：针对目前移动互

联网面临终端计算能力匮乏、业务承载网力弱、互联互通成本高昂、服务质量受限等一系列问题，引入能够以低廉的价格提供按需定制服务的云计算，可以为解决上述问题提供一条可行途径。此外，物联网将用户端的触角延伸和扩展到了任何物品，实现了物物之间的信息交换和通信，若能将物联网与移动互联网技术进行融合，无疑可以进一步扩展移动互联网的应用领域，为移动互联网设计出更多创新型业务类型。同时，移动互联网及移动终端设备也是物联网实现智能控制的重要通道和关键构件。因此，物联网与移动互联网业务融合也必然是未来互联网发展的一大趋势。

④服务聚合研究：服务聚合方式是构建创新型移动互联网业务的有效形式，可以减少个别业务提供商的业务开发成本，提高业务模块的重用性，使运营商更充分地发挥自身作为业务提供管道的优势，也是未来的大势所趋。目前服务聚合领域发展不成熟，主要原因有可聚合的服务及服务 API 不够、当前服务聚合友好性不足、对用户的吸引力有限等。因此，解决服务聚合问题的途径包括研究更多安全、有益、用户接口友好的应用 API 以及构建一个可运营、可管理的面向不同领域网络服务的统一服务聚合提供平台等。

其次，在云安全方面，应注重创新性。云计算最重要的创新性应是解决信息化应用中面临的难题，在某些领域创新性地使用云计算技术来带动业务发展。因此，在云计算领域的技术研究方面，应以能刺激市场迅速发展作为最关键的一环，紧扣目前热点的应用需求来开展研究，相应的云安全研究也应符合市场趋势。目前较为热门的云计算应用领域主要有：

1）电子政务云：通过将各政务数据中心关联结合，形成政务云，实现跨系统的信息共享与政务协调，并进一步向社会开放，这也是未来电子政务的发展方向。优势是可以改善公众服务与民生，加快建设步伐与加大群众监督力度。而云计算在电子政务中的应用也不可避免地涉及安全技术的应用，特别是用户认证、隐私保护等能力。

2）电子商务云：借力云计算是当前电子商务快速发展的有力依托，也是我国众多中小 B2C 电子商务企业赖以生存的保障，这个领域也有很好的应用前景，应加大研究投入力度。目前阿里、京东、苏宁等电子商务巨头已纷纷发力云计算，打造了自身的电子商务云，但与美国相关产品相比，缺乏统一的技术标准做支撑，各自为政的现象明显。尤其是安全方面，这也给其他企业移植自己的产品到这些云服务上带来了一定的困难，因此推进标准化、模块化的研究很有意义。

3）教育云：教育行业目前存在资源相对分散的特点，各个学校之间的教育资源不能得到很好的共享和利用，制约了我国整体教育水平的提升，而云计算对资源的集约、共享式利用可以很好地解决这个问题。通过建立安全高效的教育云平台，推动数字化校园的建设，把学校、家庭、社区结合起来，构建覆盖学校、家庭、社区的信息化学习型城市基础设施应作为我国云计算发展的一个重要发展方向。

4）金融云：海量数据存储和处理是金融业面临的一个难题，需要探索云计算与大数据结合的金融数据处理解决方案。我国目前金融企业数据中心还存在较多的各自建设、各自运营的模式，不仅影响业务处理效率，也带来了安全隐患，没有一套完整统一的安全监管体系。云计算在金融领域的应用不仅符合客户的需求，也是企业提高竞争力与盈利能力的重要技术支撑。

5）电力云：随着近年电力系统网络的快速发展，智能变电站的大量建成，数据采集装置采集频率的不断提高、范围不断扩大，都给电力系统的数据处理能力带来了新挑战。将云计算引入电力系统当中，利用我国现有的独立电力网络建立起属于电力系统自身的电力云，最大限度地整合系统现有数据资源和处理器硬件资源，利用系统的超级计算能力和巨大的存储空间，这是我国电力系统一个必然发展趋势，需要进一步地加大研发投入，同时由于电力系统与民生的紧密关联性，应将研究重点之一集中在数据处理与存储的安全保障上。

针对云安全涉及的各个技术领域建立相应的评估指标，完善评估体系。包括统一技术和运营标准；统一用户认知和云服务推广，便于用户云端数据迁移；统一系统评判标准，建立完善的云服务整体安全评估体系，规范云计算这一开放性市场。另外，应大力推进云计算的等级保护研究。通过研究我国云计算领域的现状可以看出，尽管很多云计算平台不断推出，但没有国家的一套统一的技术标准，企业间也就无法实现联盟来共同推进标准化建设。

在技术方面，企业应与学术领域较新的研究成果相结合。例如，访问控制服务、鉴权认证、生物特征的密码技术等。一些较为热点的研究领域，如可搜索加密、属性基访问控制、隐私保护数据检索以及完整性检测方面的研究应加强，并提高技术的实用性。目前我国学术和企业的技术研究存在一些脱节的问题，学术上着重理论创新性，往往导致技术方案理论性较强，具体实现上难度较大，而企业侧重于应用成熟度、系统稳定性，故而采用的都是成熟的传统性技术，因此未来在云安全方面的学术研究应朝着具有高应用性、可实现性的方向发展，与企业需求相契合。

云计算涉及服务提供商和使用者，因此云安全的实现也应由服务提供商和使用者共同承担完成。对云服务使用者来说，应提升自身软件系统的移植能力，便于已有的ERP、CRP等应用移植到云端；同时，企业用户不能仅仅依赖于云服务本身的安全保障能力，也应提升自己的应用系统的安全性，在移植到云端前就保证数据的隐私安全性，实现云的双重安全保证。对云服务提供者来说，应提高智能管道建设，减少网络拥堵，提高带宽，提高用户体验。

移动互联网和云服务等技术的发展日新月异，其信息安全问题也越来越成为影响技术应用的关键。在诸如移动互联网和云服务的安全研究方面，我国起步相对欧美等国家较晚，但进步速度很快。就目前来看，在移动互联网安全的政策法规制定方面，我国已经较为完善。在移动互联网的安全技术，如隐私保护等领域，我国由之前的跟跑状态已经基本迎头赶上，并在企业和学术领域都取得了比较好的成果。在云安全方面，我国目前也涌现了一批实力较强的技术性公司。高水平论文数量上也与美国不相上下。特别是在云安全相应的密码学技术研究，如属性密码学、加密搜索等方面与美国基本持平行状态，但在企业合作、政策制定等方面尚处于跟跑阶段，需要后续投入研究。

注释

[1] Soriano M, Ponce D.A Security and Usability Proposal for Mobile Electronic Commerce. IEEE Communications Magazine.2002, 40(8).

[2] Xia Zhao, Fang Fang , Andrew B. Whinston An Economic Mechanism For Better Internet Security. Decision Support Systems. 2008, 45(4).

[3] Manish Gupta, Shamik Banerjee, Manish Agrawal, H. Raghav Rao. Security Analysis of Internet Technology Components Enabling Globally Distributed Workplaces—A Framework. ACM Transactions on Internet Technology. 2008, 8(4).

［4］Bin Xie, Anup Kumar, Dharma P. Agrawal. Secure Interconnection Protocol for Integrated Internet and Ad Hoc Networks. Wireless Communications & Mobile Computing. 2008, 8(9).

［5］Buchegger S, Mundinger J, Le Boudec J.-Y. Reputation Systems for Self-Organized Networks. IEEE Technology and Society Magazine. 2008, 27(1).

［6］Beach A, Gartrell M, Akkala S, et al. Who's That? Evolving an Ecosystem for Context-aware Mobile Social Networks. IEEE Network. 2008, 22(4).

［7］Fadi Hamad. Energy-aware Security in M-Commerce and the Internet of Things. IETE Technical Review. 2009, 26(5).

［8］Peyman TalebiFard. Access and Service Convergence over the Mobile Internet-A Survey Computer Networks .2010, 54(4).

［9］Kui Ren, Shucheng Yu, Wenjing Lou, Yanchao Zhang. PEACE: A Novel Privacy-Enhanced Yet Accountable Security Framework for Metropolitan Wireless Mesh Networks. IEEE Transactions on Parallel and Distributed Systems .2010, 21(2).

［10］Lori M. Kaufman. How Private Is the Internet? IEEE Security & Privacy 2011, 9(1).

［11］刘鹏. 云计算发展现状[DB/OL]. [2009-04-03]. http://www.cnw.com.cn/server-cloud/htm2009/20090403_171367.shtml.

［12］胡炜,钟卫连. 浅谈云计算的网络安全问题[J]. 中国科技信息,2008(23):108-111.

［13］尹国定,卫红云. 计算:实现概念计算的方法[J]. 东南大学学报(自然科学版),2003(4):502-506.

［14］Assessing the Security Risks of Cloud Computing Jay Heiser and Mark Nicolett 3 June 2008.

［15］杨永川. 信息安全［M］. 中国人民公安大学出版社，2007.

［16］薛质. 信息安全技术基础和安全策略［M］. 清华大学出版社，2007.

［17］Armbrust M, Fox A, Griffith R, et al. Above the Clouds: A Berkeley View of Cloud Computing. Rep UCB/EECS-2009-28, UC, RAD Laboratory, Berkeley, Calif, USA, 2009.

［18］Stefan Ried. Sizing the Cloud［EB/OL］.［2011-4-21］. http://blogs.forrester.com/stefanried/11-04-21-sizing the cloud.

［19］Dean J, Ghemawat S. MapReduce: A Flexible Data Processing Tool. Commun ACM, 2010, 53(1): 72-77.

［20］Decandia G, Hastorun D, Jampani M, et al. Dynamo: Amazon's Highly Available Key-Value Store. In Proceedings of Twenty-first ACM SIGOPS Symposium on Operating Systems Principles. ACM, New York. 2007, pp.205-220.

［21］IBM Blue Cloud Project ［EB/OL］. http://www-03.ibm.com/press/us/en/pressrelease/22613.wss/ access on June 2008.

［22］2012 中国云计算安全调查报告［EB/OL］. http://www.searchcloudcomputing.com.cn/showcontent 64418.htm, 2012.

［23］云计算—维基百科［EB/OL］. http://zh.wikipedia.org/wild/, 2013.

［24］Sahai A, Waters B. Fuzzy Identity Based Encryption. In Proc. of the 24th EUROCRYPT, 2005, pp.457-473.

［25］Goyal V, Pandey O, et al. Attribute-based Encryption for Fine-grained Access Control of Encrypted Data. In Proc. of the 13th ACM CCS. New York, 2006, pp.89-98.

[26] TANG Y, LEE P, LIU J, et al. Secure Overlay Cloud Storage with Access Control and Assured Deletion. IEEE Transactions on Dependable and Secure Computing, 2012, 9(6):903-916.

[27] HONG C, ZHANG M, FENG D. AB - ACCS: A Cryptographic Access Control Scheme for Cloud Storage. Journal of Computer Research and Development, 2010, 47:259-265. (洪澄, 张敏, 冯登国. AB-ACCS: 一种云存储密文访问控制方法 [J]. 计算机研究与发展, 2010, 47:259-265.)

[28] HONG C, ZHANG M, FENG D. Achieving Efficient Dynamic Cryptographic Access Control in Cloud Storage. Journal on Communications, 2011, 32(7):125-132. (洪澄, 张敏, 冯登国. 面向云存储的高效动态密文访问控制方法 [J]. 通信学报, 2011, 32 (7):125-132.)

[29] WEI J, LIU W, et al. Forward-secure Ciphertext-policy Attribute-based Encryption Scheme. Journal on Communications, 2014, 35(7):38-45. (魏江宏, 刘文芬, 胡学先. 前向安全的密文策略基于属性加密方案 [J]. 通信学报, 2014, 35 (7):38-45.)

[30] WANG P, FENG D, et al. CP-ABE Scheme Supporting Fully Fine-Grained Attribute Revocation. Journal on Software, 2012, 23(10):2805-2816. (王鹏翩, 冯登国, 张立武. 一种支持完全细粒度属性撤销的 CP-ABE 方案 [J]. 软件学报, 2012, 23 (10):2805-2816.)

[31] YU S, WANG C, et al. Achieving Secure, Scalable and Fine-grained Data Access Control in Cloud Computing. In INFOCOM 2010 Proceedings IEEE, San Diego, CA, March 14-19, 2010, pp.1-9.

(三) 网络态势感知技术的创新发展

1 中美网络态势感知技术研究历程及发展现状

网络态势感知技术作为新兴的网络安全基础技术之一,对于构建完整高效的安全体系非常重要。网络态势感知的概念由美国率先提出,中美在态势感知领域都投入了很多研究,也取得了很多成果,本节对中美网络态势感知的研究历程和发展现状进行总结。

1)美国网络态势感知技术发展情况。

1999年Bass提出网络态势感知CSA的概念,并且指出:基于融合的网络态势感知必将成为网络管理的发展方向[1]。之后Bass提出了基于多传感器数据融合的入侵检测框架,并把该框架用于下一代入侵检测系统和NSAS[2]。采用该框架能够实现入侵行为检测、入侵率计算、入侵者身份和入侵者行为识别、态势评估以及威胁评估等功能[3]。Stephen G. Batsell、Jason Shifflet等人也提出了类似的模型。开展这项研究的个人还有A. DeMontigny-Lebo euf、伊利诺大学香槟分校(University of Illinois at Urbana-Champaign)的William Yurcik等[4]。2001年3月,美国航天司令部草拟了规划未来信息战的一系列文件,给出了2004-2009年财政预算和2020年远景设想,其中包括国防全网基础设施的网络态势感知、对下次攻击的作战评估、灵活的计算机网络攻击效果评价等内容。美国劳伦斯伯克利国家实验室(Lawrence Berkeley National Labs)的Stephen Lau于2003年开发了The Spinning Cube of Potential Doom系统[5]。该系统在三维空间中用点来表示网络流量信息(在笛卡儿坐标系中,即x轴代表网络地址,y轴代表所有可能的源IP,z轴代表端口号），极大地提高了网络态势感知能力。卡内基梅隆大学SEI（Software Engineering Institute）所领导的CERT/NetSA（The CERT Network Situational Awareness Group）开发出SILK（the System for Internet-Level Knowledge）[6]，该系统采用集成化思想，即把现有的Netflow工具集成，提供整个网络的态势感知，便于大规模网络的安全分析。另外，美国国家高级安全系统研究中心（National Center for Advanced Secure Systems Research，NCASSR）正在进行的SIFT（Security Incident Fusion Tool）项目，欲通过开发一个安全事件融合工具的集成框架，为Internet提供安全可视化[7]。目前该机构已开发的Internet安全态势感知软件有NVisionIP、VisFlow Connect-IP、UCLog+等[8]。美国国防部在2005年的财政预算报告中就包括了对网络态势感知项目的资助，并提出分三个阶段予以实现。分别为：第一阶段完成对大规模复杂网络行为可视化新算法和新技术的描述和研究，着重突出网络的动态性和网络数据的不确定性；第二阶段基于第一阶段所研究的工具和方法，实现和验证可视化原型系统；第三阶段实现可视化算法，提高网络态势感知能力[9]。美国高级研究和发展机构（Advanced Research and Development Activity，USA）在2006年的预研计划中，明确指出网络态势感知的研究目标和关键技术[10]。研究目标是以可视化的方式为不同的决策者和分析员提供易访问、易理解的信息保障数据：攻击的信息和知识、漏洞信息、防御措施等；关键技术包括数据融合、数据可视化、网络管理工具集成技术、实时漏洞分析技术等。美国国防部的JDL数据融合模型将融合分为四个层次：目标细化、态势细化、风险细化、过程细化[11]。其中态势感知作为较高层次的level 2融合，向下从level 1融合接收网络元素的监测数据，作为态势感知的信息来源；向上为level 3融合提供态势信息，用于威胁分析和决策支持。此外，作为态势感知的核心——数据融合，相应的模型还有 Boyd 控制循环、Endsley 模型、瀑布模型、Dasarathy 模型、Omnibus 模型、扩展 OODA（Observe，Orient，Decide and Act）模型以及知觉推理模型等[12]。美国国防部预研发展署（Advanced Research and Development Activity，ARDA）在 2006 年的预研计划中明确指出网络态势感知系统的研究目标和关键技术。研究目标是以可视化的方式为不同的决策者和分析员提供易理解的信息保障数据——攻击的信息和知识、漏洞信息、防御措施等；关键技术包括数据融合、数据可视化、网络管理工具集成技术、实时漏洞分析技术等。

2）中国网络态势感知技术发展情况。

我国态势感知方面的研究主要集中在高校内部。虽然起步晚于美国，但有很多代表性的成果。例如，冯毅从我军信息与网络安全的角度出发，阐述了我军积极开展网络态势感知研究的必要性和重要性，指出了两项关键技术：多源传感器数据融合和数据挖掘。西安交通大学实现了基于 IDS 和防火墙的集成化网络安全监控平台，该系统实现了态势评估，提出了一个基于统计分析的层次化安全态势量化评估模型[13]，该模型从上到下分为系统、主机、服务和攻击/漏洞四个层次，并且采用了自下而上、先局部后整体的评估策略及相应计算方法。北京理工大学信息安全与对抗技术研究中心研制了一套基于局域网络的网络安全态势评估系统，由网络安全风险状态评估和网络威胁发展趋势预测两部分组成，用于评估网络设备及结构的脆弱性、安全威胁水平等[14]。同是北京理工大学的机电工程与控制国家重点实验室网络安全分室在分析博弈论中模糊矩阵博弈原理和网络空间威胁评估机理的基础上，提出了基于模糊矩阵博弈的网络安全威胁评估模型及其分析方法，并给出了计算实例与研究展望。除此以外,在大规模网络预警方面,国防科技大学的胡华平等人提出了面向大规模网络的入侵检测与预警系统的基本框架及其关键技术与难点问题。哈尔滨工程大学提出了关于入侵检测的数据挖掘框架[15]。上海交通大学的胡威等提出了一个基于主成分分析(AHP)的评估方法,并通过定义若干概念规范了整个评价体系,同时其提出了一个基于灰色理论的安全态势预测方法。相关文献[16]-[21]也提出了较好的态势感知方法。

3)中美网络态势感知技术研究对比。

通过以上的中美网络态势感知技术的研究历程综述,将中美网络态势感知的研究成果进行统计比较分析。表13从态势感知技术研究历程的角度来进行对比;表14反映了中美在态势感知领域技术研究成果上的对比结果,对中美分别从三个时间段(1980年至2000年、2001年至2010年、2011年至今)、四个维度(SCI文章数量、EI文章数量、SCI文章占比、研究团队)来进行对比,为了更加清晰地比较中美的研究成果,我们从四个不同的维度出发进行绘图比较,详见图19至图22,从图中可以明显看出在态势感知研究领域,无论是在成果数量还是质量上我国与美国均存在很大的差距。

表13　中美态势感知研究对比

	美　国	中　国
国家战略	提出2004-2009年财政预算和2020年远景设想，其中包括国防全网基础设施的网络态势感知、对下次攻击的作战评估、灵活的计算机网络攻击效果评价等内容	
	美国国防部的财政预算报告中包括了对网络态势感知项目的资助，并提出分三个阶段予以实现	
	美国高级研究和发展机构明确指出网络态势感知的研究目标和关键技术	
学术成果	Bass于1999年率先提出网络态势感知CSA的概念	冯毅从我军信息与网络安全的角度出发，阐述了我军积极开展网络态势感知研究的必要性和重要性，指出了两项关键技术：多源传感器数据融合和数据挖掘
	美国劳伦斯伯克利国家实验室的Stephen Lau于2003年开发了The Spinning Cube of Potential Doom系统	上海交通大学的胡威等提出了一个基于主成分分析（AHP）的评估方法，并通过定义若干概念规范了整个评价体系，同时其提出了一个基于灰色理论的安全态势预测方法

续表

	美　国	中　国
卡内基梅隆大学所领导的 CERT/NetSA 开发出 SILK 系统		西安交通大学实现了基于 IDS 和防火墙的集成化网络安全监控平台，该系统实现了态势评估，提出了一个基于统计分析的层次化安全态势量化评估模型
美国国家高级安全系统研究中心正在进行的 SIFT 项目欲通过开发一个安全事件融合工具的集成框架为 Internet 提供安全可视化		北京理工大学信息安全与对抗技术研究中心研制了一套基于局域网络的网络安全态势评估系统，用于评估网络设备及结构的脆弱性、安全威胁水平等

表 14　态势感知领域研究成果对比

	美国			中国		
	SCI	EI	主要团队	SCI	EI	主要团队
1980—2000 年	50 余篇	500 余篇	卡耐基梅隆大学、伯克利国家实验室等	0	10 余篇	西安交通大学、北京理工大学、国防科技大学等
2001—2010 年	700 余篇	3000 余篇		120 余篇	100 余篇	
2011 年至今	1100 余篇	3200 余篇		300 余篇	800 余篇	
总计	1850 余篇	6700 余篇		420 余篇	910 余篇	
	8550 余篇			1330 余篇		

	美国	中国
	SCI 占比	SCI 占比
1980—2000 年	9.1%	0%
2001—2010 年	18.9%	54.5%
2011 年至今	25.6%	27.3%

七、安全技术比较

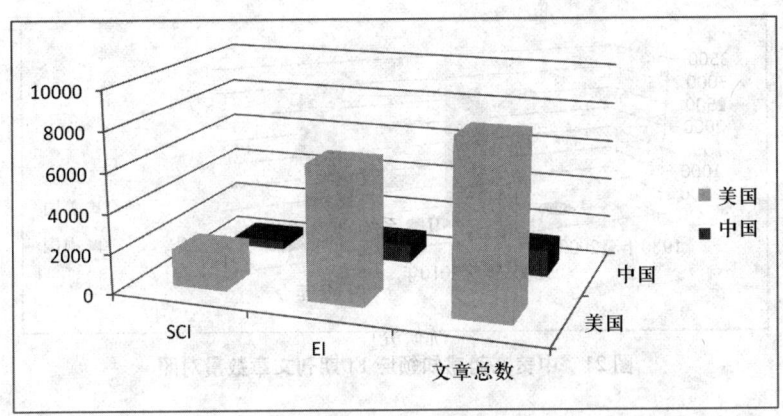

图 19　中美态势感知领域文章数量对照

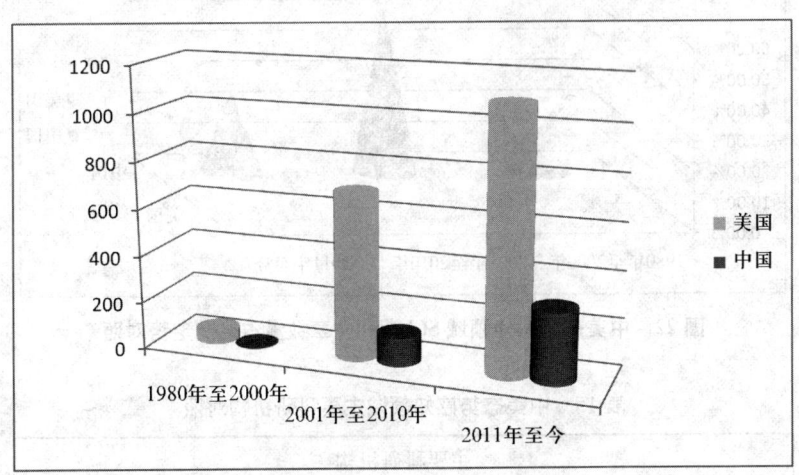

图 20　中美态势感知领域 SCI 期刊文章数量对照

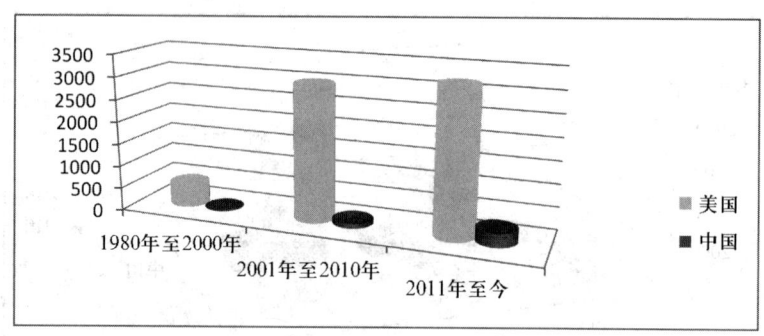

图21 中美态势感知领域 EI 期刊文章数量对照

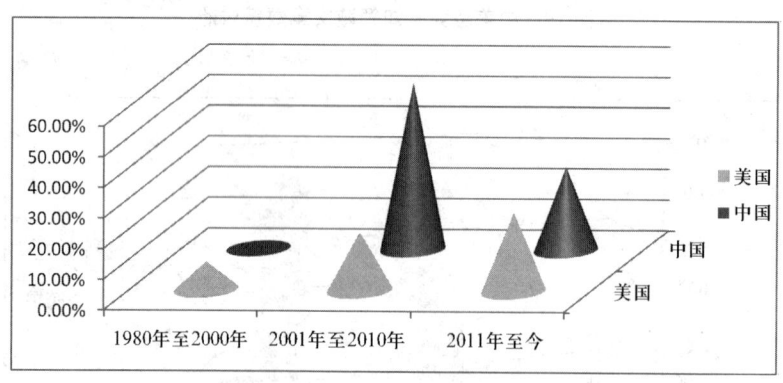

图22 中美态势感知领域 SCI 期刊文章数量占比及走势对照

表15 中美态势感知领域主要科研机构对照

	主要科研机构
美国	卡耐基梅隆大学、伯克利国家实验室等
中国	西安交通大学、北京理工大学、国防科技大学等

2　中美网络态势感知技术对比分析

网络态势感知的概念起源于美国,其发展也较早,通过研究历程可以看出,美国目前在这一领域也取得了很多较为成熟的成果。对美国而言,其面临的技术方面的主要问题是如何维护自身的领先地位,因此需要不断创新,不断加大投入,承受领跑者的压力,而创新速度一般要慢于学习速度,这就给了中国追赶的机会。因此,对于中国而言,应尽快消化吸收美国在态势感知方面发展的成果,并吸取其发展历程中走过的弯路及经验教训,以较短的时间实现赶超。不过也应该注意到,我国在占据后发优势的同时,也逐渐被固有的后发研究模式所束缚,在初期迅速拉近差距之后,由于习惯于继承扩展的研究模式,很难有核心原创性工作提出,提升速度也会受到影响,且由于基础薄弱、市场已经被国外占有等原因,我国公司新技术的推广必须依靠国家保护与支撑。

为此,我国必须提高自主创新能力。在网络安全方面,如果自己没有过硬的技术就很难实现安全可控的管理,斯诺登事件爆出美国大规模入侵华为服务器就是一例。外国的核心技术是买不来的,也是市场换不来的。我国的市场对培育自主创新的技术和产品具有十分重要的作用,这就要求我们在培育网络核心技术和网络态势感知等新兴技术方面也要发挥市场在资源配置中的决定性作用和更好地发挥政府作用。此外,建设网络强国,维护网络安全,需要建设一支政治强、业务精、作风好的强大人才队伍,要培养造就世界水平的科学家、网络科技人才、卓越工程师、高水平创新团队。

3　我国网络态势感知技术发展的建议

我国网络态势感知技术发展较晚,为了尽早赶上欧美国家的研

究,除了加强我国政府的研究投入以及相关推进工作之外,还应注意以下几点:

1) 态势感知技术上,感知模型、数据集成平台与网络监控平台方面研究不足,指标体系不健全,缺乏系统化、集成化的体系结构和层次化的态势感知模型;缺乏对多源异构大规模网络安全状态数据源的集成技术和可用平台,无法形成真正整体意义上的态势感知,无法对目标网络系统的生存态势进行感知;缺乏可视化的集成网络安全监控平台;缺乏系统全面地衡量大规模网络安全状况的指标体系,无法发现潜在的、未知的安全漏洞和威胁等。同时,建立友好的人机交互机制,提升用户体验也是十分重要的。

2) 在感知的概念方面,定义过于狭隘。现有研究过分关注安全态势,未能集成现有各单元网络管理技术,无法实现对全局态势的综合评估与展现。

3) 知识表示不健全。使用层次结构表示网络系统尽管简单直观、易于分析,但是无法展现网络元素之间错综复杂的关系,不利于挖掘多源、多属性数据内部潜在的态势信息。此外,在信息表示方面,如何选择并且扩展用于态势评估的特征测度、建立合理完善的指标体系有待研究。

4) 标准不规范,缺乏相应的统一技术与评估标准。应综合其他系统的评价指标,确立完善、统一、可操作的 CSA 标准的评价体系。

5) CSA 系统实际部署的研究方面应加强。将理论研究部署到应用系统之中,综合现有各种单元网管技术和各个领域的应用研究,研究功能模块之间的通信和交互,实现对整个网络全方位、立体化动态的态势感知。

在网络安全态势研究方面,我国开展的较欧美等国家晚,目前总体的研究状态处于跟跑阶段，尤其是感知模型、数据平台、指标体系建立等方面缺乏成熟研究。不过在评估模型、脆弱性分析等方面近年来我国也取得了很多成果。目前在态势感知学术领域的研究，至少从论文成果上看，中国基本与美国不相上下，但是在实际模型搭建与应用上还暂时落后于美国，这也是后续在态势感知研究上应加强研究的重点之一。

注释

［1］Endsley MR. Situation Awareness in Aviation Systems. In Garland DJ, Wise JA, Hopkin VD. Handbook of Aviation Human Factors. Mahwah, NJ：Erlbaum, 1999：257-276.

［2］Kass SJ, Hersehler DA, Companion MA. Training Situational Awareness Through Pattern Recognition in A Battlefield Environment. Military Psychology, 1991, 3(2)：105-112.

［3］Hogg DN, Folles K, Strand-Volden F, et al. Development of A Situation Awareness Measure to Evaluate Advanced Alarm Systems in Nuclear Power Plant Control Rooms. Ergonomics 1995,38(11)：2394-2413.

［4］Mogford RH. Mental Models and Situation Awareness in Air Traffic Control. The International Journal of Aviation Psychology,1997,7(4)：331-341.

［5］Ann Blandford, B.L.William Wong. Situation Awareness in E-mergency Medical Dispatch. International Journal of Human Computer Studies, 2004, 61(4), 421-452.

［6］Tim Bass. Intrusion Detection Systems and Multi sensor Data Fusion：Creating Cyberspace Situational Awareness. Communications of the ACM, 2000, 43(4)：99-105.

[7] Stephen G. Batsell, Nageswara S. Rao, Mallikarjun Shankar. Distributed Intrusion Detection and Attack Containment for Organizational Cybersecurity[EB/OL]. http //www.ioe.ornl.gov/projeets/doeuments/con tainment.pdf, 2005.

[8] Jason Shifflet. A Technique Independent Fusion Model for Network Intrusion Detection. In Proceedings of the Midstates Conference on Undergraduate Research in Computer Science and Mathematics.2005, 3(1): 13-19.

[9] Matheus C.J, Kokar M.M, Baelawski K.A Core Ontology for Situation Awareness. In Proceedings of the Sixth International Conference of Information Fusion, Cairns, Australia: IEEE,2003:545.

[10] Stephen Lau. The Spinning cube of Potential Doom. Communications of the ACM. 2004, 47(6): 25-26.

[11] Carrie Gates, Miehael Collins, Miehael Duggan, et al. More Netflow Tools: for Performance and Security. In Proceedings of the 18th Large Installation Systems Administration Conference, Atlanta, Georgia, 2004: 121-132.

[12] Lakkaraju K, Yureik W, Bearavolu R, et al. NVision IP:An Interactive Network Flow Visualization Tool for Security. IEEE International Conference on Systems, Man and Cybernetics. 2005, 3:2675-2680.

[13] 玛毅.《中国信息战》找车信息与网络安全的思考［EB/OL］. http://www.laoeanmou.net/Html/20056194115-1.html, 2005.

[14] 张慧敏.集成化网络安全监控平台的研究与实现［J］.通信学报, 2003, 24 (7): 155-163.

[15] 陈秀真.网络化系统安全态势评估的研究［J］.西安交通大学学报, 2004, 38 (4): 404-408.

[16] 王慧强，赖积保，朱亮，梁颖. 网络态势感知系统研究综述[J]. 计算机科学，2006（10）.

[17] 胡明明等. 基于分布式数据融合模型的网络安全态势要素提取[J]. 中国科技论文在线，2006.

[18] 郭振民等. 网络与信息系统安全性评估及其指标体系的研究[J]. 现代电子技术，2003（9）.

[19] 肖道举等. 网络安全评估模型研究[J]. 华中科技大学学报，2002（4）.

[20] 黄丽民，王华. 网络安全多级模糊综合评价方法[J]. 辽宁工程技术大学学报，2004（4）.

[21] 卫成业. 信息安全风险评估模型[J]. 网络安全技术与应用，2002（4）：10-15.

八、安全标准比较

（一）信息安全基础标准由跟跑到同步

信息安全标准在信息安全保障体系建设中发挥着基础性、规范性作用，是确保信息安全产品和系统在设计、研发、生产、建设、使用、测评中保证其一致性、可靠性、可控性的技术规范、技术依据。信息安全标准是信息化建设的保证，信息安全标准化支撑国家信息安全保障体系建设，关系到维护国家信息安全。诸多国际标准化组织都有专门的研究组负责信息安全标准化的工作，我国也在国家标准、行业标准、国家规范等方面开展了信息安全标准的研究和推广。

本节详细分析了中美信息安全标准体系的框架结构，并指出了中美信息安全标准体系各自的优缺点，同时提出了中美信息安全标准体系相互借鉴与同步的思想。通过对中美信息安全基础标准体系框架的比较研究，特别是详细分析了美国在这一方面的特点和长处，探讨对于我国的借鉴价值，以实现我国在信息安全基础标准领域由跟跑到同步的目的。

1 中美信息安全标准体系框架研究

本部分对中美信息安全标准体系进行研究分析,以便深刻了解各个标准体系的建立过程以及研究侧重点。

1) 美国信息安全标准体系框架研究[1]-[4]。

美国信息安全标准体系包括两大部分:一是美国国家标准(ANSI、NIST发布),二是美国行业标准(DoD发布)。美国在国际标准制定中发挥着重要的作用,通过ANSI和USNC(美国国家委员会)获得参与ISO和IEC标准制定流程的权利,在许多情况下,ISO和IEC会直接采用美国标准的部分或全部作为国际标准,以下将对美国信息安全标准体系的两大部分进行分析与对比。

①ANSI信息安全标准体系。

美国国家标准学会(American National Standards Institute,ANSI)成立于1918年。ANSI是由公司、政府和其他成员组成的自愿组织,协商与标准有关的活动,审议ANS。ANSI是非营利性质的民间标准化组织,是美国国家标准化活动的中心。迄今为止,ANSI已经研究、评定、批准和发布了大量由标准制定组织制定的信息安全标准,主要包括信息安全管理指南、信息技术设备与安全、信息交接及安全框架指南等方面。

ANSI下属的认证标准委员会(Accredited Standards Committee,ASC)的X9和X12小组主要负责金融信息安全,其中X9标准被广泛使用和认可,许多标准被联邦政府用于金融交易过程。此外,X9标准还是许多全球贸易的国际标准的基础。ANSI发布的信息安全相关的标准主要由ASC X9标准组织贡献,到目前为止,ASC X9制定的信息安全相关标准大约有32项,主要涉及密码生成、密钥管理、PIN安全、数字签名、素数和随机数生成、金融服务等方面,详细见表16。

表16 ANSI 信息安全标准体系

信息安全 标准体系	标准领域	发布标准
ANSI 信息安全 标准体系	密钥生成与管理	X9.24、X9.42、X9.44、X9.63、X9.69、X9.79、X9.98、X9.102、X9 TR-31 等
	PIN 安全	X9.8、X9 TR-39
	数字签名	X9.30-1、X9.62、X9.92、X9 TG-10 等
	素数、随机数生成	X9.80、X9.82 等
	其他	X9.6、X9.30-2、X9.59、X9.73、X9.84、X9.95、X9.97、X9.99、X9.112、X9.117、X9.119、X9 TR-8 等

②NIST 信息安全标准体系[5]-[7]。

美国国家标准与技术研究院(National Institute of Standards and Technology,NIST)直属美国商务部,从事物理、生物和工程方面的基础和应用研究以及测量技术和测试方法方面的研究,提供标准参考数据及有关服务。

目前,NIST 下属 6 间实验室,分别是工程实验室(EL)、信息技术实验室(ITL)、材料测量实验室(MML)、物理测量实验室(PML)、纳米科技中心(CNST)、NIST 中子研究中心(NCNR)。其中,ITL 下属的计算机安全处(CSD)是信息安全标准的主要制定者。CSD 下设三个工作组,分别是安全管理及保证工作组、系统及新兴技术安全研究工作组、密码技术工作组。NIST 出台的信息安全标准主要体现在 FIPS 标准系列和 SP 800 标准系列。

FIPS 是在美国政府计算机标准化计划下开发的标准,是一套描述文件处理、加密算法和其他信息技术的标准,是美国联邦政府制定给所有军事机构以外的政府机构以及政府的承包商所使用的公开标准,许多 FIPS 标准是从广泛的社会标准修改而来的,具体见表 17:

表 17 NIST 出台的 FIPS 系列信息安全标准体系

信息安全标准体系	标准领域	子领域	发布标准
NIST 出台的 FIPS 系列信息安全标准体系	计算机安全	密码	FIPS 140-1、FIPS 140-2、FIPS 140-3、FIPS 180-3、FIPS 180-4、FIPS 181、FIPS 186-3、FIPS 197、FIPS 198-1、FIPS 113 等
		安全标签	FIPS 188
		访问控制	FIPS 190、FIPS196 等
		风险分析	FIPS 191
	通信安全		FIPS 185
	信息安全		FIPS 199、FIPS 200、FIPS201-1、FIPS 201-2

当前,现行的 FIPS 信息安全标准(包括草案)共约 15 项,内容涵盖计算机安全、通信安全和信息安全三大类别,下面分别简要介绍各类别标准的相关信息。

第一,计算机安全类。FIPS 标准在计算机安全方面的标准共约 11 项,涉及密码、安全标签、访问控制和风险分析四个方面。在密码类方面,FIPS 共发布了约 9 项标准,内容涵盖密码模块、加密、签名、哈希函数等。

第二，通信安全类。FIPS 185《托管加密标准》于 1994 年 2 月发布，是非强制性标准，提供了加密/解密算法和一个法律强制访问域（Law Enforcement Access Field，LEAF）的创建方法，可在电子设备中实现，并可按照联邦机构的使用意愿来保护政府通信，并给出了对算法和 LEAF 创建方法的分类和引用。其中，电子设备可设计在密码模块中，而密码模块集成在安全数据产品或系统中，保证数据通信安全。LEAF 在密钥托管系统中使用，为依法经过授权的对通信的访问提供解密。

第三，信息安全类。信息安全方面的 FIPS 标准共三项，包括 FIPS 199、FIPS 200、FIPS 201（含 FIPS 201-1 和 FIPS 201-2）。

FIPS 199《联邦信息和信息系统的安全分类标准》描述了安全通用框架和有效方法，提高了管理的有效性，并监管信息安全程序，在国家安全和法律执法社团之间进行信息安全方面的协调。FIPS 199 满足 2002 年 FISMA 中描述的一个需求，即所有联邦机构是信息和信息系统开发、文档记载和实现机构范围的信息安全程序。

FIPS 200《联邦信息和信息系统的最低安全要求》是 2002 年 FISMA 中制定的第二项标准，帮助联邦机构提供基于风险等级的信心安全级别，描述了联邦信息和信息系统的最小化安全需求和选择满足最小需求的安全控制时的基于风险的过程。FIPS 200 是风险关系框架（RMF）的基本部分，与 SP 800-53 Rev. 3《联邦信息系统安全控制措施评估指南》一起为 KMF 提供安全控制措施的选择方法。

FIPS 201-1《联邦雇员和承包商的个人身份验证》给出了对联邦雇员和承包商的通用验证标准的体系结构和技术需求，通过有效验证个人身份，为多个应用程序实现适当的安全保障。FIPS 201-1

分为两部分：第一部分描述了联邦个人身份验证系统的最低要求，包括个人身份证明、等级和发放等；第二部分提供了联邦部门和机构的个人身份验证系统技术互操作性的详细规定，描述了卡元素、系统接口和安全控制，保障安全存储、处理和检索身份凭证。为了适应自 FIPS 201-1 发布后环境的改变，FIPS 201-2 对 FIPS 201-1 进行修订和改变，并描述了对联邦机构和实施者要求的变化。

SP 800 系列起始于 1990 年，是 NIST 发布的一系列关于信息安全的技术指南文件，介绍 ITL 在计算机安全方面的指导方针、研究成果及其与工业界、政府、科研机构的协作情况等。其主要关注计算机安全领域的一些热点研究，对联邦政府部门不具有强制性，只提供一种可供参考的方法或经验。SP 800 系列成为指导美国信息安全管理建设的主要标准和参考资料，形成了从规划风险管理、安全意识培训和教育到安全控制措施的一整套 ISMS。SP 800 系列，其不作为正式法定标准，但在实际工作中已经成为美国和国际安全界广泛认可的事实标准和权威指南。

截至 2014 年，现行的 SP 800 系列（包括草案）共 124 篇，涉及访问控制、配置管理、应急规范、风险评估等 17 个类别，详见表 18：

表 18　NIST 出台的 SP 800 系列信息安全标准体系

信息安全标准体系	标准领域	标准数量	标准描述	发布标准
NIST 出台的 SP 800 系列信息安全标准体系	访问控制	42	身份鉴别、密码、虚拟化、系统安全和控制措施等方面	SP 800-120、SP 800-103、SP 800-122、SP 800-125、SP 800-132、SP 800-78-3、SP 800-100 等
	审计和可核查性	28	日志管理、持续监控、检测和预防等	SP 800-171、SP 800-137、SP 800-126 Rev.2、SP 800-117 Rev.1 等
	意识和培训	10	安全意识和培训方案及相关模型和安全管理等	SP 800-16 系列、SP 800-50 等
	认证认可和安全评估	31	测试和评估、身份验证、性能测量、安全控制措施评估等	SP 800-115、SP 800-37 系列、SP 800-53 系列、SP 800-18 等
	配置管理	32	系统安全配置管理、网络安全、终端用户设备安全等	SP 800-128、SP 800-126 系列、SP 800-114、SP 800-111、SP 800-70 系列等

续表

信息安全标准体系	标准领域	标准数量	标准描述	发布标准
	应急规划	20	系统应急计划、密码技术等	SP 800-100、SP 800-16、SP 800-34等
	标识和鉴别	42	密码管理、射频识别、PIV、PKI等	SP 800-85系列、SP 800-79系列、SP 800-78、SP 800-76、SP 800-73等
	事件响应	16	安全事故处理等	SP 800-82系列等
	维护	15	SCAP、专业人员安全指南等	SP 800-34等
	媒体保护	16	PII、介质清除、终端设备保护等	SP 800-171、SP 800-152、SP 800-53A等
	人员安全	10	PACS、HIPAA等	SP 800-122等
	物理和环境保护	20	通用服务器安全、个人身份验证等	SP 800-147B、SP 800-145、SP 800-123等
	规划	42	企业密码管理、基本技术模型、工程原则等	SP 800-176、SP 800-171、SP 800-170、SP 800-167、SP 800-164等

续表

信息安全标准体系	标准领域	标准数量	标准描述	发布标准
	风险评估	39	风险管理、安全分类、安全控制措施评估等	SP 800-30 系列、SP 800-39、SP 800-60、SP 800-37、SP 800-53 等
	系统和通信保护	67	密码算法、密钥方案、PKI、网络和系统安全等	SP 800-73-4、SP 800-85B-4 等
	系统和信息完整性	34	保证完整性所需的密码、网络、服务器、系统等安全规范	SP 800-176、SP 800-161、SP 800-147B 等
	系统和服务获取	35	联邦政府采购和获取服务的相关规范	SP 800-177、SP 800-167、SP 800-164 等

SP 800-12《计算机安全介绍2：NIST手册》论述了各种计算机安全控制的好处，对计算机安全进行了概括性的描述，并制定出一种选择适当安全控制的方法。SP 800-14《信息技术系统安全的公认原则和实践》提供了机构用来建立和检查IT安全程序的基线，为机构提供了管理多机构事务及内部事务所参考的基础。管理者、内部审计员、用户、系统开发者和安全从业人员通过SP 800-14获知大多数IT系统所应包含的基本安全需求。

第一，访问控制类。访问控制技术是现代信息系统中最重要的基础安全机制。SP 800 系列描述并规定了身份鉴别、密码、虚拟化、系统安全和控制措施方面的内容,下面介绍其中几个方面:

SP 800-120《EAP 方法在无线网络访问身份验证的建议》于 2009 年 9 月发布,该标准描述了使用创建的密钥进行身份验证的安全需求。

SP 800-103《身份证书的本体论,第一部分:背景和公式化(草案)》确定了身份的特征及维度,描述了物理和逻辑证书的结构与要求,提供了一种 XML 架构,并作为身份证书信息保留及交换的框架。

SP 800-122《PII 机密性保护指南》旨在帮助联邦机构保护信息系统中 PII 的机密性,解释了信息安全中心保护 PII 机密性的重要性,以保护 PII 免受非法防伪、使用和泄露。

第二,认证认可和安全评估类。认证认可和安全评估从测试和评估、身份验证、性能测量、安全控制措施评估等方面进行了规范。

SP 800-115《信息安全测试和评估技术指南》是关于信息安全评估基础技术的指南,旨在根据 2002 年颁布的 FISMA 和 2002 年颁布的 FISMA(公共法律 107-347)推进其职责,协助相关机构在规划和进行信息安全测试时分析结果并开发风险减缓战略。该标准为设计、实施、维护信息安全测试的过程和程序提供了切实可行的建议,概述了安全测试的关键要素,详细描述了具体的安全测试技术,对信息安全测试的规划方法与流程、测试执行及测试执行后的活动进行了描述和说明。

SP 800-37 Rev.1《联邦信息系统 RMF 应用指南:安全生命周期方法》描述了信息系统风险管理的活动周期和步骤,为实施联邦信息系统的 RMF 提供了指南，包括指导安全分类、安全控制选择和实施、安全控制评估、信息系统认证和安全控制监控等活动。基于风险的安全控制的选择方法还综合考虑了相关政策、法律、法规和标准的要求。

SP 800-53 Rev.4《联邦信息系统和组织的安全隐私控制》描述了信息系统安全控制措施，为不同级别的系统推荐了不同强度的安全控制集（包括管理、技术和运行类）。通过安全控制基线来帮助机构对其信息系统选择合适的安全控制集。

SP 800-53A 是伴随 SP 800-53 的指导方针。SP 800-53A Rev.1《联邦信息系统和组织的安全控制评估指南，建立有效的安全评估计划》对信息系统的安全控制措施实施评估，为创建有效的安全评估计划和联邦政府执行机构的信息系统进行安全控制措施的有效性评估提供指南，并允许相关机构调整和补充基本评估程序。SP 800-53A 已经从技术层面发展到对 NSS 的补充性指南。

第三，风险评估类。

SP 800-30《信息技术系统风险管理指南》介绍了风险评估的步骤及方法，提供了一套用以开发出有效的风险管理过程的办法，以帮助组织更好地管理和 IT 相关的业务面临的风险。它包括对 IT 系统中风险评估和规避的定义和实践指南，提供用于选择适当的安全控制措施的信息。

SP 800-30 Rev.1《风险评估实施指南》介绍了风险评估的步骤及方法，对风险评估的过程进行了详细描述，提供用于选择适当的安全控制措施的信息；从通用的风险评估三步骤（准备、实施和维护）出发，对每一步骤包含的主要任务进行了细分和描述，有利于组织依据此标准开展风险评估工作。

SP 800-39《信息安全风险管理：从组织、使命和信息系统的角度》是 NIST 开发的与 FISMA 相关的安全标准和指导方针系列中的旗舰文档，主要为联邦信息系统和组织提供开展风险管理行动的过程的方法，其提出了一个三层的风险管理层次结构，并详细介绍了联邦政府如何将风险管理过程应用到风险管理层次结构中，能更好地帮助组织理解和管理安全风险，促使美国联邦机构的信息安全保护从技术系统平台向组织和使命/业务提升，与其他标准（如 SP 800-37、SP 800-53 等）一起奠定了联邦机构信息安全风险管理工作基础。

SP 800-60 Rev.1《将各种信息和信息系统映射到安全类别的指南》遵循 FISMA 的指导，根据各种可能潜在的安全冲击对信息及信息系统进行分类，提出指导方针，帮助联邦部门将不同的安全冲击级别映射到：信息，如机密信息、医学信息、私人信息、金融信息、合约敏感信息、贸易机密信息、调查研究信息；信息系统，如任务评价系统、任务支持系统、行政管理系统。

③DoD 信息安全标准体系。

美国国防部（United States Department of Defense，DoD）是关于美国军队的部门。美国军用标准的体制与标准化建设经历了逐步完善的过程。美国军用标准在改革前是一个独立的封闭体系，与民用标准界限分明。DoD 通过加大采纳民用标准的力度，推出"开发系统法"和"工艺过程单一化"两项办法，组成 DoD 和民用工业界的混合工作组等举措，使军民标准的界限逐渐淡化。在美国政府标准体系中，军用标准占有重要的位置，很多已经成为美国国家标准，是世界上先进军用标准的代表。美国军用标准的适用范围逐渐趋向国际化，成为许多国家通用的标准。例如，《信息技术 系统安全工程 能力成熟度模型》（ISO/IEC 21827）的最初构想由美国 NSA 于 1993 年提出,并在美国 NSA、DoD 及其他症状的合力号召和推动下开发实施,目前已经成为最重要的安全评估国家标准。

DoD 发布的标准主要包括 Instruction 系列(DoDI)、Directive 系列(DoDD)、DoD 出版物等。目前,关于信息安全的标准大约有 106 份,主要分为环境与通信安全、网络安全及信息安全三大部分。每个方面针对安全管理、安全指南、安全计划、安全培训、安全政策、安全认证等方面又进行了细分,详细见表 19。

表 19　DoD 信息安全标准体系

信息安全标准体系	标准领域	标准数量	标准子领域	发布标准
DoD 信息安全标准体系	环境与通信安全	16	通信安全	DoDD 4630.09、DoDD C-5200.5、DoDD 5100.35、DoDI S-5200-16、DoDI 6050.05
			电磁环境	DoDD C-3222.5、DoDD 4650.1、DoDI 4650.01、DoDD6055.11、DoDD 3222.3、DoDI 6055.08、DoDD 4715.1
			电话监听与拦截	DoDD 4640.1、DoDD 5505.9、DoDD 4640.6、DoD O-5505.9-M

续表

信息安全标准体系	标准领域	标准数量	标准子领域	发布标准
DoD信息安全标准体系	网络安全	12	数据信息共享	DoDI 8110.1、DoDD 8320.02、DoD 8320-G
			网络攻击与防御	DoDD 3200.13、DoDD O-8530.1、DoD 8530.01-M、DoDI O-8530.2、DoDI 3600.03
			其他	DoDD 9190.2、DoDI 5205.13、DoDI 6440.03、DoDD 5505.13E
	信息安全	78	信息管理	DoDD 5000.59、DoDD 5250.01、DoDI 8551.1、DoD 8580.02-R、DoD 5105.38-M、DoDD 8000.1、DoD 8910-M、DoD 6025.18-R
			信息安全保障	DoDD 8500.01E、DoDI 8500.2、DoDI 8510.01、DoDI 8580.1、DoDI 8581.01
			涉密信息保护	DoDI 5205.08、DoDI 5210.02、DoDI S-5210.82、DoDD 5210.50、DoD 5105.21-M-1

续表

信息安全标准体系	标准领域	标准数量	标准子领域	发布标准
DoD 信息安全标准体系	信息安全	78	情报安全	DoDI 5030.59、DoDD S-3115.7、DoDD 5105.21、DoDD O-5240.02、DoDI 5105.58、DoDD 5240.01、DoDD 5240.2、DoDI O-5100.93、DoDI 5240.18、DoDI 5240.26、DoDI 5240.19、DoDI O-5240.21、DoDD 5105.60、DoDD S-5240.23、DoDI 3115.15、DoDI 5000.56、DoDI C-5240.08、DoDI 3305.07
			情报培训	DoDI 3305.09、DoDI 3305.2、DoDI 3305.10、DoDI 3305.11、DoDI 3305.12
			信息系统安全	DoDD 4630.05、DoDD 7730.47、DoDD 5000.01、DoDI 5000.02、DoDD 5200.28、DoDI 8582.01、DoDD 8100.2、DoDI 8410.02、DoDI 4630.8、DoDD 8100.1、DoDI 8520.03
			安全计划	DoDI 2015.4、DoDD 3200.12、DoDI 3200.14、DoDD S-2060.04、DoDD 5220.22、DoD 5200.1-R、DoDI 5200.01、DoDD 5205.07、DoDD 5200.14、DoDD 5400.11、DoD Manual 5200.01 系列
			其他	DoDI 5230.29、DoDD 5200.34、DoDI 5200.39、DoD 5105.2 STD、DoDD 5200.41、DoDD 5230.25、DoDI 5505.11、DoDI 8520.02、DoDI 3224.03、DoDI O-3300.04、DoDI 3600.2、DoDI O-3600.02

2) 中国信息安全标准体系框架研究[8]-[13]。

我国信息安全标准化工作最早可追溯到20世纪80年代。回顾我国20多年的信息安全标准化发展经历，可以简单分为两个阶段。第一个阶段是从最开始到2002年，这期间信息安全还没有引起人们的高度重视，标准化工作都是由各部门和行业根据行业业务需求分别制定，没有统筹规划和统一管理，各部门之间缺少沟通和交流。第二个阶段是2002年以后，我国成立全国信息安全标准化技术委员会，全面规划和管理我国信息安全国家标准。早在1984年7月，我国就组建了数据加密标准化技术委员会，并于1985年发布了第一个有关信息安全方面的标准。1997年8月，数据加密标准化技术委员会改组成全国信息技术标准化技术委员会的信息技术安全分技术委员会，负责制定信息安全的国家标准。本着积极采用国际标准的原则，转化了一批国际信息安全基础技术标准，为我国信息安全标准化工作奠定了初步基础。在其推动下，公安部、安全部、国家保密局、国家密码管理委员会（现国家密码管理局）和军队有关部门等参与制定了一批信息安全的国家或行业标准，为推动我国信息安全技术在各行业的应用和普及发挥了积极作用。其标准系列编号主要有 GB、GB/T、GJB、BMB、GA、YD 等。

2002年4月，国家标准化管理委员会发文，在全国信息技术标准化技术委员会的信息技术安全分技术委员会的基础上，成立全国信息安全标准化技术委员会（以下简称信安标委，委员会编号为TC260），并于2004年1月发文，明确"自2004年1月起，各有关部门在申报信息安全国家标准计划项目时，必须经信息安全标委会提出工作意见，协调一致后由信息安全标委会组织申报；在国家标准制定过程中，标准工作组或主要起草单位要与信息安全标委会积极合作，并由信息安全标委会完成国家标准送审、报批工作"

(国标委高新函〔2004〕1号文)。信安标委的成立标志着我国信息安全标准化工作进入"统筹规划,协调发展"的新时期。信安标委作为国标委直属委员会,是专门从事信息安全标准化的技术工作组织,负责全国信息安全技术、安全机制、安全管理、安全评估等领域的标准化工作,统一、协调、申报信息安全国家标准项目,组织国家标准的送审、报批工作,向国家标准化管理委员会提出信息安全标准化工作的方针、政策和技术措施等建议。信安标委联合了公安部、安全部、国家保密局、国家密码管理委员会、认监委、总参等相关部门,本着公开、公正、协商的原则组织提出一套系统、全面、分布合理的信息安全标准体系,有步骤、有计划地进行信息安全标准的制定工作。信安标委现有来自30多个部门和单位的49名委员,下设7个工作组,分别由国内相关部门、研究所、企业事业及高等院校等代表组成,共有工作组成员单位165家。信安标委组织结构见表20。

表20　信安标委组织结构

委员会 (主任、副主任、委员)	WG1:信息安全标准体系与协调工作组
	WG2:涉密信息系统安全保密标准工作组
	WG3:密码技术标准工作组
	WG4:鉴别与授权标准工作组
	WG5:信息安全评估标准工作组
	WG6:信息安全标准工作组
	WG7:信息安全管理标准工作组
	秘书处

八、安全标准比较

我国国家信息安全标准自 1995 年开始制定,至 2002 年共制定标准 19 项,全部由国际标准直接转化而来,主要是有关密码和评估的标准。在这 19 项中,2004 年后已有 12 项进行了修订。自全国信息安全标准化技术委员会 2004 年成立以来至目前我国实际现存正式信息安全标准 87 项,这些标准中既包括技术标准,如产品和系统(网络)标准,亦包括管理标准,如风险管理标准等,覆盖了当前信息安全主要需求领域。由此可见,目前我国信息安全标准的制定工作已经取得了长足进展,标准的数量和质量都有了很大的提升,本着"科学、合理、系统、适用"的原则,在充分借鉴和吸收国际先进信息安全技术标准化成果与认真梳理我国信息安全标准的基础上,经过全国信息安全标准化技术委员会各工作组的认真研究,初步形成了我国信息安全标准体系。该标准体系分类相对合理、全面,涵盖了体系结构、安全保密技术、安全管理和安全测评等方面的标准,但庞大繁杂的标准体系常常让开发人员无所适从,无法选取需要遵循的标准。因此,针对信息安全系统的开发工作要进一步精简标准体系,突出重点,尤其是影响系统集成方面的安全接口标准,进而增强各个安全组件之间的互操作性和安全技术间的协作,提升整个信息系统的安全防护能力。

我国国家信息安全标准体系经过多次修改,目前信息安全标准从总体上可划分为七大类:基础标准、技术与机制标准、管理标准、测评标准、密码标准、保密标准和通信安全标准,在每一大类的基础上,可按照标准所涉及的主要内容进行细分,见表 21。

表21 信息安全标准体系

信息安全标准体系	标准领域	子领域	发布标准
信息安全标准体系	基础标准	安全术语	GB/T 25069、GB/T 5271.8、YD/T 2258-2011等
		体系结构	GB/T 25068.2-2012、GB/T 31129-2014、GB/T 31100.201-2014、GB/T 30882.1-2014、GB/T 30246.1-2013、GB/T 29811.1-2013、GB/T 29803-2013、GB/T 18714.3-2003等
		模型	GB/T 31495.1-2015、GB/T 18336.1-2015、GB/T 17173.1-2015、GB/T 18491.4-2010、GB/T 25062-2010、GB/T 18391.3-2009等
		框架	GB/T 31504-2015、GB/T 31502-2015、GB/T 30275-2013、GB/Z 29830.3-2013、GB/Z 29830.2-2013、GB/Z 29830.1-2013、GB/T 26855-2011等
	技术与机制	标识	GB/T 30269.501-2014、GB/T 30277-2013、GB/T 28458-2012、GB/T 17969.8-2010、GB/T 17969.3-2008等
		鉴别	GB/T 31504-2015、GB/T 31501-2015、GB/T 30281-2013、GB/T 30280-2013、GB/T 30275-2013、GB/T 29242-2012、GB/T 15852.2-2012、GB/T 28455-2012、GB/T 25062-2010等
		授权	GB/T 31504-2015、GB/T 31501-2015、GB/T 30281-2013、GB/T 30280-2013、GB/T 30275-2013、GB/T 29242-2012、GA/T 1144-2014等

续表

信息安全标准体系	标准领域	子领域	发布标准
信息安全标准体系		电子签名	GB/T 30274-2013、GB/T 25064-2010、GB/T 25057-2010、GA/T 977-2012、CAS 156-2007 等
		实体管理	GB/T 29245-2012、GB/T 31496-2015、GB/T 31497-2015、CNAS EC039-2015 等
		物理安全技术	GB/T 21052-2007、GB/T 17969.8-2010 等
	管理标准	管理基础	GB/T 29245-2012、GB/T 31496-2015、GB/T 31497-2015、GB/T 29246-2012 等
		管理体系标准	GB/T 31496-2015、GB/T 20000.7-2006 等
		管理支撑技术	GB/T 24405.2-2010、GB/T 24405.1-2009、GA 659.2-2006、GA 661-2006 等
		服务管理	GB/T 27308-2011、GB/T 24405.2-2010、GB/T 24405.1-2009、YD/T 1926.3-2010、YD/T 1926.4-2010 等
		个人信息保护	GB/Z 28828-2012、YD/T 2782-2014、YD/T 2781-2014 等

续表

信息安全标准体系	标准领域	子领域	发布标准
信息安全标准体系	测评标准	测评基础	GB/T 30290.3-2013、GB/T 30287.3-2013、GB/Z 30286-2013、GB/T 30276-2013、GB/T 31495.3-2015、GB/T 31495.2-2015、GB/T 20281-2015、GB/T 20279-2015 等
		产品测评	GB/T 29836.3-2013、GB/T 31507-2015、GB/T 31499-2015 等
		系统测评	GB/T 31495.3-2015、GB/T 31495.2-2015、GB/T 20281-2015、GB/T 20279-2015、GB/T 20277-2015 等
	密码标准	基础标准	GB/T 31503-2015、GB/T 15843.2-2008、GB/T 15278-1994、GA/T 988-2012、YD/T 2390-2011 等
		技术标准	GB/T 27929-2011、GB/T 31503-2015、GB/T 15843.2-2008、GB/T 15278-1994 等
		管理标准	GB/T 29245-2012、GB/T 25067-2010、GB/T 22081-2008、GA 658.10-2006 等

续表

信息安全标准体系	标准领域	子领域	发布标准
信息安全标准体系	保密标准	通用技术要求	GB/T 30534-2014、GB/T 27002-2011、GB/T 15278-1994 等
		产品测评	GB/T 31507-2015、GB/T 31499-2015、GB/T 31495.1-2015、GA/T 1253-2015、GB/T 30976.1-2014 等
		系统测评	GB/T 20279-2015、GB/T 20277-2015、GB/T 31168-2014、GB/Z 30286-2013 等
		涉密信息系统管理	GB/T 31503-2015、GB/T 17944-2000、GB/T 27929-2011、GA/T 988-2012、GB/T 21079.1-2011 等
		保密技术检查	GB/T 30534-2014、GB/T 27002-2011、GB/T 7156-2003、GA/T 988-2012 等
	通信安全	通信基础	GB/T 30269.301-2014、GB/T 13993.4-2014、GB/Z 25320.7-2015、GB/T 25068.5-2010、GB/T 25068.3-2010 等
		通信安全技术	GB/T 25068.5-2010、GB/T 25068.3-2010、GB/Z 25320.7-2015、GB/Z 25320.1-2010 等
		通信设备安全	GB/T 29228-2012、GB/T 29200-2012、GB/T 29228-2012、GB/T 25295-2010 等
		通信管理与服务	GB/T 31504-2015、GB/T 30287.3-2013、GB/T 30287.4-2013、GB/T 30290.3-2013 等

①基础标准。

基础标准主要包括安全术语、体系结构、模型、框架等。这些标准为信息安全标准的制定提供通用的语言和抽象系统构架，典型标准如 GB/T 5271.8《信息技术　词汇　第 8 部分：安全》、GB/T 25069《信息安全技术　术语》、GB/T 17965《信息技术　开放系统互连　高层安全模型》、GB/T 18237.1《信息技术　开放系统互连　通用高层安全　第一部分：概述、模型和记法》等。

②技术与机制标准。

技术与机制标准主要包括标识、鉴别、授权、电子签名、实体管理、物理安全技术等方面的标准。其中，标识、鉴别与授权构成一条技术线索，是安全系统不可或缺的部分。与这条主线相关的标准还包括基础设施标准（如 PKI/PMI 系列标准）、电子签名标准（如国家电子签名法配套的电子签名标准体系框架）等，这些标准与标识、鉴别与授权标准体系互相依存，并贯穿其中。典型标准如 GB/T 15843.1《信息技术　安全技术　实体鉴别　第 1 部分：概述》、GB/T 25062《信息安全技术　鉴别与授权　基于角色的访问控制模型与管理规范》、GB/T 20518《信息安全技术　公钥基础设施　数字证书格式》、GB/T 21052《信息安全技术　信息系统物理安全技术要求》等。

③管理标准。

信息安全管理标准就是针对管理方面的规范工作。它主要应用于组织层面，规范组织的信息安全制度，规范治理机制和治理结构，保证信息安全战略与组织业务目标一致。典型的标准如 GB 17859《计算机信息系统　安全保护等级划分准则》、GB/T 22080《信息技术　安全技术　信息安全管理体系　要求》、GB/T 22081-2016《信息技术　安全技术　信息安全控制实践指南》、GB/T

20984《信息安全技术 信息安全风险评估规范》、GB/Z 28828《信息安全技术 公用及商用服务信息系统个人信息保护指南》等。

④测评标准。

安全测评标准同时指导和规范了产品的开发和评估,并且可作为评估机构进行产品检测认可的依据,为在用户、设计者、开发者、供应商以及潜在的评估者之间建立公正的、普遍理解的评估信任体系,主要包括测评基础标准、产品测评标准、系统测评标准和能力评估标准。典型标准如GB/T 18336.1《信息技术 安全技术 信息技术安全性评估准则 第1部分:简介和一般模型》、GB/T 18336.2《信息技术 安全技术 信息技术安全性评估准则 第2部分:安全功能组件》、GB/T 18336.3《信息技术 安全技术 信息技术安全性评估准则 第3部分:安全保障组件》、GB/T 18018《信息安全技术 路由器安全技术要求》、GB/T20271《信息安全技术 信息系统通用安全技术要求》、GB/T 20008《信息安全技术 操作系统安全评估准则》等。

⑤密码标准。

密码标准的适用范围为商用密码。商用密码是指对不涉及国家秘密内容的信息进行加密保护或者安全认证所使用的密码技术和密码产品。商用密码标准作用于商用密码的整个生命周期,它包括商用密码研制、生产、使用与管理的全过程,以及在这个完整过程中涉及的术语、协议、管理、安全评估等所有组成要素。

⑥保密标准。

保密标准从技术和管理两方面涵盖了保密防范和保密检查工作所需,既包括了传统保密工作所需要的标准(如保密会议的安全要求、涉密信息消除和介质销毁、电子文件保密管理等),也包括信息化和高技术发展条件下保密工作所需要的标准(如涉密信息系统技术要求和测评、信息安全保密产品技术要求和测试方法、涉密信息系统管理、TEMPEST 防护和检测等）。

⑦通信安全标准。

通信安全标准工作组成立比较晚，制定的标准较少，主要包括通信基础、通信安全技术、通信设备安全、通信管理与服务方面的标准。

2　中美信息安全基础标准对比分析

本部分针对"中美信息安全国家标准发布数量"以及"中美信息安全标准国际化程度"两个维度进行讨论，对比分析了中美信息安全标准化的进程，同时剖析了我国目前信息安全基础标准存在的不足[14]-[18]。

1）中美信息安全国家标准发布数量对比。

根据全国信息安全标准化技术委员会的统计数据，我国 2005 年前尚未发布信息安全方面的国家标准，从 2005 年开始我国陆续出台信息安全方面的国家标准，其中 2005 年接连发布了 GB/T 20008-2005《信息安全技术　操作系统安全评估准则》、GB/T 20009-2005《信息安全技术　数据库管理系统安全评估准则》、GB/T 20010-2005《信息安全技术　包过滤防火端评估准则》、GB/T 20011-2005《信息安全技术　路由器安全评估准则》四项国家标准，自此开始了我国信息安全标准化进程。截至 2015 年 12 月 31 日，我国信息安全方面的国家标准总共出台了 116 项，而美国 NIST 组织从 1990 年第一个信息安全领域的标准 SP 800-1 问世以来，伴随着信息安全领域的发展，对应的标准制定过程就一直延续着。截至 2015 年年底，美国 NIST SP 800s 制定的信息安全领域国家标准共有 156 项。其对比结果见表 22。

表22 中美信息安全标准领域成果对比（1）

美国 (NIST SP 800s)		中国				
			采标形式			
国标数量	主要团队	国标数量	等同采标	修改采标	非等效采标	主要团队
2005年前 25	美国国家标准和技术研究院、亚马逊、乔治梅森大学、联邦CIO委员会等	0	0	0	0	中国科学院软件研究所、中国科学院研究生院、中国电子技术标准化研究院、公安部第三研究所等
2005—2007年 24		36	0	1	1	
2008—2009年 23		12	2	0	0	
2010—2011年 25		16	1	1	0	
2012—2013年 24		42	1	1	0	
2014—2015年 35		10	1	0	0	

可见美国的信息安全标准的发展比我国早15年，美国1990年就开始了信息安全标准化进程，而我国直到2005年才出现了第一个信息安全方面的国家标准，并且很多信息安全技术的发展都跟在美国的后面，自创性不足。

同时采用国际标准是指技术法规、标准和合格评定程序的制定要以国际标准为基础，在尽可能广泛的基础上对技术法规、标准和合格评定程序进行协调。而我国信息安全领域方向的采标比例只有6%，远远低于各个行业中采标比例40%左右的统计数值。因此，在信息安全标准化制定过程中要采取措施,加快采用国际标准和国外先进标准的步伐,要认真落实采标政策,以便我国在该领域上制定的标准能够与世界先进水平保持一致。

在中美信息安全国家标准子领域发布数量方面,以下针对信息安全标准领域的六大主题(基础标准、技术与机制标准、管理标准、测评标准、密码标准和应用标准)展开讨论,再一次从子领域的角度对比分析了各个时期、各个研究方向上美国(NIST SP 800s)与中国的标准数量情况,见表23。

表23 中美信息安全标准领域成果对比(2)

	美国(NIST SP 800s)						中国					
	基础标准	技术与机制标准	管理标准	测评标准	密码标准	应用标准	基础标准	技术与机制标准	管理标准	测评标准	密码标准	应用标准
2005年前	5	10	3	1	2	4	0	0	0	0	0	0
2005—2007年	2	6	2	1	4	9	6	3	6	13	3	5
2008—2009年	3	7	2	3	3	5	0	0	3	5	1	3
2010—2011年	3	6	2	3	3	8	2	5	1	3	4	0
2012—2013年	2	5	4	3	3	6	10	7	6	11	3	5
2014—2015年	2	9	5	5	8	6	0	2	1	2	0	5

通过对表22、表23的剖析，可以得出以下分析结果：

①美国在各个时间段信息安全方面的标准都比较完整，基本上覆盖了信息安全的各个方向，而我国在有些时间段，标准的制定都集中在某几个研究方向，有些方向的标准在一段时间内未发布。比如2008-2009年我国在"基础标准领域"和"技术与机制标准领域"的研究就比较少，这种断崖式的现象不利于我国信息安全标准体系的建设，同时会导致某一研究方向的标准出现短板，与国际先进水平拉开差距，因此建议要保证一定时间段内标准发布的完整度。

②美国在"技术与机制标准领域"的研究要比我国投入得多，产出的比例也要高于我国。随着物联网、云计算、移动互联网等的出现，新技术的发展日新月异，急需我们投入大量的精力去进行研究，而美国在这方面的研究比较深入，发布的标准也比较多。比如"云计算安全领域"，美国在这方面的国家标准截至2015年有15项左右，而我国只有4项（包括两项尚未实施的），美国是我们的三倍，可见美国在新技术方面的优势。因此，我国必须要重视一些前沿课题的技术研究，以便出台高质量的技术标准，为日后推动标准国际化进程做准备。

2) 中美信息安全基础标准国际化程度对比。

美国网络安全标准的国际化力度非常大，已经获得了国际化的网络安全标准制定的主导权，许多国际标准机构直接采用美国标准的部分或全部作为国际标准发布。从20世纪80年代开始，美国决定在国际标准化团队，特别是在ISO和IEC两个组织中积极承担政策性和业务性工作，参与ISO、IEC标准的制定、修订，争取更多的参与工作。经过多年的努力，美国在竞争ISO、IEC领导权方面卓有成效。据2002年数据显示，美国ANSI已经参与了ISO近79%

的 TC 活动，参加了 IEC 近 89%的 TC 活动。ANSI 作为 ISO 的创始成员，是美国在 ISO 和 IEC 的典型代表。许多情况下，ISO 和 IEC 采用美国标准的部分或全部作为国际标准，如 ISA/IEC 62443 系列标准，最初由 ANSI 发布，随后被 IEC 全部接受作为国际标准发布；又如 ISO/IEC 21827 系列标准，最初由美国 NSA 提出，最终成为重要的安全评估国际标准。

中国的信息与网络安全标准国际化程度可以说几乎为空白，我国早期很多标准是直接等同采用国际标准作为我国的国家标准进行发布，如 GB/T 18237.1《信息技术　开放系统互连　通用高层安全　第一部分：概述、模型和记法》是等同采用 ISO/IEC 11586-1《信息技术　开放系统互连　通用高层安全：概述、模型和记法》；GB/T 15843.1《信息技术　安全技术　实体鉴别　第 1 部分：概述》是等同采用 ISO/IEC 9798-1《信息技术　安全技术　实体鉴别　第 1 部分：概述》；GB/T 18336.1《信息技术 安全技术 信息技术安全性评估准则 第 1 部分：简介和一般模型》是等同采用 ISO/IEC 15408-1《信息技术　安全技术　信息技术安全性评估准则　第 1 部分：简介和一般模型》。后期随着我国技术实力的提升，出现了修改采用国际标准的情况。近几年我国自主制定的标准发布越来越多，但大部分属于技术应用层面的要求，严重缺乏基础研究。

在信息与网络安全标准国际化程度方面，我国可以说处于落后的地位，通过研究发现，美国的信息与网络安全标准之所以被国际标准机构青睐，主要是由于美国在基础标准的研究方面（包括基础模型、基础框架、基础技术等）处于国际领先地位，因此，我国要想在信息与网络安全标准国际化道路上前行进而主导国际标准，必须在信息与网络安全标准中的基础模型、基础框架及基础技术等方面进行深入研究,尤其是在基础密码领域、基础测评领域以及基础等级保护领域加强基础研究。

①基础密码领域。

在信息安全界,密码学是公认的信息安全的核心和基础。而密码技术的标准化是商用密码得以健康发展的基础,并且密码标准是其他信息安全技术标准以及应用的基础,密码标准体系的建立是信息安全技术与产业快速发展的一个核心和关键环节,对于信息安全产业的规模化发展将起到重要作用,并且密码标准化工作是一项长期的、艰巨的基础性工作。近几年国家密码管理局在密码标准研究制定和体系化等方面做了很多工作,经过国家标准委员会批准成立了密码行业标准化技术委员会,将密码标准化工作纳入国家标准管理体系,这是我国密码事业发展的一个重要里程碑,但是与发达国家相比,我们还有很多的路要走,需要国内更多的学者、机构参与,推动我国基础密码标准领域的发展。

现以我国与美国基础密码标准领域的现状展开讨论,经过对比分析,找到不足,为我国今后该领域的研究开拓思路。当前,我国针对不同应用服务制定的基础密码领域现行国家标准共有11个,见表24:

表 24　中国基础密码领域国家标准

项目名称	标准号	标准名称	标准说明
基础密码领域国家标准	GB/T 29829-2013	《信息安全技术　可信计算密码支撑平台功能与接口规范》	本标准适用于可信计算密码支撑平台相关产品的研制、生产、测评与应用开发
	GB/T 27909.2-2011	《银行业务　密钥管理（零售）第 2 部分：对称密码及其密钥管理和生命周期》	本部分描述了在零售金融服务环境中，当使用对称密码机制时对称和非对称密钥的保护技术，也描述了与对称密钥相关的生命周期管理
	GB/T 27909.3-2011	《银行业务　密钥管理（零售）第 3 部分：非对称密码系统及其密钥管理和生命周期》	本部分规定了零售金融服务环境中使用非对称密码机制时，对称和非对称密钥的保护技术，也描述了与非对称密钥相关的生命周期管理
	GB/T 16649.15-2010	《识别卡　集成电路卡　第 15 部分：密码信息应用》	本部分定义了用于密码信息的通用语法和格式以及在适当时共享该信息的机制

续表

项目名称	标准号	标准名称	标准说明
	GB/T 25056-2010	《信息安全技术 证书认证系统密码及其相关安全技术规范》	本标准规定了为公众服务的数字证书认证系统的设计、建设、检测、运行及管理规范
	GB/T 15852.1-2008	《信息技术 安全技术 消息鉴别码 第1部分：采用分组密码的机制》	本部分适用于任何安全体系结构、进程及应用的安全服务
	GB/T 15843.4-2008	《信息技术 安全技术 实体鉴别 第4部分：采用密码校验函数的机制》	本部分规定了采用密码校验函数的实体鉴别机制
	GB/T 17964-2008	《信息安全技术 分组密码算法工作模式》	本标准描述了分组密码算法的七种工作模式，以便规范分组密码的使用
	GB/T 21082.4-2007	《银行业务 密钥管理（零售）第4部分：使用公开密钥密码的密钥管理技术》	本部分详细描述了在零售银行业务环境下对公开密钥密码系统密钥的使用和保护技术

续表

项目名称	标准号	标准名称	标准说明
	GB/T 21082.5-2007	《银行业务 密钥管理（零售）第 5 部分：公开密钥密码系统的密钥生命周期》	本部分适用于任何实现密钥管理技术的机构，它所管理的公开密钥密码系统用于实现对数据的保护
	GB/T 18238.2-2002	《信息技术 安全技术 散列函数 第 2 部分：采用 n 位块密码的散裂函数》	本标准规定了采用 n 位块密码算法的散列函数，这些函数适合于已实现这样一个算法的环境

而美国就 NIST 一个机构基于"分组密码工作模式"这一项技术的标准就有 SP 800-38A 至 SP 800-38G 共 7 个，整个基础密码技术涉及的标准有上百个，可见我国与发达国家差距之大，并且目前我国的基础密码标准体系专业化程度不高，不足以推动我国密码向产业化、规模化、国际化方向的发展。

在此我们以"分组密码工作模式"这一项技术为例展开讨论，分析我国与美国在该领域的现状。基础密码标准领域有一个比较重要的概念是分组密码的工作模式，其中分组密码是密码学中使用最为广泛的工具之一，而分组密码的工作模式是指使用分组密码对任意长度的消息进行加解密、认证等的方案。美国国家标准与技术研究院（NIST）积极致力于分组密码工作模式的研究，十余年来陆续发布了大量工作模式标准，而国内讨论这些新型工作模式的标准、文章少之又少。

分组密码是密码学中使用最广泛的工具之一，但它只能处理固定长度的消息,如何利用分组密码来处理实际工作中遇到的任意长度的消息,这就是分组密码的工作模式需要解决的问题。近年来,随着密码理论的不断提高以及各组织机构对工作模式的广泛征集,越来越多的国外研究人员开始关注"分组密码工作模式"这一领域。

美国国家标准与技术研究院(NIST)2001年12月公布的SP 800-38A《对分组密码工作模式的推荐:方法和技术》给出了5种加密模式,包括ECB、CBC、CFB、OFB和CTR;2005年5月公布的SP 800-38B《对分组密码工作模式的推荐:认证的CMAC模式》给出了认证模式CMAC;2004年5月公布的SP 800-38C《对分组密码工作模式的推荐:认证和保密的CCM模式》给出了加密认证模式CCM。除了NIST,其他的标准化组织也推出了一系列的工作模式标准,如ISO/IEC 19772《信息技术 安全技术 认证加密》中提到的OCB2.0、EAX等,IEEE P1619中提到的XCB、EME等。近年来NIST陆续发布了多个新的工作模式,2007年11月公布的SP 800-38D《对分组密码工作模式的推荐:认证和保密的GCM模式》给出了加密认证模式GCM;2010年1月公布的SP 800-38E《对分组密码工作模式的推荐:认证和保密的XTS模式》给出了磁盘加密模式XTS;2012年12月公布的SP 800-38F《对分组密码工作模式的推荐:认证和保密的Key-Wrap模式》给出了密钥封装模式Key-Wrap;2013年7月公布了SP 800-38G《对分组密码工作模式的推荐:认证和保密的FPE模式》草案,这是一种称为保留格式加密(FPE)的工作模式,可见美国这些年积极致力于分组密码工作模式的研究。而我国关于分组密码算法的现行标准主要有两项,分别是无锡江南信息安全工程技术中心起草的GB/T 17964-2008《信息安全技术 分组密码算法的工作模式》标准和中国科学院软件研究所起草的GB/T 15852.1-2008《信息技术 安

全技术　消息鉴别码　第1部分：采用分组密码的机制》标准。

和美国相比，我国学术界和产业界关注更多的是分组密码算法自身的研发，对如何利用分组密码解决实际问题的工作模式研究得并不多，通常采用国外现成的工作模式解决应用需求。这种拿来用的现象在某些通用的应用环境中可以，但是在某些具体环境中就不能最大化地发挥优势，如在某些环境，密钥管理问题大，那么密钥的比特数应该成为一个重要的衡量指标；又如在某些环境，头文件中有计数器，那么设计模式时就可以不考虑计数方面的开销。

②基础测评领域。

信息安全评估是指评估机构依据信息安全评估标准，采用一定的方法（方案）对信息安全产品或系统安全性进行评价。国际上针对信息安全的等级防护和评估标准经历了漫长的过程，其发展路线如图23所示：

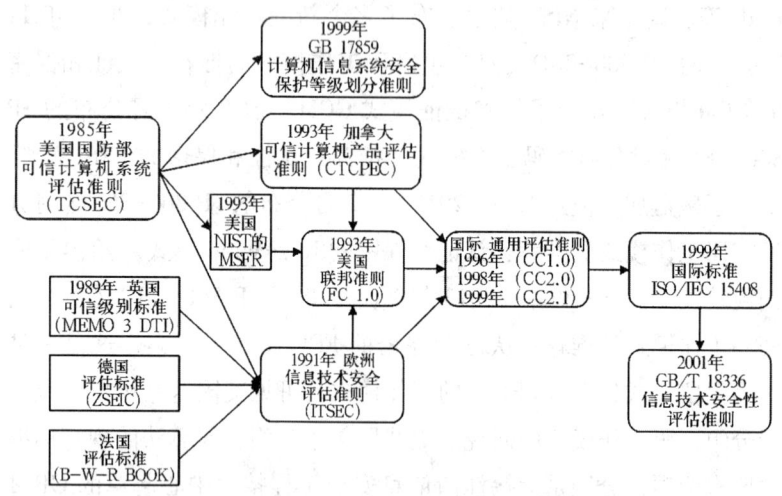

图23　信息技术安全评估标准的历史和发展

八、安全标准比较

自 1967 年美国国防科学委员会提出计算机安全保护问题后，1970 年美国国防部（DoD）即成立了计算机安全评估中心（NCSC），开始从事信息安全评估的研究，并于 1985 年 12 月率先发布《可信计算机系统评估标准》（TCSEC），即所谓的桔皮书。后又追加了可信数据库解释（TDD）、可信网络解释（TND）等一系列相关的说明和指南，统称"彩虹系列"。TCSEC 第一次使用了公正的第三方，利用技术分析和测试手段获取证据来证明开发者正确有效地实现了标准要求的安全功能。TCSEC 极大地推动了国际信息安全的评估研究，使安全信息系统评估准则的研究进入大发展阶段，对后期几个重要阶段中的 ITSEC 评估准则、CC 评估准则都起到了奠基石的作用，为"信息技术安全评估标准"国际化进程做出了不可磨灭的贡献。

我国在信息系统安全评估方面的研究和应用与美国相比有一定的差距。直到 1999 年，国内的研究人员才发布了国家强制性标准《计算机信息系统安全保护等级划分准则》（GB 17859-1999），该标准是我国计算机信息系统安全保护等级系列标准的第 1 部分，为安全产品的研制提供了技术支持，也为安全系统的建设和管理提供了技术指导。该标准要比美国的 TCSEC 标准整整晚 15 年，并且该标准主要参照了美国的 TCSEC 标准，自创性不足，对本国信息安全特征尚欠考虑。2001 年 3 月，国家质量技术监督局发布了推荐性标准《信息技术　安全技术　信息技术安全性评估准则》（GB/T18336-2001），该标准等同于采用国际标准 ISO/IES 15408。虽然我国目前 GB/T18336 系列标准与国际标准保持一致，但是这些标准的制定基本上是借鉴美国的标准，而我国自身在"信息技术安全评估标准"国际化进程上的贡献非常小。

③基础等级保护领域。

信息安全等级保护是国家信息安全保障工作的基本制度、基本策略、基本方法。因此，按照信息系统等级保护技术要求，同时参考发达国家信息安全等级保护建设的经验，深入研究我国信息系统的安全体系结构、安全模型和多级安全技术，对于解决我国当前信息系统等级保护工作面临的问题，不仅具有一定的科学理论意义，而且具有重要的应用前景。现对我国与美国信息安全等级保护领域的研究现状进行对比分析，从而找到借鉴之路。

在1985年，美国国防部公布了《可信计算机系统评估标准》（Trusted Computer System Evaluation Criteria，TCSEC），提出了一组评估计算机产品安全性的标准。TCSEC将计算机系统的安全性划分为4个等级、7个级别，从低到高分别表示为D、C1、C2、B1、B2、B3和A1。每一个评估级别都包含了相应的功能需求和安全保障需求。随着评估级别的提高，功能需求和安全保障需求不断增加。2004年2月，美国国家标准与技术研究所（NIST）发布了《联邦信息和信息系统安全分类标准》（FIPS PUB 199）。FIPS PUB 199将信息系统分为三个级别：低度影响系统、中度影响系统、高度影响系统。无论是TCSEC还是FIPS PUB 199在考虑系统分级因素的时候，都给予了信息系统所处理、传输和存储的信息以很大的权重，其系统影响级是完全建立在信息影响级基础之上的，可见，系统所处理信息的重要程度可以作为划分等级时的重要依据。

与美国相比，我国的信息安全等级保护工作起步较晚。1999年9月，国家质量技术监督局发布了第一个国家标准《计算机信息系统安全保护等级划分准则》（GB17859-1999）。GB17859是我国计算机信息系统安全等级保护系列标准的核心，是实行计算机信息系统安全等级保护制度建设的重要基础。GB17859规定了计算机系统安全保护能力的五个等级：第一级"用户自主保护级"，第二级"系统审计保护级"，第三级"安全标记保护级"，第四级"结构化保护级"，第五级"访问验证保护级"。表 25 给出了中国 GB17859 与美国 TCSEC 标准等级的比较。

表 25 中国 GB17859 与美国 TCSEC 标准等级比较

美国 TCSEC	中国 GB17859
D	—
C1	第一级：用户自主保护级
C2	第二级：系统审计保护级
B1	第三级：安全标记保护级
B2	第四级：结构化保护级
B3	第五级：访问验证保护级
A1	—

借鉴国际等级保护标准制定的经验，经过几十年的发展，我国的信息安全等级保护工作取得了很大进展。但是从总体上看，我国的信息安全等级保护工作尚处于初级阶段，基础薄弱，水平不高，关键技术、重要产品受制于人，同时在工程实践与标准方面还缺乏统一、成熟的技术体系。因此，按照信息系统等级保护技术要求，深入研究我国信息系统的安全体系结构、安全模型和多级安全技术，对于解决当前信息系统等级保护工作面临的问题不仅具有一定的科学理论意义，而且具有重要的应用前景。

3 中美信息安全标准体系各自的优缺点

本部分重点分析了中美信息安全标准体系各自的优缺点，同时强调了美国信息安全标准体系也存在不足，两国之间可以相互学习、相互弥补。

1）中美信息安全标准体系各自的优势。

①美国信息安全标准体系的优势。

在网络安全标准方面美国具有如下特点及优势：

a. 标准国际化程度强。

美国无论在制定标准的时间上，还是在标准制定的数量上都占据绝对优势。比如 NIST 这一个标准体系制定的信息安全方面的标准数量就超过中国 2005 年开始的所有信息安全的国家标准数量，并且美国第一部信息安全标准制定的时间要比任何一个国家都早。同时信息安全方向起步阶段的国际标准也大都采用美国标准，并且后期许多国家发布的信息安全标准大都参照美国的标准。近几年美国在信息安全标准技术上的优势更加明显，其在国际标准制定过程中的主导作用体现得更强，主要原因是美国能够通过 ANSI 和 USNC（美国国家委员会）获得参与 ISO 和 IEC 标准制定流程的权利，许多情况下，ISO 和 IEC 会直接采用美国标准的部分或全部作为国际标准。

b. 标准先进性水平高。

近年来，随着大数据、云计算等新技术的发展，美国各大标准体系都在致力于研究这些热点问题，同时美国在这些方面的技术、标准和产品都是全世界领先的，尤其是移动互联网安全、物联网安全、云计算安全、态势感知安全等，美国在这些研究方向上发布的标准很多都被国际标准组织采纳。

②中国信息安全标准体系的优势。

在网络安全标准方面中国具有如下特点及优势：

a. 标准制定的渠道广。

虽然中国信息安全领域国家标准制定的数量要少于美国，但如果考虑到我国的地方标准和行业标准，那么其在数量上和影响力上的优势也比较明显，并且中国信息安全行业地方标准和行业标准发布的一般比国家标准要早，国家标准的制定很多情况下也是基于地方标准和行业标准的成功经验，它们是国家标准制定的有力保障，国家标准制定的技术和经验很多情况下都要参照地方标准和行业标准。例如，在公安信息安全边界接入领域的视频安全接入部分的国家标准 GB 28181《安全防范视频监控联网系统信息传输、交换、控制技术要求》的制定过程中，很多技术与经验就参照了浙江省地方标准 DB33《跨区域视频监控联网共享技术规范》，并且取得了很好的效果。

b. 标准实施的执行力强。

中国的信息与网络安全国家标准的制定通常是由政府部门牵头与主导，具有很强的国家战略性，同时在标准制定的过程中具有很强的推动力，在标准实施过程中具有很强的执行力。通常情况下，信息安全方向的国家标准要出台，政府会作为主导者协调地方和行业方面的各股力量保证国家标准的成功发布。

2）中美信息安全标准体系各自的缺点。

①美国信息安全标准体系。

在网络安全标准方面美国主要存在的问题如下：

美国的信息安全标准体系包括两大部分：一是美国国家标准（ANSI、NIST 发布），二是美国行业标准（DoD 发布）。这两个标准体系建立的国家标准有时存在不一致的现象，比如 NIST 与 DoD 建立的信息安全分级标准不尽相同，即所有联邦政府机构遵循 NIST 有关标准和指南的分级方法和技术指标，而国防部则是按照 DoD8500.2 的技术方法进行系统分级。每个标准体系可能考虑到本身信息系统及所处理信息的特殊性，建立适合自身的标准，但是作为国家标准体系机构的一部分,这种现象可能导致标准的分散,不利于监督和管理。

②中国信息安全标准体系的缺点。

在网络安全标准方面中国主要存在的问题如下:

a. 基础标准成果不突出。

中国的信息与网络安全标准国际化程度可以说几乎为空白,我国早期很多标准是直接等同采用国际标准作为我国的国家标准进行发布,如 GB/T 18237.1《信息技术 开放系统互连通用高层安全 第1部分:概述、模型和记法》是等同采用 ISO/IEC 11586-1;GB/T 15843.1《信息技术 安全技术 实体鉴别 第1部分:概述》是等同采用 ISO/IEC 9798-1;GB/T 18336.1《信息技术 安全技术 信息技术安全性评估准则 第1部分:简介和一般模型》是等同采用 ISO/IEC 15408-1。后期随着我国技术实力的提升,出现了修改采用国际标准的情况。近几年我国自主制定的标准发布越来越多,但大部分属于技术应用层面的要求,严重缺乏基础研究。因此,我国要想在信息与网络安全标准国际化道路上前行进而主导国际标准,必须要在信息与网络安全标准中的基础模型、基础框架及基础技术等方面进行深入研究,同时需要注重新技术的发展动态。

b. 标准滞后性现象明显。

中国在标准制定方面市场机制引入得不明显,滞后性现象表现得很突出,缺乏先进性和与时俱进的能力。例如,云计算概念的出现已经有十几年,但中国在2014年才推出关于云计算安全的两个国家标准:GB/T 31167《信息安全技术 云计算服务安全指南》和 GB/T 31178《信息安全技术 云计算服务安全能力要求》,比市场上出现云计算系统晚了近5年,并且中国在新兴信息技术、新兴信息与网络安全技术方面的研究还不够深入,成果输出的还不明显。

因此，一方面在我国的信息与网络安全标准制定过程中要适度地引入市场机制，通过竞争的方式来保障标准制定过程中的质量要求；另一方面要加强对新兴信息技术的研究，具体主要集中在移动互联网安全技术方面、物联网安全技术、云安全技术等领域的研究，以期尽早发布相关的高质量、具有先进性的信息与网络安全标准。

4 中美信息安全标准体系的相互借鉴与同步

通过上述对比分析可以看到，由于我国信息安全基础标准的制定渠道和应用范围比较广，所以我国在应用标准的制定数量上与美国基本处于同跑阶段。同时我国的信息安全等级保护工作虽然起步较晚，但是我国结合自身的特点制定了计算机系统安全保护能力五个等级的国家标准，从而奠定了我国计算机信息系统安全等级保护制度建设的基础，在这个领域上我国与美国也基本处于同跑阶段。但是我国在信息安全基础标准的其他方面由于技术积累比较薄弱，并且存在某些研究方向标准发布的断崖式现象，导致相关标准的制定要落后于美国，基本处于跟跑的阶段。

同样，美国网络安全标准技术也存在不同的问题，所以两国可以互相学习、互相弥补。尤其是中国在基础标准领域的短板以及在标准滞后性方面存在的问题，这些恰恰是美国的优势，中国可以参照美国的成功经验进行改进，具体措施如下：一方面，加大对新兴信息安全领域的研究，提高创新意识；另一方面，加大在信息与网络安全标准中的基础模型、基础框架及基础技术等方面的深入研究，尤其是在基础密码领域、基础测评领域以及基础等级保护领域加强基础研究，具体措施如下[19]-[24]：

1）基础密码领域。

我国要想在基础密码领域有自创性，除了要参考国外的成果外，还要抓住国外目前密码学研究的最新动态，再结合我国的实际情况制定相应的发展路线，主要有以下两点建议：

基于目前分布式计算技术的发展，先前密码学中"端端"单方模式需改变为多方模式——由"一对一"的单方通信模式改变为"一对多""多对一""多对多"的多方通信模式（这里的"多"通常是动态的由访问结构定义的"多"）。

基于目前云计算、未来网络、大数据等应用模式对现代密码学提出的新要求，先前密码学研究的"位置"本地模式需改变为异地模式——计算和处理密码工作模式由本地位置向异地位置转变，包括外包计算、外包信号处理、外包聚合等。

2）基础测评领域。

我国要想在信息系统安全方面的评估有自创性和前瞻性，除了要参考国外的成果外，还要抓住国外目前研究评估标准的最新动态，再结合我国的实际情况制定相应的标准，主要有以下两点建议：

①完善我国现行信息安全评估标准。

首先，多边安全的安全功能。我国现行的安全评估标准从一开始就一直偏重于仅对系统拥有者和操作者的保护，用户的安全，特别是通信系统用户的安全则没有被考虑。因此，提供双边或多边安全的各种技术就不能用当前标准来正确地描述。标准中的安全功能描述应被调整为包括多边的安全功能。

其次，不但要体现静态的等级划分，还要体现动态过程的安全要求。

最后，针对特定应用领域的评估标准的开发，如电子商务、电子政务和电子农务等。

②紧抓国外该领域最近研究动态。

目前在安全测试与评估方面比较热门的几个研究计划,如自动安全检测项目,目的是开发一种能够自动对主要安全功能进行测试的工具包;系统证明和鉴定项目,对多组件系统的安全性分析方法进行研究;加密模块保护轮廓开发项目;信息安全评估计划,提出了信息安全评估能力成熟度模型(INFOSEC Assessment-Capability Maturity Model);威胁和漏洞研究项目等。这些研究旨在满足IT产品生产者和消费者对安全测试及评估的需求,在一定程度上也为我国的安全测评方面指定了方向。

3)基础等级保护领域。

为了进一步做好信息安全等级保护工作,以下基于我国目前第四级的保护级以及目前最新技术两个维度展开讨论,给出具体建议。

①第四级信息系统安全保护环境的基本结构如图24所示:

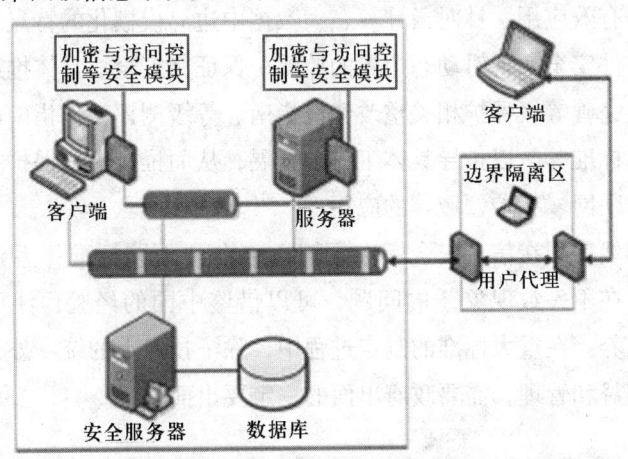

图24 第四级信息系统安全保护环境的基本结构

根据"一个中心"管理下的"三重保护"框架，第四级信息系统安全保护环境主要包括四个部分：安全计算环境、安全区域边界、安全通信网络和安全管理中心，又可细分为节点子系统、典型应用子系统、区域边界子系统、通信网络子系统、安全管理子系统、系统管理子系统和审计子系统。同时第四级信息系统的总体流程可以分为安全管理流程和访问控制流程。安全管理流程主要由安全管理中心的安全管理员、系统管理员和系统审计员实施，三者分别实施系统维护、安全策略部署和审计策略部署等机制。访问控制流程则在系统运行时执行，实施自主访问控制和强制访问控制机制。

②基于目前云计算、大数据的应用，很可能会出现将某些敏感业务数据放在相对开放的数据存储位置的情况。针对这些边界逐渐消失、服务较为分散、应用呈现虚拟化、敏感业务数据放在相对开放的数据存储位置，先前的"分区、分级、分域"等级保护原则已无法有效应用。针对云计算、大数据中边界模糊化的特点，可以通过软件安全实现对动态边界的监测，保证其安全。具体推进中可以通过完善等级保护相关整改建设指南、等级测评工作指南以及相关技术标准等，以指导具体工作的开展，从而推进等级保护在云计算、物联网、工控领域等的应用[25]-[30]。

当然美国在信息安全标准领域也存在"不同标准体系建立的标准存在不一致现象"的问题，可以借鉴中国的经验，注重执行力的培养。在重大标准的制定过程中，除了技术上的统一外，还要注重监督和管理，需要政府出面的一定要出面。

5 结语

信息安全保障体系的建设与应用是一个极其庞大、复杂的系统,有配套的安全标准才能构造出一个可用的信息安全保障体系,有自主开发的安全标准才能建设出一个自主可控的信息安全保障体系。信息安全标准是国内外各标准组织和协会的研究热点。可以预见,网络与信息安全方面的标准将越来越受重视。国际标准组织对信息安全技术的研究进展很快,我国紧跟国际标准的研究步伐,逐步纳入国际标准化体系,同时自主制定标准,初步形成信息安全标准体系。

本书详细分析了中美信息安全基础标准的体系框架,尤其对标准国家化程度、标准数量等指标进行了多方面的对比,以便全面反映我国在标准化进程中的优缺点,从而为我国以后信息安全标准的制定指明方向。

注释

[1] 上官晓丽,杨建军.2012年信息安全国际标准化趋势和我国提案进展[J].信息技术与标准化,2013(Z1):48-52.

[2] 王文文,孙新召.信息安全等级保护浅议[J].计算机安全,2013(1).

[3] 郭启全.落实信息安全等级保护制度,维护关键信息基础设施安全[J].保密科学技术,2014(2).

[4] 严宵凤,高炽扬.美国联邦信息安全风险管理框架及其相关标准研究[J].信息安全与通信保密,2009(2):40-44.

[5] NIST SP 800-39. Managing Risk from Information Systems: An Organizational Perspective, April 2008.

[6] NIST SP 800-70. Revision 1 (Draft) National Checklist Program for IT Products Guidelines for Checklist Users and Developers (Draft), September 2008.

［7］NIST SP 800-37. Revision 1 Guide for Security Authorization of Federal Information Systems，August 2008.

［8］张慧霞，赵建平，李晓丽，等．AES 密码算法的 FPGA 实现与仿真［J］．通信技术，2013，46（9）：83-85.

［9］颜斌．云计算安全相关标准研究现状初探［J］．信息安全与通信保密，2012（11）：67-68.

［10］国家保密科技测评中心研究室．美国联邦信息系统安全标准制定实施规划研究［J］，保密科学技术，2012（10）：27-32.

［11］许玉娜．联邦信息安全管理法案实施项目进展研究［J］．信息技术与标准化，2011（10）：35-39.

［12］王育民，刘建伟．通信网的安全——理论与技术［M］．西安电子科技大学出版社，1999.

［13］冯登国，裴定一．密码学导引［M］．科学出版社，1999.

［14］唐杰，文红，等．基于 AHP 移动终端系统的安全风险评估［J］．信息安全与技术，2013（3）．

［15］岳荣，李洪．探讨移动互联网安全风险及端到端的业务安全评估［J］．电信科学，2013（8）：78-80.

［16］欧晓聪，王祯学，等．基于 GB/T 20984 的信息安全风险评估模型与综合评价方法［J］．四川大学学报，2010，47（3）：470-475.

［17］马彬，谢显中．一种新的基于风险的智能访问控制方法［J］．重庆邮电大学学报，2009（4）：43-46.

［18］NIST SP800-37．Revision 1 Guide for Applying the Risk Management Framework to Federal Information Systems：A Security Life Cycle Approach，2010.

［19］袁东亮．物联网的研究与应用［D］．中国地质大

学,2012.

[20] 周洪波. 物联网: 技术、应用、标准和商业模式 [M]. 电子工业出版社, 2010.

[21] 任伟. 物联网安全架构与技术路线研究 [J]. 信息网络安全, 2012.

[22] 武传坤. 物联网安全架构初探 [J]. 中国科学院院刊, 2010, 25 (4): 411-419.

[23] 曾陈萍. 基于多主体的信息安全管理系统研究与设计 [J]. 计算机工程与设计, 2008, 29 (19): 5143-5145.

[24] 陈涛. 综合网络态势分析技术研究与实现 [D]. 国防科学技术大学, 2009: 67.

[25] Davies J. N., Comerford P, Grout V. Principles of Eliminating Access Control lists within adomain. Entropy, 2012 (4) 413-429.

[26] Wei X. M. Analysis of Machine Learning Research and Application. Advanced Materials Research, 2011 (171): 740-743.

[27] 从美国政府推进云计算看中国的发展 [EB/OL]. [2010-01-15]. http://server.ccw.com.cn/jssc/htm2009/20090807_809146.shtml.

[28] 奥巴马政府力图以云计算打造电子政府 [EB/OL]. [2010-01-15]. http://www.Echinagov.com/gov/zxzx/2009/11/20/89634.shtml.

[29] 娄勤俭. 加强对云计算、物联网等标准研究工作 [EB/OL]. [2011-01-19]. http://news.hexun.com/2009-12-24/122149280.html.

[30] The World Economic Forum. The Global Information Technology

Report 2009-2010［R/OL］.［2011-01-20］. http://www.weforum.org/pdf/GCR09/GCR20092010fullreport.pdf.

（二）新一代信息技术领域安全标准竞争激烈

随着各国对网络空间的重视，信息安全的地位日益突出，信息安全标准已成为国际网络空间竞争的前沿和焦点。尤其伴随新一代网络技术的创新迭代，与之对应的安全风险也在不断升级，因此为保障国家安全，许多国家都在积极制定符合本国国情的新一代信息安全标准，以更好地指导信息安全实践活动，维护国家利益。

本节主要从新一代信息安全技术领域展开讨论，重点分析了在移动互联网、物联网、云计算安全等领域中美两国的标准研究现状，通过中美两国新一代信息安全标准战略设计和实施的比较研究，特别是美国新一代信息安全标准化战略的特点和长处，探讨对于我国的借鉴价值，为我国未来新一代信息安全标准化战略发展提出建议。

1　中美新一代信息安全领域标准概况[1]-[3]

美国在新一代信息技术领域安全标准能够保持先进性，做到与时俱进，主要体现在两个方面，即标准制定与标准维护。美国信息与网络安全标准的制定往往是根据实际需求及时做出响应，标准的及时更新及后期维护对保持标准的先进性和适用环境变化的安全需求具有重要作用。美国在标准制定方面始终遵循市场规则，根据市场需求快速做出响应，通过竞争与联合方式组织制定标准，并在标准执行期间进行严格监控，及时发现市场需求与标准的偏差，并根据新出现的需求对标准进行修订等。

中国的信息与网络安全国家标准的制定通常是由政府部门牵头与主导的，具有很强的国家战略性。同时，在标准制定过程中具有很强的推动力，在标准实施过程中具有很强的执行力。但与敏感的市场体制相比往往具有一定的滞后性，在先进性和与时俱进方面与美国存在一定的差距。

2 中美新一代信息安全领域标准先进性对比

在新一代信息安全领域标准先进性方面，我国标准的发布具有一定的滞后性，经过研究发现，美国之所以能够保持标准的先进性和与时俱进，主要有两个方面的原因：一是很多信息与网络安全技术包括新兴信息技术在内的起源都出现在美国；二是美国的市场机制对标准的制定更具有灵活性。本部分重点在移动互联网安全技术方面、物联网安全技术、云安全技术等领域进行比较分析研究，以期尽早发布相关的高质量、具有先进性的信息与网络安全标准。

1）移动互联网安全技术领域。

随着移动互联网技术的快速发展、智能手机的普及及行业生态开放的趋势，移动互联网的安全问题已成为制约其发展的一个不可忽视的重要因素。移动互联网应用的爆发式增长在为用户带来便利的同时，其特性也决定了其威胁要远甚于传统的互联网。针对经常出现的安全问题，研究具体的解决办法，进而维护移动互联网的安全，已越来越多引起运营商、设备厂商、终端厂商和应用开发商等产业链各环节的日益重视。

①移动互联网安全问题分析和移动互联网安全部署架构。

随着智能手机和 4G 网络的普及，移动智能终端用户所面对的安全问题除了恶意吸费软件外，基于智能系统平台的病毒木马以及系统漏洞所导致的安全问题日益严重。一些如 360 手机卫士的安全软件可以抵御垃圾短信，但对病毒、木马、手机系统则束手无策。此外，以 Android 为代表的开放源代码式操作系统引发的安全问题也越来越多。移动互联网给整个社会带来深刻的影响，同时也带来新的安全性问题，这主要体现在四个方面：用户终端难以溯源；用户隐私难以保护；手机支付安全难以保证；移动互联网安全难以监管。

针对我国目前的形式，健全移动互联网安全机制，一方面要保证用户得到合法的安全服务；另一方面要确保用户使用的网络资源不受非法侵害，避免网络资源被非法、越权使用。具体可以采取如下部署策略：

一是终端安全管理。主要安全管理部署构架由安全防护、文档防泄密、监控审计以及控制和终端运维管理四个部分组成。

二是运营安全管理。借鉴互联网安全保障措施，进行网络内容监听、安全事件预警等"事前"控制机制；在明确内容/业务的提供方式之后，可以在关键环节（如服务器、短信/彩信网关等）进行信息识别、过滤、阻断来防止恶意消息的进一步扩散；利用移动互联网较好的溯源能力，在特殊节点加强安全监控和安全日志管理。

② 中美移动互联网安全标准化对比分析。

a. 美国移动互联网安全标准方面[4]-[7]。

为了落实和配合美国联邦移动互联网相关的政策和计划，隶属于商务部的国家标准和技术研究院（NIST）通过与标准化机构、私营部门以及其他利益相关方的合作，牵头制定移动互联网标准和指南，加快联邦政府安全采用移动互联网的进程。截至 2015 年年底，美国 NIST 发布的移动互联网国家标准见表 26：

表26 美国移动互联网安全领域国家标准

发布时间	标准号	标准名称
2015年	SP 800-163	Vetting the Security of Mobile Applications（《移动应用安全审查》）
2015年	SP 1800-4（Draft）	DRAFT Mobile Device Security：Cloud & Hybrid Builds（草案《移动设备安全：云与混合架构》）
2015年	SP 1800-1（Draft）	DRAFT Securing Electronic Health Records on Mobile Devices（草案《在移动设备上建立安全的电子健康记录》）
2015年	NIST IR 8080（Draft）	DRAFT Usability and Security Considerations for Public Safety Mobile Authentication（草案《公共安全移动身份鉴别的可用性与安全性注意事项》）
2015年	NIST IR 8018	Public Safety Mobile Application Security Requirements Workshop Summary（《公共安全移动应用安全需求工作概要》）
2015年	NIST IR 8014	Considerations for Identity Management in Public Safety Mobile Networks（《公共安全移动网络中的身份认证管理注意事项》）
2014年	SP 800-101 Rev.1	Guidelines on Mobile Device Forensics（《移动设备取证指南》）
2014年	NIST IR 7981（Draft）	DRAFT Mobile, PIV, and Authentication（草案《移动、PIV和身份鉴别》）

续表

发布时间	标准号	标准名称
2013 年	SP 800-124 Rev. 1	Guidelines for Managing the Security of Mobile Devices in the Enterprise（《企业移动设备安全管理指南》）
2012 年	SP 800-164	DRAFT Guidelines on Hardware-Rooted Security in Mobile Devices（草案《移动设备中基于硬件的安全指南》）
2009 年	NIST IR 7617	Mobile Forensic Reference Materials：A Methodology and Reification（《移动司法鉴定参考：方法论和具体措施》）
2008 年	SP 800-28 Version 2	Guidelines on Active Content and Mobile Code（《动态内容和移动代码指南》）
2006 年	NIST IR 7290	Fingerprint Identification and Mobile Handheld Devices：Overview and Implementation（《指纹识别和移动手持设备：概述和实施》）
2005 年	NIST IR 7206	Smart Cards and Mobile Device Authentication：An Overview and Implementation（《智能卡和移动设备鉴别：概述和实施》）.
2005 年	NIST IR 7200	Proximity Beacons and Mobile Handheld Devices：Overview and Implementation（《邻近信标和移动手持设备：概述和实施》）
2003 年	NIST IR 7030	Picture Password：A Visual Login Technique for Mobile Devices（《图像密码：移动设备的视觉登录技术》）

续表

发布时间	标准号	标准名称
1999年	SP 800-19	Mobile Agent Security（《移动代理安全》）
1999年	NIST IR 6416	Applying Mobile Agents to Intrusion Detection and Response（《应用移动代理进行入侵检测与响应》）

从表26分析得到，美国关于移动互联网安全领域的标准起步比较早，成果也比较丰富，在移动通信网与移动终端安全方面研究得都比较深入。

b. 中国移动互联网安全标准方面。

我国移动互联网的行业标准出台得比较多，并且涉及该领域的方方面面，但是国家标准发布得比较少也比较晚，具体见表27[8]-[12]：

表27 中国移动互联网安全领域国家标准与地方、行业标准

国家标准			地方标准与相关行业标准		
发布时间	标准号	标准名称	发布时间	标准号	标准名称
2015年	GB/T 32415-2015	《GSM/CDMA/WCDMA数字蜂窝移动通信网塔顶放大器技术指标和测试方法》	2015年	DB44/T 1557-2015	《移动智能终端软件安全性测试规范》

续表

国家标准			地方标准与相关行业标准		
发布时间	标准号	标准名称	发布时间	标准号	标准名称
2013 年	GB/T 30284-2013	《移动通信智能终端操作系统安全技术要求（EAL2 级）》	2015 年	DB51/T 1998-2015	《移动智能终端应用软件（APP）产品通用技术要求及测试规范》
			2014 年	DB44/T 1340-2014	《传感网和移动网融合体系架构》
			2014 年	GA/T 1170-2014	《移动终端取证检验方法》
			2013 年	GA/T 1085-2013	《手持式移动警务终端通用技术要求》

由表 27 分析可得，我国移动互联网的安全标准出台得比较晚，国家标准更是不够完善，研究的内容也不够全面，需要以后投入更大的精力制定该领域的标准，以便支持移动互联网产业的发展。

综上所述，本部分分别以发布时间和研究领域两个维度作为参照点，对比分析了美国和中国在移动互联网安全标准领域的成果，见表 28：

表 28 中美移动互联网安全标准领域成果对比

	美 国			中 国		
	移动终端安全技术	移动通信网安全技术	主要团队	移动终端安全技术	移动通信网安全技术	主要团队
2013年以前	7	2	加州大学伯克利分校，IBM公司等	0	0	兴唐通信科技有限公司、公安部第三研究所、京信通信系统（中国）有限公司等
2013 年	1	0		2	0	
2014 年	2	0		1	1	
2015 年	2	4		2	1	

由表 28 可得 2013 年前美国就发布了 9 项移动互联网安全领域的国家标准，而我国一项没有，起步较晚。尽管后来我国该领域的标准陆续出台，但大部分是行业标准，其中国家标准建立得更慢，这样不利于各个行业移动互联网领域的学习与交流，因此需要加快该领域国家标准的研制进程。

2) 物联网安全技术领域[13]-[17]。

物联网安全是以实现信息安全为主要目标的，信息安全要保证信息的机密性、完整性和可用性，这样就可使信息有效抵御各种攻击和破坏。

①物联网安全问题分析和物联网安全体系架构。

针对信息安全目标和安全攻击行为，一些安全技术相继出现，如防火墙、基于密码学的加密方式、入侵检测、内容安全、容忍入侵和可生存技术等。

相对来说，物联网遭受的安全攻击比上述安全攻击行为更为复杂，这与物联网的特征有关。根据物联网信息采集、传输与处理的三层结构划分，物联网在感知层（主要是RFID系统和无线传感器网络）、网络传输层（主要是核心网络）和业务层分别面临着不同的安全问题。

a. 感知层安全问题。感知节点易遭破坏。感知节点遍布范围广，通常分布在公共场所，这就使感知节点容易遭受物理损坏。如果传输网络通信协议被破译并被非法使用以操控设备及设施时，就会使得上述物理损坏更具有危险性。

b. 网络传输层安全问题。信息在网络层的传输涉及不同架构网络，跨网交互将会由IPv4过渡到IPv6，但IPv6网络的安全问题还没有完全显现，这就使得跨网交互所面临的安全问题更为复杂，跨网攻击值得关注。

c. 业务层安全问题。物联网业务层的安全问题考虑的是如何构建多平台、大规模、多业务的安全策略。由于其有多种支撑平台，如云计算、海计算、数据挖掘等，首先要保证这些支撑平台本身的安全。此外，如何防范业务滥用对用户造成损失、身份冒充对服务器的攻击等也是业务层安全需要认真面对的问题。

由于物联网特有的安全问题，在硬件层面上进行较复杂的安全保护实现起来非常困难，因此在体系中增加安全中间件就是一种较为容易实现的安全策略。安全中间件是一类中间件的技术，它采用许多成熟的中间件技术和安全技术来屏蔽安全的复杂性，如算法复杂性、模块间和模块内部的安全、体系结构安全、基于组件的安全机器效率等，从而使安全技术真正易用、易普及，将物联网真正实用化。安全中间件是实施安全策略、实现安全服务的基础架构。

如果物联网的设计没有健全的安全机制，会降低公众的信任度。因此，在物联网中间件的设计之初就要考虑安全问题，在此提出了物联网安全中间件的体系架构，如图25所示。

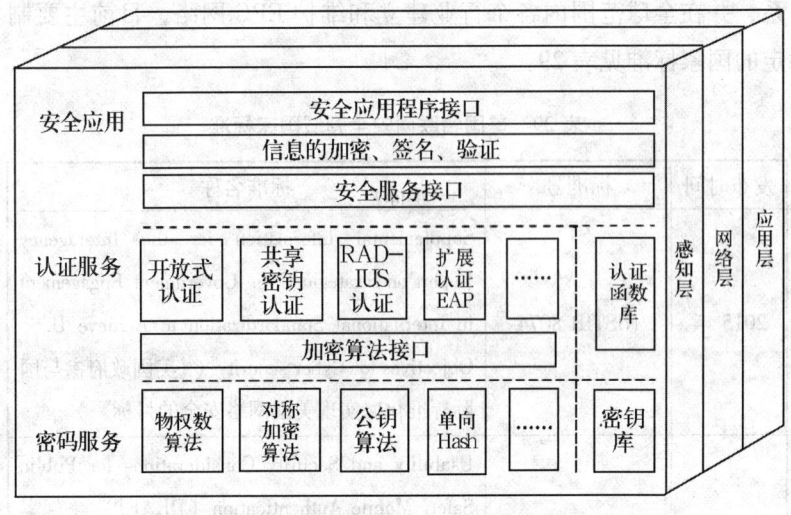

图25　物联网安全中间件体系架构

图25中，在物联网的三层架构中均增加了安全机制，包括密码服务、认证服务和安全应用。其中，密码服务和认证服务中又包含了各种加密算法和认证方式。省略号表示其他可能有效的安全机制，可以对应加入该架构中。通过在架构中增加安全中间件，屏蔽了安全技术的复杂性，向用户提供统一的安全接口标准，满足各种级别的安全应用需求，能与其他中间件无缝地整合于物联网应用平台。

②中美物联网安全标准化对比分析。

a. 美国物联网安全标准方面。

在美国由统一编码委员会 UCC 和国际物品编码协会 EAN 两大标准化组织于 2003 年联合发起成立了非营利组织 EPCglobal,它继承了 EAN。EPCglobal 在全球有上百家成员,其系统成员分为终端成员和系统服务商两大类,它的目标是构建完整的物联网标准体系,并在全球范围内各个行业建立和维护 EPC 网络,目前主要制定的国家标准见表 29:

表 29 美国物联网安全领域国家标准

发布时间	标准号	标准名称
2015 年	NISTIR 8074	Supplemental Information for the Interagency Report on Strategic U. S. Government Engagement in International Standardization to Achieve U. S. Objectives for Cyber security(《美国政府参与国际标准化以实现美国网络安全的目标》)
2015 年	NISTIR 8080	Usability and Security Considerations for Public Safety Mobile Authentication(DRAFT)(草案《公共安全移动身份鉴别的可用性与安全性注意事项》)
2015 年	SP 800-82	Guide to Industrial Control Systems(ICS)Security(《工业控制系统安全指南》)
2015 年	NISTIR 8056	Applied and Computational Mathematics Division(《应用与计算数学》)
2014 年	SP 800-125-A	Security Recommendations for Hypervisor Deployment(《虚拟程序部署的安全建议》)

续表

发布时间	标准号	标准名称
2014年	NISTIR 8030	RFID Technology in Forensic Evidence Management: An Assessment of Barriers, Benefits and Costs（《司法取证管理的RFID技术：障碍评估、收益与成本》）
2013年	NISTIR 7941	Forensic Science Laboratories: Handbook for Facility Planning, Design, Construction, and Relocation（《司法科学实验室：设施规划、设计、建造和迁移手册》）
2013年	NISTIR 7908	A Sensor Ontology Literature Review
2007年	SP 800-98	Guidelines for Securing Radio Frequency Identification (RFID) Systems（《安全的RFID系统指南》）
2004年	SP 800-72	Guidelines on PDA Forensics（《PDA取证指南》）

可以看到，由于物联网涉及不同的技术行业和应用领域，所以在美国面向物联网安全的统一标准也不是很多、很完善。不过EPCglobal在EPC网络及RFID标准制定方面的成就还是很高的，值得我们去关注。

b. 中国物联网安全标准方面。

截至目前，我国在物联网安全领域出台了一些地方和行业标准，如GA/T 1266-2015《公安物联网术语》、GA/T 1267-2015《公安物联网感知层信息安全技术导则》、YDB 101-2012《物联网安全需求》等，物联网的国家标准GB/T 31866-2015《物联网标

识体系 物品编码 Ecode》主要是物联网领域的基础标准,涉及安全方面的考量尚浅。现将我国物联网安全领域的标准展开,见表 30:

表 30 中国物联网安全领域国家标准与地方、行业标准

国家标准			地方标准与相关行业标准		
发布时间	标准号	标准名称	发布时间	标准号	标准名称
2015 年	GB/T 31866-2015	《物联网标识体系 物品编码 Ecode》	2015 年	DB37/T 2656-2015	《物联网感知层安全要求》
			2015 年	DB44/T 1567-2015	《物联网应用 RFID 中间件总体要求》
			2015 年	GA/T 1267-2015	《公安物联网感知层信息安全技术导则》
			2015 年	GA/T 1266-2015	《公安物联网术语》
			2013 年	DB37/T 2456-2013	《物联网中间体开发技术规范》
			2012 年	YD/T 2437-2012	《物联网总体框架与技术要求》
			2012 年	YDB 101-2012	《物联网安全需求》

由表 30 可以看到，我国物联网安全领域的国家标准才刚刚起步，并且地方和行业标准也不完善，很多工作还需要继续完成。

综上所述，本部分分别以发布时间和研究领域两个维度作为参照点，对比分析了美国和中国在物联网安全标准领域的成果，见表 31 所示：

表 31 中美物联网安全标准领域成果对比

	美国			中国		
	物联网基础技术	物联网安全技术	主要团队	物联网基础技术	物联网安全技术	主要团队
2013年以前	2	0	统一编码委员会UCC、国际物品编码协会EAN等	1	1	复旦大学、深圳市标准技术研究院、公安部第三研究所等
2013 年	1	1		1	0	
2014 年	1	1		0	0	
2015 年	1	3		3	2	

由表 31 可以看出，一方面由于物联网技术的研究还属于起步阶段，很多方面还不成熟；另一方面由于物联网具有跨部门、跨领域的技术及应用特点，使得物联网安全标准较为分散。可以说美国和中国在物联网安全标准的制定上都如同多龙治水，虽然各自都取得了一定成效，但不可避免地造成了部分标准的冲突。

3）云计算安全技术领域[18]-[24]。

从 2006 年云计算概念的提出发展至今，云计算经历了定义逐渐清晰、应用逐渐增多、产业逐渐形成的阶段。云计算提供了开放的标准、可伸缩的系统和面向服务的架构，使组织能够以灵活且经济实惠的方式提供可靠的、随需应变的服务。

云计算在提供方便易用与低成本特性的同时带来了新的挑战，安全问题首当其冲，它成为制约云计算发展的关键因素之一，能否确保云计算平台的机密性、完整性、可用性将在很大程度上影响用户是否愿意将其数据和应用向云计算平台迁移。

①云计算安全问题分析和云安全体系架构。

在不同云服务模型中，提供商和用户的安全职责有很大的不同：IaaS提供商负责解决物理安全、环境安全和虚拟化安全这些安全控制，而用户则负责与IT系统（事件）相关的安全控制，包括操作系统、应用和数据；PaaS提供商负责解决物理安全、环境安全、虚拟化安全和操作系统等的安全，而用户则负责应用和数据的安全；SaaS提供商不仅负责物理和环境安全，还必须解决基础设施、应用和数据相关的安全控制。

不同的云服务模式（IaaS、PaaS、SaaS）的安全关注侧重点不同，IaaS关注基础设施和虚拟化安全，PaaS关注平台运行安全，SaaS关注应用安全等。同时三种云服务模式也有共有的安全问题，如数据安全、加密和密钥管理、身份识别和访问管理、安全事件管理、业务连续性等。

通过对目前IaaS、PaaS、SaaS三种云计算服务模式中的安全问题的分析，研究提出了云计算平台的安全体系结构如图26所示。

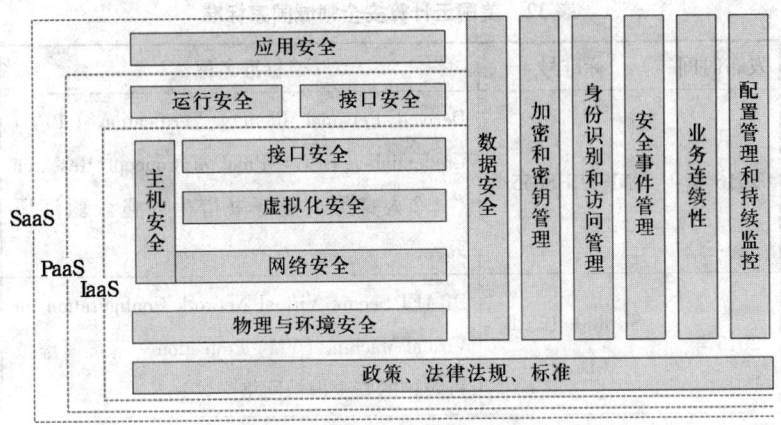

图26 云计算平台的安全体系架构

②中美云计算安全标准化对比分析。

a. 美国云计算安全标准方面。

2010年11月，美国国家标准技术研究院（NIST）云计算计划正式启动，该计划旨在支持联邦政府采用云计算来替代或加强传统信息系统和应用模式。有了美国联邦政府支持，NIST进行了大量标准化工作，它提出的云计算定义被许多人当成云计算的标准定义。NIST专注于为美国联邦政府提供云架构以及相关的安全和部署策略，包括制定云标准、云接口、云集成和云应用开发接口等。目前已经发布了多份出版物，见表32：

表 32　美国云计算安全领域国家标准

发布时间	标准号	标准名称
2016 年	NISTIR 8055	Derived Personal Identity Verification（PIV）Credentials（DPC）Proof of Concept Research（《个人身份认证证书衍生的概念验证研究》）
2015 年	SP 800-125 B（Draft）	DRAFT Secure Virtual Network Configuration for Virtual Machine（VM）Protection（草案《虚拟机防护的安全虚拟网络配置》）
2015 年	NISTIR 7987 Rev. 1	Policy Machine：Features, Architecture, and Specification（《Policy Machine：特点、结构和规范》）
2015 年	NISTIR 7904	Trusted Geolocation in the Cloud：Proof of Concept Implementation（《云中可信定位：概念验证实施》）
2014 年	SP 800-125 A（Draft）	DRAFT Security Recommendations for Hypervisor Deployment（草案《虚拟程序部署的安全建议》）
2014 年	NISTIR 8006	Cloud Computing Forensic Science Challenges（《云计算司法科学挑战》）
2014 年	SP 500-293	US Government Cloud Computing Technology Roadmap Volume I（《美国政府云计算技术路线图（卷一）》）
2013 年	SP 500-299（Draft）	DRAFT Cloud Computing Security Reference Architecture（草案《云计算安全参考框架》）

续表

发布时间	标准号	标准名称
2013年	NISTIR 7956	Cryptographic Key Management Issues & Challenges in Cloud Services（《云服务中的密钥管理问题与挑战》）
2013年	SP 500-291	NIST Cloud Computing Standards Roadmap（《NIST云计算标准路线图》）
2012年	SP 800-146	NIST Cloud Computing Synopsis and Recommendations（《NIST云计算大纲和建议》）
2011年	SP 800-145	The NIST Definition of Cloud Computing（《NIST中的云计算定义》）
2011年	SP 800-144	Guidelines on Security and Privacy in Public Cloud Computing（《公有云计算中的安全隐私指南》）
2011年	SP 800-125	Guide to Security for Full Virtualization Technologies（《完全虚拟化技术的安全指南》）
2011年	SP 500-292	NIST Cloud Computing Reference Architecture（《NIST云计算参考框架》）

总的来说，NIST在进行云计算及安全标准的研制过程中，目标定位于为美国联邦政府安全高效使用云计算提供标准支撑服务。在标准的研究上以用户案例为基础，以应用为驱动，开展了关于云计算定义和模型的研究，开发了云计算用户案例，并通过软件予以实现，建造了虚拟化实验室，为标准的编写提供验证和测试。在标准编制过程中充分调研美国联邦政府安全需求，结合用户案例分析安全问题，提出缓解措施，梳理已有标准，整理出标准缺口，并根

据美国联邦政府需求的迫切程度研究制定亟须的标准。NIST 的云计算及安全标准制定工作定位明确、思路清晰、循序渐进。

b. 中国云计算安全标准方面。

目前，全国信息安全标准化委员会（TC260）在开展云计算安全方面的研究承担了多项与云计算安全相关的项目，在信安标委内部设立了专门对云计算及安全进行研究的课题，并于 2011 年 9 月完成《云计算安全及标准研究报告 V1.0》。总的来说，目前国内组织对云计算的标准研究仍处于起步阶段，极不成熟，处于完善、改进、检验的过程中，已经发布的云计算安全国家标准和地方标准见表 33：

表 33 中国云计算安全领域国家标准与地方标准

国家标准			地方标准		
发布时间	标准号	标准名称	发布时间	标准号	标准名称
2015 年	GB/T 32400-2015	《信息技术 云计算 概览与词汇》	2015 年	DB44/T 1561-2015	《云计算服务质量评测方法》
2015 年	GB/T 32399-2015	《信息技术 云计算 参考架构》	2015 年	DB44/T 1560-2015	《云计算数据中心能效评估方法》
2014 年	GB/T 31168-2014	《信息安全技术 云计算服务安全能力要求》	2015 年	DB44/T 1562-2015	《云计算平台安全性评测方法》

八、安全标准比较

续表

国家标准			地方标准		
发布时间	标准号	标准名称	发布时间	标准号	标准名称
2014年	GB/T 31167-2014	《信息安全技术 云计算服务安全指南》	2014年	DB44/T 1342-2014	《云计算数据安全规范》
			2014年	DB44/T 1458-2014	《云计算基础设施系统安全规范》

云计算相关的标准化工作自2008年开始被国内科研机构、行业协会及企业关注，目前有3个组织开展了云计算标准的研究工作，分别是中国通信标准化协会（CCSA）、中国电子学会云计算专委会、全国信标委IT服务工作组与SOA标准工作组，目前均处于初始调研阶段，当前的标准工作集中在对国际标准组织云计算标准的调研和梳理，调研中国国内云计算商业应用需求，并基于此规划我国的云计算标准体系及开展云计算标准制定。

综上所述，本部分分别以发布时间和研究领域两个维度作为参照点，对比分析了美国和中国在云安全标准领域的成果，见表34：

表34　中美云安全标准领域成果对比

发布时间	美国			中国		
	云服务技术	云安全技术	主要团队	云服务技术	云安全技术	主要团队
2011年	2	2	谷歌、微软、美国阿贡国家实验室、美国加州大学伯克利分校等	0	0	中国信息安全研究院有限公司、四川大学、工业和信息化部电子工业标准化研究院等
2012年	1	0		0	0	
2013年	2	1		0	0	
2014年	2	1		0	4	
2015年	2	1		4	1	
2016年	1	0		0	0	

由表34可知，虽然在我国云计算的概念已经被提出了相当长一段时间，但在中国却一直没有找到很好的方向，缺少实际应用。对比美国等云计算先进国家，中国的云计算发展与其他国家有着明显的差异，其主要表现如下：

首先，起步比美国晚三四年，并且标准的数量与美国相比还差很多，国家标准相比差距更大。标准的国际化程度不高。

其次，重建设、轻应用。美国政府云计算战略的核心目的是大幅减少数据中心的数量（5年内减少800个），以降低建设运营成本，大力发展云计算应用；而中国有超过20个省市制定了云计算规划，云计算基础设施投资热潮涌动，其中11个城市的预算超过了100亿元，建设运营投入非常大，然而真正的云计算应用却十分缺乏。

最后，技术已有一定基础，但仍有差距。

由此可见，中国人眼中的云计算更多地具有"1.0"的特点，即技术和产业驱动的云计算；而美国、日本等发达国家的云计算更多地具有"2.0"的特点，即由需求和业务应用驱动的云计算。

3 对我国新一代信息安全标准领域的建议

通过上述对比分析可以看到，由于物联网安全涉及不同的技术行业和应用领域，所以在美国面向物联网安全的统一标准也不是很多、很完善。可以认为，我国在物联网安全技术领域与美国基本处于同跑阶段，甚至在物联网的某些研究方面要优于美国，比如在物联网安全领域的行业和地方标准要多于美国。但是我国在移动互联网安全领域与云计算安全领域的标准制定方面与美国还存在一定差距。一方面由于这两个方向的关键核心技术研发力度不够；另一方面由于在这两个方向上一直找不到合适的实际应用背景，最终导致这两个领域的国家标准制定较晚，基本处于跟跑美国的阶段。

因此，本部分面向信息安全标准先进性和标准发布数量两个维度展开讨论，研究我国在新一代信息安全标准领域的具体对策。

1) 在标准的先进性方面。

①移动互联网安全技术领域。

基于 X.805 协议框架，移动互联网络安全体系结构可以定义三组安全特性，每组安全特性针对特定的威胁，完成特定的安全目标，包括移动互联网的应用安全、网络安全以及终端安全三方面的安全，具体特性如图 27 所示：

a. 应用安全。

对于移动互联网而言，应用一般是指与网络紧密捆绑在一起，通过网络向用户提供的服务；互联网上的各类应用是指凌驾于网络

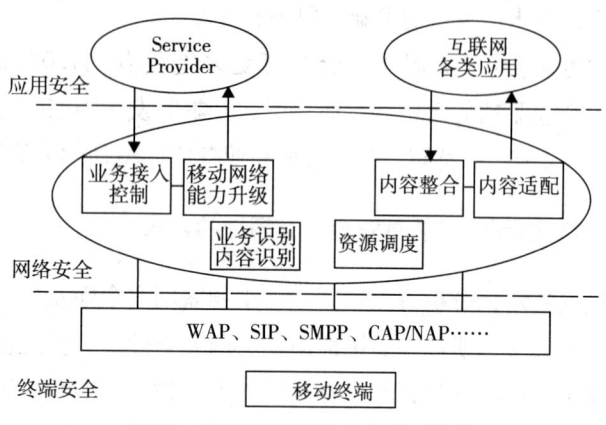

图 27 移动互联网络安全体系结构

层上,将网络作为通道为用户提供的服务,如移动浏览、移动搜索、移动地图、移动视频、移动音频等。IP 网络,特别是互联网增值业务,使用的信令和协议由于 IP 网络先天不足,通常存在大量可被利用的各类漏洞。因此,本模型把应用安全理解为业务应用正常提供,计费等管理信息以及信令等控制信息得到安全保障,防止非授权使用和服务滥用、盗用以及信令干扰等行为。

b. 网络安全。

网络安全主要是指如何保证在结点间安全地传输数据,具体包括 IP 承载网和接入网的安全:IP 承载网主要涉及交换机、路由器、接入服务器等相关设备及链路;接入网采用移动通信网时涉及 BTS(基站)、BSC(基站控制器)、RNC(无线网络控制器)、MSC(移动交换中心)、MGW(媒体网关)等设备和相关链路,采用 WIFI 时还牵涉到 AP(无线接入点)。

c. 终端安全。

移动互联网用户终端应具备身份鉴别功能,对各类系统资源、业务应用访问进行控制，能够通过用户口令方式或是智能芯片、实体鉴别机制等手段来保证用户身份安全性。用户数据的安全性保护和访问控制可以通过设定访问控制策略去保证，而用户终端存储的数据可通过分级存储和隔离机制以及数据的完整性检查去确保安全性。目前，移动互联网终端多属智能设备，智能手机取代传统手机也是未来手机发展的必然趋势，需要能够对常见的病毒、木马后门和针对操作系统及应用程序漏洞的攻击具备一定的防范能力。

综上所述，解决移动互联网安全问题需要技术和管理两条线的努力。在技术层面，不仅需要研究源头、路径、终端各个层面的具体问题，更需要研究不同层面技术和工作的配合问题；在管理层面，除了以往的经验以外，对移动应用商店这一新兴事物的监管需要加强研究，以建立一个多方参与的有效监管机制，通过安全的提升，确保这一行业的健康可持续发展。只有在这一领域不断地摸索新方法、新技术，才能尽早发布与"移动互联网终端安全"相关的更高质量、更具有先进性的安全标准。

我国应结合密码管理办法规定和已有的密码算法，制定相关安全标准，并引入移动互联网安全机制，包括AKA认证和空口加密等机制，同时引入网络域安全机制。安全域边缘特别是接外网的节点应综合部署具有入侵检测、用户认证、数据加密的安全网关，以起到安全隔离作用。由综述部分可以看出，目前我国移动互联网安全技术标准对比美国还不成熟，缺乏有效的监管和法律规定，主要有两个方面：一是我国目前主要由政府发起相关标准制定，没有企业或者高校联盟的相关工作；二是企业采用的技术标准不是很统一，以移动终端为例，华为、中兴、小米这些国有生产品牌在安全方面的工作往往各成体系，虽然有一定的技术保护原因，但给客户以及其他服务商带来一定的困难。例如，我国移动端操作系统主要是基于 Android 系统并加以修改，本质上没有脱离 Android 的安全框架，尤其是在斯诺登事件后，在移动端操作系统方面，更应加强我国自主的安全操作系统研究，也应首先尽可能地建立一套统一的安全标准与评估体系，并加快配套信息立法，建立系统的安全保障体系。

②物联网安全技术领域。

在我国，目前制定物联网安全相关标准的机构主要有电子标签标准工作组、传感器网络标准工作组、泛在网技术工作委员会、中国物联网标准联合工作组。

物联网安全标准化工作是世界各国物联网发展的重点，成为抢夺物联网技术制高点的关键，并且美国在物联网安全标准领域的成就也不是特别突出，很多方面我国有机会赶上。因此，我国必须在物联网安全关键技术上加快标准化的步伐，主要体现在 RFID 和无线传感网等。

③云计算安全技术领域。

针对已分析的云计算安全风险，我们研究并提出了 10 类安全措施，分别如下：

a. 系统开发与供应链安全：云服务商应确保其下级供应商采取了必要的安全措施；

b. 系统与通信保护；

c. 访问控制；

d. 配置管理；

e. 维护；

f. 应急响应与灾备：云服务商应为云计算平台制订应急响应计划并定期演练，确保在紧急情况下重要信息资源的可用性；

g. 审计：云服务商应根据安全需求和客户要求，制定可审计事件清单，明确审计记录内容；

 h. 风险评估与持续监控；

 i. 安全组织与人员；

 j. 物理与环境保护：云服务商应确保机房位于中国境内，机房选址、设计、供电、消防、温湿度控制等符合相关标准的要求[25]-[30]。

2）在信息安全标准发布数量方面。

通过之前对中美两国在信息与网络安全领域标准发布数量的对比分析，本部分给出如下两点建议：

第一，美国在各个时间段信息安全方面的标准都比较完整，基本上覆盖了信息安全的各个方向，而我国在有些时间段标准的制定集中在某几个研究方向，有些方向的标准一段时间内未发布。例如，2008-2009年我国在"基础标准领域"和"技术与机制标准领域"的研究就比较少，这种断崖式的现象不利于我国信息安全标准体系的建设，同时会导致某一研究方向的标准出现短板，与国际先进水平拉开差距，因此建议要保证一定时间段内标准发布的完整度。

第二，美国在"技术与机制标准领域"的研究要比我国投入得多，产出的比例也要高于我国。随着物联网、云计算、移动互联网等的出现，新技术的发展日新月异，急需我们投入大量的精力去研究，而美国在这方面的研究比较深入，发布的标准也比较多。例如，美国在"云计算安全领域"的国家标准截至2015年有15项左右，而我国只有4项，美国是我国的三倍，可见美国在新技术方面的优势。因此，我国必须重视一些前沿课题的技术研究，以便出台高质量的技术标准，为日后标准国际化进程做准备。

4 结语

信息安全标准是信息安全保障体系建设的技术支撑,是维护国家利益和保障国家安全的一种重要工具。信息安全标准体系描述的是信息安全标准整体组成,是整个信息安全标准化工作的指南,是信息安全保障体系的重要组成部分,建立信息安全标准体系是我国国家信息安全标准化的重要工作之一。建立科学的国家信息安全标准体系,将众多的信息安全标准在此体系下协调一致,才能充分发挥信息安全标准系统的功能,获得良好的系统效应,取得预期的社会效益和经济效益。

本节重点围绕新一代信息安全标准,分析了中美新一代信息安全标准的研制现状,同时针对标准制定时间、标准数量等指标,详细研究了在移动互联网、物联网、云计算安全等领域中美标准的研制进展,从而为推进国内信息安全前沿领域标准的制定提供经验借鉴。

注释

[1] 中央办公厅. 国家信息化领导小组关于加强信息安全保障工作的意见(简称27号文).

[2] 权贞惠,谢宗晓. 信息安全管理体系的相关标准 [EB/OL]. [2010-03-29/2010-12-01]. http://www.cncete.com/article/detail.jsp?articleId=2179.

[3] WG7-信息安全管理工作组 [EB/OL]. [2010-12-01]. http://www.tc260.org.cn/getIndex.req?action=quaryOrgan&req=modulenvpromote&id=7&sid=45.

[4] NIST FIPS PUB 199. Standards for Security Categorization of

Federal Information and Information Systems, February 2004.

[5] NIST FIPS PUB 200. Minimum Security Requirements for Federal Information and Information Systems, March 2006.

[6] NIST SP 800-60. Volume I Revision 1 Guide for Mapping Types of Information and Information System to Security Categories, August 2008.

[7] NIST Computer Security Research Center. Current Block Cipher Mode [EB/OL]. [2014-03-31/2014-05-01]. http://csrc.nist.gov/grorps/ST/toolkit/BCM/current_modes.html.

[8] 蒋晓琳,黄红艳. 移动互联网安全问题分析 [J]. 电信网技术, 2009 (12): 4-6.

[9] 罗志强, 史国水, 沈军, 苏志胜. 移动互联网安全热点技术研究 [J]. 电信科学, 2013.

[10] 罗军舟, 吴文甲, 杨明. 移动互联网: 终端、网络与服务 [J]. 计算机学报, 2011 (11).

[11] 周卫宁, 刘友刚. 移动互联网发展技术与安全问题 [J]. 科技传播, 2012 (3).

[12] 段伟希, 周智, 张晨, 李刚. 移动互联网安全威胁分析与防护策略 [J], 电信工程技术与标准化, 2010.

[13] 吴功宜, 吴应. 物联网工程导论 [M]. 机械工业出版社, 2012.

[14] 樊雪梅. 物联网技术发展的研究与综述 [J]. 计算机测量与控制, 2011, 19 (5).

[15] 周丽君. 物联网环境中的身份认证技术研究 [D]. 北京交通大学, 2011.

[16] 焦文娟. 物联网安全—认证技术研究 [D]. 北京邮电大

学,2011.

[17] 袁琬,马建庆,钟亦平等.基于时间部署的无线传感器网络密钥管理方案[J].软件学报,2010,21(3):516-527.

[18] 孟锦,马驰,何加浪,张宏.基于HHGA-RBF神经网络的网络安全态势预测模型[J].计算机科学,2011,38(7):70-72.

[19] 罗军舟,金嘉晖,宋爱波,等.云计算:体系架构与关键技术[J].通信学报,2011(7):2-5.

[20] 冯登国.云计算安全研究[J].信息化研究,2010(11):72-81.

[21] 岳振,顾海峰,李范鸣.基于Verilog HDL的一种绝对值编码器实时读出算法[J].微型机与应用,2013,32(3):29-31.

[22] 马媛.基于Hadoop的云计算平台安全机制研究[J].信息安全与通信保密,2012(6):89-92.

[23] 陈剑锋,王强,王剑锋.云计算虚拟环境的形式化安全验证[J].信息安全与通信保密,2012(4):64-66.

[24] 文杰,陈小军.站在云端的SaaS[M].清华大学出版社,2011:27-42.

[25] 中华人民共和国国家标准.计算机信息系统安全保护等级划分准则(GB17859-1999),1999.

[26] The International Organization for Standardization, Information Technology Security Technology Evaluation Criteria for IT Security. ISO/IEC 15408-1、2、3,1999.

[27] 李守鹏,吴希唐.信息技术安全评估中的重要概念[J].计算机安全,2003(11):2-3.

[28] 蔡昱,张玉清,孙铁,等.安全评估标准综述[J].计算机工程与应用,2004(2):129-132.

[29] 杨根兴，蔡立志，陈昊鹏，等. 软件质量保证、测试与评价 [M]. 清华大学出版社，2007.

[30] 张慧霞，赵建平，李晓丽，等. AES 密码算法的 FPGA 实现与仿真 [J]. 通信技术，2013，46（9）：83-85.

九、安全产品比较

（一）安全产品综述

随着信息技术和信息产业的迅猛发展，信息技术的应用领域逐渐从小型业务系统向大型、关键业务系统扩展[1]，作为保障和维护信息系统安全的重要工具和手段，信息安全产品在信息系统中的地位越来越重要。基础信息网络和重要信息系统安全、信息资源安全以及个人信息安全等问题与日俱增，应用安全日益受到关注，主动防御技术成为信息安全技术发展的重点，信息安全产品与服务演化使多技术、多产品、多功能逐渐融合，多层次、全方位、全网络的立体监测和综合防御趋势不断加强[2]。各国信息安全投资占 IT 投资的比率也越来越高。

1 中美信息安全企业概况

随着信息安全产业市场的不断扩大，美方公司逐渐占据了全球网络安全版图的重要位置，其中涉及芯片设计、操作系统、网络硬件以及综合安全服务等诸多领域，代表公司有 IBM、Cisco、Microsoft、HP 等。与此同时，经过最近 20 年国内信息安全产业的井喷式发展，我国本土信息安全企业的数量和规模有了显著提高，逐渐成长了一批具备技术和产品优势的规模企业，其中包括启明星辰、绿盟科技、卫士通等。但是，我国具有代表性的上市信息安全公司在公司市值、营业额以及核心发明专利上仍然落后美方，未来仍需狠抓技术，积极拓展海外市场，才能缩小和美方著名安全企业的差距。

由 Cybersecurity Ventures 公布的全球网络安全企业 500 强榜单中，有八成都是美国公司，而中国上榜公司有四家，分别是提供反病毒引擎和解决方案的安天实验室（第 95 位）、提供智能下一代防火墙产品的北京山石网科信息技术有限公司（第 142 位）、提供网页应用和数据库安全技术的杭州安恒信息技术有限公司（第 314 位）以及提供指纹安全技术的印象认知技术有限公司（第 412 位）[3]。

表 35 和表 36 分别展示了美国和中国的主要信息安全上市公司情况。

表 35 美国主要信息安全上市公司

名称	市值（亿美元）	营业额（亿美元）	专利数量	主要产品服务
IBM	1426	1100	7548	综合安全服务
Cisco	1403	440	885	云安全、安全路由器
Microsoft	4235	870	2829	综合安全服务
Google	5035	600	2566	综合安全服务
HP	63	1123	1620	综合安全服务
Fortinet	49	7.7	不详	统一威胁管理
Intel	1506	559	1848	防火墙和杀毒软件

注：表 35 中市值为 2016 年 3 月 29 日市值，营业额和专利数量均为 2014 年全年数据。

表 36 中国主要信息安全上市公司

名称	市值（亿美元）	营业额（亿美元）	专利数量	主要产品服务
启明星辰	11.4	1.84	13	入侵检测与防御
绿盟科技	21.4	1.08	17	企业网络安全解决方案
卫士通	23.7	1.9	6	信息加密和身份认证
奇虎360	92.6	13.9	49	互联网综合安全服务
浪潮信息	37.97	11.23	98	服务器安全
网秦	2.53	3.05	3	移动互联网安全
美亚柏科	21.18	0.93	8	电子数据取证

注：表36中市值为2016年3月29日市值，营业额和专利数量均为2014年全年数据。

从安全产品的使用广泛程度以及好评率来看，中国的产品跟美国产品的差距也很明显。以 AV-TEST 上一项名为 The best antivirus software for Windows Home User 的调查，2016年2月最新的对于 Windows7 的统计结果显示，最受好评的大多数都是美国公司，而中国只有奇虎360上榜[4]，如图28所示。

产品		
AhnLab V3 Internet Security 9.0		
Avast Free AntiVirus 2016		
AVG Internet Security 2016		
Avira Antivirus Pro 2016		
Bitdefender Internet Security 2016		
BullGuard Internet Security 16.0		
Comodo Internet Security Premium 8.2		
Emsisoft Anti-Malware 11.0		
ESET Smart Security 9.0		
F-Secure Safe 2016		
G Data InternetSecurity 2016		
K7 Computing Total Security 15.1		
Kaspersky Lab Internet Security 2016		
McAfee Internet Security 2016		
Microsoft Security Essentials 4.8		
MicroWorld eScan Internet Security Suite 1...		
Norton Norton Security 2016		
Panda Security Free Antivirus 16.1		
Qihoo 360 360 AntiVirus 5.0		
Quick Heal Total Security 16.0		
ThreatTrack VIPRE Internet Security 2016		

图 28　AV-TEST 产品评测，适用于 Windows 7 的防毒软件①

2　美国网络安全产品研究

信息安全产品主要可划分为 7 大类，依次是物理安全类、主机及其计算环境安全类、网络通信安全类、边界安全类、应用安全类、数据安全类和安全管理与支持类。每个安全产品分类对应的具体产品为网闸、身份鉴别工具、入侵检测系统、入侵防御系统、防

---

① 图片来源：https://www.av-test.org/en/antivirus/home-windows/。

火墙、漏洞扫描、安全事件管理等。本节详细分析中美两国代表性安全产品的核心技术、性能指标和管理方法,得出中美两国网络安全产品的优劣势,从而挖掘我国未来在网络安全产品上的努力方向。

1) 物理安全产品。

物理安全产品主要包括环境安全、设备安全和介质安全。美国主要的物理安全产品提供商是思科。通过物理实时监控设备,方便客户在客户端和移动端随时查看监控信息,合理地监控管理,通过在紧急情况下的应急处理措施,实现对环境和设备的全方位安全保护。其主要产品及核心技术性能等见表37。

表37 美国物理安全主要产品描述[5]

产品列表	功能描述	性能指标	主要技术
思科视频监控管理器	支持对监控视频进行传输、监控、录制和管理等,包括视频管理、视频存储、用户接口、虚拟矩阵	• 总容量达 14-42TB • 数据传输效率 2Gbps • RAID5 容量达 12-36TB	Virtual Matrix Switch
思科视频监控IP摄像头	不同型号摄像头分别提高可选的功能,如高清和标清选项,1080p 210万像素的全高清箱式半球型,室内和室外模式等	• 宽度动态范围:80dB • 镜头:3-10mm,P-Iris	H.264 和 Motion JPEG(MJPEG)压缩技术

续表

产品列表	功能描述	性能指标	主要技术
思科物理访问控制	• 思科物理接入网关(US):将与门相关的硬件、锁具、门禁读卡器和IP网络相连;为安全人员提供建筑物出入监控功能等 • 思科物理接入管理器:配置网关和模块、监控活动、注册用户,并集成IP应用和数据存储功能等	• 15个附加模块 • 25万个可缓存凭证 • 15万个事件可缓存 • 3-wire CAN 总线	128位 AES 加密
思科IP互操作性和协作系统(IPICS)	• 综合型 IP 式调度和应急响应解决方案 • 提供增强型调度控制台、UHF/VHF 无线互操作性、通知第一应急救援人员的功能 • 提供调度控制台和移动客户端	IDC 拨号支持 10 条线路,每条 3 个补丁,上个号码重新拨号	Lightweight Directory Access Protocol (LDAP); ISSI 网关; P25 radio systems

2)主机及其计算环境安全产品。

在主机及其计算环境安全产品方面,美国的主要提供商包括 IBM、Symantec 及 Microsoft 等。主要产品及核心技术性能等见表38。

美国公司在终端安全及身份鉴别方面都有自己的领先技术。其中,赛门铁克的终端解决方案可比同类其他产品检测出并删除更多恶意软件。

表38 美国主机及其计算环境主要产品描述

产品列表	功能描述	主要技术
• IBM Security Trusteer Pinpoint Malware Detection • IBM Security Trusteer Pinpoint Criminal Detection[6]	• 检测被恶意软件感染的设备,包括个人计算机、平板电脑和智能手机 • 准确确定欺诈风险级别,帮助创建安全的用户体验 • 针对高风险设备发出警报,直接发送给组织的欺诈团队 • 使用 IBM Security Trusteer Rapport 为组织移除恶意软件 • 高风险交易报告 • 复杂的设备指纹及登录异常、交易异常、钓鱼检测	传统的设备标识、地理位置和交易建模与关键的欺诈指标相结合,使用大数据技术将这些信息加以关联,基于证据检测欺诈
• Symantec Endpoint Protection • Symantec Endpoint Encryption[7]	• 防病毒 • 更快速、更先进的防护功能,可以抵御当今精密复杂的目标性攻击 • 防护层还包括防火墙、入侵防护和防病毒 • Insight 信誉监控技术可强力抵御变异恶意软件,并大大缩短扫描时间 • SONAR 则可提供强大的防护功能,通过监控文件行为来防御零时差攻击 • PGP 技术提供了强大的完整磁盘加密和可移动介质加密功能 • 为虚拟环境提供保护 • Insight 可连接 100 亿的用户、文件及网站 • SONAR 可监控 1400 个文件行为并对文件威胁执行实时反应	Insight 信誉监控技术;SONAR;PGP

九、安全产品比较◎

续表

产品列表	功能描述	主要技术
EMC RSA Authentication Manager[8]	• 多因素身份验证(MFA)软件工具,为各种服务和服务器的标准 • Authentication Manager,提供身份验证管理任务和自助服务用户门户的服务器端 • Adaptive Federation Manager,用于安全断言标记语言(SAML)登录 • Web 服务器的各种代理服务器,包括微软管理控制台管理单元 • SecurID,处理令牌管理	智能手机和生物识别技术,防止未经授权的登录
GlobalSign 个人数字身份证[9]	• 针对各种验证文件(如电子邮件、网上认证服务、微软 Microsoft Outlook 各式文档或其他的 S/MIME 的电子邮件应用软件)以及不同的使用对象(个人或企业)提供不同信任级别的信息安全验证服务,进而确保用户的真实身份,确认该文件归用户所属 • 数字签名有助于证明该电子邮件发件人签名者是谁(如文件作者),确保该电子邮件内容的文件免遭更改或签署篡改以及证明签署内容的来源,网络上黑客、钓鱼威胁层出不穷,GlobalSign 个人签名数字证书可有效保护各式文档的真实性、完整性和有效性	个人数字证书;GlobalSign 特有的个人数字标识传递的加密技术

3) 网络通信安全产品。

在网络通信安全类产品方面,美国主要由 Intel McAfee、HP、IBM 提供。美方产品针对高级威胁、恶意软件回调、零日威胁以及拒绝服务攻击的防御水平在业内首屈一指,并且具有全球化权威的开发团队。其主要产品及核心技术性能等见表39。

表39 美国网络通信安全主要产品描述

产品列表	功能描述	性能指标	主要技术
• Intel McAfee Network Security Platform[10] • McAfee Advanced Threat Defense[11]	• 智能安全解决方案能够发现和拦截网络中的复杂威胁,采用了先进的检测和模拟技术,而不仅仅是模式匹配,以极高的准确率拦截隐匿攻击 • 防范当今各种隐匿攻击 • 稳定可靠的威胁防护,以下一代检测架构为基础,其能在维持线速的同时深入检测网络流量;其采用了一系列高级检测技术(包括完全协议分析、威胁信誉、行为分析和高级恶意软件分析),可以有效检测和防范网络中的已知攻击和零日攻击;同时其可以结合 McAfee GTI 的文件信誉信息、基于 JavaScript 检测的深入文件分析以及高级恶意软件防护引擎,以检测定制型恶意软件和其他隐匿攻击 • 安全互联,方便获取所需的数据,能够得出设备和用户面临的威胁状况的准确信息以及哪些威胁构成的风险最高 • 性能和可扩展性,可同时实现最佳的安全性和最高性能	• 实际吞吐量:40 Gbps • 最大吞吐量(UDP 1512 字节数据包):最高可达 70Gbps • 最大 SSL 流数量:3200000 • 重量:134 磅 • 存储:600GB(2 个双固态 300GB,RAID1 配置) • 最大功耗:2260w	• 将智能威胁防御与直观的安全管理相结合,从而显著提高检测准确率并简化安全运营 • 基于协议的单一检测架构和专用的运营商级硬件 • 融合了多种签名和无签名检测引擎

续表

产品列表	功能描述	性能指标	主要技术
HP Tipping Point UnityOne IPS[12]	• 由最新型的网络处理器技术组成的一个高度专业化的硬件式入侵检测防御平台 • TSE（威胁防御引擎）是一个能实现所有入侵检测防御所需要的全部功能的硬件线速引擎，主要功能包括 IP 碎片重组、TCP 流重组、攻击行为统计分析、网络流量带宽管理、恶意封包阻挡、流量状态追踪和超过 170 种的应用层网络通讯协议分析 • 运用 TSE 的突破性、扩充性与高性能，实时侦测通讯协议异常与流量统计异常，防护 DDoS 攻击以及阻挡或限制未经授权的应用程序的带宽 • 可同时运作三个独立但互补的入侵侦测防御机制：弱点过滤器、攻击特征过滤器和流量异常过滤器 • 可以依据应用程序的种类、通讯协议与 IP 进行最合适的网络流量分配	• 具有千兆处理速度的同时处理延迟不到一微秒 • 具有高度扩充能力的硬件防护引擎，允许上万笔的 Filter 同时运行而不影响其性能与准确性	• 整套自行开发的 FPGA（Layer 7）及 Layer 4（ASIC）模块 • IPS 技术结合高速的网络处理器及定制化的 ASIC 芯片 • Tipping Point 拥有一个专业团队 7×24，全年无休地分析来自全球的各种攻击威胁，并与 SANS、CERT、SECU-RITEAM 等知名的信息安全团队合作，在第一时间通过在线更新，让全球每个角落的 UnityOne 配备最新的攻击特征数据库

4）边界安全产品。

边界安全产品指的是部署在安全域的边界上，用于防御安全域外部对内部网络/主机设备进行攻击、渗透或安全域内部网络/主机设备向外部泄露敏感信息的信息安全产品，美国提供边界安全产品的主要有思科、IBM、fortinet。其中，IBM 是安全行业中首批获得 Global Support Center Practices（SCP）认证的企业之一，是 Service & Support Professionals Association（SSPA）Advisory Board 的成员。思科提供了大量的交换机、路由器及防火墙产品及解决方案，包括刀片交换机，分别有针对 Dell、HP、IBM 等的交换机模块，园区局域网交换机 Catalyst 系列，数据中心交换机，行业以太网交换机，局域网交换机等；分支机构路由器、汇聚路由器；自适应安全设备（ASA），防火墙及防火墙管理器。主要产品及核心技术性能等见表 40。

九、安全产品比较

表40 美国边界安全主要产品描述

产品列表	功能描述	性能指标	主要技术
IBM Security Network Intrusion Prevention System[13]	• 在对业务造成影响之前阻止 Internet 威胁，抢先保护是通过将 IBM 专有的线速性能、安全智能和模块化保护引擎相结合实现的 • 随威胁演化而添加全新的保护模块，促进安全融合，解决了从蠕虫和僵尸网络到 Web 应用和数据安全问题的各种安全威胁 • 高可用性配置（主动/主动或主动/被动）、可热交换冗余电源和可热交换冗余硬盘驱动器 • 高度可用的地理位置选项可使用管理端口来共享隔离决策，确保在需要时安全地将故障转移到异地的备用设备上 • 不需要网络重新配置的双层架构，网络和安全管理员选择 3 种操作模式中的一种，包括主动保护（入侵防御模式）、被动保护（入侵检测模式）、内部模拟（模拟内部防御） • 简单、强大的 IBM 代理配置和控制以及强健的报告、事件关联和完善的提醒	GX7800 的主要性能指标： • 检测到的吞吐量:23Gbps • 平均延迟：<150μs • 每秒连接数:390000 • 并发会话（最大值）：12500000 • 管理接口：10/100/1000/10000（支持 IPv6） • 监控接口：8×10Gbe SFP+(SR/LR)/8×10Gbe 直接附加铜线/8×1GSFP（TX/SX/LX） • 内联保护网段:4 个网段	• 成熟的 X-Force 默认安全策略 • 线速性能、安全智能和模块化保护引擎相结合

续表

产品列表	功能描述	性能指标	主要技术
Cisco Catalyst 6503/6506/6509 高端防火墙[14]	● 高速的、集成化的防火墙，可以提供业界最高的防火墙数据传输速率 ● 采用 Cisco PIX 技术，运行嵌入式 Cisco PIX 操作系统（OS），消除安全漏洞，防止各种可能导致性能降低的损耗 ● 这个系统的核心是一种基于自适应安全算法（ASA）的保护机制，提供面向连接的全状态防火墙功能 ● 利用 ASA、FWSM 防火墙，根据源地址和目的地地址，随机的 TCP 序列号、端口号以及其他 TCP 标志，为一个会话流创建一个连接表条目，FWSM 可以通过对这些连接表条目实施安全策略，控制所有输入和输出的流量 ● 在网络基础设施中集成了状态防火墙安全	● 5Gbps 的吞吐量，100000CPS，以及一百万个并发连接。 ● 在一个设备中最多可以安装四个 FWSM 防火墙模块，因而每个设备最高可以提供高达 20Gbps 的吞吐量	● Cisco PIX 技术 ● 自适应安全算法（ASA）

续表

产品列表	功能描述	性能指标	主要技术
• 思科 4000 系列集成服务路由器 • 思科 800 系列集成服务路由器 • 思科广域应用服务（WAAS） • ASR 9000 系列聚合服务路由器[15] • Cisco IOS 防火墙[16]	• 利用 WAAS 和 Akamai 缓存技术优化分支机构、数据中心以及云的网络架构 • 提供面向应用的广域网络优化，简化 IT 部署 • 利用先进的重复数据删除、压缩、优化和缓存技术，提升广域网的效率 • ASR 1000 系列具有高恢复力，提供经济便捷的服务中软件更新，并可在非冗余硬件上提供软件冗余 • CBAC 技术第一次使管理员能够将防火墙智能实现为一个集成化单框解决方案的一部分，实现包状态检查和智能检查过滤器	• WAAS 高达 2Gbps 广域网优化能力和 150000 TCP 连接 • ASR 1000 系列的可扩展服务以 2.5Gbps 至 100Gbps 的线速嵌入思科量子流处理器	• 分支机构的广域网应用优化——WAAS 技术 • 基于上下文的访问控制（CBAC）

377

续表

产品列表	功能描述	性能指标	主要技术
• FortiSwitch 安全交换平台[17] • Fortinet 防火墙[18]	• FortiSwitch 安全交换平台是专门用于满足以太网基础架构和现行网络边缘配置的，需要通过 FortiSwitch 交换设备，可以扩展输入/输出操作的性能与易用性并满足较低成本的需求，Fortinet 防火墙技术采用 ASIC 加速硬件与专用安全操作系统，能迅速识别并阻止复杂的威胁 • FortiGate 防火墙保护整合了其他重要的安全功能，如 VPN、防病毒、入侵防御系统（IPS）、Web 过滤、反垃圾邮件和流量控制 • FortiClient 端点安全代理结合 Fortinet 防火墙解决方案，将防火墙保护扩展到那些在网络边界之外的设备，如远程桌面电脑、移动笔记本电脑和智能手机	• FortiGate 防火墙从 SOHO/ROBO 设备到多万兆核心网络或数据中心平台，提供多层次的安全保护 • FortiManager™ 和 FortiAnalyzer™ 整套设备提供对数以千计的 FortiGate 系统和详细的内部审计及报告的报告功能的集中管理	ASIC 加速硬件

5）应用安全产品。

美国应用安全产品的主要提供商有 Fortinet、IBM、思科、FireEye。与思科类似，FireEye 也提供了相应的电子邮件安全方案、ON-Promises Email Security 及 Cloud Email Security，提供实时的恶意邮件监测、0day 邮件攻击动态监测等功能。主要产品及核心技术性能等见表 41。

表 41 美国应用安全主要产品描述

产品列表	功能描述	性能指标	主要技术
FortiWeb 系列应用防火墙[19]	• 提供的安全服务包括：Web 服务签名、XML 协议一致性、恶意软件检测、虚拟补丁、URL 重写、Cookie 投毒保护、用户错误消息和错误代码保护、操作系统入侵签名、已知威胁和 0day 攻击保护、DoS 防御、多安全事件的关联分析、数据泄露防护、网页防篡改 • 扫描器发现的漏洞可以快速自动转化为 FortiWeb 的安全规则 • 设备中集成了 Web 应用漏洞扫描器，FortiWeb 的漏洞扫描可以深入 Web 应用的组件和元素中，提供深层次的安全隐患检测，漏洞扫描会定期通过 FortiGuard Labs 推送的更新包进行更新 • 在管理及报表生成方面，FortiWeb 还提供一系列集中管理工具，包括 Web UI、命令行、实时监控与操作面板、地理 IP 分析，可以让管理员拥有对整网多设备的安全洞察，对受攻击的应用和服务器能一目了然 • 同时为数千条 Web 事务进行基于硬件的 SSL 卸载，通过 Fortinet 专有芯片 FortiASIC 可以进行近乎实时的加密、解密操作，使 FortiWeb 有能力检测到安全隧道中的威胁	• FortiWeb-4000D 吞吐量达 4Gbps • 延迟低于 ms • 管理域：64	• SSL 卸载 • IP 信誉评估 • 特征监测 • DLP

续表

产品列表	功能描述	性能指标	主要技术
• IBM Security QRadar QFlow Collector • IBM Security QRadar SIEM • IBM Security QRadar QFlow Collector[20]	• 提供第七层应用的可视性和流分析，帮助用户了解和响应整个网络的活动 • 威胁检测：在应用级别网络流数据上使用深度包检测技术检测新的安全威胁，而不依赖于漏洞签名，还可以通过行为分析识别所有网络流量（包括应用、主机和协议）中的恶意软件、病毒和异常 • 策略和法规的遵从性管理：用户可以识别并纠正违反策略的行为，在非标准端口上运行的应用，使用明文形式的用户名和密码登录关键服务器的用户，以及在网络敏感区域中使用非加密协议的情况 • IBM Security QRadar SIEM 和 IBM Security QRadar QFlow Collector 可以监控和分析社交媒体平台以及多媒体应用上的活动，从而检测网络的潜在威胁，实时的异常检测和内容捕获功能使其更易于检测恶意软件、识别漏洞、监控团队的社交通信，包括其使用模式 • 高级事件分析和洞察力：可以利用从安全性设备发送的日志事件执行近乎实时的应用流数据比较，日志和流数据之间的关联可帮助标识可能未被发现的严重威胁 • 持续的资产分析：自动识别和分类在网络上找到的新资产，并了解其运行所用的端口和服务，这些分析功能可在添加新系统或服务以及发生配置更改时发出警报		• 深度包检测技术 • 行为分析

续表

产品列表	功能描述	性能指标	主要技术
• 思科电子邮件安全设备 • 思科云电子邮件安全设备[21]	• 思科电子邮件安全设备是业界首款经过验证的零小时防病毒解决方案，具有同类最佳的敏感出站邮件控制和加密功能 • 具备情景分析功能，可有效防御网络钓鱼和雪鞋垃圾邮件攻击 • 垃圾邮件捕获率极高（超过99%）且误报率极低（低于百万分之一） • 借助 Cisco AMP Threat Grid（US），提供文件信誉、动态分析（沙盒）和追溯性安全功能 • 灰色邮件（Graymail）管理和 Web 交互跟踪 • Sourcefire 庞大的云安全智能网络在攻击的整个过程中提供保护 • 通过 DLP、邮件加密以及与 RSA Enterprise Manager 的可选集成控制出站邮件	• 每日 100TB 的安全情报 • 160 万台已部署的安全设备 • 1.5 亿个终端 • 每天 130 亿个网络请求 • 全球 35% 的企业邮件流量	• Talos 威胁情报功能 • Sourcefire • 信誉过滤

6) 数据安全产品。

美国数据安全产品主要有 IBM 和 Intel McAfee。主要产品及核心技术性能等见表42。

表42 美国数据安全主要产品描述

产品列表	功能描述	主要技术
• IBM Security Guardium Vulnerability Assessment[22] • IBM Security Guardium Data Activity Monitor[23]	• 数据库监控策略方面：能够实现监控并实施敏感数据访问策略、特权用户操作策略、更改控制策略、应用程序用户活动策略和安全异常策略，通过将数据活动与正常的行为基线进行比较，使用访问策略来识别异常行为；基于可定义的阈值支持异常策略；使用挤出策略来检验离开数据库的数据，以查找特定值模式；同时支持基于策略的操作，如实时的安全警报、软件分块和用户隔离 • 数据库异常检测方法方面：包含预先配置的漏洞测试，提供特定平台的静态测试，检测正在评估的特定数据库的不安全配置；执行动态测试来揭示行为漏洞，如账户共享、登录失败次数过多和不寻常的非营业时间活动；不依赖于会影响系统可用性的入侵式利用或测试，并提供外部引用信息，如公共漏洞和暴露（CVE）标识；支持主要的数据库平台和所有主要的操作系统，包括大数据环境 • 应用层数据处理方面：通过检测来自应用层的不寻常的数据库读取活动和更新活动来提高数据安全性，并且能够自动执行敏感数据发现和分类 • 审计方面：能够聚集整个企业的数据来进行合规性审计和报告、关联及取证，无须启用本机数据库审计功能；提供防干扰的审计跟踪，支持审计员所需的职责分离；交付可定制的合规性工作流程自动化，以生成合规性报告，并将报告分发给监督团队进行电子签名和升级	• 可定义的阈值（如SQL错误）支持异常策略 • 挤出（Extrusion）策略

续表

产品列表	功能描述	主要技术
• McAfee Total Protection for Data Loss Prevention 数据防泄露系统[24] • McAfee DLP Discover[25]	• 在数据保护范围上：McAfee 保护任何位置的敏感数据，包括企业内部、云端或终端的敏感数据，并且与数据保护机制一体化，如邮件安全、web 安全以及加密，为数据提供终极保护 • 大多数 DLP 方案不能保护那些不能精确描述数据内容及数据位置的用户，McAfee Total Protection for DLP 可以帮助用户容易地了解到数据在网络中如何流通，并提供关键信息资产的展示图，McAfee DLP Discover 能帮助用户找到数据的位置，包括敏感数据的位置，而不是那些用户已经知道的数据，还能实时监控分析数据，发现未知风险 • 在防泄露方式上：采用通过确保数据仅在适当的时候离开网络来防止数据丢失，无论数据是通过电子邮件、Webmail、即时消息程序、Wiki、博客、门户网站、HTTP/HTTPS 还是 FTP 进行传输均是如此，如果检测到违反数据保护策略的行为，McAfee DLP Prevent 能够对可疑的数据传输进行加密、重定向、隔离或阻止，它可以保证对隐私法规的遵从，降低数据泄露的可能性，同时不会影响合法的数据使用	• 数据保护策略 • DLP Discover

7）安全管理与支持产品。

主要产品及核心技术性能等见表43。

表43 美国安全管理与支持主要产品描述

产品列表	功能描述	主要技术
IBM Security QRadar Risk Manager[26]	●异常响应方面：支持策略合规性监控，包括网络流量、拓扑和漏洞暴露；允许使用自动化的策略监视器主动评估多个安全性策略；将资产配置和漏洞数据与日志、事件和网络流数据相关联，以监控网络资产和设备；支持审计需求和策略合规性报告；使异常事件能够触发安全事件、日志事件并生成电子邮件通知 ●资产漏洞处理方面：将资产漏洞与网络配置和流量关联，以识别主动攻击路径和高风险资产；模拟网络威胁，包括可能在整个网络内传播的攻击；帮助降低风险和划分补救活动的优先级 ●可视化方面：提供网络拓扑和连接可视化工具，查看当前和潜在的网络流量模式；"拓扑查看器"支持用户查看网络设备和关系，包括子网和链接；"连接监视器"可提供网络活动（包括搜索流量模式的功能）的详细视图，以帮助进行取证和防火墙变更分析 ● IBM Security QRadar Risk Manager 增加了防火墙分析，通过分析防火墙配置，帮助识别错误和除去无效规则；开展详细的配置审计，帮助提高防火墙规则一致性，包括检测影子规则和其他配置错误；执行规则更改模拟和安全性影响分析；通过比较随时间发生的变化来进行核查，并在危险或不合规的配置发生时警示用户；通过标识未使用或无效的规则，提高整体防火墙性能	●模拟网络威胁 ●拓扑查看器 ●防火墙分析

续表

产品列表	功能描述	主要技术
思科安全管理器[27]	• 在运行状况和性能监视上：增加对防火墙、入侵防御系统和VPN的健康状况和性能的可视性；能够针对各种参数设置阈值，通过持续分析安全环境在达到预先定义的阈值时发出警报；集成的运行状况和性能监控可帮助管理员提高工作效率；可以为关键防火墙故障切换、IPS传感器应用故障或过量CPU或内存利用率等事件设置自定义警报通知 • 在报告和故障排除方面：提供系统报告和自定义报告，可根据在整个安全部署过程中收集的事件和其他基本信息生成详细的系统报告，并可以导出或者按计划通过电子邮件传送报告（采用CSV或PDF格式）；可以通过Ping、Traceroute和Packet Tracer等工具进行高级故障排除 • 在活动管理上：支持思科安全设备创建的Syslog消息，便于查看实时和历史事件；提供从事件到来源策略的快速导航，包括防火墙、智能保护交换（入侵防御系统）和VPN的预捆绑且可自定义的视图；可以使用直观的向导，以直接、简化的方式升级防火墙软件映像	• 策略回滚：包括IPS策略回滚、配置归档以及特征的复制或创建 • 自动冲突检测 • 集成事件管理

3 中国网络安全产品研究

1) 物理安全产品。

我国物理安全产品提供商包括TIPTOP利谱、安盟信息、网神。其中，TIPTOP利谱物理隔离系列产品为终端计算机实现物理隔离提供了完整的解决方案。安盟华御SU-GAP系列安全隔离与信息交换系统,用2+1系统架构(内网安全主机、外网安全主机、专用物理隔离芯片)并使用专有隔离芯片和高效的流处理芯片,通过专用安全通道在实现网络隔离的同时进行高效率的安全数据交换。安全通道交换数据是将网络数据经过高强度的策略分析及内容检查后提取关键元素生成内部可识别的数据,实现内外网交换,做到物理隔离的同时也实现了协议隔离。主要产品及核心技术性能等见表44。

表44 中国物理安全主要产品描述[28]-[30]

产品列表	功能描述	技术参数/主要技术
TIPTOP 网络安全隔离卡	• 电源隔离/数据隔离 • 支持检测外设功能	• 总线模式:PCI 或 PCI-E • 物理介质接口:RJ45 • 使用网络类型:10M 以太网、100M 或 1000M 快速以太网
TIPTOP 网络切换器	• 实现双网环境下终端快速切换网络,能够实时切换网络,终端无须安装硬件,也不增加硬盘等储存设备,用户可在桌面选择切换内外网 • 单硬盘工作,内外网之间数据可低成本简便共享 • 当一个网络处于工作状态时,另一个网络则处于断开状态	• 总线模式:PCI 或 PCI-E • 物理介质接口:RJ45 • 使用网络类型:10M 以太网、100M 或 1000M 快速以太网 • 工作温度:0℃至50℃ • 存储温度:-20℃至70℃ • 内外网切换软件:TIPTOP V3.0

续表

产品列表	功能描述	技术参数/主要技术
TIPTOP 笔记本电脑隔离器	TIPTOP 分区软件将笔记本电脑硬盘分成两个工作区，分别安装两套独立的操作系统，内外网各用一个工作区，使用各自的操作系统；两个工作区不可同时被激活，当一个工作区启动后，另一个工作区处于屏蔽状态，其数据文件不能被访问；内外网切换时需要重新启动系统，以完成内存的清理和另一分区的引导；在转换内外操作系统的同时，内外网络接口也进行切换	• 总线模式：USB • 物理介质接口：RJ45 • 使用网络类型：10M 以太网、100M 快速以太网 • 工作温度：0℃ 至 50℃ • 存储温度：-20℃ 至 70℃ • 内外网切换软件：TIPTOP V3.0
TIPTOP 实时物理隔离终端机	增加一台带 KVM 切换功能终端的计算机，分别连接内外网，且内外网之间不存在物理通路，内网信息采用无盘技术，可以集中存储处理，从而根本保证计算机内部信息的安全，同时，不影响计算机方便地与 Internet 网络交流信息，实现内外网在终端桌面上的物理隔离，且可以实时切换	• CPU：AMD APU E350 • 主频：1.6GHz 双核，或板载 Intel D525 双核 1.8Ghz • 物理介质接口：RJ45 • 适用网络类型：10M 以太网、100M、1000M 快速以太网 • 存储温度：-15℃ 至 65℃ • 工作温度：0℃ 至 45℃

续表

产品列表	功能描述	技术参数/主要技术
网神 SecSIS 3600 网闸	•采用专用硬件和模块化的工作组件设计，集成安全隔离、实时信息交换、协议分析、内容检测、访问控制、安全决策等多种安全功能为一体，适合部署于不同安全等级的网络间，在实现多个网络安全隔离的同时，实现高速、安全的数据交换，提供可靠的信息交换服务 •网神网闸产品以安全为中心，从软件安全、操作系统安全、硬件安全三维角度推出业界唯一全国产化安全可控龙腾系列网闸；网神单向光闸是基于数据二极管单向技术、FGPA 技术的业界唯一"目录标签"完整性校验机制 •集网神网闸集防病毒技术、防攻击技术、加密技术、授权认证、规则过滤、深度应用层解析、Air GAP 等多种安全防护手段于一身，做到数据安全可控、链路安全可控、应用安全可控	具有双向隔离网闸、单向光闸、视频网闸及龙腾系列全国产化隔离网闸

续表

产品列表	功能描述	技术参数/主要技术
网御安全隔离与信息交换系统	• 硬件平台由内网主机系统、外网主机系统、隔离交换矩阵三部分组成：内网、外网主机系统分别具有独立的运算单元和存储单元，并以VSP通用安全平台作为系统支撑；隔离交换矩阵基于LeadASIC专用芯片技术及相应的时分多路隔离交换逻辑电路，不受主机系统的控制，独立完成应用数据的封包、摆渡、拆包，从而实现内外网之间的数据隔离交换 • 基于VSP的高效协议处理和LeadASIC芯片的多路固化数据通道技术，分别解决了安全隔离网闸进行数据过滤和摆渡时性能低的业内难题，从而满足了用户对高性能安全隔离网闸的需求 • 网御安全隔离网闸拥有强大的数据交换能力，以数据库同步为例，安全隔离网闸支持Oracle、SQLServer、DB2、Sybase等主流数据库间的同构、异构同步，支持单向、双向同步，支持一到多、多到一的同步，支持灵活多样的数据冲突处理机制，采用先进的数据容错技术，保障数据同步的可靠性、稳定性，由数据库同步、文件同步、安全浏览、邮件传输、定制访问、消息传输等多种功能模块为用户的多种业务提供丰富的应用支持，该产品以USE（UniformSecurity Engine）统一安全引擎为基础，对隔离交换报文进行全文数据还原，对用户登录、命令请求、文本信息、协议格式等实施全文深度检测，并支持特定应用层协议标签的检测控制，实现了对特定信息交换多重内容的安全管理	• 网御自主知识产权的VSP（Versatile Secure Platform）通用安全平台 • 基于VSP的高效协议处理及LeadASIC芯片的多路固化数据通道技术 • 基于MRP（Multi-Layers Redundant Protocol）多重冗余协议实现多重冗余方案，支持自身端口冗余、双机热备、2-32台安全隔离网闸负载均衡，保障了用户网络和应用的高可靠性

2)主机及其计算环境安全产品。

中国提供主机及计算环境安全产品的有安天、卫士通、天威诚信。主要产品及核心技术性能等见表45。

表45 中国主机及其计算环境安全主要产品描述

产品列表	功能描述	主要技术
安天TDS主机安全检查系统[31]	• 应用于信息安全等级保护工作主机检查与业务管理的综合信息检查管理平台 • 系统紧密结合我国信息安全等级保护政策,通过身份鉴别、安全标记、访问控制、可信路径、安全审计、剩余信息保护、入侵防范、恶意代码防范、资源控制9大类,对受检主机系统进行计算机安全等级的综合评定,并生成最终的安全等级评测报告 • TDS不同于网络漏洞扫描器,能深度获取主机系统USB设备使用记录、上网记录、文件共享、进展、服务、端口、注册表等近百个检测点信息,全面分析主机系统的脆弱性;TDS嵌入了安天AVL SDK反病毒引擎,可以全面检测蠕虫、木马、后门、僵尸程序、黑客工具、流氓软件以及其他多种有害数据和敏感程序,同时采用安天VCS未知病毒检测技术,让可疑文件无处遁形 • 提供了强大的安全辅助工具,可对系统中自启动项、任务、进程、服务、驱动、端口、SPI、插件、文件系统、注册表等内容进行严格的行为判断和特征分析,可供专业及技术人员对各类常见的主机问题及有害文件进行分析诊断和处置	• 获得科技部创新基金的安天 AVL SDK 反病毒引擎 • 安天VCS未知病毒检测技术

续表

产品列表	功能描述	主要技术
卫士通终端安全防护系统[32]	• 综合利用数据加密、身份认证等安全技术，解决了终端的安全控制和防护问题 • 系统把 USBKey 作为用户的唯一标识，对用户登录系统进行身份认证 • 文件保险箱能够强有力地保障一切在计算机存储介质上保存的涉密文件信息的机密性要求 • 支持对 1000 个在线终端的管理和控制 • 系统运行中，客户端主进程在常态下 CPU 占用率应低于 5% • 系统运行中，客户端主进程在常态下内存占用在 20M 以下	• PKI 技术，可以避免用户名+口令认证的脆弱性 • 登录策略管理 • 支持级联或分区域管理
天威诚信数字证书认证系统[33]	• 支持多种安全的加密算法，包括对称算法 SM1 密码算法，公钥算法 RSA-2048 密码算法、SM2 密码算法，杂凑算法 SHA-1 密码算法、SM3 密码算法，系统支持分布式部署和管理，设计的证书容量为亿级，可根据需要进行灵活扩展，以满足不同规模用户自主建立 PKI/CA 平台的需求 • 系统包含 CA 认证中心、RA 注册中心和 KMC 密钥管理中心：CA 认证中心是 PKI/CA 平台的核心，提供证书服务和管理的主要功能，主要包括证书目录服务（LDAP）、证书吊销表服务（CRL）、证书状态查询服务（OCSP）、证书管理服务、系统管理服务、证书数据库、签名服务器和密码设备等；RA 注册中心是 PKI/CA 平台的前端，为最终用户提供用户证书服务功能。RA 注册中心提供 RA 管理员中心和用户服务中心；KMC 密钥管理中心负责为 CA 系统提供密钥的生成、保存、备份、更新、恢复、查询等密钥服务，以解决分布式企业应用环境中大规模密码技术应用所带来的密钥管理问题 • 支持亿级证书容量的平稳运行，满足大规模用户的应用需求 • 系统采用模块化的设计，可以根据用户需求灵活选择服务模块，包括 OCSP 服务、KMC 服务、时间戳服务模块等 • 支持多根认证体系、交叉认证、自定义证书模版，满足用户多应用需求	• 北京天威诚信电子商务服务有限公司自主开发的、享有完全自主知识产权的数字证书认证系统 • 双证书与双中心，即加密证书/签名证书和 CA 认证中心/密钥管理中心 • 支持 SM 系列算法，同时支持 RSA 算法

3）网络通信安全产品。

中国提供网络通信安全产品的公司主要有永信至诚、卫士通及绿盟科技。其主要产品及核心技术性能等见表46。

表46　中国网络通信安全主要产品描述

产品列表	功能描述	性能指标	主要技术
永信至诚网络敏感数据侦控系统[34]	●业内独家对F2互联网敏感流量进行解密和还原，有效还原率大于90%，可以实现对F2使用者发布的内容、浏览的敏感网站页面、收发的邮件内容等进行多个维度的识别和展现 ●多样化隐蔽通道的监测和展示，能够有效监控F1、VPN、特种木马、Skype等隐蔽通道的活动状态 ●通过对隐蔽通道的精准监测及分析，系统具备及时发现隐蔽通道风险并定位隐秘通道源头所在的能力	单台设备的处理能力可满足万兆网络环境要求，通过支持高性能架构的集群方式，可以满足40G及以上互联网出入口的大数据流量监测要求	互联网敏感流量解密和还原

续表

产品列表	功能描述	性能指标	主要技术
卫士通安全认证网关系统[35]	• 以密码、访问控制、代理和PKI技术为核心，利用终端密码模块（USB-Key）等硬件，实现了身份认证、通道加密、协议代理和基于角色的访问控制等主要功能，有效地满足了网络身份认证、访问控制和事后审计等方面的需求，同时系统支持与应用系统相结合的SSO（单一登录），支持多台安全认证网关集群部署并统一管理等功能 • 利用代理技术构建应用层安全访问机制，屏蔽对服务器的非法访问，可选国际标准算法或专有算法，结合SOCKS代理、SSL认证及通道加密技术相结合，实现通信协议代理、通道保护，从而保障数据的机密性和完整性 • 支持HTTP-POST、HTTP-BASIC基于口令方式的单点登录，应用系统无须改造	安全认证网关服务器WT318-7H2： • 最大并发数：10万 • 最大用户数：3万 • 最大每秒新建连接数：5000 • 最大每秒处理业务数：30000 • 最大网络吞吐率：970Mb	• 代理技术 • SSO（单点登录） • 多级级联

续表

产品列表	功能描述	性能指标	主要技术
绿盟科技网络入侵检测系统及绿盟科技网络流量分析系统[36]	• 具备敏感数据外发检测、客户端攻击检测、服务器非法外联检测、僵尸网络检测等多项功能 • 网络流量分析系统：主要功能包括各类异常流量的检测及网络流量的统计分析等，可分析诸如 DDoS 流量、网络滥用误用、蠕虫爆发、P2P 流量等骨干网上的大部分异常流量	流量分析系统的处理性可高达每秒处理 8 万条流记录，能够完全满足电信级骨干网的流量分析要求	• 信誉机制 • 基线算法（周期性基线和移动窗口基线）

4）边界安全产品。

中国提供边界安全产品的主要有山石网科、启明星辰。主要产品及核心技术性能等见表47。

表47　中国边界安全主要产品描述

产品列表	功能描述	性能指标	主要技术
山石网科 IPS SG-6000-NIPS 1200[37]	●内嵌4000多种攻击特征，能够检测常见的病毒、蠕虫、后门、木马、僵尸网络攻击以及缓冲区溢出攻击和漏洞攻击；封堵主流的高级逃逸攻击；检测和防御主流的异常流量，含各类Flood攻击；提供用户自定义攻击特征码功能，可指定网络层到应用层的对比内容；提供虚拟补丁功能，让没有及时修补漏洞的客户，保障网络安全正常运行 ●对应用进行识别和管控，可识别20种类别，超过1800种以上应用程序，并利用专利技术建立应用特有的行为状态模式，实现对隧道与加密P2P应用的精确识别，最终实现对应用的安全管理和控制 ●依据IP、TCP、UDP、IGMP、ICMP等网络层的各项参数设置特征，全面设置TCP/IP应用层的特征比对内容，不受通信协议的限制，支持跨数据包检测机制	●IPS吞吐量：2Gbps ●最大并发连接数：420万 ●每秒新建连接数：3.8万 ●网络接口：6个GE口，4个SFP口 ●管理接口：1个独立管理口，1个独立HA/MR口，1个RJ-45串口，2个USB2.0口 ●Bypass支持：软硬件Bypass，4路GE口（2组）	●高速多核安全引擎 ●山石网科专用的安全操作系统 ●支持跨数据包检测机制

续表

产品列表	功能描述	性能指标	主要技术
启明星辰天清汉马新一代USG防火墙[38]	●集防火墙、VPN、上网行为管理AC、内容过滤、防病毒、入侵防护等多种安全技术于一身 ●VSOS系统面向网络吞吐和安全处理，采用基于组件的多平面架构，集中主要资源于网络吞吐和安全处理 ●ISE将状态包过滤、VPN、IDS、内容过滤、用户认证等多个子系统集成于单一平台 ●支持基于源IP、目的IP、源端口、目的端口、时间、服务、用户、文件、网址、关键字、邮件地址、脚本、MAC地址等方式进行访问控制 ●支持流量管理、连接数控制、IP+MAC绑定、用户认证等 ●超过2500条专业协议库，超过1000万条URL库，可识别主流应用及网站 ●支持白名单和虚拟沙箱执行结合的方式应对0day攻击威胁，通过网关设备与私有云中心联动，私有云模块负责监测发现，联动到网关设备进行阻断 ●完善的上网行为管理功能，采用独立的上网行为管理库，通过互联网实现每周更新		●启明星辰自主研发的专用安全操作系统VSOS ●ISE（Integrated security engine）整合内容引擎 ●阀值设定和检测算法相结合

5）应用安全产品。

中国提供应用安全产品的有山石网科、安恒信息等。主要产品及核心技术性能等见表48。

表48 中国应用安全主要产品描述

产品列表	功能描述	性能指标	主要技术
山石网科Web应用防火墙[39]	●所提供的安全服务包括：协议规范性检查、敏感信息防泄露、防止恶意言论提交、应用程序错误跟踪、cookie安全、网页防篡改、Web访问行为合规，系统内置了30余类通用Web攻击特征，有效地防御来自外部的如SQL注入、文件注入、命令注入、配置注入、LDAP注入、跨站脚本等，部署WAF后自动障蔽相应的Web攻击行为，对OWASP TOP10有完整的解决方案 ●在管理及报表生成方面：能自动记录应用程序的出错信息，并将应用程序出错信息进行分类汇总，为程序人员进行分析原因和修复程序提供了重要参考；安全监控与审计功能可对网站访问情况进行实时统计和分析，实现基于安全事件级别的安全监控，将最具威胁的行为和最亟待处理的事件呈现出来；同时，可对自身状况及服务器性能状况进行监测和直观展现，可提供详尽的攻击事件日志记录，输出详细的图文式安全报表，还可及时通过邮件或短信方式告警，帮助管理员进行高效管理	SG-6000-W3660系列： ●吞吐量：10G ●最大并发连接数：550000 ●每秒新建连接数：40000 ●应用层吞吐：5G	●多种加速方案提升访问效率：用网页文件的高速缓存技术及动态请求的TCP连接复用技术 ●采用白名单与黑名单安全引擎相结合

续表

产品列表	功能描述	性能指标	主要技术
安恒信息明鉴互联网舆情监测平台及明鉴网站安全监测平台[40]	● 明鉴网站安全监测平台主要侧重于威胁检测方面，内置的 web 弱点扫描器能够实现网站深度扫描，实现漏洞精确识别 ● 采用取证式专利技术，有效解决同类扫描面临的大量误报问题，如网站防攻击能力鉴别，全面评估网站防注入攻击、爬虫攻击、恶意扫描能力；集成 0day 快速检测功能，实时获取安恒风暴中心的 0day 策略；集成网站漏洞跟踪功能，督促用户及时修复漏洞提升管理效率，集成分布式扫描引擎，可快速实现大批量网站安全检测并自动化生成报表 ● 监测平台取用浏览器模拟技术，实时对大批量网站进行安全监测，实现网马、暗连、敏感内容等植入性篡改事件实时告警；通过网页变更情况自学习技术、网页内容智能比对技术实现高危篡改事件捕获与告警 ● 高级事件分析和洞察力方面，实现深度监测，精确定位问题原因，如网站域名安全监测，快速发现域名被劫持、缓存中毒事件；网站访问延时监测，全国分布式多节点监测，准确展现网站服务质量；网站中断监测及告警，快速告警线路故障、程序错误、系统宕机等情况 ● 明鉴互联网舆情监测平台主要是对社交媒体的监控，基于网络舆情传播规律，及时、全面地监测境内外新闻网站、论坛、报刊、电视和知名博客、微博，并在此基础上进行数据的抽取、挖掘、聚类和分析等数据整合，及时提供直观、全面的舆情信息；及时梳理网络热点事件、言论和观点，方便用户迅速获取舆情，提高舆论引导的水平		● web 弱点扫描器 ● 取证式专利技术

6) 数据安全产品。

中国提供数据安全产品的公司主要有天融信和启明星辰。主要产品及核心技术性能等见表49。

表49 中国数据安全主要产品描述

产品列表	功能描述	主要技术
天融信数据库防火墙系统 TDSM–DBFW[41]	• 在数据库监控策略方面，实施访问策略，对异常行为进行实时告警，并帮助防止来自内外部的数据库攻击行为 • 在数据库异常检测方法方面，能够智能地识别SQL类型，从而灵活地构建行为模型，且能够快速、准确地配置和定位策略。此外，通过智能的SQL识别，采用启发式风险评估，能够及时发现SQL的潜在风险，并进行控制（包括告警、拦截等），从而将攻击行为防患于未然 • 在应用层数据处理方面，能够对SQL语句进行智能的语法分析，从而达到防止对系统表和应用表恶意操作、防止对SQL注入等攻击，以及控制对数据库的细粒度访问等目的 • 审计方面，提供强大的数据库活动审计功能，从多个角度灵活呈现数据库的活动情况，有助于对数据库现状进行分析	• 对双向通信的TNS协议进行解析 • 网络及传输层的数据库报文过滤 • 对数据库访问的应用协议进行解析和构建

续表

产品列表	功能描述	主要技术
●启明星辰天榕数据防泄密系统[42] ●天融信的数据防泄露系统TopNDLP[43]	●启明星辰天榕数据防泄密（DLP）系统：以"旁观者"的方式观察和记录员工对电脑、文件、软件操作或网络行为，同时服务端通过多种方式（文件签名、敏感词识别与权重分析、正则表达式过滤）识别敏感机密信息，并通过数据汇总与分析，得出人员、文件、安全事件这三个维度的趋势，通过相应的安全策略定义，对用户的操作进行识别，从而确认泄密风险并采取相应的措施进行防范 ●天融信的数据防泄露系统TopNDLP：防泄露方式有：识别——通过指纹、正则表达式等技术，识别存储在数据库中的结构化数据中的敏感数据和存储在终端计算机、共享服务器等非结构化数据中的敏感数据；监控——监控使用和传输中的数据，一条策略可被应用于单个通道，也可用于多个通道，可监控邮件/web/打印机/终端（共享、移动存储、终端应用程序）等方式使用数据的行为；防护——发生数据泄露行为时，系统自动执行事件响应 ●事件响应对应着很多补救措施：事件记录、告警通知、允许通过、阻止、网络（邮件隔离、邮件加密、邮件隔离和加密，释放）、终端（终端—确认、终端—临时加密移动存储上的数据）等，并提供集中管理和报告，可通过web界面进行管理，查看复杂、全面的事件报表	●指纹、正则表达式 ●集合了国内外DLP产品的核心优势 ●具备更多适合中国企业的特点

7) 安全管理与支持产品。

中国的安全管理与支持产品提供商包括网神、启明星辰等。其中，山石网科及启明星辰都提供了安全审计平台。卫士通主要提供密码产品，如密钥管理系统、服务器密码机、金融数据密码机、签名验签服务器等密码设备。主要产品及核心技术性能等见表50。

表50 中国安全管理与支持主要产品描述

产品列表	功能描述	主要技术
网神 SecFox-UMS 统一管理系统[44]	●异常响应方面：SecFox-UMS 在识别出安全事故后，能够自动或者用户手工对威胁进行响应，采取安全对策，从而形成安全审计的闭环；可以通过电子邮件、SNMP Trap、派发工单、电话响铃、短信告警等方式对外发出通告；还能执行预定义命令行程序，并将事件属性作为参数传递给该命令行程序，可通过与网络设备或安全设备共同协作来关闭威胁通信，以阻止正在进行的攻击 ●资产漏洞处理方面：可量化、流程化的安全风险与运维管理，实现了风险评估过程的定量化、流程化、例行化，并具备可操作性；风险管理模块内置计算资产和安全域风险的量化数学模型，根据资产（安全域）的重要性、资产（安全域）的弱点严重性和威胁可能性，实时计算风险；同时，借助安全事件管理模块、告警与响应管理模块、工单管理模块和通告管理模块，系统能够协助用户实现事件的采集、分析、评估、响应、通报、提升、取证、上报、改进的全过程 ●可视化方面：SecFox-UMS 利用其强大的信息可视化技术使管理员的日常工作实现从认知到感知的跨越，系统具备四类可视化功能：信息资产可视化（网络拓扑图、设备机架视图、设备面板图、IP分布图）、业务可视化（业务拓扑）、事件可视化（事件定位图、主动事件图、事件行为分析图、动态雷达图）、风险可视化（弱点分布图、威胁分布图、风险分布图）	计算资产和安全域风险的量化数学模型

续表

产品列表	功能描述	主要技术
启明星辰的安全管理平台（SOC）——泰和信息安全运营中心系统[45]	• 在运行状况和性能监视上：系统内置业务建模工具，用户可以构建业务拓扑，反映业务支撑系统的资产构成，并自动构建业务健康指标体系，从业务的性能与可用性、业务的脆弱性和业务的威胁三个维度计算业务的健康度，协助用户从业务的角度去分析业务可用性、业务安全事件和业务告警 • 在报告和故障排除方面：可以通过多种方式来收集设备和业务系统的日志，如 Syslog、SNMP Trap、FTP、OPSEC LEA、NETBIOS、ODBC、WMI、Shell 脚本、Web Service 等，并且具备完善的响应管理功能，能够根据用户设定的各种触发条件，通过多种方式（如邮件、短信、声音、SNMP Trap、即时消息、工单等）通知用户，并触发响应处理流程，直至跟踪到问题处理完毕，从而实现安全事件的闭环管理 • 在活动管理上：系统提供主动化的威胁情报采集，通过采集实时威胁情报，结合规则关联和观察列表等分析方式，使安全管理人员及时发现来自己发现的外部攻击源的威胁；针对系统收集到的海量安全事件，系统借助地址熵分析、热点分析、威胁态势分析、KPI 分析等数据挖掘技术，帮助管理员从宏观层面把握整体安全态势，对重大威胁进行识别、定位、预测和跟踪；借助先进的智能事件关联分析引擎，系统能够实时地对所有范式化后的日志流进行安全事件关联分析	• 业务建模工具，构建业务拓扑 • 主动化的威胁情报采集

8）密码支持产品。

密码支持主要产品及核心技术性能等见表51。

表51 中国密码支持主要产品描述

产品列表	功能描述	性能指标	主要技术
卫士通密钥管理系统[46]	·以密码技术为核心、管理平台为基础 ·由非对称密钥管理服务、对称密钥管理服务、密码合规性管理服务、密码应用有效性管理服务、综合管理平台、数据库、SHJ0901-B服务器密码机及客户端、USBKey共同组成，USBKey数量可根据实际需求进行配置 ·密钥管理系统支持系统级联模式，可以根据实际的应用环境及需求进行系统级联配置，级联配置成功后，系统将分为中心和分中心两级，中心和分中心之间的数据通讯均由级联服务提供传输通道和加密保护	·算法类型：支持国家标准算法SM1、SM2、SM3、SM4 ·密钥产生：SM1密钥100条/秒；SM4密钥100条/秒；SM2密钥对：50对/秒 ·密钥容量：支持10000万条对称、500万条对非对称密钥管理 ·设备容量：支持3000台密码设备管理和监控 ·策略容量：支持10000条策略管理 ·日志容量：支持1000万条日志审计和事件统计查询	·系统规范化 ·基于密钥属性的对象化管理技术 ·接入规范化

续表

产品列表	功能描述	性能指标	主要技术
卫士通服务器密码机：SJY15-A 服务器密码机、SJY15-C 服务器密码机、SHJ0901-A/B 服务器密码机[47]	服务器密码机是针对安全性要求高、高速、高性能的应用环境而研制开发的，其功能完善、算法运算速率高、并发工作容量大，既可以为信息安全传输系统提供高性能的数据加/解密服务，又可以作为主机数据安全存储系统、身份认证系统以及对称、非对称密钥管理系统的主要密码设备和核心构件	• SM1 对称密码算法，128 位密钥加/解密速率：400 Mbps • SM2 算法 256 模长，签名速率 700 次/秒，验签速率 450 次/秒 • SM3 算法运算速率 50Mbps • RSA 算法 1204 位模长，签名速率 180 次/秒，验签速率 2000 次/秒 • 平均故障间隔时间（MTBF）：>30000 小时 • 支持的最大并发数：1000 个	• 支持 SM1/AES/3DES 对称密码算法 • 支持 SM2/RSA 非对称密码算法，提供数字签名、验签接口 • 支持 SM3/SHA-1/SHA-256/MD5 散列算法

续表

产品列表	功能描述	性能指标	主要技术
卫士通 USBKey 密码模块[48]	• USBKey 产品由硬件和软件程序组成：硬件内部生成真随机数，它提供 USBKey 通用的数据加/解密、数字签名验证、证书存储和文件管理等功能；软件部分提供设备的初始化解锁等管理工具、常用的 CSP 和 CSP 补充接口等 • 产品支持国产商用算法和国际通用算法，具有算法种类丰富、存储容量大、算法快等特点，采用低功耗设计	• RSA 密钥长度支持：1024bit • 签名：不低于 3 次/秒 • 验签：不低于 3 次/秒 • SM1 算法 1Mbps • SM2 签名不低于 1 次/秒	• SM1 算法 • SM2/RSA 非对称加密 • SM4 算法 • SM3 哈希算法 • CBC 和 ECB 加密

4 总结

中国信息安全产业正在不断成熟，所涉及和涵盖的范围越来越广。目前国内外比较常见的信息安全产品包括防火墙/VPN、IPS/IDS、UTM、安全内容管理等，这些产品都包含在安全硬件、软件和服务三大类型之中。随着近年来虚拟化和宽带网络技术的发展，云计算、移动应用、社交网络在人们工作生活中起着越来越重要的作用，内网安全、网络监管问题也变得越来越严峻，网络内容、行为审计和监管等新兴信息安全产品应运而生。

从中美不同类别的安全产品来看，美国公司在技术实现上更先进,安全产品涉及面更广泛,拥有更广阔的国际市场,产品用户覆盖全球,更高的用户认可度以及更强大的安全团队使其在大多类型产品中都有行业顶尖的技术。我国网络安全行业参与者众多,但技术实力和产品化程度良莠不齐,还有很大的发展空间。

在2016年3月结束的RSA大会上,全球知名的独立安全研究和测评机构NSS Labs授予山石网科"下一代防火墙推荐级别"奖项,其测试结果比众多全球知名安全厂商更胜一筹。这得益于其在安全技术能力方面的多年积累,使得中国厂商在国际舞台上显露锋芒。中国安全力量不仅具备与国际知名品牌竞争的资格,更具有超越他们的硬实力。然而中国的厂商在国际市场上仍然需要和国际知名品牌以及美国的强大安全品牌直面竞争,进一步增强海外市场的业务开发能力及客户认可度。

注释

[1] 顾闻达. 信息安全软件行业发展及现状[EB/OL]. http://www.gtja.com/content/default/market/xinsanban/per_0619_412511112.mobile.html.

[2] 刘权. "十二五"规划下的中国信息安全——解读信息安全产业"十二五"发展规划[J]. 高科技与产业化, 2013 (2): 37.

[3] Cybersecurity 500 [EB/OL]. http://cybersecurityventures.com/cybersecurity-500/.

[4] The Best Antivirus Software for Windows Home User [DB/OL]. https://www.av-test.org/en/antivirus/home-windows/.

[5] Cisco Video Surveillance Software, IP Cameras, Access Control, Incident Response [DB/OL]. http://www.cisco.com/c/en/us/products/physical-security/index.html.

[6] IBM Security Trusteer Fraud Protection Suite [DB/OL]. IBM Security, February 2016.

[7] Symantec Endpoint Protection 12.1.6 [DB/OL]. https://www.symantec.com/products/threat-protection/endpoint-family/endpoint-protection.

[8] RSA Authentication Manager [DB/OL]. https://www.rsa.com/en-us/products-services/identity-access-management/securid/authentication-manager.

[9] GlobalSign 个人签名数字证书 [DB/OL]. https://cn.globalsign.com/support/support_ssl_766.html.

[10] McAfee Network Security Platform [DB/OL]. http://www.mcafee.com/us/products/network-security-platform.aspx.

[11] McAfee Advanced Threat Defense [DB/OL]. http://www.mcafee.com/us/products/advanced-threat-defense.aspx.

[12] TippingPoint Security Management System User's Guide [DB/OL]. http://h20628.www2.hp.com/km-ext/kmcsdirect/emr_na-c02586208-1.pdf.

[13] IBM Security Network Intrusion Prevention System [DB/OL]. http://www-03.ibm.com/software/products/en/network-ips.

[14] Cisco Catalyst 6503 [DB/OL]. http://www.cisco.com/c/en/us/products/collateral/switches/catalyst-6500-series-switches/prod_end-of-life_notice0900aecd8035ece4.html.

[15] 4000 Series Integrated Services Routers, 800 Series Integrated Services Router, ASR 9000 Series Aggregation Services Routers, Cisco Wide Area Application Services (WAAS) Software [DB/OL]. http://www.cisco.com/c/en/us/products/routers/index.html.

[16] Cisco IOS Firewall [DB/OL]. http://www.cisco.com/c/en/us/products/security/ios-firewall/index.html.

[17] FortiSwitch Secure Access Series [DB/OL]. https://www.fortinet.com/content/dam/fortinet/assets/data-sheets/FortiSwitch_D_Series.pdf.

[18] Fortinet Firewalls [DB/OL]. https://www.fortinet.com/products-services/products/firewall/fortigate-high-end-firewall.html.

[19] FortiWeb——Web Application Firewall (WAF) [DB/OL]. https://www.fortinet.com/content/dam/fortinet/assets/data-sheets/FortiWeb.pdf.

[20] IBM QRadar Security Intelligence Platform [DB/OL]. http://www-03.ibm.com/software/products/en/qradar.

[21] Cisco Email Security [DB/OL]. http://www.cisco.com/c/en/us/products/security/email-security/index.html.

[22] IBM Security Guardium Vulnerability Assessment [DB/OL]. http://www-03.ibm.com/software/products/en/security-guardium-vulnerability-assessment.

[23] IBM Security Guardium Data Activity Monitor [DB/OL]. http://www-03.ibm.com/software/products/en/ibm-security-guardium-data-activity-monitor.

[24] McAfee Total Protection for Data Loss Prevention [DB/OL]. http://www.mcafee.com/us/products/total-protection-for-data-loss-prevention.aspx.

[25] McAfee DLP Discover [DB/OL]. http://www.mcafee.com/us/products/dlp-discover.aspx.

[26] IBM Security QRadar Risk Manager [DB/OL]. http://www

-03.ibm.com/software/products/en/qradar-risk-manager.

[27] 思科安全管理器［DB/OL］. http://www.cisco.com/c/dam/global/zh_cn/products/security/security-manager/datasheet-c78-730892.pdf.

[28] TIPTOP 物理安全产品［DB/OL］. http://www.tiptop.com.cn/products.asp?Sid=4.

[29] 网神 SecSIS 3600 网闸［DB/OL］. http://www.legendsec.com/newsec.php?up=2&cid=56.

[30] 网御安全隔离与信息交换系统［DB/OL］. http://www.leadsec.com.cn/node/344.html.

[31] 安天 TDS 主机安全检查系统［DB/OL］. http://tds.antiy.com/.

[32] 卫士通终端安全防护系统［DB/OL］. http://www.westone.com.cn/productsdetail/productsid=171-cateid=48-parentid=27.html.

[33] 天威诚信数字证书认证系统［DB/OL］. https://www.itrus.com.cn/.

[34] 永信至诚网络敏感数据侦控系统［DB/OL］. http://www.integritytech.com.cn/index.php?m=content&c=index&a=show&catid=14&id=2.

[35] 卫士通安全认证网关系统［DB/OL］. http://www.westone.com.cn/productsdetail/productsid=170-productscateid=47-cateid=47.html.

[36] 绿盟科技网络入侵检测系统、网络流量分析系统［DB/OL］. http://www.nsfocus.com.cn/products.

[37] 山石网科网络入侵防御系统［DB/OL］. http://www.hillstonenet.com.cn/product/ips/SG6000_IPS_s.html.

［38］启明星辰天清汉马新一代USG防火墙［DB/OL］. http://www.venustech.com.cn/SafeProductInfo/561/60.html.

［39］山石网科Web应用防火墙［DB/OL］. http://www.hillstonenet.com.cn/product/WAF/WAF.html.

［40］明鉴互联网舆情监测平台、明鉴网站安全监测平台［DB/OL］. http://www.dbappsecurity.com.cn/products/products.html.

［41］天融信数据库防火墙系统［DB/OL］. http://www.topsec.com.cn/aqcp/sjaq/sjkfhqxt/index.htm.

［42］天榕数据防泄密（DLP）系统［DB/OL］. http://www.venustech.com.cn/SafeProductInfo/460/41.html.

［43］天融信数据防泄露系统［DB/OL］. http://www.topsec.com.cn/aqcp/sjaq/sjfxlxt/index.htm.

［44］SecFox-UMS统一管理系统［DB/OL］. http://www.legendsec.com/newsec.php?up=3&cid=135.

［45］启明星辰安全管理平台［DB/OL］. http://www.venustech.com.cn/SafeProductInfo/29/34.html.

［46］卫士通密钥管理系统［DB/OL］. http://www.westone.com.cn/productsdetail/productsid=184-cateid=166-parentid=27.html.

［47］卫士通服务器密码机［DB/OL］. http://www.westone.com.cn/productsdetail/productsid=159-productscateid=44-cateid=44.html.

［48］卫士通USBKey密码模块［DB/OL］. http://www.westone.com.cn/productsdetail/productsid=181-productscateid=153-cateid=153.html.

（二）主要安全产品对比分析

1　物理安全产品

物理安全产品，是指采用一定信息计算实现的，用以保护环境、设备、设施以及介质免遭物理破坏的信息安全产品。包括：

环境安全——区域防护、灾难防护与恢复、容灾恢复计划辅助支持；

设备安全——设备防盗、设备防毁、防线路截获、抗电磁干扰、电源保护；

介质安全——介质保护、介质数据安全。

美国的物理安全产品提供商主要有思科，提供了包括 IP 视频监控、物理安全平台、互操作性系统、视频监控 IP 摄像头、物理访问控制、应急响应等解决方案。其中，IP 视频监控包括了物理安全运营管理器、视频监控运营管理器、视频监控存储系统、视频监控解码服务器、视频监控虚拟矩阵软件等完整的系统。物理访问控制包括物理接入网关和物理接入管理器。

我国的产品则包括 TIPTOP 利谱、安盟信息所提供的物理隔离产品，包括网络安全隔离卡、网络线路选择器、网络切换器、笔记本电脑隔离器、实时物理隔离终端机。卫士通则提供了密码设备产品，如服务器密码机、金融数据密码机、签名验签服务器。

以网闸产品为例，美方设计的网闸可以和美国主流互联网产品紧密联系，并且最先拥有全门类的隔离网闸。我国产品的优势在于国产安全隔离网闸占据了市场的主导地位，网闸类别多样，而且体现了强大的数据交换能力和国际领先的单向隔离技术，但存在国际市场开拓力度不够的问题。

中美两国在物理安全产品上总的对比见表52。

表52 中美两国物理安全产品对比

<table>
<tr><th rowspan="7">物理安全产品</th><th></th><th>美 国</th><th>中 国</th></tr>
<tr><td>代表产品</td><td>● Whale Communications Intelligent Application Gateway
● 思科连接保障与安全产品[1]</td><td>● 网神 SecSIS 3600 网闸[2]
● 网御安全隔离与信息交换系统[3]
● 安盟华御 SU-GAP 系列安全隔离与信息交换系统[4]</td></tr>
<tr><td>优势</td><td>● 和微软产品紧密联系
● 产品类别丰富,在 IP 视频监控及视频监控摄像头方面提供了完善的产品</td><td>● 国产设备主导市场,类别丰富
● 数据交换速度快
● 卓越的单向隔离技术
● 提供完整的硬件隔离方法</td></tr>
<tr><td>劣势</td><td>● 产品未进中国市场
● 在硬件隔离产品上不如我国产品丰富</td><td>● 产品未进国际市场
● 在视频监控、摄像头方面比较欠缺</td></tr>
<tr><td>核心技术</td><td colspan="2">中美两国都能自主设计全门类隔离网闸,包括单向网闸、双向网闸等,但美国完成这一指标早于我国 10 年左右</td></tr>
<tr><td>服务对象</td><td>美方产品服务于部分欧美市场</td><td>我国产品仅限于国内公安、军工、政府、银行使用</td></tr>
</table>

综上,我国和美国网闸设备的服务对象完全不一致,美方服务于欧美市场,无法进入我国。相反,我国产品仅限于国内公安、军工、政府、银行使用,尚未开拓国际市场;我国产品更侧重于在机器硬件上实现隔离功能,而在区域保护方面,如视频监控上相对欠缺。

我国和美国都能自主设计全门类隔离网闸，包括单向网闸、双向网闸等，但美国完成这一指标早于我国 10 年左右。建议我国网闸相关厂商未来继续发挥产品主导国内市场的优势，加强对国际市场需求的研究，努力推动本土产品国际化，走向海外市场。在技术方面，不应局限于物理隔离及介质保护，而应该在区域保护及灾难恢复上加强。

2 主机及其计算环境安全产品

主机及其计算环境安全产品是部署在主机及其计算环境中，保护用户计算环境保密性、完整性和可用性的信息安全产品。包括：

身份鉴别——电子信息鉴别（主机）、生物信息鉴别（主机）；

计算环境防护——可信计算、主机入侵检测、主机访问控制、个人防火墙、终端使用安全；

防恶意代码——计算机病毒防治、特定代码防范；

操作系统安全——安全操作系统、操作系统安全部件。

美国的主机及计算环境安全产品提供商包括 IBM、Symantec、McAfee 及 Microsoft。IBM Security zSecure Audit 用来度量和验证大型机安全的有效性。IBM Security Trusteer Pinpoint Malware Detection Advanced Edition[5] 可准确检测被恶意软件感染的设备并确定威胁和潜在风险的性质，当被恶意软件感染的设备访问组织网站时，组织会收到警报以便采取行动预防潜在欺诈；能够监测已受软件感染的设备，包括个人计算机、平板电脑和智能手机。Symantec Endpoint Protection[6] 是一个端点安全解决方案，比同类其他产品可监测并删除更多恶意软件。McAfee 提供了一系列服务器安全产品。Microsoft 在安全操作系统和操作系统安全部件上提供了主要的产品支持，如 Windows 10 企业版上的 Device Guard 从除非防病毒程序或其他安全解决方案阻止否则信任应用的模式转变为操作系统只信任由企业授权的应用的模式。

相应的，中国主要由安天、卫士通、启明星辰来提供主机及计算环境安全产品。安天的 TDS 主机安全检查系统[7]是一套应用于信息安全等级保护工作主机检查与业务管理的综合信息检查管理平台。卫士通[8]提供了终端安全防护系统、服务器加固系统、主机监控与审计系统、涉密计算机及移动存储介质保密管理系统。启明星辰的天清汉马新一代 USG 防火墙[9]则提供了访问控制、病毒防护服务。启明星辰自主研发的专用安全操作系统 VSOS，该系统面向网络吞吐和安全处理，采用基于组件的多平面架构，整个系统分为控制平面、数据平面、系统服务平面和硬件抽象平面，通过控制平面和数据平面的分离，集中主要资源于网络吞吐和安全处理，使系统具有极强的实时性和网络吞吐能力。

对比中美两国身份认证产品，美国代表产品有 EMC RSA Authentication Manager 和 GlobalSign 个人数字身份证；我国代表产品有北京数字认证股份有限公司身份认证系统和天威诚信数字证书认证系统。

中美两国在主机及其计算环境安全产品上总的对比见表 53：

表 53　中美两国主机及其计算环境安全产品对比

		美国	中国
主机及其计算环境安全类	代表产品	• EMC RSA Authentication Manager[10] • GlobalSign 个人数字身份证[11]	• 北京数字认证股份有限公司身份认证系统 • 天威诚信数字证书认证系统[12]
	优势	• 通过智能手机和生物识别技术为用户名/密码登录增加额外的安全措施 • 独特的个人数字标识传递加密技术可以确保电子邮件发件人签名者的准确性、确保电子邮件内容未遭到更改	• 实现了数字证书的申请、审核、签发、发布，证书注销列表的生成签发、发布，数字证书状态的查询、下载等数字证书的生命周期管理功能 • 支持多种安全的加密算法，包括对称算法 SM1 密码算法，公钥算法 RSA-2048 密码算法、SM2 密码算法，杂凑算法 SHA-1 密码算法、SM3 密码算法
	劣势	• 认证功能不够全面 • 缺乏对不同用户提供独特的认证功能	• 依赖口令和证书，对生物识别登录应用不多 • 缺乏自主研发的加密算法 • 缺乏完全自主研发的操作系统及安全部件
	核心技术	数字认证系统的"心脏"是加密算法，我国产品应用了 RSA、SHA、SM1、SM2、SM3 等算法，实用性很强，但算法本质上均由美方设计，我国尚未把国内科研领域的算法产业化	
	发明专利	易安信（EMC）2014 年专利授权数量达到 795 项，其专利的广泛性和影响力被 IEEE 评为第一	天威诚信总共拥有商标和专利 20 项

在身份鉴别技术领域,数字认证系统的"心脏"是加密算法,我国产品的算法本质上均由美方设计,尚未把国内科研领域的算法产业化。建议我国未来加强生物识别(如脸部识别、指纹识别)领域的研究,提高图像处理的准确率,推动复杂口令登录向生物识别登录转变。在加密算法方面,近年来我国在密码学领域有一定的成果,建议未来大胆运用一些成熟的、自主研发的身份认证加密算法。在安全操作系统方面,中国仍需开发独立自主的安全操作系统。

3 网络通信安全产品

网络通信安全产品是部署在网络设备或通信终端上,用于监测、保护网络通信,保障网络通信的保密性、完整性和可用性的信息安全产品。包括:

通信安全——通信鉴别、通信保密;

网络监测——网络入侵检测、网络活动监测与分析。

美国主要由 Intel McAfee、思科、IBM、Fortinet 提供网络通信安全产品。McAfee Network Security Platform 发现并拦截网络中的复杂威胁,把入侵检测系统、流量实时监控平台接入集成的网络安全平台,发挥平台集成优势,利用多种安全工具共同应对安全风险。McAfee Advanced Threat Defense[13]检测高级、有针对性的攻击,并获得可行的威胁信息。思科的 Web 安全产品提供涵盖网络、终端、移动设备、虚拟系统以及 Web 和电子邮件的威胁情报和信誉分析,针对已知威胁和新型威胁提供终极防护。IBM Security Network Protection 提供对网络内应用使用、网站访问和操作执行情况的可视性,并且实现对特定的 Web 应用和非 Web 应用中的操作进行细粒度的控制。Fortinet 的 Web 过滤解决方案能够阻止基于 Web 的威胁，阻止恶意流量，并进行智能内容检查。美方产品的优势在于能够部分检测高级的隐藏攻击，针对高级威胁、恶意软件回调、零日威胁以及拒绝服务攻击的防御水平在业内首屈一指。

中国提供网络通信安全产品的公司主要有永信至诚、卫士通及绿盟科技。永信至诚的网络敏感数据侦控系统是一个综合性的敏感流量分析平台，主要针对各种主流隐蔽通道流量进行监测分析。卫士通的安全认证网关[14]系统以密码、访问控制、代理和 PKI 技术为核心，利用终端密码模块（USB-Key）等硬件，实现了身份认证、通道加密、协议代理和基于角色的访问控制等主要功能，有效满足了网络身份认证、访问控制和事后审计等方面的需求。我国产品的网络流量统计分析详细而且全面，主要功能包括各类异常流量的检测及网络流量的统计分析等，可分析如 DDoS 流量、网络滥用误用、蠕虫爆发、P2P 流量等骨干网上的大部分异常流量。

对比中美两国的入侵检测和网络流量监控能力，美国代表产品有 Intel McAfee Network Security Platform NS 9300 和 HP Tipping Point UnityOne IPS；我国代表产品有绿盟网络入侵检测系统和绿盟科技网络流量分析系统。

中美两国在网络通信安全产品上总的对比见表 54：

表54 中美两国网络通信安全产品对比

		美国	中国
网络通信安全类	代表产品	• Intel McAfee Network Security Platform NS 9300[15] • McAfee Advanced Threat Defense[13] • HP Tipping Point UnityOne IPS[16]	• 绿盟科技网络入侵检测系统[17] • 绿盟科技网络流量分析系统[17]
	优势	• 主动发现、检测高级的隐藏攻击 • 集成的网络安全平台 • 平台吞吐量大，实际吞吐量可达40Gbps • 相比传统沙盒系统，扩大了检测范围，并且能够揭露规避性威胁	• 流量异常检测种类丰富，检测内容包含敏感数据外发检测、客户端攻击检测、服务器非法外联检测和僵尸网络检测 • 网络流量统计分析详细且全面
	劣势	基础异常搜集不全，异常流量的检测种类不丰富	• 难以应对网络未知风险 • 硬件处理速度慢，缺乏底层自主研发的高速硬件的支持
	核心技术	HP Tipping Point拥有整套自行开发的FPGA（Layer 7）及Layer 4（ASIC）模块，使入侵防御系统在具有千兆处理速度的同时处理延迟不到一微秒，具有高度的检测和阻挡准确性	
	发明专利	惠普公司2014年专利授权量达到1620项	绿盟科技2014年取得计算机软件著作权19项、国内发明专利17项和日本发明专利6项

综上可以看出，我国产品可检测的未知攻击数量相比美国差距较大，美方产品能够准确检测50%-70%的未知攻击，我国产品目前只可检测10%-30%。建议我国未来首先要着眼于提升硬件处理

能力,加快入侵检测系统的吞吐量,努力赶上世界一流安全企业的水平;其次,建议我国努力研发集约型网络安全平台,提高安全工具的协同工作能力;最后,建议我国加强攻击特征的基础研究,拓宽威胁情报渠道,缩小隐藏攻击范围,研究挖掘和判定未知攻击的算法。

4 边界安全产品

边界安全产品是部署在安全域的边界上,用于防御安全域外部对内部网络/主机设备进行攻击、渗透或安全域内部网络/主机设备向外部泄露敏感信息的信息安全产品。包括:

边界隔离——安全隔离卡、安全隔离与信息交换;

入侵防范——入侵防御系统、网络恶意代码防范、可用性保障(抗DDoS);

边界访问控制——防火墙、安全路由器、安全交换机;

网络终端安全——终端接入控制;

内容安全——信息内容过滤与控制。

美国提供边界安全产品的主要有思科、IBM、Fortinet。思科提供了大量防火墙、路由器及交换机产品,如集成了防火墙的交换机路由器服务 Cisco IOS 防火墙;数据中心交换机、广域网交换机;分支机构路由器、广域网聚合与互联网边缘路由器等。FortiSwitch安全交换平台用于满足以太网基础架构和现行网络边缘配置的需要。FortiGate(R)防火墙保护整合了其他重要的安全功能,如VPN、防病毒、入侵防御系统(IPS)、Web 过滤、反垃圾邮件和流量控制。

中国提供边界安全产品的主要有绿盟科技、山石网科、启明星辰、华为。绿盟科技提供了抗拒绝服务系统、网络入侵防护系统、山石网科的网络入侵防御系统拥有多重的威胁检测和防御能力，支持对底层的 ARP 攻击、网络层 DoS/DDoS 攻击、20 多种常见协议的异常、病毒蠕虫木马、海量的恶意 URL 以及常见的 Web 攻击等一系列已知和未知威胁进行检测及防御。启明星辰提供了抗 DDoS（ADM）天清异常流量管理与抗拒绝服务系统[18]，包括异常流量检测系统、异常流量清洗系统、异常流量管理系统。天珣内网安全风险管理与审计系统提供了终端准入控制，确保只有通过身份验证和安全检查的终端才能接入内网，变被动防御为主动防御，为内网的安全合规提供了强制性保障。天清汉马新一代 USG 防火墙集防火墙、VPN、上网行为管理 AC、内容过滤、防病毒、入侵防护等多种安全技术于一身，高性能、绿色低碳，同时全面支持各种路由协议、QOS、高可用性（HA）、日志审计等功能，为网络边界提供了全面实时的安全防护，帮助用户抵御日益复杂的安全威胁。华为提供了一系列路由器与交换机解决方法。

对比中美两国的入侵防御系统和防火墙，美国代表产品有 IBM Security Network Intrusion Prevention System 和 Cisco Catalyst 6503/6506/6509 高端防火墙；我国代表产品有山石网科 IPS SG-6000-NIPS1200 和启明星辰天清汉马新一代 USG 防火墙。

中美两国在边界安全产品上总的对比见表 55：

九、安全产品比较

表 55　中美两国边界安全产品对比

		美　国	中　国
边界安全类	代表产品	• IBM Security Network Intrusion Prevention System[19] • Cisco Catalyst 6503/6506/6509 高端防火墙[20]	• Fortinet 防火墙 • 山石网科 IPS SG-6000-NIPS1200[21] • 启明星辰天清汉马新一代 USG 防火墙[9]
	优势	• 威胁前的有效保护，在性能和保护之间较好的平衡 • 提供业界最快的防火墙数据传输速率：5Gb 的吞吐量、100000CPS 以及一百万个并发连接	• 入侵攻击特征详细全面 • 防火墙集成技术
	劣势	应用功能不丰富	• 吞吐量小、连接数低 • 缺少安全路由器、安全交换机产品
	核心技术	美方产品： • 安全威胁来临前的抢先保护技术 • Fortinet 防火墙技术采用 ASIC 加速硬件与专用安全操作系统能迅速识别并阻止复杂的威胁	
	发明专利	IBM 公司和思科公司 2014 年专利授权量分别达到 7548 项和 885 项	山石网科总共拥有几十项国内外发明专利，启明星辰则拥有发明专利 100 余项

美方产品的问题在于入侵防御系统和防火墙的应用功能不新

颖,如对网络游戏、流媒体、股票软件的管控做不到细粒度的访问控制,无法较好地适应互联网产品的变化。我国防火墙的问题在于数据传输速率偏慢,吞吐量偏小,每秒连接数、并发连接数偏低。

美方产品最近 5 年内的研究热点在于安全威胁来临前的抢先保护技术,而我国产品还未涉足这一新技术。建议我国未来加强入侵防御系统的抢先保护研究,提前保护用户业务免遭内部和外部威胁攻击,在系统的性能和安全之间做好平衡;提高我国自主研发防火墙的性能指标(吞吐量、每秒连接数、并发连接数),努力弥补我国产品与美方产品在数据传输、处理效率上的差距。

5 应用安全产品

应用安全产品是部署在特定的应用系统中,用于保障应用安全的信息安全产品,如应用层的身份鉴别和访问控制服务。包括:

应用服务安全——安全应用服务、电子信息鉴别、生物信息鉴别;

应用服务安全支持——应用数据分析。

在 Web 应用防火墙方面,对比 FortiWeb-4000D Web 应用防火墙产品与山石网科的 Web 应用防火墙,山石网科所提供的安全服务功能远不及 FortiWeb 的功能完善,如 Web 服务签名、虚拟补丁、操作系统入侵签名等都是中国产品所没有涉及的,且不具备 IP 分析功能,无法帮助及时发现泄露敏感信息或发起威胁的源头。

在管理和报表功能上,中国的产品提供更完善的管理功能,能自动记录应用程序的出错信息,并进行分类汇总,提供完善的安全监控和审计。

在应用数据分析方面,将中国的应用数据分析产品,如安恒信息的明鉴网站安全监测平台、互联网舆情监测平台以及知道创宇的

SCANV 网络安全监测引擎与美国 IBM 的高级应用层网络流数据分析 IBM Security QRadar QFlow Collector[22]进行对比后发现，中国的网络数据分析仅限于网页层面检测漏洞与威胁，而对所有网络流量（包括应用、主机和协议）中的恶意软件、病毒和异常的分析却没有实现。但是在社交媒体的监控上，中国却有自己特色的产品——互联网舆情监测平台，实时全面对互联网舆情进行监测，并实现舆情预警、重点人物监测、区域预警地图等功能。中国的产品在统计分析及报告生成方面更加完善。

在电子邮件安全产品上，对比美国思科电子邮件安全设备与中国敏讯科技的电子邮件安全系统，在功能实现上，思科产品更加完善，能够实现反垃圾邮件、反网络钓鱼、防数据丢失、邮件加密、信誉过滤器（防恶意流量访问网络）、病毒爆发过滤器、病毒防御、电子邮件安全设备、集中管理、图像分析等功能，而中国的敏讯科技所实现的功能只有反恶意攻击、用户认证、防垃圾邮件、邮件病毒过滤、管理功能、日志、监控。在信息误拦率上，敏讯科技与思科都能够实现低于百万分之一的出错率，但是在垃圾邮件的拦截成功率上，思科能够超过 99%，而敏讯科技只超过 98%。从电子邮件安全设备能够处理的用户数量上来看，中国产品处理的用户数最多为 1 万到 3 万，而思科的产品最多处理 1 万或更多的用户数。

中美两国在应用安全产品上总的对比见表 56：

表56 中美两国应用安全产品对比

		美国	中国
应用安全产品	代表产品	• FortiWeb Web 应用防火墙[23] • FireEye Network Threat Prevention Platform[24] • 思科电子邮件安全设备[25] • IBM Security QRadar QFlow Collector[22]	• 山石网科 Web 应用防火墙[26] • 敏讯科技电子邮件安全系统[27] • 安恒信息明鉴互联网舆情监测平台[28] • 安恒信息明鉴网站安全监测平台[28] • 知道创宇 SCANV 网络安全监测引擎[29]
	优势	• 在功能实现上更加完善 • 具备全网络数据流的深度数据处理 • 管理方式更侧重于使开发者在应用代码层次解决问题，对系统的影响降到最小	• 更加完善的管理、图形报表统计分析及可视化功能 • 更具备中国特色的网络舆情处理
	劣势	在报表分析及可视化管理方面不如中国的产品完善	• 在功能实现上远不及美国的产品，大多数功能都尚未实现 • 在自动分析及自动处理方面欠缺 • 网络数据分析仅限于网页层面检测漏洞与威胁
	核心技术	• FortiWeb 的 Web 应用防火墙采用了虚拟补丁技术，并具有自学习检测引擎，通过复查所有请求来判断是否为一个攻击，这是我国的 Web 防火墙所缺少的 • 思科电子邮件安全系统具有内置的 RSA 邮件 DLP 引擎，可以快速创建准确的策略，按严重性对冲突进行评分，我国的电子邮件系统不具备 DLP 引擎	

续表

	美国	中国
服务对象	思科电子邮件安全系统在全球各大行业应用广泛，包括美国、德国、日本等多国家的信息技术提供商、金融机构、医疗机构、技术提供商、电信服务商、消防行业等	敏讯科技的电子邮件安全系统应用限于国内的政府部门、教育部门、科研单位、媒体行业及少数知名企业
开发团队	● 思科、IBM 都是全球领先的互联网公司，并且在中国占有很大的市场 ● 思科网络安全设备由 Talos 安全情报与研究小组（Talos）提供支持，思科 Talos 是行业领先的威胁情报组织，它们使用全球最大的威胁检测网络实时检测和关联各种威胁 ● Fireeye 是全球网络安全企业 500 强榜单首位	我国的安全公司都是最近十年的新兴公司，其中安恒信息是国内跻身全球网络安全 500 强仅有的四家企业之一，在开发团队上相比于美国的大型全球性公司较弱

在应用数据分析方面，我国缺少自动处理的产品，对于应用层的数据，应该能够实现自动识别并除去文档和表单中的敏感内容的功能，通过检测公开共享的文档并从中除去隐私内容，保护文档和表单中的敏感数据免遭意外披露。同时，应该实现将手动编辑变换为自动过程，减少错误并提高速度和准确性，帮助消除低效和易出错的手动过程。

6 数据安全产品

数据安全产品是防止信息系统数据被雇佣或无意被非授权泄露、更改、破坏或信息被非授权的系统辨识、控制，即确保数据的完整性、保密性、可用性和可控性的信息安全产品。包括：

数据平台安全——安全数据库、数据库安全部件；

备份与恢复——数据备份与恢复；

数据保护——数据加密、数据泄露防护、电磁泄露防护。

在数据平台安全上，对比 IBM Security Guardium Vulnerability Assessment、Data Activity Monitor[30]与中国天融信的数据库防火墙系统 TDSM-DBFW[31]，中国在数据库监控策略上只有通过访问策略来识别异常行为，而 IBM 则实现了敏感数据访问策略、特权用户操作策略、更改控制策略、应用程序用户活动策略、安全异常策略和挤出策略，在监测访问数据的同时，还关注离开数据库的数据，并针对特定数据库进行评估。在监测应用层数据对数据库进行访问时，中国的产品缺少自动执行敏感数据发现各分类的功能，但是实现了为数据库漏洞提供虚拟补丁，并且具有实时监控数据库活动和灵活的告警功能。

在数据保护与数据备份恢复方面，中美的产品各有特色。中国数据保护方面做得好的天融信公司，提供了完善的数据保护机制，包括容灾系统、备份存数系统、数据防泄露系统、文档安全管理系统、网络存储与管理系统、敏感信息集中管控系统、数据库加密与加固系统、数据库防火墙系统，启明星辰也具备数据库防泄露系统。相应的，IBM 的数据安全产品包括敏感隐私数据保护，集中、简化并自动执行加密和密钥管理，自动识别并去除文档和表单中的敏感内容，Intel 安全的 McAfee 提供的数据安全产品有数据防泄露系统，有敏感信息保护，文件、文件夹及可移动介质加密，数据加密功能。可以看出，美国产品在数据加密方面更加完善，而在容灾和数据备份恢复系统方面则是中国更加丰富。

就中美都存在的数据防泄露系统（DLP）来对比，在防泄露方式上，中美的产品都是通过对网络数据进行监控和识别来实现的，并对敏感和可疑数据进行处理。中国产品在报告和集中可视化管理上更有优势。但是McAfee具有一个中国产品不具备的特点，就是保护任何位置的敏感数据以及用户不能精确描述数据内容及位置的数据，并且帮用户找到数据的具体位置。

中美两国在数据安全产品上总的对比见表57：

表57 中美两国数据安全产品对比

		美国	中国
数据安全产品	代表产品	● IBM Security Guardium Vulnerability Assessment，Data Activity Monitor[30] ● IBM Security Key Lifecycle Manager[32] ● McAfee Total Protection for Data Loss Prevention[33]	● 天融信数据库防火墙系统 ● 天融信备份存储系统 ● 启明星辰天榕数据防泄密系统[34] ● 天融信——数据防泄露系统[35]
	优势	● 数据加密产品更丰富，能够实现高效、透明、整合的密钥管理 ● 数据防泄露系统能够保护用户不确定位置的数据 ● 数据库监控策略更加完善，能够实现数据自动发现和分类	● 更加完善的存储管理系统 ● 更加完善的容灾系统和备份存储系统 ● 数据库防火墙具备虚拟补丁

续表

	美国	中国
劣势	在存储管理及备份恢复方面不如中国的产品完善	● 在功能实现和数据库监控策略上相对单一 ● 缺少数据加密的产品
核心技术	McAfee 的数据防泄露系统采用 DLP Discover，通过新数据的发现、分类、识别三个步骤，帮助用户找到数据的位置，包括敏感数据的位置，这是我国 DLP 系统不具备的技术	
服务对象	McAfee 产品和解决方案广泛应用于银行、保险、证券、电信和交通领域	天融信数据安全产品在银行、证券、电力等关键行业具有大规模应用与高占有率
开发团队	Intel 是全球性的公司，其安全部门 McAfee 拥有更专业、更有经验的团队	天融信是 Intel 全球信息安全合作伙伴，并在北京建有联合实验室，致力于 Intel 架构平台在安全领域的开拓性研究

建议我国应该优化现有的数据安全产品，在数据加密方面增强对数据的保护。实现自动执行密钥分配和密钥轮换，以减少密钥管理成本。对于处理敏感信息的系统，在加密方式上应该改进，实现在对性能影响最小的情况下执行加密和解密操作，即在文件系统或者逻辑卷层上执行加密和解密，而不需要更改整个数据库、应用程序或网络。

7 安全管理与支持产品

安全管理与支持产品是为保障信息系统正常运行提供安全管理与支持以及降低运行过程中安全风险的信息安全产品。包括：

综合审计——安全审计；
应急响应支持——应急计划辅助软件、应急设施；
密码支持——密码设备、秘钥管理；
风险评估——系统风险评估、安全性检测分析；
安全管理——安全资产管理、安全监控。

在综合审计方面，对比 Fortinet 的 Centralized Log and Reporting-FortiAnalyzer 与山石网科的安全审计平台，所实现的功能基本一致，都提供了集中的报表和日志管理以及设备监控。而启明星辰的天玥网络安全审计系统提供的功能更完善，涵盖了用户常用的网络操作行为；同时为用户提供了便捷的规则自定义功能，能够根据时间、IP、端口、协议、账号、操作命令、数据库名、数据库表名、字段名、字段值、返回值等多种条件的规则组合，制定符合用户自身业务环境的审计规则；系统提供 60 余种报告模板，用户也可以根据自身的业务特点生成自定义报表。

在密码支持产品上，中国的卫士通——密钥管理系统相比 IBM 的 Security Key Lifecycle Manager 的优势是提供了更完善的多种密码保护功能，包括非对称密钥、对称密钥、密码合规性和密码应用有效性管理，并且提供综合管理平台，包括设备管理、实时监控、统计分析、日志管理、服务器管理和组件管理。IBM 产品的优势在于，使加密密钥管理流程集中化和自动化，减少了加密密钥的数目，同时整合了加密密钥管理；与加密存储设备集成，通过硬件加密实现更佳的性能；并且自动执行加密密钥数据备份和恢复，增强数据可用性和完整性。

在风险评估及异常响应方面，对比 IBM Security QRadar Risk Manager 与网神的 SecFox-UMS 统一管理系统，SecFox-UMS 的异常响应机制更加完善，能够自动或者用户手工地对威胁进行响应，采取安全对策,系统可以通过不同方式对外发出通知和警告。SecFox-UMS 有内置计算资产和安全域风险的量化数学模型,能够实时计算风险,并且具有强大的信息可视化技术,包括资产可视化、业务可视化、事件可视化、风险可视化。IBM 具有而网神没有的部分就是模拟网络威胁和分析防火墙配置,通过模拟网络威胁可以进一步量化风险所造成的威胁,进一步划分补救活动的优先级;分析防火墙配置,可以在防火墙层面评估风险。

在安全管理方面,对比思科安全管理器和启明星辰的安全管理平台,思科安全管理器在运行状况和性能监视方面更加完善,增加了对防火墙、入侵防御系统和 VPN 的健康状况和性能的可视性,并且能够针对各种参数设置阈值,而不限于启明星辰的计算业务健康度。在报告收集上,启明星辰则可以通过更多的方式来收集设备和业务系统的日志。

中美两国在安全管理与支持产品上总的对比见表 58:

表 58 中美两国安全管理与支持产品对比

		美 国	中 国
安全管理与支持产品	代表产品	• Fortinet Centralized Log and Reporting[36] • McAfee Tackling Attack Detection and Incident Response[37] • IBM Security Key Lifecycle Manager IBM Security QRadar Risk Manager[38] • Cisco 思科安全管理器[39]	• 山石网科安全审计平台[40] • 网神 SecFox - LAS 日志审计系统[41] • 网神 SecFox - UMS 统一管理系统[42] • 卫士通密钥管理系统[43] • 启明星辰安全管理平台(SOC)[44]

续表

	美 国	中 国
优势	●风险评估和安全管理产品功能更加完善，加密产品自动化和集中化 ●安全管理产品的可视化程度更高	●安全审计产品较多，并且功能完善，覆盖层面较广，包括全面的协议覆盖能力、多码环境的适应能力、灵活的规则定义能力等 ●安全管理产品的性能指标的存储容量更大 ●综合管理和报告收集能力更强
劣势	在安全审计和密钥管理方面的产品较少，安全审计产品功能较少	●风险评估的过程和方法比较欠缺，局限于对当前的风险威胁进行分析 ●安全管理产品缺少活动管理和可视化管理
核心技术	美方产品具备自动密钥管理技术，我国产品目前仍不掌握该技术	
发明专利	Fortinet 公司目前已授权和核准的全球专利超过 210 项，另有 165 项专利申请在审查中；除了已授权和正在申请的专利，Fortinet 在 2015 年还提交了约 100 项专利申请	卫士通公司在国内的专利申请量为 147 项，其中发明专利申请为 122 项

在安全管理与支持产品方面，美方产品具备自动密钥管理技术，我国产品目前仍未掌握该技术。中国的风险评估产品只是根据

资产的重要性及弱点和威胁的可能性实时计算风险，没有考虑到防火墙层面的风险。建议我国分析防火墙配置，进行安全性分析，标识出未使用或无效的规则，从而提高整体性能。评估风险的过程中，不应局限于对当前的风险威胁进行分析，也应该考虑到可能存在的威胁，如进行模拟网络威胁，从而根据风险造成的影响来划分补救响应活动的优先级。

8　总结

根据本节中对中美两国安全产品的对比得出以下结论：

在物理安全产品方面，中国处于跟跑美国的状态，掌握相关技术的时间差距在10年左右。

在主机及计算环境安全产品方面，总体上中国领跑美国，特别是在密钥产品的种类上多于美国，不过我国的密钥技术却跟跑美国，主要原因是我国产品运用的算法均由美方设计，尚未把国内科研领域的算法产业化。

在网络通信安全产品方面，中国跟跑美国。在未知攻击数量检测这一指标上，我国的入侵检测系统比美方产品大约低40%。

在边界安全产品方面，中国跟跑美国。美方产品最近5年内的研究热点在于安全威胁来临前的抢先保护技术，而我国产品还未涉足这一新技术。

在应用安全产品方面，中国跟跑美国。美方应用防火墙的功能实现大而全，相比较而言，我国产品尚未实现部分功能。

在数据安全产品方面，中国同跑美国。双方在个别功能实现上有差异。

在安全管理与支持产品方面，中国在安全审计产品上领跑美国，审计产品较多且功能完善，覆盖面广；而在安全管理产品上却跟跑美国，尚未掌握美国的部分技术，如自动密钥管理技术。

注释

［1］Cisco Video Surveillance Software，IP Cameras，Access Control，Incident Response［DB/OL］. http：//www.cisco.com/c/en/us/products/physical-security/index.html.

［2］网神 SecSIS 3600 网闸［DB/OL］. http：//www.legendsec.com/newsec.php？up＝2&cid＝56.

［3］网御安全隔离与信息交换系统［DB/OL］. http：//www.leadsec.com.cn/node/344.html.

［4］安盟华御安全隔离与信息交换系统（网闸）［DB/OL］. http：//www.anmit.com/products_detail/productId＝25.html.

［5］IBM Security Trusteer Fraud Protection Suite［DB/OL］. IBM Security，February 2016.

［6］Symantec Endpoint Protection 12.1.6［DB/OL］. https：//www.symantec.com/products/threat-protection/endpoint-family/endpoint-protection.

［7］安天 TDS 主机安全检查系统［DB/OL］. http：//tds.antiy.com/.

［8］卫士通终端安全防护系统［DB/OL］. http：//www.westone.com.cn/productsdetail/productsid＝171-cateid＝48-parentid＝27.html.

［9］启明星辰天清汉马新一代 USG 防火墙［DB/OL］. http：//www.venustech.com.cn/SafeProductInfo/561/60.Html.

［10］RSA Authentication Manager［DB/OL］. https：//www.rsa.com/en-us/products-services/identity-access-management/securid/authentication-manager.

［11］GlobalSign 个人签名数字证书［DB/OL］. https://cn.globalsign.com/support/support_ssl_766.html.

［12］天威诚信数字证书认证系统［DB/OL］. https://www.itrus.com.cn/.

［13］McAfee Advanced Threat Defense［DB/OL］. http://www.mcafee.com/us/products/advanced-threat-defense.aspx.

［14］卫士通安全认证网关系统［DB/OL］. http://www.westone.com.cn/productsdetail/productsid=170-productscateid=47-cateid=47.html.

［15］McAfee Network Security Platform［DB/OL］. http://www.mcafee.com/us/products/network-security-platform.aspx.

［16］Tipping Point Security Management System User's Guide［DB/OL］. http://h20628.www2.hp.com/km-ext/kmcsdirect/emr_na-c02586208-1.pdf.

［17］绿盟科技网络入侵检测系统、网络流量分析系统［DB/OL］. http://www.nsfocus.com.cn/products.

［18］抗DDoS（ADM）［DB/OL］. http://www.venustech.com.cn/SafeProductInfo/468/42.Html.

［19］IBM Security Network Intrusion Prevention System［DB/OL］. http://www-03.ibm.com/software/products/en/network-ips.

［20］Cisco Catalyst 6503［DB/OL］. http://www.cisco.com/c/en/us/products/collateral/switches/catalyst-6500-series-switches/prod_end-of-life_notice0900aecd8035ece4.html.

［21］山石网科网络入侵防御系统［DB/OL］. http://www.hillstonenet.com.cn/product/ips/SG6000_IPS_s.html.

［22］IBM Security QRadar QFlow Collector［DB/OL］. http://

www-03.ibm.com/software/products/en/qradar-qflow-collector.

［23］Fortinet firewalls［DB/OL］. https://www.fortinet.com/products-services/products/firewall/fortigate-high-end-firewall.html.

［24］Network Threat Prevention Platform［DB/OL］. https://www.fireeye.com/products/nx-network-security-products.html.

［25］Cisco Email Security［DB/OL］. http://www.cisco.com/c/en/us/products/security/email-security/index.html.

［26］山石网科 Web 应用防火墙［DB/OL］. http://www.hillstonenet.com.cn/product/WAF/WAF.html.

［27］敏讯科技电子邮件安全系统［DB/OL］. http://www.eqmail.net/.

［28］明鉴互联网舆情监测平台、明鉴网站安全监测平台［DB/OL］. http://www.dbappsecurity.com.cn/products/products.html.

［29］知道创宇 SCANV 网络安全监测引擎［DB/OL］. http://jk.yunaq.com/.

［30］IBM Security Guardium Vulnerability Assessment［DB/OL］. http://www-03.ibm.com/software/products/en/security-guardium-vulnerability-assessment.

［31］天融信数据库防火墙系统［DB/OL］. http://www.topsec.com.cn/aqcp/sjaq/sjkfhqxt/index.htm.

［32］IBM Security Key Lifecycle Manager［DB/OL］. http://www-03.ibm.com/software/products/en/key-lifecycle-manager.

［33］McAfee Total Protection for Data Loss Prevention.［DB/OL］. http://www.mcafee.com/us/products/total-protection-for-data-loss-prevention.aspx.

［34］天榕数据防泄密（DLP）系统［DB/OL］. http://www.

venustech.com.cn/SafeProductInfo/460/41.html.

［35］天融信数据防泄露系统［DB/OL］．http：//www.topsec.com.cn/aqcp/sjaq/sjfxlxt/index.htm.

［36］Fortinet——Centralized Log and Reporting［DB/OL］．https：//www.fortinet.com/products-services/products/management-reporting.html.

［37］McAfee DLP Discover［DB/OL］．http：//www.mcafee.com/us/products/dlp-discover.aspx.

［38］IBM Security QRadar Risk Manager［DB/OL］．http：//www-03.ibm.com/software/products/en/qradar-risk-manager.

［39］思科安全管理器［DB/OL］．http：//www.cisco.com/c/dam/global/zh_cn/products/security/security-manager/datasheet-c78-730892.pdf.

［40］山石网科安全审计平台［DB/OL］．http：//www.hillstonenet.com.cn/product/security_audit/HSA.html.

［41］网神SecFox-LAS日志审计系统［DB/OL］．http：//www.legendsec.com/newsec.php?up=3&cid=119.

［42］网神SecFox-UMS统一管理系统［DB/OL］．http：//www.legendsec.com/newsec.php?up=3&cid=135.

［43］卫士通密钥管理系统［DB/OL］．http：//www.westone.com.cn/productsdetail/productsid=184-cateid=166-parentid=27.html.

［44］启明星辰安全管理平台［DB/OL］．http：//www.venustech.com.cn/SafeProductInfo/29/34.html.